Schauer/Caspari

**DER GROSSE
BLV PFLANZENFÜHRER**

Dr. Thomas Schauer (Text)
Claus Caspari (Farbzeichnungen)

DER
GROSSE
BLV
PFLANZEN
FÜHRER

Über 1500 Blütenpflanzen Mitteleuropas,
davon 1140 farbig abgebildet.

Die Deutsche Bibliothek – CIP-Einheitsaufnahme

Ein Titeldatensatz für diese Publikation
ist bei der Deutschen Bibliothek erhältlich

BLV Verlagsgesellschaft mbH
München Wien Zürich
80797 München

Achte, überarbeitete Auflage
(Neuausgabe)

© BLV Verlagsgesellschaft mbH,
München 2001

Bildnachweis

Manfred Pforr: 8, 11
Georg Quedens: 17
Thomas Schauer: 10, 12, 13, 14, 15, 16

Farbzeichnungen: Claus Caspari
Schwarzweißzeichnungen: Hermut Geipel
Piktogramme: Marlene Gemke

Umschlaggestaltung: Studio Schübel,
München

Lektorat: Dr. Friedrich Kögel
Herstellung: Hermann Maxant

Satz: Studio Pachlhofer, Pinswang/Tirol

Druck und Bindung: Druckhaus
Neue Stalling, Oldenburg

Gedruckt auf chlorfrei gebleichtem Papier

Printed in Germany ISBN 3-405-16014-6

Inhaltsverzeichnis

Einführung

Das Interesse an der heimischen Pflanzenwelt wird immer größer, gleichsam als Reaktion auf eine zunehmende Gefährdung und Bedrohung unserer Pflanzen und Lebensräume. Um eine Sache schützen und vor Zerstörung bewahren zu können, muss man sie erst kennen. Dieses Ziel, die Kenntnis über die Pflanzen und deren Lebensräume zu fördern und zu erweitern, soll Anliegen dieses Buches sein.

Dank der Vielgestaltigkeit und des Reichtums an Lebensräumen und Biotopen kommen in Deutschland trotz z. T. massiver Eingriffe in den Naturhaushalt rund 3300 Arten bzw. Sippen vor. Etwa 300 Arten zählen zu den Neophyten, d. h. Pflanzen, die erst nach der Entdeckung Amerikas eingeführt oder eingeschleppt wurden.

Trotz dieser Vielfalt der heimischen Flora zeichnet sich ein Rückgang der Arten in vielen Landschaftsräumen ab. War der Artenschwund in früheren Jahrhunderten oder Jahrzehnten nur unmerklich, so nimmt er heute bedrohliche Ausmaße an. Derzeit sind in Deutschland etwa ein Drittel der Blütenpflanzen in unterschiedlichem Maße gefährdet. Grund hierfür sind Flächenverluste durch Bautätigkeiten für Siedlungen, Industrie- und Verkehrsanlagen, ferner Nutzungsintensivierung in früher extensiv genutzten Lebensräumen oder Nutzungsaufgabe auf Extensivflächen. Straßen und Wege, Seilbahnen und Lifte sowie Freizeitanlagen zerstückeln einst zusammenhängende Lebensräume oder Biotopkomplexe. Entwässerungen von Feuchtflächen und Mooren sowie Düngeausbringung auf Magerrasen führen zu drastischen Veränderungen der Standorte.

Durch den Verlust an geeigneten Lebensräumen droht den Populationen vieler Arten ein starker Rückgang, der bis zum völligen Erlöschen der Bestände führen kann. Diese Arten werden daher mit ihrem jeweiligen Gefährdungsgrad in so genannten »Roten Listen« für die einzelnen Bundesländer und für die gesamte Bundesrepublik Deutschland zusammengetragen. Die Listen werden ständig fortgeschrieben. Die Angaben zum Gefährdungsgrad (GefGr.) der Arten innerhalb Deutschlands erfolgen nach »E. Jedicke (Hrsg.): Die Roten Listen. Gefährdete Pflanzen, Tiere, Pflanzengesellschaften und Biotope in Bund und Ländern. Stuttgart. Ulmer 1997«. Es wurden 4 Kategorien mit folgender Bedeutung gebildet: GefGr. 0: »Ausgestorben oder verschollen«. Hierzu zählen Arten, die vor 100 Jahren oder früher noch in Deutschland vorkamen. Heute sind sie ausgerottet oder verschollen. GefGr. 1: »Vom Aussterben bedroht«. Das Überleben dieser Arten ist unwahrscheinlich, wenn die verursachenden Faktoren weiterhin einwirken oder wenn keine wirksamen Schutzmaßnahmen unternommen werden. GefGr. 2: »Stark gefährdet«. Es sind dies Arten mit kleinen Beständen, die aufgrund von Eingriffen aktuell bedroht sind oder Arten, deren Bestände im nahezu gesamten heimischen Verbreitungsgebiet deutlich zurückgehen und in vielen Landesteilen selten geworden oder verschwunden sind. GefGr. 3: »Gefährdet«. Hierher gehören Arten, deren Bestände regional sehr klein und durch Eingriffe bedroht sind oder die lokal verschwunden sind.

Ein weiterer Rückgang der gefährdeten Arten lässt sich nur durch einen wirksamen Schutz der Standorte und Lebensräume oder Biotope erzielen. So sind nach ersten Auswertungen in den einzelnen Bundesländern eine Vielzahl der Biotoptype und und ein Großteil charakteristischer Pflanzengesellschaften gefährdet.

Der Schutz von überwiegend attraktiven Arten – so wichtig er ist – reicht nicht zur Erhaltung unserer vielfältigen Flora aus. Die im Text durch: Geschützt! gekennzeichneten Arten genießen in Deutschland nach der Bundesartenschutzverordnung vom 1.8.1989 in der Neufassung vom 18.9.1989 einen generellen Schutz. D. h. es besteht ein Verbot diese Arten auszugraben, zu pflücken und in den Handel zu bringen. Vor Eingriffen ihres Wuchsortes sind sie allerdings per Gesetz nicht geschützt. Bei der Formenvielfalt der heimischen Flora fällt es gerade dem Anfänger schwer, die einzelnen Arten und Sippen zu unterscheiden. Zwar kann man die Arten der Pflanzen anhand morphologischer und anatomischer Merkmale bis ins Detail beschreiben und nach diesen Kriterien auch zu größeren systematischen Einheiten zusammenfassen. Aber diesen Weg der wissenschaftlichen Diagnose, der zweifelsohne Voraussetzung für eine systematische Erforschung der Pflanzenwelt ist, wird nicht jeder botanisch Interessierte beschreiten. Die Pflanzenarten in diesem Führer sind zunächst nach 7 großen, umfassenden Lebensräumen geordnet, die auch der Laie leicht erkennen und zuordnen kann. Es sind dies:

1. Äcker, Schutt- und Kiesplätze, Wege.
2. Trockenrasen, Magerrasen, steinige Hänge, Mauern.
3. Fettwiesen und -weiden.
4. Gewässer, Moore, Sümpfe.
5. Wälder, Waldränder, Gebüsche, Auen.
6. Alpen.
7. Meeresstrand und -küste.

Innerhalb dieser Lebensräume folgen die Arten in pflanzensystematischer Reihung geordnet nach Familien und Gattungen. Eine Charakterisierung der sieben umfassenden Lebensräume folgt auf S. 9–17. Da manche Arten in verschiedenen Lebensräumen vorkommen können, im Buch aber nur im für sie typischen behandelt werden,

wird empfohlen, wenn man eine Art nicht findet, in einem anderen Lebensraum nachzuschauen.

Viele Arten lassen anhand ihres Erscheinungsbildes relativ leicht erkennen, zu welcher Familie sie gehören (z. B. Arten der Liliengewächse oder der Kreuzblütengewächse). Es gibt aber auch Pflanzenfamilien, deren Arten und Gattungen im Erscheinungsbild recht unterschiedlich aussehen (z. B. Hahnenfuß, Akelei oder Eisenhut innerhalb der Hahnenfußgewächse). Um dennoch eine Zuordnung von Arten zu einer Familie zu ermöglichen, sind die wichtigsten Familienmerkmale anhand von Detailzeichnungen auf S. 18–33 zusammengestellt. Die hierfür benutzten Fachausdrücke, die auch bei der Beschreibung der Arten im Hauptteil verwendet werden, sind auf S. 448–454 erklärt.

Als weitere Hilfe ist der Bestimmungsschlüssel unter besonderer Berücksichtigung der Blütenfarben auf S. 34–49 gedacht. Durch die Kombination von Farb- und Form-Merkmalen der Blüte, kann eine unbekannte Art mit Hilfe dieser Schlüssel einer kleinen Gruppe von Arten zugeordnet werden und durch Vergleich rasch bestimmt werden.

Angaben über die Häufigkeit der Arten sind recht grob gefasst und gelten nur innerhalb Deutschlands; selbst dort sind die Unterschiede in den einzelnen Landschaftsräumen und Ländern bzw. abhängig von der Höhenstufe oft sehr groß.

Erklärung der Abkürzungen

Pfl.	Pflanze	(Die Abkürzungen werden auch in zusammengesetzten
B.	Blatt	Wörtern verwendet, z. B. b.los = blattlos, B.chen = Blättchen,
Bl.	Blüte	Bl.b = Blütenblatt oder -blätter, Nebenb. = Nebenblatt
St.	Stängel	oder -blätter, St.b = Stängelblatt oder -blätter,
lg.	lang	Bl.traube= Blütentraube.)
br.	breit	
✿ 6–8		bedeutet Blütezeit, die Ziffern die Monate, hier z. B. Juni–August
△		Verbreitung und Vorkommen der Pflanze
GefGr.		Gefährdungsgrad der Pflanze (siehe S. 6)

Kurze Charakterisierung der Lebensräume

Äcker, Schutt- und Kiesplätze, Wege

So sehr unterschiedlich die Standorte der Ruderalfluren (Schutt- und Kiesplätze, Wegränder, Dorfplätze) sowie der Segetalfluren (Äcker, Weinberge, Gärten) hinsichtlich Feuchtigkeit (trocken, feucht, staunass) und Bodenbeschaffenheit (Kies, Sand, Feinerde, Schlamm) auch sind, so brauchen sie doch alle offenen Boden, frei von Konkurrenten der Arten aus den Wiesen- und Waldgesellschaften, und reichlich Nährstoffe, vor allem Stickstoff, der zumindest von diesen Arten gut vertragen wird. Es sind unter ihnen viele kurzlebige, einjährige Arten, die als Erstbesiedler oder Pioniere auf diesen Rohböden oder freigestellten, vegetationslosen Flächen zunächst auftreten. Auf den humusreichen und feinererichen Böden der Äcker, Weinberge und Gärten werden diese Arten rasch durch Wiesen- und Waldpflanzen ersetzt, wenn nicht durch regelmäßige Bodenbearbeitung die besten Voraussetzungen für die einjährigen Ackerkräuter geschaffen werden. Auf Schutt- und Müllplätzen, in Kiesgruben, auf Bahngelände und Dorfplätzen folgen auf die einjährigen Arten, wenn nicht erneut der Boden freigehalten wird, bald mehrjährige Stauden, die auch an die extremen Bedingungen wie geringe Bodenmächtigkeit oder sehr hohe Stickstoffgaben, Belastung durch Tritt und Befahren angepasst sind.
Die Herkunft der Ackerunkräuter ist recht unterschiedlich. Ein Teil stammt aus den Steppen und Halbwüsten Südosteuropas und Vorderasiens (Sichelmöhre, Haftdolde), aus dem Mittelmeerraum (Weinbergs-Lauch, Traubenhyazinthe, Doldiger Milchstern) oder auch aus Nord- und Mittelamerika (Nachtkerze, Kanadisches Berufkraut), ein anderer Teil, so vor allem die stickstoffliebenden Arten wie Vogelmiere, Einjähriges Rispengras und Gänsefuß-Arten aus dem Spülsaumbereich der Meeresküsten und der Flussauen.

Äcker und ihre Randstreifen können eine reichhaltige, eigenständige Flora aufweisen (hier Klatsch-Mohn, Kornblume und Königskerze).

Innerhalb der Vegetation der Äcker, Weinberge und Gärten, also der Segetalfluren unterscheidet man zwischen Hackunkrautgesellschaften und Getreideunkrautgesellschaften. Im ersten Fall erfolgt häufig mechanische Bodenbearbeitung wie Hacken auch während des Sommers, wobei nur raschwüchsige Arten wie einige Knöterich-, Gänsefuß- und Wolfsmilch-Arten, die nach dem Keimen bald reife Früchte tragen, lebensfähig sind. Im zweiten Fall erfolgt nur im Spätherbst oder im zeitigen Frühjahr eine mechanische Bodenbearbeitung. Die Arten der Getreideunkrautgesellschaften wie Kornrade oder die meisten Mohn-Arten keimen auch bei niedriger Temperatur (etwa unter 10 °C), während die Arten der Hackunkrautgesellschaften zur Keimung Temperaturen von mindestens 15°, besser 20 °C benötigen. In einem zur kälteren Jahreszeit umgepflügten Acker entwickeln sich also zunächst nur die Getreideunkräuter und lassen den erst später keimenden Hackfruchtunkräutern wenig Raum; diese haben allerdings größere Lebenschancen, wenn im Sommer durch Hacken ihre im Herbst oder Frühjahr keimenden Konkurrenten entfernt werden. Zudem werden die Hackfruchtunkräuter durch Stickstoffdüngung viel stärker gefördert. Durch die chemischen Bekämpfungsmethoden sind allerdings für alle wildwachsenden Arten der Äcker kaum noch Lebensmöglichkeiten gegeben, so dass viele Pflanzen wie Kornrade, Venusspiegel oder Kornblume beinahe verschwunden sind.
Innerhalb der Ruderalfluren, also der Vegetation auf Bauschutt, Müllplätzen, Kiesgruben und Wegrainen werden zahlreiche Gesellschaften unterschieden, die hier gar nicht alle genannt werden können. So kennt man die kurzlebige Gesellschaft der Malven-Brennesselfluren auf stickstoffreichen Rohböden in Dörfern oder die Gänsefuß-Pioniergesellschaft auf nährstoffärmeren Rohböden, die wiederum von anderen, ausdauernden Arten, beispielsweise von Pflanzen der Trittrasen und anderen Gesellschaften abgelöst werden. Wegrauke, Sophlenkraut und Gänse-Malve sind Vertreter kurzlebiger Ruderalgesellschaften. Viel be-

Trockenrasen und Magerrasen zählen in Mitteleuropa zu den artenreichsten Lebensräumen (hier mit klebrigem Lein und Echtem Labkraut).

Trockenrasen, Magerrasen, steinige Hänge, Mauern

Offene Trockenrasen gibt es in Mitteleuropa von Natur aus nur dort, wo der Boden für Wald- und Strauchwuchs zu ungünstig ist. Meist sind die baumfreien Inseln mit steppenartiger Vegetation durch Beweidung oder einschürige Mahd entstanden oder erweitert. Die meisten Felsheiden, Steppenrasen oder sonstigen baum- und strauchlosen Rasengesellschaften unterhalb der alpinen Waldgrenze wie die Kalkmagerrasen auf Kalk oder der Silikatmagerrasen auf saurem, kalkfreiem Gestein sind in Mitteleuropa Sekundarstandorte, die einst von Eichen-, Buchen- oder sonstigen Trockenwäldern bestockt waren. Sie sind also in ihrer Entstehung mit den natürlichen Steppen Osteuropas nicht unmittelbar vergleichbar. In Mitteleuropa haben die Trockenrasen ihren Schwerpunkt in warmen, niederschlagsarmen Gegenden. Die Pflanzen zeichnen sich durch tiefreichendes Wurzelwerk und durch Einrichtungen, die die Verdunstung herabsetzen wie versenkte Spaltöffnungen, dichte Behaarung, geringe oberirdische Masse, also durch einen xeromorphen Bau aus.

Zunächst gibt es die kontinentalen Trockenrasen, deren Standorte sich durch große Trockenheit während der Vegetationsperiode, geringe Jahresniederschläge und große jahreszeitliche und oft auch tägliche Temperaturextreme auszeichnen. Als Musterbeispiel sind die inneralpinen Felsensteppen (Wallis, Aostatal, Vintschgau) mit Federgras, Felsennelke, Zottigem Spitzkiel oder die Steppenrasen westlich von Mainz oder auch noch die Trockenrasen um Würzburg zu nennen. Letztere leiten bereits zu den submediterranen-subatlantischen Trockenrasen über, die weniger extreme jahreszeitliche Temperaturschwankungen und relativ mehr Niederschläge haben. Die Pflanzen dieser Gesellschaften sind sehr wärmeliebend und häufig auch frostempfindlich und stechen oft im Kontakt mit Arten der Flaumeichenwälder. Die Halbtrockenrasen haben ähnliche Niederschlagsverhältnisse wie die Trockenrasen, nur sind sie in Gegenden mit etwas niedrigerer Temperatur und geringeren Temperaturschwankungen verbreitet. Sie sind auf tiefgründigeren Standorten

ständiger ist die farbenprächtige Gesellschaft der Eselsdistelfluren auf trockenen, warmen Standorten, die von Waldpflanzen nicht oder nur langsam erobert werden. Wärme- und trockenheitsliebende (-ertragende) Arten wie Natternkopf, Hundszunge, Graukresse, Nickende Distel, Wilde Resede und Nachtkerze gesellen sich hinzu. Auf feuchteren Standorten oder in Gegenden mit kühlerem, feuchtem Klima haben wir die Gesellschaft aus Großer und Filziger Klette, Schöllkraut, Schierling und Taubnesseln.

Hier ist auch noch die Vegetation auf nassen, schlammigen Böden, am Rand von Teichen und Gräben in Dorfnähe und an Viehtränken zu erwähnen. Diese Gesellschaften der Ufer- und Schlammfluren bestehen fast nur aus einjährigen Arten wie Pfeffer-Knöterich, Zweizahn und einigen Ampfer-Arten, die alle nährstoffreiche, gut durchfeuchtete oder nasse, zur Keimung vegetationsfreie, entblößte Böden und reichlich Licht brauchen. Durch Viehtritt oder durch mindest alljährliche, länger andauernde Überschwemmung (Fischteiche, Wasserrückhaltebecken) wird immer wieder offener Boden und damit die Voraussetzung für diese Pflanzengesellschaften geschaffen.

mit ausgeglichenerem Wasserhaushalt von der früheren Bewirtschaftungsform noch stärker abhängig als die Trockenrasen. Auch Unterschiede in der Exposition sind entscheidend. So können auf Südhängen Trockenrasen beobachtet werden, während die benachbarten Nordhänge Halbtrockenrasen aufweisen.

Wie bereits erwähnt sind die Mager- und Halbtrockenrasen Mitteleuropas ohne Mahd oder Beweidung auf längere Sicht nicht strauch- oder baumfrei zu halten. Wenn auch in einer geschlossenen Rasendecke Bäume nur sehr ungünstige Bedingungen zum Keimen vorfinden, so können Arten wie Schlehe, Wacholder oder Zitter-Pappel durch Wurzelbrut oder Ausläufer von einem randlichen Gehölzbestand aus relativ rasch vordringen und einen brachliegenden Rasen allmählich in Besitz nehmen.

Auf nackten Felsbändern und Felskuppen, Mauerkronen und in Mauerfugen mit geringer Humusbildung und minimalem Wasserspeichervermögen können Bäume und Sträucher nur schwerlich Fuß fassen. Dort gedeihen flechten- und moosreiche Pioniergesellschaften mit vielen sukkulenten Pflanzen wie Hauswurz- und Mauerpfeffer-Arten, die mit ihren fleischigen Blättern lange Zeit Wasser speichern können, oder andere Arten wie Felsen-Leimkraut, Hasen-Klee und Thymian, die extreme Hitze und Trockenheit gut überdauern.

Fettwiesen und -weiden

Mit den Fettwiesen und -weiden ist das intensiv genutzte Wirtschaftsgrünland gemeint. Regelmäßige Mahd und/oder Beweidung bei häufiger Düngung ließen relativ artenarme, eng umgrenzte Wiesengesellschaften entstehen. Die Arten ertragen das regelmäßige Zurückbeißen oder Abmähen und werden dadurch sogar gefördert, indem andere Lichtkonkurrenten ferngehalten werden. Je nach Niederschlagsmenge, Bodenfeuchtigkeit oder Grundwasserstand reichen diese grünen, satten Wiesen (im Gegensatz zu den meist braunen, fahlen und lückigen Mager- und Trockenrasen) von fast trockenen, frischen bis zu feuchten und nassen Gesellschaften. Viele Flächen auf trockenen, tiefgründigen Böden, die einst eine bunte Wiesengesellschaft aus Glatthafer, Wiesen-Salbei, Margerite und Wiesen-Glockenblume trugen, sind heute in Ackerland umgewandelt. Vielfach können sich nur noch die etwas feuchteren Wiesengesellschaften in den breite-

Auf intensiv bewirtschaftetem Grünland ist die Artenvielfalt meist stark eingeschränkt, sodass nur wenige Arten wie der Löwenzahn vorherrschen.

ren Talflächen mit Kohldistel und Wiesen-Knöterich halten, sofern sie nicht entwässert werden, wie es vielen Feucht- und Nasswiesen mit Sumpf-Dotterblume, Wasser-Greiskraut und einigen Seggen wie Wiesen- und Schlank-Segge ergangen ist. Relativ gut erhalten sind noch die Bergfettwiesen mit Goldhafer, Perücken-Flockenblume, Großer Sterndolde und im Frühjahr mit zahlreichen Blüten des Krokus sowie in den Vogesen und südlichen Gebirgstälern oder im Schweizer Jura mit Weißer Narzisse. Die Intensivweiden, die also fast ganzjährig wie in Norddeutschland von großen Rinderherden beweidet werden, bestehen hauptsächlich aus trittfesten Arten wie Ausdauerndem Lolch, Kammgras, Weiß-Klee und Gemeiner Quecke, die sich auch rasch regenerieren können.

Gewässer, Moore, Sümpfe

Dieser Lebensraum ist, mit Ausnahme der Waldmoore und der Auenwälder entlang der Gewässer, weitgehend von Natur aus waldfrei und hat noch relativ viele naturnahe Lebensgemeinschaften. Die Wasser- und Sumpfpflanzen sind oft mit besonderen Einrichtungen ausgestattet: Die Wurzeln und Sprosse haben ein reich verzweigtes Durchlüftungssystem, wodurch sie auf ständig unter Wasser stehenden Boden wachsen können. Die Unterwasserpflanzen vermögen durch die dünne Epidermis (Oberhaut) der Blätter und Stengel aus dem Wasser gelöste Gase wie Sauerstoff und Kohlendioxid oder Nährstoffe aufnehmen.

Beginnen wir mit den Vegetationsverhältnissen der Unterwasserpflanzen und zwar denen der rasch fließenden Gewässer. Durch die starke Strömung des Wassers wird eine Pflanze reichlich mit Sauerstoff und Nährstoffen versorgt; der starken mechanischen Belastung sind aber nur wenige (rheotolerante) Arten angepasst, die meist flutende, grasähnliche oder riemenförmige Blätter (Flutender Hahnenfuß, Flutendes Laichkraut) besitzen, während die Arten der stehenden Gewässer runde oder breite Blattformen aufweisen. Begleitet werden die Buche von einem Uferröhricht aus Rohr-Glanzgras, das durch rasche Wasserströmung nicht so leicht geknickt wird wie Schilf. Weit reichhaltiger ist die Vegetation stehender oder langsam fließender Gewässer. Man unterscheidet zwischen nährstoffarmen (oligotrophen) Gewässern mit großer Sichttiefe und geringer Pflanzenproduktion und nährstoffreichen (eutrophen) Gewässern mit großer Produktion an höheren Pflanzen, die zur Verlandung

Feuchtwiesen zählen wegen häufiger Trockenlegung zu den gefährdeten Lebensräumen (hier mit Sibirischer Schwertlilie und Trollblume).

beitragen, und an niederen Lebewesen (Plankton), die die Trübung und geringe Sichttiefe des Wassers verursachen. Beginnend mit der Unterwasservegetation haben wir bei etwa 2–5 m Tiefe eine Zone aus Laichkräutern und Tausendblatt, der nach unten in oligotrophen, klaren Seen bis etwa 15 m Tiefe ein Rasen aus Armleuchteralgen (Chara), nach oben, uferwärts (im Tiefenbereich zwischen 1 und 3 m), die Schwimmblattgesellschaften mit See- und Teichrose, besonders üppig in nährstoffreichen Seen, folgen; darauf schließt ein breiter Schilfgürtel an, der allmählich in ein Seggenried mit Großseggen wie Steif-, Schlank- oder Schnabel-Segge und den mit Kleinseggen wie Wiesen- und Graue Segge übergeht. Damit sind wir mitten in der artenreichen Verlandungszone, die teilweise als Streuwiesen genutzt und dadurch erhalten wird; denn ziemlich rasch entwickelt sich dort ein Erlenbruchwald oder Weidengebüsch.

Ungestörte Moore stellen Rückzugsgebiete für viele gefährdete Pflanzen und Tiere dar. Auf dem Foto eine Moorschlenke mit Wollgräsern.

Durch die ständige Ansammlung von organischem Material, das in dem sauerstoffarmen Wasser an den Nassstandorten nicht abgebaut wird, entsteht eine Torfschicht von unterschiedlicher Mächtigkeit und unterschiedlicher Wachstumsgeschwindigkeit. Pflanzengesellschaften, unter denen eine Torfschicht entstanden ist, rechnet man zu den Mooren (im Gegensatz zu Sümpfen, womit man Nassstandorte ohne Torfbildung bezeichnet). Man unterscheidet Nieder- oder Flachmoore mit fast ebener Fläche und Hochmoore mit der typischen hochgewölbten Oberflächenform. Erstere werden vom Grund- oder Hangwasser gespeist, letztere sind vom Grundwasser nicht beeinflusst, sondern von Niederschlägen abhängig. Hochmoore oder Regenmoore gibt es daher nur in Gegenden mit großen Niederschlägen.

Voraussetzung für eine Moorentstehung ist also ein reiches Wasserangebot. Das Wasser steht für das Moor- und Torfwachstum in unterschiedlicher Weise zur Verfügung. Moore entstehen unter anderem durch Verlandung der Seen, durch Versumpfung abflussloser Talmulden, durch häufige und lang andauernde Überflutungen der Talauen oder bei Durchströmung flacher Talböden mit einem bis zur Oberfläche reichenden Grundwasserstrom. Aufgrund der unterschiedlichen Verhältnisse des Was-

serhaushaltes und des Wasserchemismus entstehen somit recht verschiedene Moortypen mit jeweils charakteristischer Artenzusammensetzung.

Die kalk- und nährstoffreichen Kalkflachmoore sind reich an Blütenpflanzen, besonders an Seggen, Binsen, Simsen oder Wollgräsern, während die Hochmoore, sehr sauer und nährstoffarm, nur wenige Blütenpflanzen wie Moosbeere, Rauschbeere oder Scheidiges Wollgras aufweisen. Am Aufbau und an der Bildung der Hochmoore beteiligen sich hauptsächlich die vielen Arten des Torfmooses (Sphagnum), die nach oben unbegrenzt weiterwachsen, während die unteren, älteren Teile absterben, aber in dem sauren, sauerstoffarmen Milieu nicht zersetzt werden und nach und nach zur Bildung des Torflagers beitragen, das eine Mächtigkeit bis zu 10 m und mehr bekommen kann. Der randliche Teil eines Hochmoores, das steil abfallende Randgehänge, trägt meist einen dichten Wald aus Kiefern oder Birken. In der Mitte befinden sich oft ein oder mehrere kleine, tiefe Teiche mit bräunlichem Wasser, die Kolke, in denen sich gelegentlich schwimmende Inseln aus Torfmoosen, Blumenbinse,

Schlamm-Segge und anderen Pflanzen mit langen Rhizomen, sogenannte Schwingrasen, bilden.

Häufig wechseln sich auf einer Hochmoorfläche aufgewölbte Bulte und wassergefüllte Schlenken mit Schwingrasen ab.

Wälder, Waldränder, Gebüsche, Auen

Eine ungemein hohe Zahl von Waldgesellschaften lassen sich in Mitteleuropa aufgrund der unterschiedlichen Böden (trocken, frisch oder feucht, kalkreich, kalkarm oder sauer, flach- oder tiefgründig, steinig, sandig, lehmig oder tonig), der Höhenlage (von 0 bis etwa 2400 m Meereshöhe) und des Klimas (niederschlagsarm oder -reich, wintermild oder mit großen Temperaturgegensätzen zwischen Sommer und Winter) unterscheiden, die hier nicht einmal aufgezählt werden können. Vielfach sind die Wälder durch forstliche Nutzung oder Waldweide stark verändert, so dass

Mitteleuropa war einst zum größten Teil von Laubmischwäldern bedeckt. Die verbliebenen Waldbestände sind durch forstliche Nutzung in unterschiedlichem Maße verändert.

natürliche oder naturnahe Wälder selten zu finden oder deren natürliche Baumarten-Zusammensetzung aus den Gräsern und Kräutern am Boden, der Krautschicht, abzuleiten ist.

Innerhalb der **Laubmischwälder** mit den Edellaubhölzern Ahorn, Buche, Esche, Linde, Ulme unterscheidet man unter anderem die buchenreichen Mischwälder auf nicht zu nassen, nicht zu trockenen und nicht zu kalten Standorten, dann die hainbuchenreichen auf trockeneren Standorten und die eschen- und erlenreichen Mischwälder auf feuchteren Standorten. Besonders reichhaltig sind die Buchenwälder der Kalkgebirge. Die an Edellaubhölzern reichen Wälder zeigen vor dem Blattaustrieb eine üppig blühende Bodenvegetation aus Leberblümchen, Buschwindröschen, Waldmeister, Frühlings-Platterbse, Lungenkräutern und vielen anderen Frühjahrsblühern, deren Blätter bald vergilben, aber nicht (nur) aus Lichtmangel, sondern infolge der Erwärmung der bodennahen Schichten; denn sie verfallen auch auf Wiesen und entwaldeten Plätzen. In den höheren Lagen der Gebirge (in den Mittelgebirgen um 500–1000 m, in den Alpen bei 800–1350 m) haben wir den Tannen-Buchenwald, dem noch Fichte, durch den Menschen stark begünstigt, beigemischt ist, während der bodensaure Buchen-Eichenwald oft als die landschaftsbeherrschende Waldform der mitteleuropäischen Tieflagen bezeichnet wird.

Die Eiche (Trauben- und Stiel-Eiche) ist ein wärme-, trockenheits- und lichtliebende Baumart, die aufgelichtete Wälder mit einer artenreichen Strauch- und Krautschicht bildet. In sehr trockenen und wintermilden Klimagegenden ist die Flaum-Eiche mit vielen südlich verbreiteten Begleitpflanzen zu Hause, die wir auch in Trockenrasen auffinden. In winterkalten Gegenden mit kontinentalerem Charakter gesellt sich zu Trauben- und Stiel-Eiche die Wald-Kiefer. Auf den armen Sandböden, z.B. in Nordwestdeutschland stockt der Eichen-Birkenwald mit Heidelbeere, Heidekraut, Draht-Schmiele und Adlerfarn als Anzeiger saurer, nährstoffarmer Böden. Noch viele Edellaubhölzer gäbe es anzuführen, so der Ahorn-Eschenwald oder der Linden-Mischwald. Wenden wir uns aber den **Nadelwäldern** zu. Die Tanne, die als hochstaudenreicher,

Frühjahrsblüher in einem Laubwald. Nur kurze Vegetationszeit steht den Kräutern des Waldbodens zur Verfügung (hier Frühlings-Knotenblume).

reiner Tannenwald in den regenreichen, ozeanisch getönten Nordalpen bis 1700 m ansteigt oder als reiner Tannenwald auf Kalk oder Silikat in den Mittelgebirgen vorkommt, haben wir im Zusammenhang mit der Buche bereits erwähnt. In den kontinentaleren Inneralpen sind in den trockenen Tälern der Wald-Kiefernwald, in den höheren Lagen der Lärchen-Arvenwald verbreitet, der dort bei etwa 2400 m die Waldgrenze bildet. Die anspruchslose Wald-Kiefer tritt noch an den verschiedensten Standorten waldbildend auf, als wärmeliebender Eichen-Kiefernwald, als bodensaurer Sandkiefernwald, in Waldhochmooren und Dünen-Kiefernwäldern beispielsweise. Vielfach beherbergen sie bei dem lichten Wuchs Arten der Trockenrasen und Heiden, die sonst bei dichteren, schattigen Wäldern nur am Waldrand gedeihen können. Die Fichte wurde durch die Forstwirtschaft gefördert. Sie ist heute auf den unterschiedlichsten Standorten gebietsweise die vorherrschende Baumart. Ohne Einfluss des Menschen kommt die Fichte bestandsbildend an der Baumgrenze, also in der subalpine Stufe der Nordalpen vor. Weitere natürliche Standorte sind Blockhalden der Gebirge, Randbereiche der

Moore und spätfrostgefährdete Kaltlufttäler, die für die Tanne und Laubhölzer zu unwirtlich sind. In den meisten Waldgesellschaften sowie in den Flussauen ist die Fichte nicht so konkurrenzkräftig, dass sie ohne forstliche Eingriffe zur Vorherrschaft gelangen kann.

Abschließend zu den **Auenwäldern**. Charakteristisch für die Pflanzengesellschaften der Flussaue sind der schwankende Grundwasserstand und die gelegentlichen Überschwemmungen. Die Pflanzen der Aue stehen mindestens zeitweise mit dem Grundwasserhorizont in Verbindung. Vielerorts blieben durch Flussregulierung die Überflutungen aus, der Grundwasserstand sank ab, die Bedingungen für Auenwälder fehlen, auf den ehemaligen Aueböden stocken Fichtenkulturen oder Wirtschaftswiesen und Äcker reichen bis zum Fluss heran. Abschnittsweise sind noch Reste natürlicher Auenwaldgesellschaften erhalten, die grob schematisch folgende stufenweise Zonierung vom Fluss zum höheren Talrand abfolgend zeigen: Weidengebüsch (je nach Gegend aus Silber-, Grau-, Mandel- oder Korb-Weide), Grauerlenwald, übergehend in den erlenreichen Eschenwald, der auf höheren, grundwasserfernerem Niveau

Auf engstem Raum drängen sich in den Alpen die unterschiedlichsten Pflanzengesellschaften. Im Vordergrund Arten der Hochstaudenfluren mit Blauem Eisenhut.

und nur selten überschwemmt als Hartholzaue mit Ulme, Eiche, Hainbuche und Ahorn vermischt ist.

Alpen

Aus dem sehr umfassenden, vielseitigen und geographisch begrenzten Lebensraum sind vor allem die Arten gewählt, deren Hauptverbreitung mit wenigen Ausnahmen auf die Alpen und ähnliche Hochgebirge und auf die Arktis und zwar überwiegend auf die höheren Lagen nahe der Waldgrenze und darüber, beschränkt ist. Während der Eiszeiten wurde ja die Vegetation der Alpen mit dem Pflanzeninventar der Arktis vermischt, so dass man heute von arktisch-alpiner Verbreitung spricht. In der subalpinen Stufe (in den Nordalpen etwa bei 1350–1900 m, in den Zentralalpen bei 1600–2400 m und in den Südalpen etwa bei 1400–2000 m) sind neben den bereits erwähnten Wäldern die Zwergstrauchgesellschaften mit Alpenrose, Bärentraube

oder Krähenbeere, das Latschengebüsch auf trockeneren und das Grünerlengebüsch auf feuchteren, wasserzügigeren Böden zu erwähnen. Die darüber anschließende alpine Stufe umfasst die Matten- und Felsregion, in der sehr unterschiedliche, aber immer extreme Standortsbedingungen herrschen. Beispiele sind die kalk- oder silikatreichen, flachgründigen, steinigen, sonnigen Hängen der Rasengesellschaften, die extrem humusarmen Felsspalten mit starken Temperaturgegensätzen, die Schutthalden und Karen, die ständig in Bewegung sind, sehr lange Schneebedeckung und damit kurze Vegetationszeiten haben, die windexponierten Grate und Kanten oder die Schneetälchen auf tiefgründigen, lange durchfeuchteten Böden mit extrem langer Schneebedeckung von 8–9 Monaten im Jahr. Fast alle Blütenpflanzen der Alpen zeichnen sich durch einen sehr kurzen Vegetationsablauf vom Keimen bis zum Blühen und Fruchten und durch einen gedrungen Wuchs aus.

Meeresstrand und -küste

Die Salzpflanzengesellschaften sind relativ artenarm, da nur wenige den extremen Bedingungen des Meeresstrandes wie ständige Schwankungen des Wasserstandes durch die Gezeiten, heftige Stürme und hoher Salzgehalt standhalten. Außer dem Queller haben die sogenannten Salzpflanzen oder Halophyten ihr Lebensoptimum im salzfreien oder nur schwach salzhaltigen Milieu. Als extrem lichtbedürftige Arten, die keine Beschattung durch andere Kräuter und Stauden vertragen, ziehen sich diese salztoleranten Arten auf diese unwirtlichen Standorte zurück, um dort konkurrenzlos, meist in großer Individuenzahl, leben zu können.

Der breite, schlick- und tonreiche, nährstoffhaltige Küstensaum zwischen Hoch- und Niedrigwasser wird als Watt bezeichnet. Dieses ist im oberen Bereich, von der mittleren Hochwasserlinie bis etwa 30 cm darunter, von einem dichten Quellerrasen besiedelt. Darauf folgt eine Zone aus Strand-Aster, Salzflieder, Salz-Melde und dem Andelgras, einem guten Futtergras. Letztere Pflanze zeigt den Übergang vom Watt zur Marsch an. Im Bereich des Strandnelkenrasens, der nur bei Sturmfluten überspült wird, finden wir viele stickstoffliebende Arten wie Strand-Beifuß und Strand-Salzmelde. Weiter landeinwärts, auf höherem Niveau, wo eine Aussüßung einsetzt, werden die Salzpflanzen von Ar-

ten anderer Rasengesellschaften verdrängt.

An flachen Meeresküsten wird durch die Brandung ständig Sand über die Mittelhochwasserlinie angespült, der dann oberflächlich austrocknet und durch Stürme landeinwärts transportiert wird, bis er im Windschatten einer Pflanze sich ansammelt und zu einer Sanddüne heranwächst. Der Strandhafer ist ein guter Dünenbildner und vermag auch die ständig wachsende Düne zu durchwachsen. Auf dieser sogenannten Weißdüne siedeln sich noch Meersenf, Kali-Salzkraut, Strand-Melde und Stranddistel an. Verfestigt wird sie durch das fein verzweigte, weitläufige Wurzelsystem der Strand-Quecke. Bildet sich vor dieser dem Sturm ausgesetzten Weißdüne eine neue, so können in deren Windschatten mehr Pflanzen Fuß fassen und Humus bilden; die Weißdüne wird zur Graudüne, besiedelt von Arten der trockeneren Sandrasen wie Sand-Segge, Silbergras, Schillergras, später noch mit Sanddorn und Vogelbeere und an erneuten Windanrissen mit Krähenbeere.

Auch im Binnenland lebt an Salzstellen eine Salzvegetation, die im südosteuropäischen Raum, aber auch bereits am Neusiedler See, besonders artenreich ist. Dort überwiegen die Sodapflanzen, die auch an austrocknenden Standorten gedeihen können, während die Salzpflanzen des mitteleuropäischen Raumes mehr an kochsalzhaltige, feuchte Böden gebunden sind.

Periodisch wechselnde Wasserstände und hoher Salzgehalt im Küstensaum der Meere erlauben nur wenigen spezialisierten Arten ein Fortkommen; hier Salzwiesen mit Strandflieder.

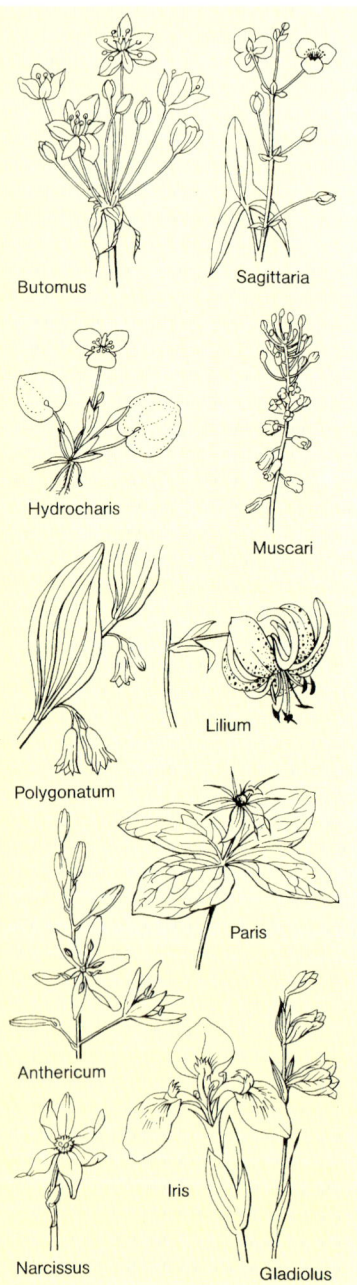

Butomus
Sagittaria
Hydrocharis
Muscari
Lilium
Polygonatum
Paris
Anthericum
Iris
Narcissus
Gladiolus

Familienmerkmale
(Zu unterstrichenen Gattungen gibt es eine Grafik.)

**Einkeimblättrige Pflanzen mit blumen-
artigen, ansehnlichen, bunten Bl.**

Seite 226 **Schwanenblumengewächse**/Butomaceae, Sumpf-und Wasserpfl. mit grundständigen B. und radiären Bl. in Scheindolden; Bl.hülle 6blättrig.

Seite 224 **Froschlöffelgewächse**/Alismataceae, Wasserpfl.; Bl. mit 1geschlechtigen Bl. und pfeilförmigen B. *(Sagittaria)* oder 2geschlechtigen Bl. *(Luronium, Alisma)*, Bl.hülle 3zählig, äußere 3 Bl.b. grün, innere 3 gefärbt.

Seite 228 **Froschbissgewächse**/Hydrocharitaceae, Wasserpfl.; Bl. meist 1geschlechtig, vor dem Aufblühen von einer aus 1–2 Hochb. bestehenden Bl.scheide (Spatha) umhüllt; Bl.hülle 6blättrig; Staubb. 3 bis viele; Fruchtknoten unterständig; B. rundlich *(Hydrocharis)*, lanzettlich, in 3er Quirlen *(Elodea)* oder in Rosette *(Stratiotes)*.

Seite 54 136 206 246 302 **Liliengewächse**/Liliaceae, Pfl. mit Knollen, Zwiebeln oder Rhizom; Bl. ansehnlich (bei *Ruscus* mit immergrünen B., aber Bl. klein, grünlich), meist 3zählig, mit 6 Bl.b., radiär *(Maianthemum* hat 4 Bl.b.), Griffel 3 *(Tofieldia, Veratrum, Colchicum)*, bei den übrigen Gattungen Griffel 1; Bl.b. verwachsen (z. B. *Convalaria, Polygonatum, Muscari)* oder Bl.b. frei *(Anthericum, Lilium)*; Fruchtknoten oberständig.

Seite 308 **Einbeerengewächse**/Trilliaceae, ähnlich Liliaceae, aber B. quirlständig und Bl. meist 4zählig, mit 8 Bl.b. *(Paris)*.

Seite 138 206 308 **Amaryllisgewächse**/Amaryllidaceae, Zwiebelpfl., ähnlich Liliaceae, aber Fruchtknoten unterständig; Bl. 3zählig (bei *Narcissus* mit Nebenkrone); B. alle grundständig.

Seite 138 248 **Schwertliliengewächse**/Iridaceae, Pfl. mit Knollen, dickem Rhizom, selten Zwiebeln; B. schwertförmig, bei *Crocus* grasartig; Bl. dorsiventral bei *Gladiolus,* sonst radiär; Bl.b. 6, bei *Iris* die 3 äußeren anders gestaltet als die inneren 3; Fruchtknoten unterständig.

Seite 140 248 310 412 **Knabenkrautgewächse**/Orchidaceae, Pfl. mit spiralig oder 2zeilig gestellten B.; Bl. dorsiventral, in Ähren oder Trauben *(Orchis)*, seltener zu 1–2 *(Cypripedium)*; Bl.hülle aus Wirteln mit je 3 kronb.artigen Bl.b.; 1 Bl.b. als Lippe ausgebildet, meist größer, oft 3lappig; Lippe nach unten zeigend (nur bei *Nigritella, Malaxis, Epipogium* nach oben gerichtet); Bl. häufig mit Sporn *(Gymnadenia, Orchis, Cephalanthera)*; Staubb. 1–2, mit dem Griffel zu einer Säule verwachsen; Pollenkörner eines Pollensackes zu einem gestielten Pollenpaket vereinigt, das bei der Bestäubung als Ganzes übertragen wird; Fruchtknoten unterständig; B. grün, nur bei den saprophytisch lebenden Moderorchideen wie *Neottia, Corallorrhiza* und *Limodorum* bleich, ohne Chlorophyll.

> **Einkeimblättrige Pflanzen mit unscheinbaren, kleinen, farblosen oder grünlichen, grünlichgelben oder weißlichen Bl.; viele Sumpf- und Wasserpfl.**

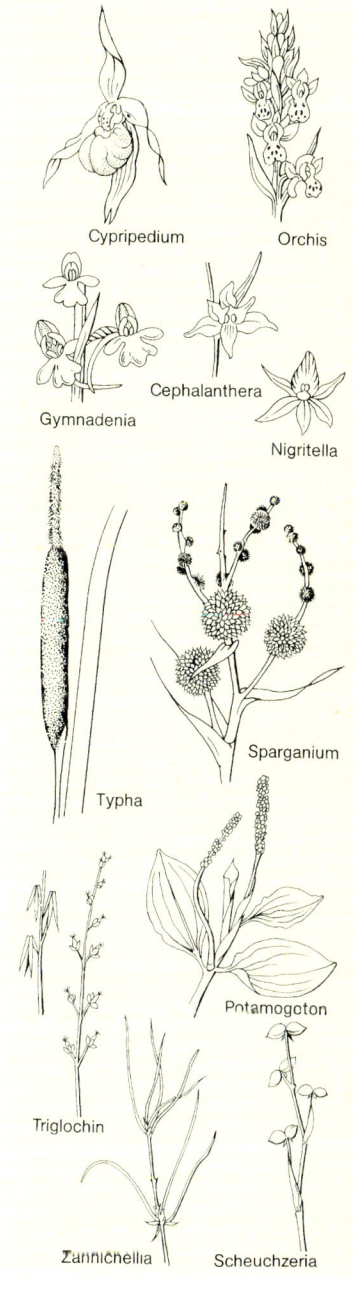

Cypripedium   Orchis

Cephalanthera

Gymnadenia

Nigritella

Sparganium

Typha

Potamogeton

Triglochin

Zannichellia   Scheuchzeria

19

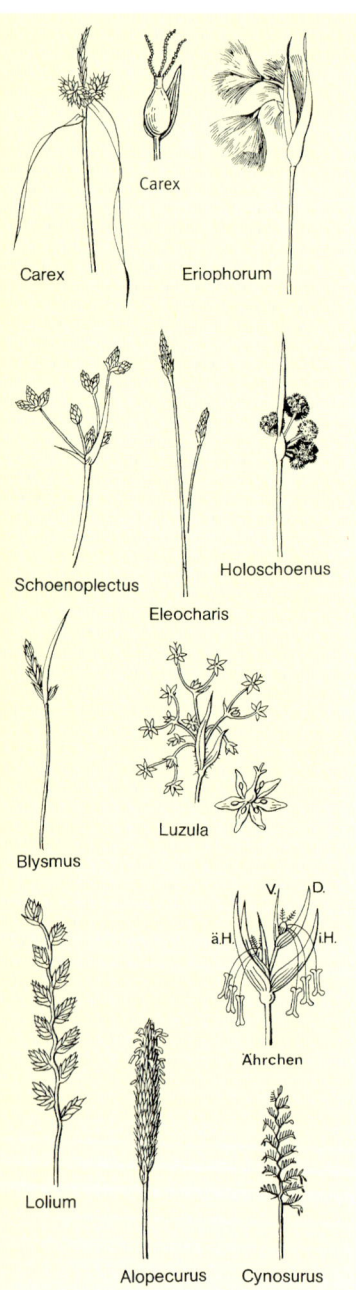

Carex

Carex   Eriophorum

Schoenoplectus

Holoschoenus

Eleocharis

Blysmus

Luzula

Lolium

Ährchen

Alopecurus   Cynosurus

St.; Bl. in 1- oder vielblütigen Ährchen in den Achseln von Deckb. (Spelzen); Ährchen einzeln oder meist in Ähren, Rispen oder Köpfen vereinigt und in den Achseln von Tragb.; Bl.hülle aus Borsten, Haaren oder fehlend; Staubb. 3, selten 2; Fruchtknoten 1, Narbe 2 oder 3. Bei *Carex* Bl. 1geschlechtig, ♂ und ♀ Bl. in verschiedenen oder gleichen Ähren; Fruchtknoten in einem geschlossenen Schlauch eingehüllt (siehe Abbildung); übrige Gattungen mit 2geschlechtigen Bl.; bei *Trichophorum, Eleocharis, Eriophorum scheuchzeri* und *E. vaginatum* St. nur mit 1 endständigen, aufrechten Ährchen, übrige Arten der Gattung *Eriophorum* St. mit mehreren Ährchen; bei *Scirpus, Schoenoplectus, Bolboschoenus* und *Cladium* (diese mit stachelig-gesägten B.) in Rispen, bei *Schoenus* und *Rhynchospora* in kopfigen Büscheln, bei *Holoschoenus* in kugeligen Köpfen, bei *Blysmus* in flachgedrückten, endständigen Ähren.

Seite 232 298 412 440

Binsengewächse/Juncaceae, Pfl. grasähnlich, mit knotenlosen, meist runden, nie scharfkantigen St. und borstlichen, rinnigen, binsenartigen *(Juncus)* oder flachen *(Luzula)* B.; Bl 2geschlechtig, grünlich, bräunlich oder weißlich, in rispigen, doldigen oder kopfigen Bl.ständen; Bl.b. 6, Staubb. 6, Narben 3.

Seite 84 134 300 412

Süßgräser/Gramineae, Pfl. mit hohlen, an den Knoten markigen St.; B. wechselständig, bestehend aus einer röhrigen B.scheide und schmaler, abstehender B.spreite, dazwischen mit einem kleinen Anhängsel, dem B.häutchen (stattdessen manchmal ein Haarbüschel), Bl. 2geschlechtig, einzeln oder zu mehreren in sitzenden oder gestielten Ährchen vereinigt; jedes Ährchen bestehend aus einer äußeren (ä. H.) und einer inneren Hüllspelze (i. H.) und den Bl.; jede Bl. bestehend aus einer (oft begrannten) Deckspelze (D.) und einer Vorspelze (V., manchmal fehlend); Staubb. 3, Narben federig, 2, Fruchtknoten 1, oberständig. Nach der Anordnung der Ährchen im Bl.stand lassen sich 3 Gruppen unterscheiden.

Seite 50 130 202 228 294 412 438

Ährengräser: Ährchen ungestielt oder an sehr kurzen unverzweigten Stielen, in Ähren oder ährenförmigen Trauben, diese einzeln und endständig wie bei *Lolium* oder *Brachypodium* oder zu mehreren finger- oder fiederartig angeordnet wie bei *Bothriochloa, Spartina, Echinochloa* und *Cynodon.*

Ährenrispengräser: Ährchen in endständiger, ährenähnlicher, dichter Rispe mit sehr kurzen, verzweigten Stielen *(Cynosurus, Alopecurus).*

Rispengräser: Ährchen in Trauben oder Rispen mit lg. Stielen (gelegentlich Ährchen am Ende längerer Rispenäste geknäuelt = _Dactylis):_ _Agrostis, Anthoxanthum, Apera, Arrenatherum, Avena, Briza, Bromus, Calamagrostis, Corynophorus, Deschampsia, Festuca, Glyzeria, Holcus, Milium, Molinia, Phalaris, Phragmites, Poa, Puccinellia, Stipa, Trisetum._

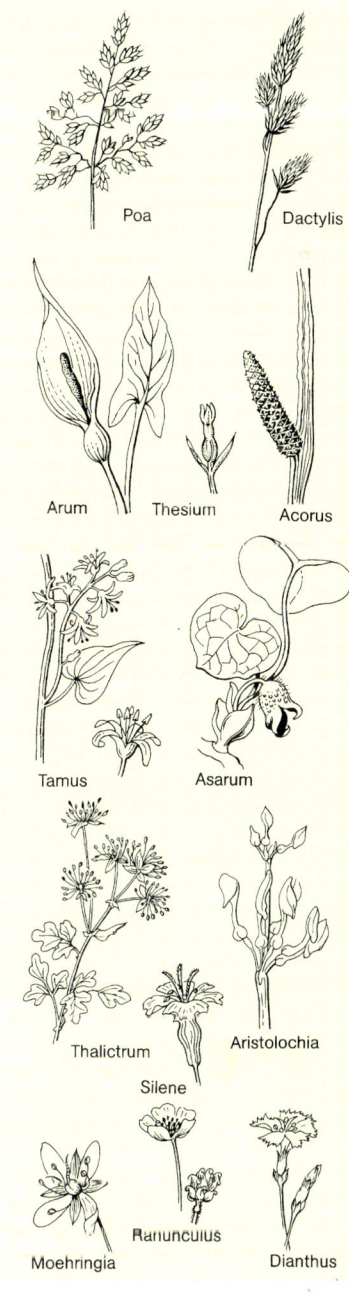

Poa

Dactylis

Seite **Aronstabgewächse**/Araceae, Pfl. mit dickem
246 Rhizom; Bl. klein, in dichten Kolben, häufig um-
302 geben von einer kronb.artigen Bl.scheide oder Spatha _(Arum, Calla)_ oder Spatha st.ähnlich, grünlich, den Bl.kolben nicht verhüllend _(Acorus)_; Bl.hülle meist fehlend.

Arum

Thesium

Acorus

Seite **Yamswurzgewächse**/Dioscoreaceae, Kletterpfl.
308 mit herzförmigen B. und kleinen, grünen, achselständigen Bl. und roten Beeren _(Tamus)._

Zweikeimblättrige Pflanzen mit ansehnlichen, strahligen oder radiären Bl.

Seite **Sandelgewächse**/Santalaceae, meist Halb-
146 schmarotzer mit 1fachen, wechselständigen B.
326 und kleinen, 4–5 teiligen, weißen Bl.; Fruchtknoten unterständig _(Thesium)._

Tamus

Asarum

Seite **Osterluzeigewächse**/Aristolochiaceae, Pfl. mit
56   wechselständigen, 1fachen B. und radiärer
326 _(Asarum)_ oder dorsiventraler, 2lippiger Krone _(Aristolochia),_ Bl.hülle 3zählig, verwachsen; Staubb. 6 oder 12; Fruchtknoten unterständig.

Seite **Nelkengewächse**/Caryophyllaceae, Pfl. mit un-
62   geteilten, meist gegen- oder quirlständigen B.
146 und 5zähliger (selten 4zähliger wie bei _Sagina,_
208 _Moehringia muscosa)_ Krone oder Krone feh-
252 lend (siehe S. 28); Kelchb. röhrenförmig ver-
328 wachsen, 5–6zipfelig _(Agrostemma, Gypsophi-_
414 _la, Lychnis, Melandrium, Silene, Viscaria),_
442 manchmal am Grund mit schuppenförmigen Hochb. _(Dianthus, Petrorhagia)_ oder Kelchb. frei oder nur am Grund verwachsen, 4–5teilig _(Arenaria, Cerastium, Minuartia, Moehringia, Sagina, Spergula, Spergularia, Stellaria)._ Staubb. 5 oder 10; Griffel 2–5; Fruchtknoten oberständig.

Thalictrum

Aristolochia

Silene

Seite **Hahnenfußgewächse**/Ranunculaceae, Pfl. mit
68   radiären Bl. (z. B. _Adonis, Aquilegia, Ranuncu-_
150 _lus, Thalictrum)_ und dorsiventralen _(Aconitum)_
208 Bl.; B. wechselständig (bei _Clematis_ gegen-
254 ständig), häufig handförmig geteilt oder gefie-
328 dert; Bl.hülle 4- bis vielblättrig, 1fach oder in
416 Kelch und Krone gegliedert; manchmal zwischen den Bl.hüllb. und den zahlreichen Staubb. kronb.artige Nektarb.; Fruchtknoten

Moehringia

Ranunculus

Dianthus

21

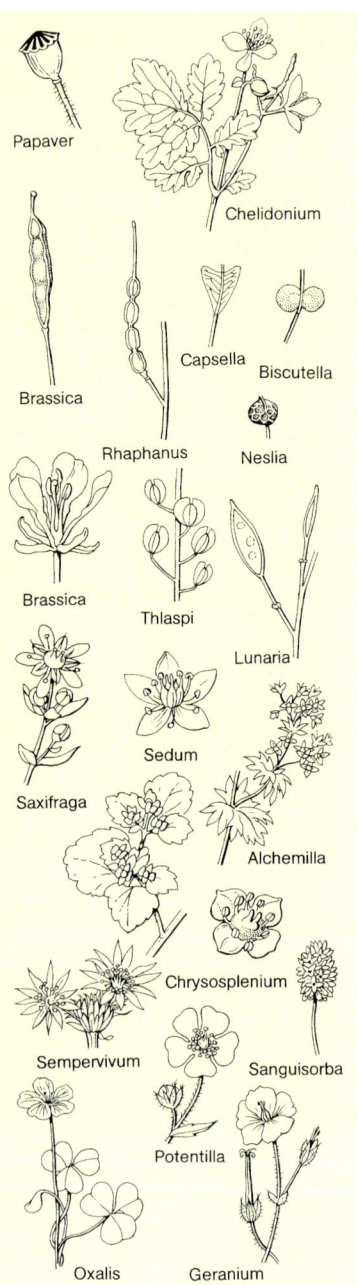

Papaver

Chelidonium

Brassica

Capsella

Biscutella

Rhaphanus

Neslia

Brassica

Thlaspi

Lunaria

Sedum

Saxifraga

Alchemilla

Chrysosplenium

Sempervivum

Sanguisorba

Potentilla

Oxalis

Geranium

viele, nicht verwachsen, zur Reife Nüsschen
oder Bälge bildend.

Mohngewächse/Papaveraceae, Pfl. mit Milchsaft; B. wechselständig, meist gefiedert;
Kelchb. meist 2, bald abfallend; Kronb. 4(–6);
Staubb. meist viele; Narbe scheibenförmig,
4–20strahlig und Frucht eine Kapsel *(Papaver)*
oder Narbe 2lappig und Frucht eine Schote
(Chelidonium).

Kreuzblütengewächse/Brassicaceae, Pfl. mit
wechselständigen, 1fachen oder fiederteiligen
B. und sehr einheitlichen Bl.; Kronb. 4, Kelchb.
4, Staubb. meist 6 (4 lange und 2 kürzere)
Fruchtknoten oberständig, Frucht eine Schote
(über 3mal so lg. wie br., z. B. *Brassica, Rhaphanus* mit Gliederschote) oder ein Schötchen
(weniger als 3mal so lg. wie br., z. B. *Capsella,
Thlaspi, Lunaria, Neslia, Biscutella)*.

Dickblattgewächse/Crassulaceae, Pfl. mit fleischigen, ganzrandigen B. oft in grundständiger
Rosette; Bl. gebüschelt oder in Trauben; Kronb.
5 *(Sedum)* oder 8–20 *(Sempervivum)* Staubb.
so viel oder doppelt so viel wie Kronb.; Fruchtknoten oberständig, meist mehrere, frei oder
am Grund verwachsen.

Steinbrechgewächse/Saxifragaceae, Pfl. mit
meist wechselständigen, 1fachen oder fiederteiligen B., häufig in Rosetten; Bl.hülle 1fach,
4blättrig, grünlichgelb *(Chrysosplenium)* oder
doppelt, 5zählig *(Saxifraga)*; Staubb. 8 oder 10.

Rosengewächse/Rosaceae, Bäume, Sträucher
(siehe S. 30) oder Kräuter; Bl. meist 5zählig;
Kronb. frei, meist 5 (z. B. *Potentilla*; bei *Dryas*
8, bei *Potentilla erecta* 4, bei *Aphanes, Alchemilla, Sanguisorba* Kronb. fehlend).

Sauerkleegewächse/Oxalidaceae, Pfl. mit
meist 3zähligen, wechsel- oder grundständigen B. und 5zähligen Bl.; Kronb. frei; Staubb.
10, Griffel 5 *(Oxalis)*.

Storchschnabelgewächse/Geraniaceae, Pfl.
mit wechselständigen, meist handförmig geteilten *(Geranium)* oder fiederteiligen *(Erodium)* B.; Kronb. 5, frei, Kelchb. 5; Staubb. 10,
am Grund verwachsen; Fruchtknoten aus 3–5
verwachsenen Fruchtb. mit schnabelartig verlängerten Griffeln; Frucht in 1samige Teilfrüchte zerfallend.

Leingewächse/Linaceae, Pfl. mit 1fachen,
wechselständigen B.; Kelchb. und Kronb. frei,
je 5, selten 4; Staubb. meist 5, am Grund verwachsen; Griffel 3–5; Frucht eine 5fächerige
Kapsel *(Linum)*.

Malvengewächse/Malvaceae, Pfl. mit wechselständigen, handförmig geteilten B.; Kelchb. und Kronb. frei, je 5; Bl. mit 6–9blättrigem *(Althaea, Alcea)* oder 3blättrigem *(Malva)* Außenkelch; Staubb. viele, zu einer Röhre verwachsen.

Johanniskrautgewächse/Hypericaceae, Pfl. mit gegen- oder quirlständigen, 1fachen B., diese von Öldrüsen durchscheinend punktiert; Bl. gelb; Kelchb. und Kronb. frei, je 5; Staubb. viele, zu 3–5 Bündeln verwachsen; Fruchtknoten oberständig; Griffel 3–5 *(Hypericum).*

Cistrosengewächse/Cistaceae, Pfl. mit wechselständigen, nadelförmigen *(Fumana)* oder mit gegenständigen, eiförmigen *(Helianthemum)* B.; Kelchb. und Kronb. frei, je 5; Staubb. viele; Fruchtknoten oberständig; Griffel 1.

Kürbisgewächse/Cucurbitaceae, meist Kletterpfl. mit spiraligen Ranken und wechselständigen, häufig gefingerten oder gelappten B.; Bl. 1geschlechtig, 5zählig; Fruchtknoten unterständig; Frucht eine Beere *(Bryonia).*

Blutweiderichgewächse/Lythraceae, Pfl. mit meist gegenständigen oder quirlständigen, ungeteilten B. und 4–6zähligen Bl. in lg. Ähre; Kelch röhrig; St. meist 4kantig *(Lythrum).*

Nachtkerzengewächse/Onagraceae (Oenotheraceae) B. meist gegenständig, Bl.achse zu einem kelchartigen, röhren- oder becherförmigen Achsenbecher (Hypanthium) erweitert, auf ihm *(Oenothera, Epilobium)* 4 Kelchb., 4 Kronb. und 8 Staubb. oder *(Circaea)* 2 Kelchb., 2 Kronb. und 2 Staubb. sitzend.

Doldengewächse/Umbelliferae oder Apiaceae, Pfl. mit gefurchten, hohlen, kantigen St. und meist mehrfach gefiederten, wechselständigen B.; B.stiele am Grund scheidig; Bl. 5zählig, radiär, nur Randbl. manchmal ungleich (z.B. *Orlaya)*; Bl. meist in aus Döldchen zusammengesetzten Dolden *(Chaerophyllum),* selten in Köpfen oder 1fachen Dolden *(Astrantia, Eryngium, Sanicula),* Bl.stand also schirmförmig, am Grund der meist lg. Doldenstrahlen oft mehrere, etwa 5–10mm lg. Schuppenb. (Hüllb.); am Grund der meist kleineren Döldchenstrahlen ebenfalls kleine Schuppenb. (Hüllchenb.); Kronb. 5, oft ausgerandet; Griffel 2, auf einem scheibenförmigen bis kegelförmigen Griffelpolster sitzend.

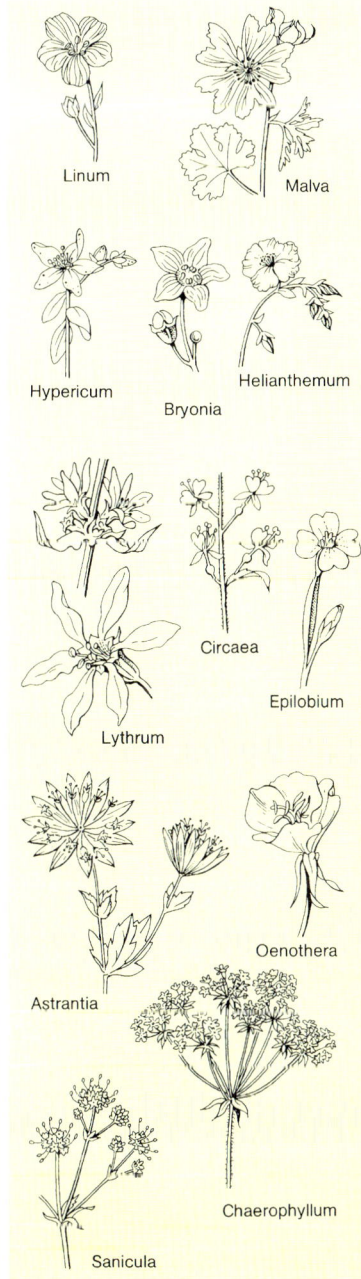

Linum

Malva

Hypericum

Helianthemum

Bryonia

Circaea

Epilobium

Lythrum

Oenothera

Astrantia

Chaerophyllum

Sanicula

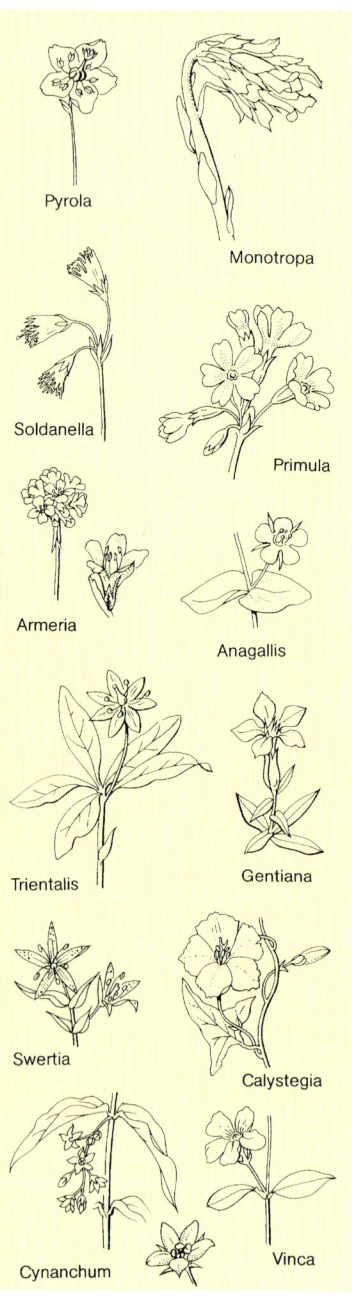

Pyrola

Monotropa

Soldanella

Primula

Armeria

Anagallis

Trientalis

Gentiana

Swertia

Calystegia

Cynanchum

Vinca

Wintergrüngewächse/Pyrolaceae, Pfl. mit wechselständigen, 1fachen, immergrünen B. und 4–5zähligen Bl., meist in Trauben; Kronb. frei; Kelchb. verwachsen; Staubb. 8 oder 10; Fruchtknoten oberständig; Griffel 1 *(Pyrola)*.

Fichtenspargelgewächse/Monotropaceae, parasitische Pfl. ohne Blattgrün; B. schuppenförmig, wechselständig, bleich; Bl. 4–5zählig *(Monotropa)*.

Primelgewächse/Primulaceae, Pfl. mit grundständiger B.rosette *(Androsace, Primula, Soldanella)* oder B. gegen- oder quirlständig *(Anagallis, Hottonia, Lysimachia, Trientalis)* oder B. wechselständig *(Glaux)*; Bl. meist 5zählig (7zählig bei *Trientalis*); Krone glocken- oder trichterförmig *(Soldanella,* bei *Glaux* fehlend); Fruchtknoten oberständig; Griffel 1.

Strandnelken- oder **Bleiwurzgewächse**/Plumbaginaceae, Pfl. mit ungeteilten, eiförmigen *(Limonium)* oder grasartigen *(Armeria)* B. und 5zähligen Bl. in verzweigten, doldenrispigen oder kopfigen Bl.ständen; Kelchröhre trockenhäutig, oft gefärbt. Fruchtknoten oberständig.

Enziangewächse/Gentianaceae, Pfl. mit gegenständigen, ungeteilten B. und 4–5zähligen Bl.; Krone röhrenförmig; Kronb. in der Knospe gedreht; Staubb. 4–5; Fruchtknoten oberständig; Griffel 1 *(Gentiana, Swertia)*.

Hundsgiftgewächse/Apocynaceae, Pfl. mit gegenständigen, immergrünen, 1fachen B. und 5zähligen Bl.; Krone am Grund röhrig verwachsen; Fruchtknoten oberständig *(Vinca)*.

Schwalbenwurzgewächse/Asclepiadaceae, Pfl. mit gegenständigen, 1fachen B. und 5zähligen Bl.; Staubb. 5, mit dem oberständigen Fruchtknoten zu einem Säulchen verwachsen, am Rücken mit 2 kronb.artigen Anhängseln, eine Nebenkrone bildend *(Cynanchum)*.

Windengewächse/Convolvulaceae, häufig windende Pfl. mit 1fachen, wechselständigen B. und 5zähligen Bl.; Kronb. verwachsen; Fruchtknoten oberständig; Kelch von 2 großen Hochb. eingeschlossen *(Calystegia)* oder Hochb. fehlend *(Convolvulus)*.

Borretschgewächse/Boraginaceae, Pfl. meist
steifhaarig; B. ungeteilt, wechselständig; Bl.
5zählig, radiär, selten dorsiventral *(Echium)*,
in gabelig geteilten Bl.ständen mit zurückgekrümmten Ästen, vor dem Aufblühen
schneckenförmig eingerollt; Krone oft mit
Schlundschuppen, dadurch Kronschlund geschlossen (z. B. *Anchusa, Cynoglossum, Lappula, Symphytum, Myosotis)* oder Schlund offen
*(Cerinthe, Echium, Lithospermum, Nonea,
Onosma)*; Frucht aus 4, oft stacheligen, 1sami-
gen Nüsschen bestehend.

Nachtschattengewächse/Solanaceae, Pfl. mit
wechselständigen, 1fachen B. und 5zähligen
Bl.; Kronb. am Grund verwachsen; Staubb. 5;
Krone radförmig *(Solanum),* trichterförmig
(Hyoscyamus, Datura) oder glockig *(Atropa);*
Narbe 2lappig; Frucht eine 2fächerige Beere
oder Kapsel.

Kugelblumengewächse /Globulariaceae, Pfl.
mit wechselständigen, ungeteilten B. und kugeligen Bl.ständen; Kelch röhrenförmig, 5teilig;
Krone mit schmaler Röhre, 2lippig; Staubb. 4
(Globularia).

Rötegewächse/Rublaceae, Pfl. mit gegen- oder
quirlständigen B. und reichblütigen Bl.stän-
den; Krone meist klein, 3–5zipfelig; Staubb.
3–5; Griffel 1; Fruchtknoten unterständig
(Galium).

Baldriangewächse/Valerianaceae, Pfl. mit gegenständigen B. und meist kleinen Bl. in reichblütigen Schirmrispen; Kelch gezähnt *(Valerianella)* oder zur Reife sich zu einem Haarkranz
(Pappus) vergrößernd *(Valeriana);* Krone
röhrig, 5zipfelig, selten gespornt *(Centran-
thus);* Staubb. 1–4.

Kardengewächse/Dipsacaceae, Pfl. mit gegenständigen B. und dichten Bl.köpfen mit kleinen
Bl.; Bl.köpfe länglich *(Dipsacus,* mit stechenden Hüllbl.) oder halbkugelig *(Scabiosa, Knautia, Succisa);* Bl. 4–5zählig, etwas unregelmäßig, mit Außenkelch; Fruchtknoten
unterständig.

Glockenblumengewächse/Campanulaceae,
Pfl. mit wechselständigen, 1fachen B. und
5zähligen Bl.; Kronb. linealisch, zur Bl.zeit frei
oder nur an der Spitze zusammenhängend
(Phyteuma, Jasione) oder Kronb. verwachsen
und Krone glockig *(Campanula, Legousia);*
Fruchtknoten unterständig; Frucht eine Kapsel.

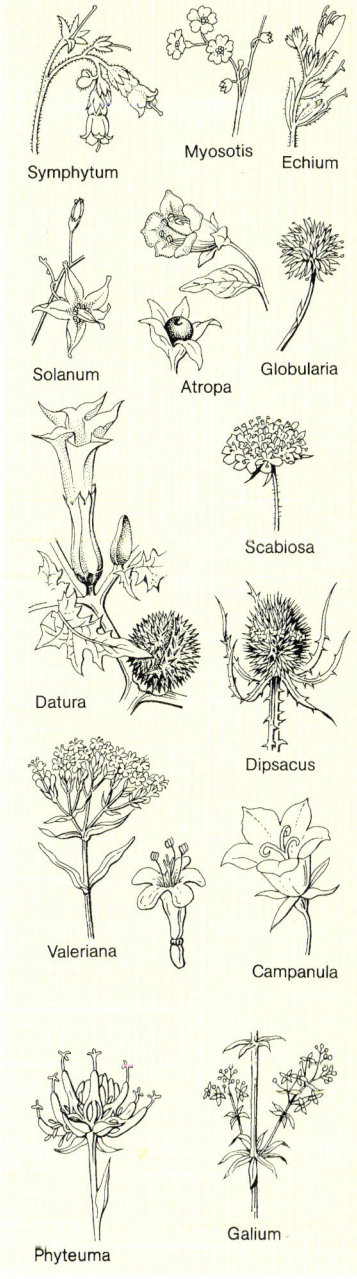

Symphytum

Myosotis

Echium

Solanum

Atropa

Globularia

Scabiosa

Datura

Dipsacus

Valeriana

Campanula

Phyteuma

Galium

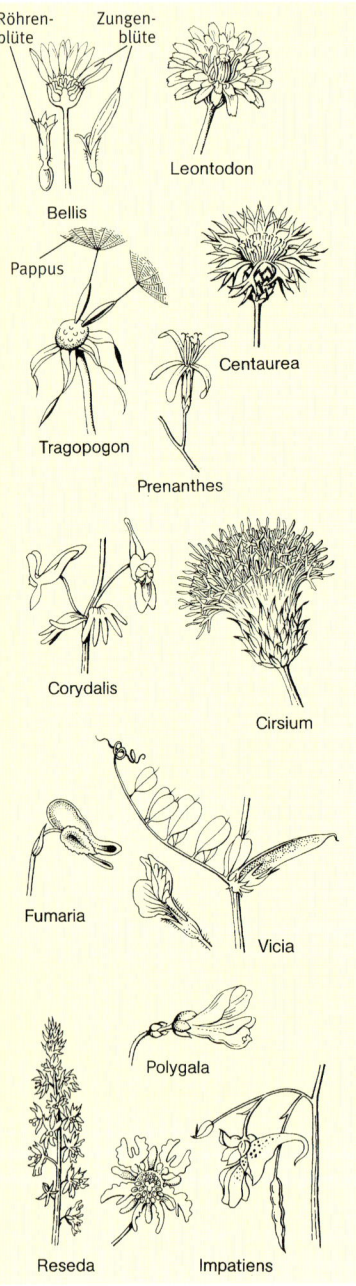

Röhren- Zungen-
blüte blüte

Leontodon

Bellis

Pappus

Centaurea

Tragopogon

Prenanthes

Corydalis

Cirsium

Fumaria

Vicia

Polygala

Reseda Impatiens

Seite
116
194
218
284
402
434
446 **Korbblütengewächse**/Compositae, Pfl. mit
wechselständigen B., selten B. gegenständig
(Arnica), Bl.stand recht einheitlich; Bl. klein, zu
vielen in einem von Hüllb. umgebenen Köpfchen oder Korb; Bl.- oder Korbboden oft mit
spelzenähnlichen Spreub.; Kelch der Einzelbl.
oft zu Schuppen oder Borsten zurückgebildet
oder zur Reife zu einem Haarkranz (Pappus)
aus 1fachen oder federigen Haaren, als Flugorgan zur Verbreitung der Samen, umgebildet;
Pfl. mit Milchsaft, dann Bl.köpfe nur mit Zungenbl. (z. B. *Leontodon, Prenanthes, Crepis, Sonchus)* oder Pfl. ohne Milchsaft, dann Bl.köpfe
innen mit Röhrenbl., am Rand mit zungenförmigen Bl. (z. B. *Aster, Bellis, Doronicum)* oder am
Rand auch mit röhrenförmigen Bl. (z. B. *Centaurea, Cirsium, Gnaphalium)*.

> ## Zweikeimblättrige Pflanzen mit an-
> sehnlichen, unsymmetrischen oder
> dorsiventralen Bl.

Osterluzeigewächse/Aristolochiaceae, s. S. 21.

Seite
68
152
338 **Erdrauchgewächse**/Fumariaceae, Pfl. mit
wechselständigen, meist geteilten B. und traubigen Bl.ständen; Krone 4blättrig, mit Sporn,
Kelchb. 2, bald abfallend; Staubb. 6, je 3 verwachsen *(Corydalis, Fumaria)*.

Seite
84 **Resedengewächse**/Resedaceae, Pfl. mit wechselständigen B. und kleinen Bl. in Trauben;
Kelchb. 4–8, Kronb. 4–8, hinteres Kronb.
größer und tiefer geteilt als die anderen;
Fruchtknoten oberständig *(Reseda)*.

Seite
84
160
210
264
352
422
444 **Schmetterlingsblütengewächse** /Fabaceae
oder Papilionaceae, Pfl. mit wechselständigen
B., diese 3zählig (z. B. *Medicago, Trifolium)*
oder unpaarig gefiedert (z. B. *Astragalus,Hip-
pocrepis, Lotus)* oder paarig gefiedert, am
Ende mit Ranke oder kleiner Spitze *(Lathyrus,
Vicia)*, weitere Merkmale siehe S. 30.

Seite
170 **Kreuzblumengewächse**/Polygalaceae, Pfl. mit
wechselständigen, ganzrandigen, ungeteilten
B. und schmetterlingsförmigen Bl.; Kelchb. 5,
sich überlappend, die inneren 2 größer und
kronb.artig; Kronb. 5, das untere groß, mit
fransigen Anhängseln; Staubb. 10; Fruchtknoten oberständig *(Polygala)*.

Seite
364 **Springkrautgewächse**/Balsaminaceae, B.
1fach, ungeteilt; Kronb. 5, frei, Kelchb. 3, eines
davon gefärbt und mit Sporn; Staubb. 5,
Staubbeutel miteinander verwachsen; Frucht
eine 5klappige Kapsel, zur Reife aufspringend
und die Samen ausschleudernd *(Impatiens)*.

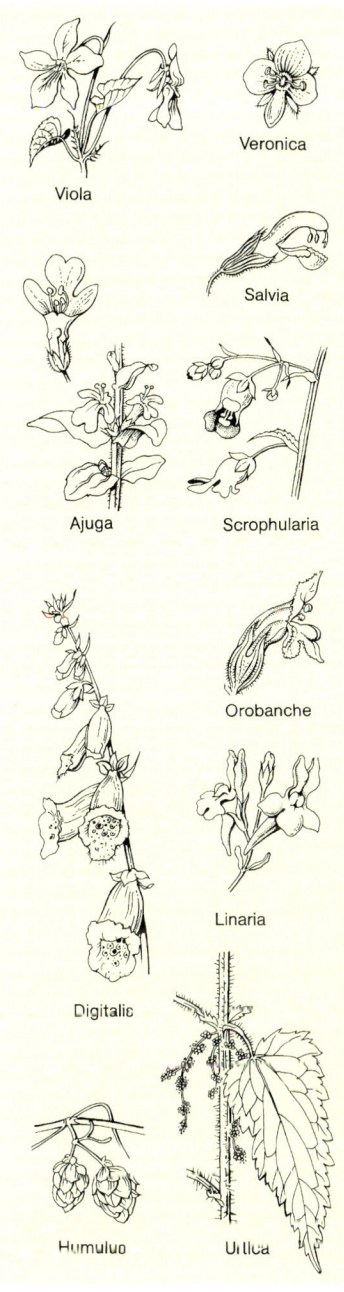

Veilchengewächse/Violaceae, Pfl. mit wechsel-ständigen, 1fachen B. und unregelmäßigen, gesporten, meist einzelnen, 5zähligen Bl., diese mit 2 Vorb.; Staubb. 5; Kelchb. mit An-hängseln; Frucht eine 3klappige Kapsel; Sa-men mit Ölkörper _(Viola)._

Veronica

Viola

Lippenblütengewächse/Labiatae oder Lamia-ceae, Pfl. mit 4kantigen St. und kreuzgegen-ständigen, selten quirligen B. und Zweigen; Bl. in Scheinquirlen in den Achseln der oberen B.; Gesamtbl.stand ähren- oder traubenförmig; Kronb. 5, verwachsen; Krone meist 2lippig, selten scheinbar 1lippig _(Ajuga, Teucrium),_ Staubb. 4 (2 längere, 2 kürzer), selten nur 2 Staubb. _(Salvia),_ Fruchtknoten oberständig, 4teilig.

Salvia

Braunwurzgewächse/Scrophulariaceae, Pfl. mit meist ungeteilten, wechsel- oder gegen-ständigen B. und 2lippigen, 4–5teiligen Bl. in Trauben oder Rispen, selten Bl. fast radiär _(Veronica, Verbascum),_ bei _Digitalis_ und _Scro-phularia_ mit bauchiger Kronröhre mit 2lippi-gem Saum; Staubb. selten 5 _(Verbascum),_ meist 2 oder 4; Fruchtknoten oberständig; Kronschlund manchmal durch eine Ausstül-pung der Unterlippe (Gaumen) verschlossen _(Antirrhinum, Cymbalaria, Linaria);_ Krone bis-weilen gespornt (z.B. _Chaenorrhinum, Linaria)._

Ajuga

Scrophularia

Sommerwurzgewächse/Orobanchaceae, Schmarotzerpfl. ohne Chlorophyll, mit schup-penförmigen, wechselständigen B.; Bl. in Trau-ben oder Ähren; Kelch 4–5spaltig oder mit 2 tief eingeschnittenen Lappen; Krone röhren-förmig, 2lippig; Staubb. 4; Fruchtknoten ober-ständig.

Orobanche

Baldriangewächse/Valerianaceae siehe S. 25.

Zweikeimblättrige Pflanzen mit un-scheinbaren, grünen, grünlichweißen Bl. oder ohne Bl.hülle.

Linaria

Hanfgewächse/Cannabaceae, Pfl. 2häusig, aufrecht _(Cannabis)_ oder windend _(Humulus);_ B. handförmig geteilt; Bl. 1geschlechtig, 5zäh-lig, grünlich, in Rispen oder Ähren.

Digitalis

Brennnesselgewächse/Urticaceae, Pfl. 1- oder 2häusig, oft mit Brennhaaren _(Urtica),_ B. 1fach, gegenständig _(Urtica)_ oder wechselständig _(Parietaria);_ Bl. meist 1geschlechtig, in Rispen, Ähren oder Köpfen; Bl.hülle 4–5zählig; Staubb. 4, in der Knospe nach innen gekrümmt, beim Aufblühen zurückschnellend und den Pollen ausschleudernd.

Humulus

Urtica

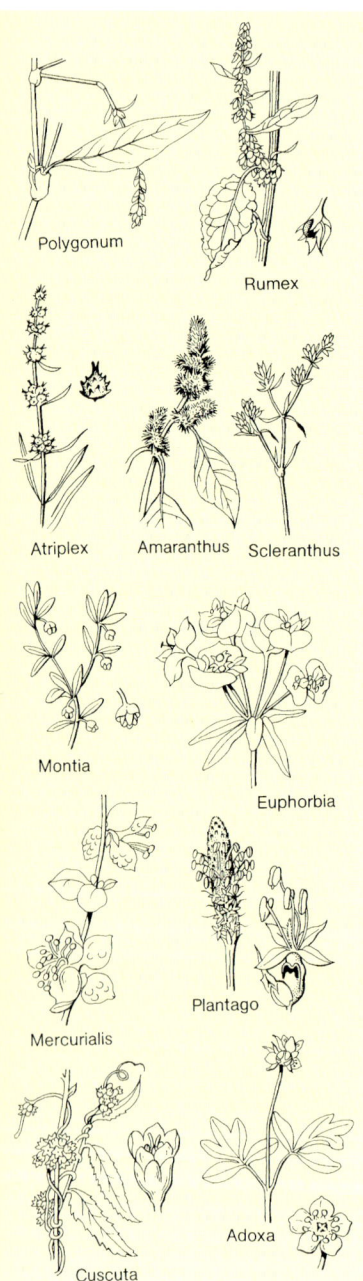

Polygonum

Rumex

Atriplex   Amaranthus   Scleranthus

Montia

Euphorbia

Plantago

Mercurialis

Cuscuta

Adoxa

Seite **Knöterichgewächse**/Polygonaceae, Pfl. mit
56   kantigen St.; B. wechselständig, mit zu st.um-
206   fassenden Tuten verwachsenen Nebenb.
252
414   (röhrige Scheiden); Bl. 2geschlechtig; Bl.b. 4
(Oxyria), 5 *(Fagopyrum, Polygonum)* oder 6
(Rumex) Fruchtknoten oberständig; Frucht eine
2–3kantige Nuss.

Seite **Gänsefußgewächse**/Chenopodiaceae, viele
60   Strand- und Ruderalpfl. mit dicken, fleischigen
440   B. und St. *(Suaeda, Salsola, Salicornia)*, B.
wechselständig; Bl. grünlich; Bl.b. fehlend
oder 1–5, häufig ausdauernd und mit der
Frucht verwachsend; Frucht eine 1samige Nuss
(Atriplex).

Seite **Fuchsschwanzgewächse**/Amaranthaceae, Ru-
62   deralpfl. mit ganzrandigen, wechselständigen
B. (*Amaranthus*) und kleinen Bl. in dichten, zusammengesetzten Bl.ständen: Bl.b. 4–5, meist
trockenhäutig, Fruchtknoten oberständig;
Frucht meist eine Deckelkapsel.

Seite **Portulakgewächse**/Portulacaceae, Sumpf-
252   oder Wasserpfl. *(Montia),* mit winzigen, weißen
Bl. und gegenständigen, länglichen, fleischigen B.; Bl.b. 4–6; Staubb. 3–5.

Seite **Nelkengewächse**/Caryophyllaceae, Bl. radiär;
64   Bl. ohne Krone, in Knäueln (*Scleranthus, Her-*
66   *niaria, Polycnemum*). Siehe auch S. 21.

Seite **Wolfsmilchgewächse**/Euphorbiaceae, Pfl. mit
90   Milchsaft *(Euphorbia)* oder ohne Milchsaft
172
360   *(Mercurialis);* B. wechselständig (bei *Mercuria-*
444   *lis* gegenständig); Bl. 1geschlechtig, grünlich;
Bl.b. 5 oder fehlend; Fruchtknoten oberständig; Frucht eine Kapsel. – Bei *Euphorbia* ist das
als Bl. erscheinende eine Scheinbl. (Cyathium),
bestehend aus einem glockenförmigen, 5zipfe-
ligen Hüllbecher, am Rand mit 4 bohnen- oder
halbmondförmigen Drüsen, im Inneren mit
10–20 ♂ Bl. aus je 1 Staubb. und 1 gestielten
♀ Bl. nur aus 1 Fruchtknoten bestehend; die
Scheinbl. sind in mehrstrahlige Dolden angeordnet.

Seite **Seidengewächse**/Cuscutaceae, windende,
100   bleiche Schmarotzerpfl. mit 4–5zähligen, ra-
180   diären Bl. in Knäueln *(Cuscuta).*

Seite **Wegerichgewächse**/Plantaginaceae, Pfl. mit
114   ungeteilten, wechselständigen, oft rosettigen
216
282   B. mit parallelen Nerven; Bl. 4zählig, in dich-
446   ten, endständigen Ähren oder Köpfen; Krone
trockenhäutig; Staubb. 4, Staubfäden sehr lg.;
Fruchtknoten oberständig; Frucht eine Deckelkapsel oder ein Nüsschen *(Plantago).*

Moschuskrautgewächse/Adoxaceae, kleine Pfl. mit gegenständigen, 3zähligen B. und kleinen, grünlichen Bl. in fast würfelförmigen Köpfen; Krone 4–5teilig; Staubb. 4–5, sehr tief 2teilig *(Adoxa)*.

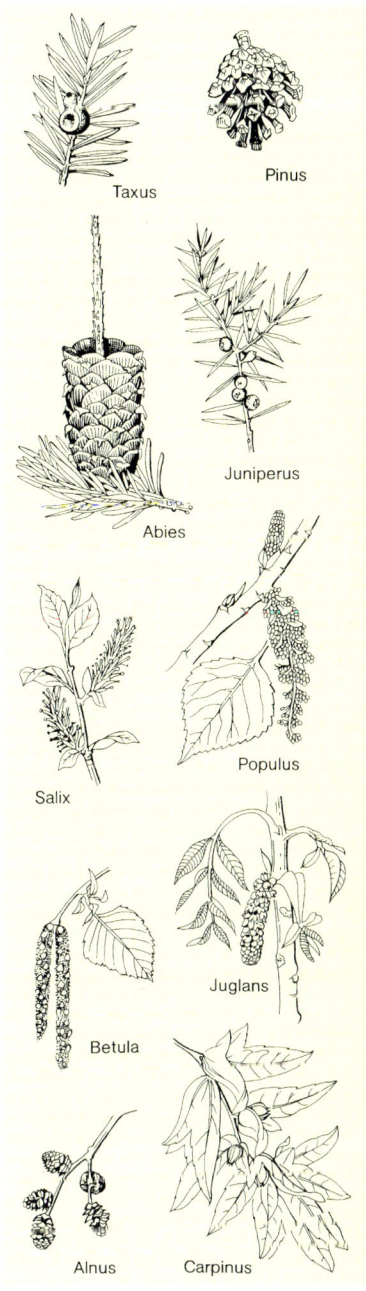

Taxus

Pinus

Bäume und Sträucher über 1 m Wuchshöhe

Nadelgehölze

Eibengewächse/Taxaceae, B. nadelförmig, immergrün; Pfl. 2häusig, Bl. 1geschlechtig; ♂ Bl. mit kätzchenartig angeordneten Staubb.; Frucht beerenartig, rot *(Taxus)*.

Kieferngewächse/Pinaceae, B. nadelförmig, immergrün oder sommergrün *(Larix)*; Pfl. meist 1häusig; Bl. meist 2geschlechtig; ♂ Bl. mit kätzchenartig angeordneten Staubb.; ♀ Bl. in Zapfen, mit Deck- und Fruchtschuppen, als Ganzes abfallend *(Pinus, Picea)* oder nur die Schuppen einzeln abfallend *(Abies)*.

Zypressengewächse/Cupressaceae, B. nadel- oder schuppenförmig *(Juniperus)*; ♀ Bl. aus 3–6 Fruchtschuppen, zur Reife ein kugeliger Beerenzapfen *(Juniperus)*.

Juniperus

Abies

Laubbäume und Sträucher (siehe auch Zwergsträucher S. 32).

Weidengewächse/Salicaceae, B. wechselständig; Bl. in Kätzchen, meist vor den B. erscheinend, ohne Bl.hülle; Staubb. 2–5 *(Salix)* oder 8–30 *(Populus)*.

Walnussgewächse/Juglandaceae, B. wechselständig, unpaarig gefiedert; Bl. 1geschlechtig; Pfl. 1häusig; ♂ Bl. in hängenden Kätzchen, ♀ Bl. zu 2–3; Frucht eine Nuss mit fleischiger Hülle *(Juglans)*.

Populus

Salix

Birkengewächse/Betulaceae, Pfl. 1häusig; Bl. 1geschlechtig; ♂ Bl. in Kätzchen, Bl. zu mehreren in den Achseln jedes Tragb.; Fruchtschuppen 3lappig, zur Reife mit der geflügelten Frucht abfallend *(Betula)* oder 4–5lappig, nach der Reife verholzend und als Zapfen am Baum bleibend *(Alnus)*.

Juglans

Betula

Haselgewächse/Corylaceae, Pfl. 1häusig; Bl. 1geschlechtig; ♂ Bl. einzeln in den Achseln der Tragb. walziger Kätzchen; ♀ Bl. in lockeren oder knospenförmigen Kätzchen; Fruchthülle 3teilig *(Carpinus)* oder becherförmig, zerschlitzt *(Corylus)*.

Alnus

Carpinus

29

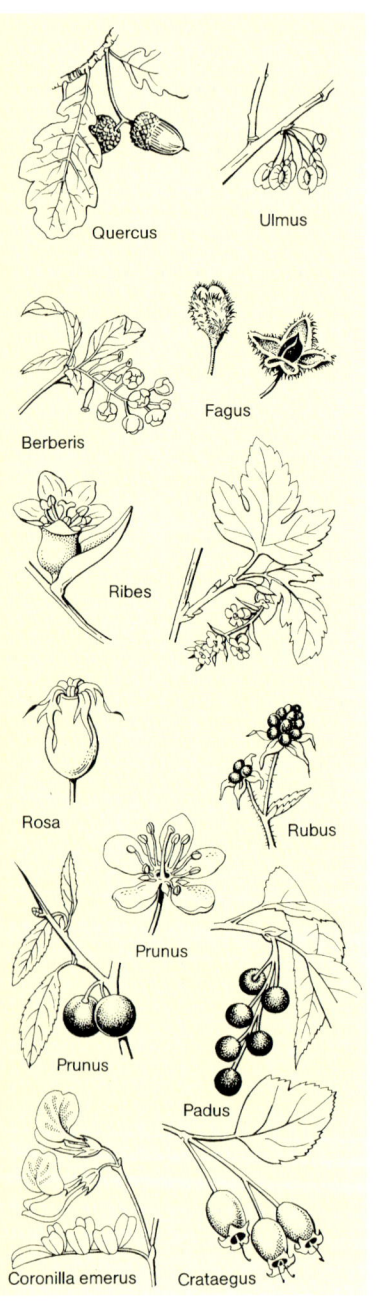

Quercus

Ulmus

Berberis

Fagus

Ribes

Rosa

Rubus

Prunus

Prunus

Padus

Coronilla emerus

Crataegus

Seite **Buchengewächse**/Fagaceae, Pfl. 1häusig;
324 ♂ Bl. in kugeligen *(Fagus)* oder verlängerten, aufrechten *(Castanea)* oder hängenden *(Quercus)* Kätzchen; Frucht einzeln *(Quercus)* oder zu mehreren, von einem lederigen oder verholzten Achsenbecher umschlossen; B. ganzrandig *(Fagus)*, gelappt *(Quercus)* oder dornig gezahnt *(Castanea)*.

Seite **Ulmengewächse**/Ulmaceae, B. ungeteilt am
326 Grund unsymmetrisch; Bl. 2geschlechtig, in knäueligen Bl.ständen; Bl.hülle 4–5blättrig; Frucht eine ringsum br. geflügelte Nuss *(Ulmus)*.

Seite **Berberitzengewächse**/Berberidaceae, dornige
338 Sträucher; B. wechselständig, 1fach; Bl. strahlig, in Trauben, meist mit 6 Kronb.; Frucht eine Beere *(Berberis)*.

Seite **Stachelbeergewächse**/Grossulariaceae, B.
340 wechselständig, 3–5lappig; Bl. strahlig, 5zählig, in Trauben; Kronb. frei; Fruchtknoten unterständig; Griffel 2; Frucht eine Beere *(Ribes)*.

Seite **Rosengewächse**/Rosaceae, Bäume, Sträucher,
342 Kräuter; B. wechselständig, 1fach oder zusammengesetzt, meist mit Nebenb.; Bl. radiär, meist 5zählig; Griffel 1–5 oder zahlreich; Bl.boden und Früchte bei den einzelnen Gattungen sehr verschieden, z.B. *Rosa:* Fruchtboden krugförmig, auf dessen Rand die Bl.hülle und Staubb.; Früchtchen zahlreich, vom fleischigen Kelchbecher (Hagebutte) umschlossen. Bei *Rubus:* Fruchtboden kegelförmig; Früchtchen fleischig, zu einer Sammelfrucht vereinigt. *Padus, Cerasus, Prunus:* Frucht eine Steinfrucht, aus 1 fleischigen Fruchtb. gebildet. *Pirus, Malus, Cydonia, Sorbus, Amelanchier:* Fruchtb. 2–5, zur Reife pergamentartig, in den fleischigen Bl.boden eingeschlossen, Frucht apfelartig. *Mespilus, Crataegus, Cotoneaster:* Fruchtb. 2–5, zur Reife je einen Steinkern bildend.

Seite **Schmetterlingsblütler**/Fabaceae, Sträucher
160 *(Sarothamnus, Colutea, Coronilla),* Zwergsträu-
354 cher oder Kräuter (siehe auch S. 32); B. wechselständig, mit Nebenb., gefiedert oder 3zählig; Bl. dorsiventral, meist in Trauben oder Köpfen; Kronb. 5, das obere als Fahne, die beiden seitlichen als Flügel und die beiden unteren, teilweise verwachsen als Schiffchen bezeichnet; Staubb. 10, alle zu einer Röhre verwachsen oder 1 frei. Frucht eine Hülse.

Seite **Rautengewächse**/Rutaceae, Sträucher *(Dic-*
362 *tamnus)* oder Kräuter *(Ruta)*, mit Ölzellen,
stark riechend; B. wechselständig, gefiedert;
Bl. dorsiventral.

Seite **Ahorngewächse**/Aceraceae, B. gegenständig,
362 handförmig gelappt; Bl. radiär, 4–5zählig;
Frucht in 2 geflügelte Hälften zerfallend *(Acer)*.

Seite **Pimpernussgewächse**/Staphyleaceae, B. ge-
364 genständig, unpaarig gefiedert; Bl. radiär,
5zählig, in hängenden Rispen; Frucht eine Kapsel *(Staphylea).*

Seite **Stechpalmengewächse**/Aquifoliaceae, meist
362 immergrüne Sträucher mit wechselständigen,
ledrigen, dornig gezähnten B. *(Ilex)*; Bl. radiär
meist 4zählig, 1geschlechtig, klein, weiß;
Frucht beerenartig, rot.

Seite **Baumwürgergewächse**/Celastraceae, B. ge-
364 genständig, ganzrandig; Bl. radiär, 4zählig;
Frucht eine 3–5kantige Kapsel *(Euonymus).*

Seite **Kreuzdorngewächse**/Rhamnaceae, B. gegen-
366 oder wechselständig, 1fach, mit kleinen Nebenb.; Bl. unscheinbar, radiär, 4–5zählig, achselständig; Frucht eine Steinfrucht *(Rhamnus).*

Seite **Lindengewächse**/Tiliaceae, B. wechselständig,
366 1fach; Bl. 2geschlechtig, 5teilig; Staubb. 10
und mehr; Bl.stand mit flügelartigem Hochb.
(Tilia).

Seite **Ölweidengewächse**/Eleagnaceae, Zweige in ei-
368 nem Dorn endend; B. wechselständig; Bl. 1ge-
schlechtig, klein; Pfl. 2häusig; Frucht orange,
steinfruchtähnlich *(Hippophae).*

Seite **Tamariskengewächse**/Tamaricaceae, Sträu-
172 cher; B. wechselständig, nadel- oder schuppenförmig, klein; Bl. (4)5teilig, in dichten Trauben, klein, rosa *(Myricaria).*

Seite **Hartriegelgewächse**/Cornaceae, Bäume oder
378 Sträucher mit ungeteilten, meist gegenständigen B. und 4zähligen Bl.; Kronb. frei; Frucht eine Steinfrucht *(Cornus).*

Seite **Ölbaumgewächse**/Oleaceae, Bäume mit gefie-
384 derten B. *(Fraxinus)* oder Sträucher mit ungetei-
teilten B. *(Ligustrum)*, Bl. radiär, 4zählig;
Frucht eine geflügelte Nuss *(Fraxinus)* oder eine Beere *(Ligustrum)* oder eine Kapsel.

Seite **Geißblattgewächse**/Caprifoliaceae, meist
396 Sträucher, selten Kräuter *(Linnea)*; B. gegenständig, 1fach oder geteilt; Bl. radiär, 5teilig, in
Schirmrispen *(Sambucus, Viburnum)* oder dorsiventral, 2lippig, zu 2 auf gemeinsamen Stiel
(Lonicera).

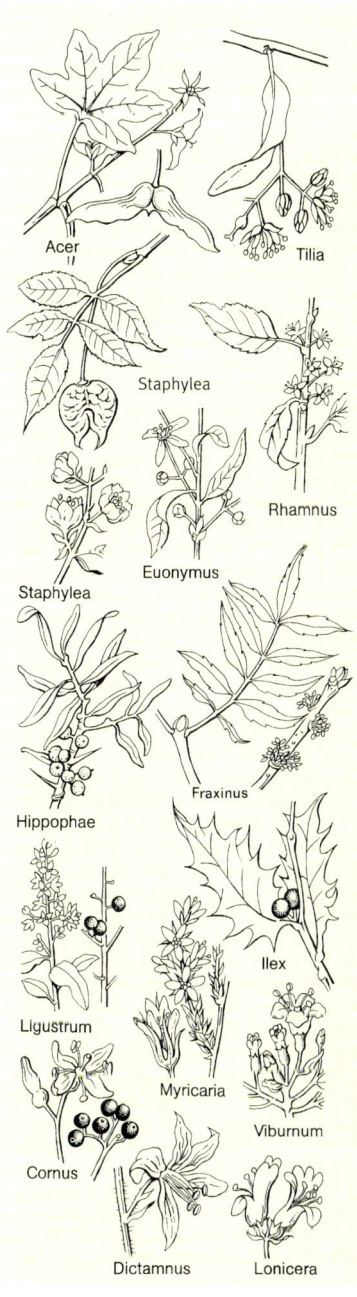

Acer

Tilia

Staphylea

Rhamnus

Euonymus

Staphylea

Fraxinus

Hippophae

Ilex

Ligustrum

Myricaria

Viburnum

Cornus

Lonicera

Dictamnus

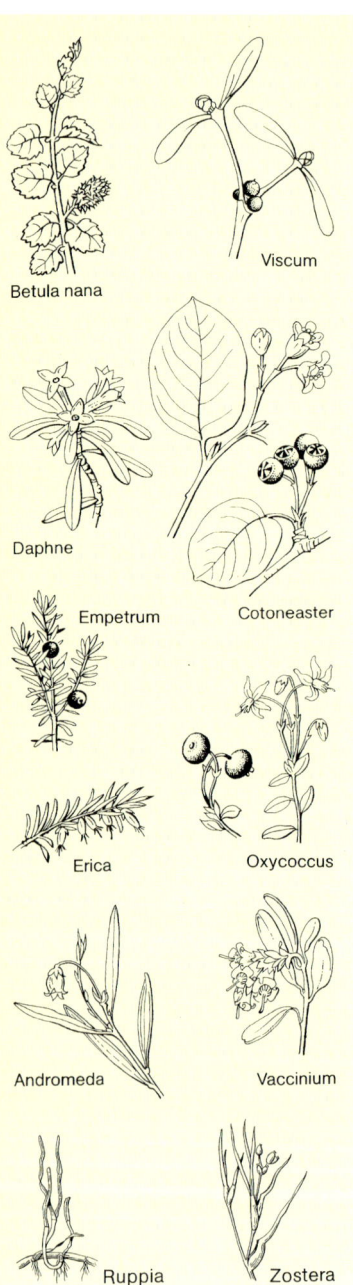

Betula nana

Viscum

Daphne

Empetrum

Cotoneaster

Erica

Oxycoccus

Andromeda

Vaccinium

Ruppia

Zostera

Zwergsträucher, niedrige Sträucher unter 1 m Wuchshöhe

Seite 414 **Weidengewächse**/Salicaceae, am Boden kriechende Spaliersträucher *(Salix),* siehe S. 29.

Seite 252 **Birkengewächse**/Betulaceae, *Betula,* siehe S. 29.

Seite 326 **Mistelgewächse**/Loranthaceae, halbstrauchige Halbschmarotzer auf Bäumen; B. gegenständig, immergrün *(Viscum)* oder sommergrün *(Loranthus);* Bl. radiär, 1- oder 2geschlechtig, weißlich, in sitzenden Knäueln; Bl.b. 4 oder 6; Staubb. 4; Fruchtknoten unterständig; Frucht eine klebrige Scheinbeere.

Seite 342 **Rosengewächse**/Rosaceae, Zwergsträucher *(Cotoneaster);* B. 1fach; Bl. 2geschlechtig, klein, in 2–10blütigen Bl.ständen an kurzen Seitentrieben, siehe auch S. 30.

Seite 174 368 **Seidelbastgewächse**/Thymelaeaceae, B. wechselständig, 1fach, ohne Nebenb.; Bl. radiär, Krone fehlend, Kelch gefärbt, 4–6zipfelig; Staubb. 8–10; Frucht eine Steinfrucht.

Seite 270 **Krähenbeerengewächse** /Empetraceae, immergrüne Zwergsträucher; B. nadelförmig, wechselständig; Bl. einzeln, 2–3zählig; Staubb. 2–4; Frucht eine beerenartige Steinfrucht.

Seite 270 380 424 **Heidekrautgewächse**/Ericaceae, niedrige Sträucher *(Rhododendron)* oder Zwergsträucher; B. meist immergrün, wechsel- oder quirlständig (bei *Andromeda* wechselständig); Krone radförmig, 4teilig *(Oxycoccus),* glockig oder krugförmig, 4zählig *(Calluna, Erica, Vaccinium),* glockig, 5zählig *(Loiseleuria)* oder trichterig, radförmig *(Rhododendron, Rhodothamnus),* Staubbeutel sich an der Spitze mit Löchern öffnend, oft mit hornförmigem Anhängsel.

Wasserpflanzen (im Wasser schwimmend oder flutend)

Seite 440 **Saldengewächse**/Ruppiaceae, in salzhaltigen Gewässern untergetauchte Pfl. mit linealischen, am Grund scheidigen B. und unscheinbaren Bl., ohne Bl.hülle, in 2blütigen Ähren *(Ruppia).*

Seite 440 **Seegrasgewächse**/Zosteraceae, untergetauchte Meerespfl. mit grasartigen B. und unscheinbaren, 2reihig auf einer flachgedrückten Ährenachse angeordneten Bl. *(Zostera).*

Seite 244 **Nixenkrautgewächse**/Najadaceae, untergetauchte Pfl. mit linealischen, gesägten B. und unscheinbaren, 1geschlechtigen Bl., umschlossen von einer becherförmigen Hülle *(Najas)*.

Seite 244 **Wasserlinsengewächse**/Lemnaceae, schwimmende oder untergetauchte Pfl., nicht in B. und St. gegliedert; Sprosse rundlich, b artig, klein; Bl. winzig, ohne Bl.hülle *(Lemna, Spirodela)*.

Seite 254 **Seerosengewächse**/Nymphaeaceae, Pfl. mit ganzrandigen, großen Schwimmb. und dickem Rhizom; Bl. lg. gestielt, schwimmend; Bl.b. und Staubb. ineinander übergehend *(Nuphar)*.

Seite 254 **Hornblattgewächse**/Ceratophyllaceae, Pfl. untergetaucht; B. quirlständig, gabelteilig, oft stachelig gezähnt; Bl. 1geschlechtig; Bl.b. 8–12; selten blühend *(Ceratophyllum)*.

Seite 256 **Hahnenfußgewächse**/Ranunculaceae, Pfl. mit schwimmenden und flutenden B. *(Ranunculus)*; Bl. weiß; siehe auch S. 21.

Seite 264 **Wassersterngewächse**/Callitrichaceae, Pfl. mit fadenförmigen St.; B. ganzrandig, gegenständig, Bl. ohne Bl.b., nur mit 2 Vorb., 1 Staubb. und 1 Fruchtknoten mit 2 Griffeln; Frucht in 4 1samige Teilfrüchte zerfallend *(Callitriche)*.

Seite 266 **Wassernussgewächse**/Trapaceae, Pfl. mit Schwimmb.rosette und aufgeblasenen B.stielen; Bl. 4zählig; Frucht eine 1samige, steinfruchtartige Nuss, von der vergrößerten Fruchtachse umschlossen, mit 2–4 aus Kelchb. umgewandelten Dornen *(Trapa)*.

Seite 266 **Seebeerengewächse**/Haloragaceae, Pfl. untergetaucht, mit quirligen, kammförmig gefiederten B. und 4zähligen, unscheinbaren Bl.; Staubb. 2–6 *(Myriophyllum)*.

Seite 266 **Tannenwedelgewächse**/Hippuridaceae, Pfl. mit zahlreichen, linealischen, quirligen B. und achselständigen, unscheinbaren Bl.; Staubb. 1, Fruchtknoten oberständig *(Hippuris)*.

Seite 276 **Fieberkleegewächse**/Menyanthaceae, Pfl. mit rundlichen Schwimmb. *(Nymphoides)* oder mit 3zähligen B. *(Menyanthes)*; Bl. radiär, 5zählig; Fruchtknoten oberständig.

Seite 280 **Wasserschlauchgewächse**/Lentibulariaceae, Pfl. untergetaucht *(Utricularia)*, mit vielteiligen B. mit Fangblasen oder Sumpfpfl. *(Pinguicula)*, mit klebrig-drüsigen, ungeteilten Rosettenb.; insektenfangend; Krone 2lippig, am Grund ausgesackt oder gespornt; Staubb. 2, Fruchtknoten oberständig.

Seite 442 **Gänsefußgewächse**/Chenopodiaceae, mit *Salicornia* im Wattenmeer, mit dickfleischigen, b.losen, gegliederten, stark verzweigten St.; übrige Merkmale der Familie siehe S. 28.

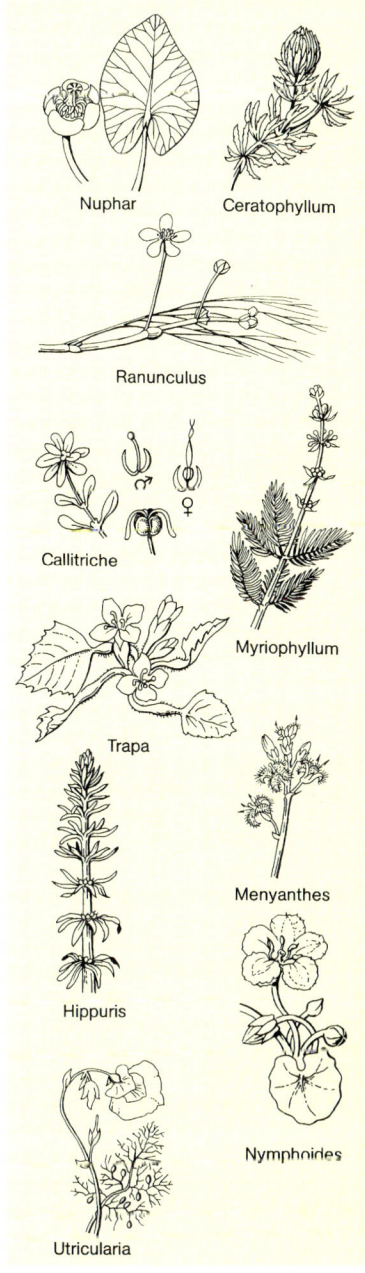

Nuphar

Ceratophyllum

Ranunculus

Callitriche

♀

Myriophyllum

Trapa

Menyanthes

Hippuris

Nymphoides

Utricularia

33

Bestimmungsschlüssel nach Blütenfarben

Der folgende Schlüssel ermöglicht es, eine unbekannte Art anhand leicht festzustellender Merkmale einer bestimmten Gruppe zuzuordnen. Innerhalb dieser Gruppe kann dann die Art durch Vergleich mit den Abbildungen und den dazugehörenden Texten bestimmt werden.

Hinweis: Die hinter den Pflanzennamen angegebenen Zahlen beziehen sich auf die Tafelnummern.

Kräuter

Das auffälligste Merkmal bei den Kräutern, zumindest bei denen mit gut ausgeprägten Blüten, ist die Blütenfarbe. Die Hauptgliederung des Schlüssels erfolgt daher nach folgenden Farben:

weiß			violett	
gelb			blau	
rosa			grünlich oder bräunlich	
rot oder purpurn			unscheinbar (Gräser)	

Innerhalb der jeweiligen Blütenfarbe kann die Zahl der infrage kommenden Arten weiter eingeengt werden, indem zusätzlich Merkmale der Blütenform beachtet werden. Folgende Gruppen wurden gebildet und sind jeweils durch ein entsprechendes Symbol auf der Farbleiste gekennzeichnet:

Blüten strahlig symmetrisch, Blütenblätter 3 oder 4

Blüten strahlig symmetrisch, Blütenblätter 5

Blüten strahlig symmetrisch, Blütenblätter mehr als 5

Blüten unsymmetrisch, dorsiventral

Blüten in Köpfchen

Blüten in Körbchen

Blüten in Dolden

Die Einteilung wurde so gewählt, dass Arten, deren Einzelblüten nicht als solche wahrgenommen werden, in eigenen Gruppen zusammengefasst sind, nämlich den Arten mit Köpfchen (wie Weiß-Klee oder Teufelskralle), mit Körbchenblüten (wie Margerite, Distel oder andere Körbchenblüher – diese Arten täuschen oft Einzelblüten vor) sowie mit Doldenblüten (wie Wiesen-Kerbel oder Bärenklau). Bei allen anderen Gruppen können die Blüten sowohl einzeln als auch in lockeren Blütenständen stehen – niemals aber in der genannten besonderen Ausprägung.
Die Gruppen mit strahlig symmetrischen Blüten wurden dort, wo sie besonders umfangreich sind, noch zusätzlich unterteilt in Untergruppen mit Blüten kleiner und größer als 1 cm im Durchmesser. Innerhalb jeder Gruppe bzw. Untergruppe werden die Arten gemäß den Lebensräumen wie im Hauptteil des Buches angeordnet.

Arten, deren Blütenfarbe oder -form nicht eindeutig einer der Gruppen zugeordnet werden kann, werden im Schlüssel mehrfach aufgeführt, sodass man sie auf jeden Fall findet. Die Arten mit unscheinbaren Blüten wurden unterteilt in Gräser und »nicht grasartig«. In letzterer Gruppe sind Arten zusammengefasst, deren Blüten nicht auffallen bzw. kleiner als 3 mm sind (z. B. Knöterich, Melde oder Quellei).

Bäume und Sträucher

Die Gehölze wurden im Schlüssel zunächst unterteilt in die Gruppen Bäume, also Arten mit deutlich ausgeprägtem Stamm, Sträucher, das heißt mehrstämmige Arten mit buschigem Wuchs, sowie Zwergsträucher, also Arten unter 50 cm Wuchshöhe. Innerhalb jeder Gruppe werden die Arten dann nach ihrer Blattform untergliedert. Folgende Gruppen wurden gebildet:

 Blätter nadelförmig

 Blätter gelappt oder scharf gezähnt

 Blätter einfach, ganzrandig oder schwach gesägt

 Blätter zusammengesetzt, also gefiedert oder gefingert

Bei Gehölzen mit auffälligen Blüten wird in der Symbolleiste neben den Artnamen zusätzlich deren Blütenfarbe angegeben, sodass zur Blütezeit diese Arten leicht gezielt nachgeschlagen werden können.

Kräuter

Blüten weiß

Blüten gelb

**Blüten strahlig symmetrisch,
Blütenblätter 3 oder 4**

Blüten größer 1 cm

Blüten kleiner 1 cm

**Blüten strahlig symmetrisch,
Blütenblätter 5**

Blüten größer 1 cm

Blüten rosa

✿ Blüten strahlig symmetrisch, Blütenblätter 5

Blüten größer 1 cm

✿ Blüten kleiner 1 cm

✿ Blüten strahlig symmetrisch, Blütenblätter mehr als 5

Blüten größer 1 cm

✿ Blüten kleiner 1 cm

✿ Blüten unsymmetrisch, dorsiventral

Blüten rot oder purpurn

Blüten strahlig symmetrisch, Blütenblätter 3 oder 4

Bl. kleiner 1 cm

Blüten strahlig symmetrisch, Blütenblätter 5

Blüten violett

Blüten in Köpfchen

Blüten in Körbchen

Blüten blau

Blüten strahlig symmetrisch, Blütenblätter 3 oder 4

Blüten größer 1 cm

Blüten kleiner 1 cm

Blüten strahlig symmetrisch, Blütenblätter 5

Blüten größer 1 cm

Bäume und Sträucher

Bäume

Blätter nadelförmig

Blätter einfach, ganzrandig oder schwach gesägt

Blätter gelappt oder scharf gezähnt

Blätter zusammengesetzt, also gefiedert oder gefingert

Sträucher

Blätter nadelförmig

Französische Tamariske 62
Deutsche Tamariske 63
Gewöhnlicher Wacholder 41

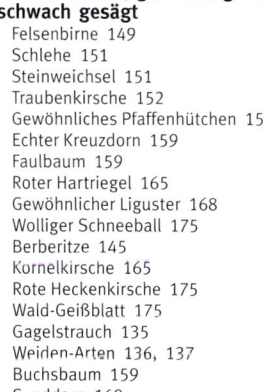
Blätter einfach, ganzrandig oder schwach gesägt
Felsenbirne 149
Schlehe 151
Steinweichsel 151
Traubenkirsche 152
Gewöhnliches Pfaffenhütchen 158
Echter Kreuzdorn 159
Faulbaum 159
Roter Hartriegel 165
Gewöhnlicher Liguster 168
Wolliger Schneeball 175
Berberitze 145
Kornelkirsche 165
Rote Heckenkirsche 175
Wald-Geißblatt 175
Gagelstrauch 135
Weiden-Arten 136, 137
Buchsbaum 159
Sanddorn 160
Efeu 162

Blätter gelappt oder scharf gezähnt
Zweigriffeliger Weißdorn 148
Eingriffeliger Weißdorn 148
Stechpalme 157
Gewöhnlicher Schneeball 175
Berg-Johannisbeere 146
Schwarze Johannisbeere 147
Feld-Ahorn 157
Flaum-Eiche 138
Stein-Eiche 138
Efeu 162

Blätter zusammengesetzt, also gefiedert oder gefingert
Feld-Rose 151
Schwarzer Holunder 174
Besenginster 153
Blasenstrauch 153
Pimpernuss 158
Trauben-Holunder 174
Alpen-Heckenrose 151
Hunds-Rose 151
Zimt-Rose 151

Zwergsträucher

Blätter nadelförmig
Vierkantige Moorheide 112
Deutsche Tamariske 63
Schnee-Heide 166
Heidekraut 111
Heidekraut 111
Grau- u. Blau-Heide 112
Schwarze Krähenbeere 111

Blätter einfach, ganzrandig oder schwach gesägt
Sumpf-Porst 111
Gewöhnliche Zwergmispel 147
Schwedischer Hartriegel 165
Rauschbeere 167
Preiselbeere 167
Felsen-Kreuzdorn 159
Gewöhnlicher Seidelbast 160
Rauschbeere 167
Preiselbeere 167
Echte Bärentraube 167
Gams-Heide 188
Zwerg-Alpenrose 188
Rostblättrige Alpenrose 188
Bewimperte Alpenrose 188
Rostblättrige Alpenrose
Kriech-Weide 102
Zwerg-Birke 102
Strauch-Birke 102
Stechender Mäusedorn 127
Gagelstrauch 135
Mistel 139
Buchsbaum 159
Heidelbeere 159
Netz-Weide 183

Blätter gelappt oder scharf gezähnt
Stachelbeere 146
Berg-Johannisbeere 146
Schwarze Johannisbeere 147
Stechpalme 157

Blätter zusammengesetzt, also gefiedert oder gefingert
Feld-Rose 151
Strauch-Fingerkraut 56
Besenginster 153
Strauchige Kronwicke 154
Dornige Hauhechel 57
Diptam 157
Alpen-Heckenrose 151
Hunds-Rose 151
Zimt-Rose 151
Alpen-Heckenrose 151
Zimt-Rose 151
Schnee-Heide 166

Süßgräser
Gramineae oder Poaceae

1 Taube Trespe
Bromus sterilis L.
Pfl. 30–80 cm; B. 3–5 mm br., behaart;
B.häutchen zerschlitzt und gefranst;
B.scheiden weichhaarig; St. oben kahl;
Rispe locker, allseitswendig, mit rauen
Ästen; Ährchen 2–3 cm lg., zur Spitze hin
verbreitert; Granne länger als die Deckspelze; untere Hüllspelze klein, 1nervig,
obere größer, 3nervig. ✿ 6–7.
△ Trockene Wegränder, Schutt, Mauern;
häufig. Fast ganz Europa. – Ähnlich ist
die **Dach-Trespe**, *Bromus tectorum* L.,
aber St. oben behaart, Rispe 1seitswen-
dig, obere Äste weichhaarig; Wege,
Dämme, Kiesgruben; Südskandinavien,
Mittel- und Südeuropa. Die **Acker-Tres-
pe**, *B.arvensis* L., hat meist rotviolett
überlaufene Ährchen; beide Hüllspelzen
fast gleich lg., die untere 3–5nervig, die
obere 7–9nervig; Wege, Schutt, Getreidefelder. Europa. GefGr. 3!

2 Einjähriges Rispengras
Poa annua L.
Pfl. 5–25 cm, rasenbildend; B. flach,
oberseits in der Mitte mit Doppelrinne
(Schispur); B.häutchen 2–4 mm lg.,
weißlich, Rispe 2–5 cm lg., untere
Rispenäste 1–2, glatt, waagrecht ab-
stehend; Deckspelzen meist grün.
✿ Ganzjährig. △ Wege, Trittrasen, Äcker,
Gärten; häufig. Europa. – Ähnlich ist das
Läger-Rispengras, *Poa supina* Schrad.,
aber Deckspelzen meist braunviolett
überlaufen, B.häutchen 0–2 cm lg.;
Trittrasen und Lägerfluren der Gebirge
Europas.

3 Bartgras
Bothriochloa ischaemum (L.) Keng
(Andropogon i. L.)
Pfl. 15–60 cm, knickig aufsteigend, mit
kurzen Ausläufern; B. graugrün, spärlich
bewimpert, 3 mm br.; B.häutchen in
Haare aufgelöst; Ähren zu 2–5 fingerartig angeordnet, schmal, 3–6 cm lg.; Ährchen linealisch, mit violetten, bewimper-

ten Hüllspelzen und 1,5 cm lg. Granne.
✿ 7–9. △ Trocken- und Halbtrockenrasen, Wegböschungen; wärmeliebend;
selten. Mittel- und Südeuropa. GefGr. 3!

4 Gemeine Quecke
Agropyron repens (L.) P. B.
Pfl. 30–150 cm, mit lg. Ausläufern;
B. grün oder blaugrün, flach, 3–8 mm
br., oberseits rau, am Grund mit st.um-
fassenden Öhrchen. Ährchen flach, die
Breitseite der Ährenachse zugewandt.
✿ 6–8. △ Äcker, Schutt, Wege, Dämme,
Ufer, Flussauen; häufig. Europa.

5 Italienisches Raygras,
Vielblütiger Lolch
Lolium multiflorum Lam.
(L. italicum A. Br.)
Pfl. 30–100 cm; B. hellgrün, bis 10 mm
br., unterseits glänzend; B.scheiden,
Halme oberwärts und Ährenachse rau;
Ährchen flach, 2zeilig angeordnet, mit
der schmalen Seite zur Ährenachse ge-
wandt (vergleiche *Agropyron*); untere
Hüllspelzen 7nervig. ¹/₂ so lg. wie das
Ährchen; Deckspelzen 7–8 mm lg., be-
grannt. ✿ 6–8. △ Wiesen, Wege, Schutt,
Kulturpfl.; ziemlich häufig. Europa. –
Ähnlich ist der **Ausdauernde Lolch,**
Englisches Raygras, *L. perenne* L.,
Pfl. 20–60 cm; B. dunkelgrün, 3–4 mm
br., oberseits fein gerieft; B.häutchen
1 mm lg., gestutzt; Ähre 10–20 cm lg.;
Ährchen bis 2 cm lg.; Hüllspelzen etwa
so lg. wie die Deckspelzen, diese stets
unbegrannt; untere Hüllspelze 5nervig,
etwa ³/₄ so lg. wie das Ährchen; Wiesen
Wege; häufig. Europa. – Bei dem selten
gewordenen **Taumel-Lolch,** *L. temulentum* L., sind die Hüllspelzen 15–20 mm
lg. und 2–4mal länger als die meist
begrannte Deckspelze (Samen durch
alkaloidhaltige Pilze giftig); Getreidefelder. Europa. GefGr. 0!

1

2

3

4

5

Süßgräser
Gramineae oder Poaceae

1 Hühnerhirse
Echinochloa crus-galli (L.) P. B.
Pfl. 30–90 cm; St. glatt, an den Knoten
mit Haarbüscheln; B. dunkel graugrün,
am Rand wellig; B.häutchen fehlend;
Rispe aufrecht, bis 20 cm lg.; Ährchen
gehäuft sitzend, eiförmig, hellgrün oder
violett überlaufen; Hüllspelzen kurz
bewimpert, zugespitzt oder begrannt.
✿ 7–10. △ Äcker, Schutt, Gräben, Weinberge; ziemlich häufig. Europa.

2 Blutrote Fingerhirse, Bluthirse
Digitaria sanguinalis (L.) Scop.
(Panicum sanguinale L.)
Pfl. 10–50 cm; B. und B.scheiden be-
haart, 5–10 mm br.; B.häutchen 1–2 mm
lg.; Ähren schmal-linealisch, zu 4–8, fin-
gerförmig genähert; Ährchen lanzettlich,
spitz, 3 mm lg. ✿ 7–10. △ Sandige
Äcker, Wegränder; kalkmeidend; häufig.
Europa. – Ähnlich ist die **Fadenhirse,**
D. ischaemum (Schreb.) Mühlenb.
(Panicum lineare Krocher), aber B. und
B.scheiden kahl; Ährchen elliptisch,
stumpf, 2 mm lg.; Ähren zu 2–4; saure,
sandige Äcker; ziemlich selten. Fast
ganz Europa.

3 Gemeiner Windhalm
Apera spica venti (L.) P. B.
Pfl. 30–100 cm; B. 3–4 mm br., beiderseits rau, flach; B.häutchen bis 6 mm lg.;
Rispe bis 30 cm lg., lockerblütig, mit lg.
Ästen; Ährchen 2–3 mm lg., 1blütig, mit
5–7 mm lg. Granne. ✿ 6–7. △ Getreideäcker, Ruderalstellen; kalkmeidend;
verbreitet. Fast ganz Europa. – Der **Un-
terbrochene Windhalm,** *A. interrupta*
(L.) P. B., hat flache oder eingerollte,
etwa 1 mm br. B. mit 1–2 mm lg. B.häut-
chen; Rispe eng zusammengezogen,
unregelmäßig unterbrochen, mit kurzen,
aufrechten Ästen; Granne 10–15 mm lg.;
Pfl. 20–40 cm; sandige, trockene Böden,
Brachland; selten. Mittel- und Süddeutschland, Südeuropa.

4 Grüne Borstenhirse
Setaria viridis (L.) P. B.,
Pfl. 5–50 cm, knickig aufsteigend; B. mit
weißlichen oder violetten Mittelstreifen;
Ährenrispe 7–10 mm dick, nicht unterbrochen; Borsten grün oder violett
überlaufen, 5 mm lg., mit vorwärtsgerichteten Zähnen, daher beim Abwärts-
streichen Bl.stand rau; Ährchen 2 mm
lg.; Frucht bei der Reife ausfallend.
✿ 6–10. △ Äcker, Gärten, Weinberge,
ziemlich häufig. Europa. – Ähnlich sind
noch: **Fuchshirse,** *S. pumila* (Poir.) R. et
Sch. *(S. glauca* P. B.), Pfl. graugrün,
Borsten gelb, dann fuchsrot; Deckspelzen mit Querrunzeln; Äcker, Weinberge;
verbreitet. fast ganz Europa. – **Kurz-
borstige Borstenhirse,** *S. decipiens* C.
Schimp. *(S. ambigua* Guss.), Ährenrispe
am Grund unterbrochen, traubig aufgelockert; Borsten 3 mm lg., grün mit
vorwärtsgerichteten Zähnchen; Äcker,
Weinberge; wärmeliebend; ziemlich selten. – **Quirlige Borstenhirse,** *S. verticillata* (L.) P. B., Borsten 3–5 mm lg., meist
grün, mit rückwärtsgerichteten Zähnchen, daher beim Aufwärtsstreichen
Bl.stand sehr rau (bei den übrigen Arten
umgekehrt); Ährenrispe am Grund oft
traubig aufgelockert; Äcker; ziemlich
selten.

5 Mäuse-Gerste
Hordeum murinum L.
Pfl. 10–40 cm, 1jährig, grasgrün, büschelig verzweigt; obere B.scheiden
etwas aufgeblasen; Ähre 4–12 cm lg.;
Ährchen 1blütig, je 3 zu einem Ährchen-
drilling angeordnet, das mittlere Ährchen 2geschlechtig, die beiden seitlichen ♂ oder steril; Hüllspelzen
borstenförmig und lg. begrannt,
15–20 mm lg., am Rand abstehend
bewimpert; bei der Reife zerbricht die
Ährenachse unter jedem Ährchendril-
ling. ✿ 5–9. △ Trockene Ruderalstellen,
Wegränder; wärmeliebend; häufig. Süd-
und Mitteleuropa, nördlich bis Südskandinavien.

1
2
3
4
5

Binsengewächse / Juncaceae

1 Zarte Binse
Juncus tenuis Willd.
Pfl. 15–40 cm; St. dicht stehend, am
Grund mit lg., grasartigen B.; Bl.stand
endständig, vielblütig, von 2–3 Hochb.
überragt; Bl.b. 6, gelbgrün, 3nervig, fein
zugespitzt, länger als die Kapsel. ✿ 6–9.
△ Waldwege, Trittrasen; häufig. Europa,
aus Nordamerika eingeschleppt.

2 Blaugrüne Binse
Juncus inflexus L.
Pfl. 30–60 cm; St. blaugrün, matt, gerieft, scheinbar b.los; grundständige
B.scheiden glänzend schwarzbraun;
Mark der St. und B. durch Querwände
gekammert; Bl.stand (scheinbar) seitenständig; Staubb. 6. ✿ 6–8. △ Ufer, Kahlschläge, Feuchtweiden, lehmige Böden;
häufig. Fast ganz Europa.

3 Zwiebel-Binse
Juncus bulbosus L. (*J. supinus* Moench)
Pfl. 5–15 cm, rasenbildend; St. am
Grund zwiebelförmig verdickt, an den
Knoten wurzelnd, bis oben beblättert;
Bl. in knäueligen Büscheln am Ende des
St.; Köpfchen meist überragt von den
Hochb.; Bl.stand oft mit Laubtrieben;
Bl.b. 6, lanzettlich, spitz, grünlich bis
bräunlich, 3–4 mm lg.; Kapsel etwas län-
ger als die Bl.b. ✿ 7–9. △ Ufer, Gräben,
Schlammböden; zerstreut. Europa. –
Ähnlich ist die **Kopf-Binse,** *J. capitatus*
Weigel, St. fadenförmig, nicht beblät-
tert; B. rinnig; Bl. zu 4–8; Bl.b. weißlich,
später rotbraun, lg. zugespitzt; Pfl.
4–12 cm; feuchte Äcker; selten. Süd-
skandinavien, Mittel- und Südeuropa.
GefGr. 2!

4 Kröten-Binse
Juncus bufonius L.
Pfl. 10–25 cm, am Grund büschelig verzweigt; untere B.scheiden gelbbraun; Bl.
3–7 mm lg., einzeln an lg., aufrechten
Ästen sitzend; Bl.b. lanzettlich,
weißhäutig, mit grünem Mittelstreifen,
länger als die Kapsel. ✿ 6–9. △ Feuchte
Äcker, Wege, Ufer; verbreitet. Europa.

Liliengewächse / Liliaceae

5 Dolden-Milchstern
Ornithogalum umbellatum L.
Pfl. 10–30 cm, mit kugeligen Zwiebeln;
B. grundständig, linealisch, 2–5 mm br.,
mit weißem Mittelstreifen; Bl.stand doldentraubig, aufrecht; Bl.b. 6, 15–25 mm
lg., 4–8 mm br., weiß, am Rücken mit
grünem Streifen. ✿ 4–5. △ Wegränder,
Weinberge, Gebüsche; zerstreut. Mittel-
und Südeuropa. – **Der Nickende Milchstern,** *O. nutans* L. hat traubig verlängerten, 3–12 blütigen Bl.stand; Bl.b. innen weiß, außen grünlich, 20–25 mm lg.;
Weinberge, Parkanlagen; selten. Mittel-
und Südeuropa.

6 Weinbergs-Traubenhyazinthe
Muscari neglectum Guss.
Pfl. 10–20 cm; B. zu 3–6, schmal-linealisch, halbstielrund, schlaff, oberseits
rinnig, länger als der St.; Bl.traube dicht,
3–6 cm lg.; Bl. länglich-eiförmig, duftend, blau, mit weißem Saum, 4–5 mm
lg. ✿ 4–5. Geschützt! △ Weinberge,
Halbtrockenrasen; zerstreut bis selten.
Mittel- und Südeuropa. GefGr. 3! – Ähnlich ist die **Kleine Traubenhyazinthe,** *M.
botryoides* (L.) Mill., aber B. br.-lanzett-
lich, zur Spitze hin verbreitert, bis 8 mm
br., steif aufrecht, fast so lg. wie der St.;
Bl. kugelig-eiförmig, geruchlos; Magerrasen, Bergwiesen, Eichenwälder; ziemlich selten. Mittel- und Süddeutschland,
Südeuropa. Geschützt! GefGr. 3!

7 Weinberg-Lauch
Allium vineale L.
Pfl. 30–60 cm; B. fast stielrund, kahl,
oberseits rinnig, 2–3 mm br., bläulichgrün; Bl.dolde kugelig, dicht, mit einem
spitzen, bald abfallenden Hüllb., wenigblütig, oft nur mit Brutzwiebeln; Bl.b.
4–5 mm lg., rot, selten grünlich; Staubb.
fast 2mal so lg. wie die Bl.b., innere
Staubb. verbreitert; beiderseits mit je
1 lg., spitzen Zahn. ✿ 6–8. △ Weinberge, Wegränder; verbreitet. Südskandinavien, Mittel- und Südeuropa.

Brennnesselgewächse / Urticaceae

1 Große Brennnessel
Urtica dioica L.
Pfl. 2häusig, mit Brennhaaren, 30–120 cm;
St. kantig, aufrecht; B. gegenständig,
länglich, mit herzförmigem Grund, grob
gesägt, dunkelgrün, 5–10 cm lg.; B.stiel
flaumig behaart; Bl.rispen länger als der
B.stiel. ✿ 7–10. △ Wege, Schutt, Auenwälder, Waldränder; häufig. Europa. –
Ähnlich ist die **Kleine Brennnessel,** *U.*
urens L., aber Pfl. 1häusig, B. eiförmig,
stumpflich, hellgrün, 2–4 cm lg.; Bl.rispe
kürzer als die B.stiele; Gärten, Äcker,
Unkrautfluren; häufig. Europa. – Die **Pil-
len-Brennnessel,** *U. pilulifera* L., hat kugelige, gestielte Bl.stände; Schuttplätze;
selten. Mittel- und Süddeutschland,
Südeuropa.

2 Aufrechtes Glaskraut
Parietaria officinalis L.
(P. erecta Mert. et Koch),
Pfl. ohne Brennhaare, 2–100 cm; B.
wechselständig, ganzrandig, eiförmig-
lanzettlich, spitz, 3–12 cm lg.; Bl.stände
kugelig; Bl. unscheinbar, 4zählig, grünlich. ✿ 6–9. △ Schattige Mauern und
Felsen, Ruderalstellen, Gebüschsäume;
selten. Mittel- und Südeuropa. – Ähnlich
ist das **Ausgebreitete Glaskraut,** *P. julai-
ca* L., *(P. ramiflora* Moench), aber Pfl.
5–30 cm, niederliegend, reich verzweigt;
B. eiförmig-rundlich, zugespitzt, 2–4 cm
lg.; Mauerfugen; selten. Süddeutschland, Täler der Südalpen, West- und
Südwesteuropa.

Osterluzeigewächse
Aristolochiaceae

3 Gewöhnliche Osterluzei
Aristolochia clematitis L.
Pfl. 30–70 cm; St. unverzweigt, hin und
her gebogen; B. ei-herzförmig, hellgrün,
6–10 cm lg.; Bl. zu 2–8 in B.achseln, mit
gebogener, am Grund bauchiger Röhre,
gelblich; Staubb. 6. ✿ 5–6. △ Weinberge, Gebüschsaum, feuchte Wälder; wärmeliebend; giftig! Heilpfl.; ziemlich selten. Mittel- und Südeuropa.

Knöterichgewächse / Polygonaceae

4 Stumpfblättriger Ampfer
Rumex obtusifolius L.
Pfl. 50–120 cm; B. länglich-eiförmig, mit
herzförmigem Grund, 10–30 cm lg.;
innere Bl.b. jederseits mit 3–8 Zähnen,
1 oder alle 3 mit Schwielen. ✿ 6–8.
△ Unkrautfluren, Schutt, Wege, Wiesen;
häufig. Europa. – Ähnlich sind noch:
Knäuel-Ampfer, *R. conglomeratus* Murray, B. lg. gestielt, länglich-eiförmig,
5–20 cm lg.; Pfl. 30–80 cm, bis zur Spitze
beblättert, zwischen den Bl.knäueln mit
lanzettlichen Hochb.; innere 3 Bl.b. länglich, schmal, ganzrandig, ohne Zähne,
2–3 mm lg., alle 3 mit Schwielen; Ufer,
Gräben, feuchte Äcker; verbreitet. Südskandinavien, Mittel- und Südeuropa. –
Blut-Ampfer, *R. sanguineus* L., Bl.stand
nur am Grund beblättert, nur 1 Bl.b. mit
Schwiele, alle 3 Bl.b. ganzrandig; Auenwälder, Waldschläge; zerstreut. Südskandinavien, Mittel- und Südeuropa.

5 Krauser Ampfer
Rumex crispus L.
Pfl. 30–120 cm; B. länglich-lanzettlich,
bis 30 cm lg., am Rand wellig-kraus;
Bl.stand dichtblütig; innere Bl.b. br.-
eiförmig, mit herzförmigem Grund, meist
alle 3 mit Schwielen. ✿ 6–8. △ Unkrautfluren, Äcker, Gräben, Ufer, Wiesen,
Weiden; häufig. Europa.

6 Kleiner Sauerampfer
Rumex acetosella L.
Pfl. 10–30 cm; B. sauer schmeckend,
lanzettlich-lineal, am Grund mit aus-
wärts gerichteten Spießecken; Bl.stand
lockerblütig; Bl. 1geschlechtig; Bl.hüllb.
ohne Schwielen. ✿ 5–8. △ Magerrasen,
Äcker, Wege, Heiden, Sandböden; kalkmeidend; verbreitet. Europa.

3

1

5

4

2

6

Knöterichgewächse / Polygonaceae

1 Strand-Ampfer
Rumex maritimus L.
Pfl. 10–60 cm, zur Fruchtzeit goldgelb;
B. lineal-lanzettlich, in den B.stiel verschmälert; Bl. in knäueligen, übereinanderstehenden Scheinquirlen; innere
Bl.b. gelbbraun, eiförmig-3eckig, mit lg., schmalen Zähnen. ✿ 7–9. △ Gräben, oft salzhaltige Teiche, Altwasser, Viehtränken, Schlammböden; ziemlich selten. Mitteleuropa, nördlich bis Südskandinavien, Nordrussland, Sibirien. – Ähnlich ist der **Sumpf-Ampfer,** *R. palustris* Sm., aber Pfl. zur Fruchtzeit bräunlich bis rötlich; Bl.stand locker; Zähne der inneren Bl.b. kürzer als die Breite der schmalzungenförmigen Bl.b.; Schlammböden, Ufer, abgelassene Teiche; zerstreut bis selten. Südskandinavien, Mitteleuropa.

2 Gemeiner Windenknöterich
Fallopia convolvulus (L.) Löve
(Polygonum convolvulus L.)
Pfl. 15–100 cm; St. hin- und hergebogen oder windend, kantig; B. 3eckig bis pfeilförmig; Bl. hellgrün, zu 1–5 in B.achseln oder in wenigblütigen, ährenartigen Bl.ständen; äußere Bl.b. gekielt; Frucht 4–5 mm lg., 3kantig. ✿ 7–10.
△ Äcker, Gärten, Schuttplätze, verbreitet. Europa.

3 Vogel-Knöterich
Polygonum aviculare L.
Pfl. niederliegend, 5–50 cm; St. dunkel gestreift; B. linealisch bis eiförmig, kurz gestielt, 0,5–3 cm lg., sehr vielgestaltig; Bl. zu 1–5 b.achselständig, Bl.b. meist 5, 2–3 mm lg., grünlich oder rosa. ✿ 6–10. (Sammelart mit mehreren Kleinarten).
△ Wege, Schutt, Gräben, Kiesplätze; häufig. Europa.

4 Floh-Knöterich
Polygonum persicaria L.
Pfl. 10–80 cm, ähnlich Ampfer-Knöterich, aber B.scheiden eng anliegend, kurz behaart, am oberen Rand lg. bewimpert;

B. glänzend; Ährenstiele und Bl. drüsenlos; Bl. rosa oder weiß. ✿ 7–10.
△ Äcker, Schutt, Schlammböden; häufig. Europa.

5 Ampfer-Knöterich
Polygonum lapathifolium L.
Pfl. meist aufrecht, 20–80 cm; B. ei-lanzettlich, im unteren Drittel am breitesten; B.stiel weit unter der Mitte der B.scheiden abgehend; B.scheide locker, kahl oder spinnwebig; Bl. in dichter, gebogener Scheinähre; Ährenstiele und Bl.b. drüsig; Bl. rosa oder weiß. ✿ 7–10. (Sammelart mit mehreren Kleinarten).
△ Ufer, Gräben, Äcker, Schlammböden; häufig. Europa.

6 Milder Knöterich
Polygonum mite Schrank
Pfl. 10–60 cm; B. lanzettlich, nach beiden Enden allmählich verschmälert, über 10 mm br.; B.scheidenrand lg. bewimpert; Bl. in lockeren, dünnen oft überhängenden oder gebogenen, dünnen Scheinähren; Bl. rosa oder grünlich. ✿ 7–9. △ Ufer, Gräben, Quellen, feuchte Waldwege; zerstreut. Europa. – Ähnlich ist der **Wasserpfeffer** oder **Pfeffer-Knöterich,** *P. hydropiper* L., aber B. beim Zerkauen scharf schmeckend; B.scheidenrand kurz bewimpert; Bl.b. drüsig punktiert; giftig! Gräben, Ufer, feuchte Waldwege; kalkmeidend; häufig. Europa. – Der **Kleine Knöterich,** *P. minus* Huds., hat lineal-lanzettliche, unter 8 mm br., am Grund abgerundete, mild schmeckende B. und aufrechten Bl.stand; feuchte Acker und Waldwege; kalkmeidend; zerstreut. Fast ganz Europa.

Knöterichgewächse / Polygonaceae

1 Echter Buchweizen
Fagopyrum esculentum Moench
(*F. sagittatum* Gilib.)
Pfl. 15–60 cm; St. meist rot, wenig verzweigt; B. spieß- oder pfeilförmig, untere lg. gestielt, obere fast sitzend, meist länger als br.; Bl. 3–4 mm lg:, zu mehreren in b.achselständigen Bl.ständen; Bl.b. 5, weiß oder rosa; Frucht 3kantig, 5–6 mm lg., an den Kanten glatt.
✿ 7–10. △ Äcker, Schutt, Wegränder; kalkmeidend; zerstreut. Ursprünglich aus Zentralasien stammend, heute fast ganz Europa. – Ähnlich ist der **Tataren-Buchweizen auch Falscher B.,** *F. tataricum* (L.) Gaertn., aber St. grün bleibend; B. meist breiter als lg.; Bl. grünlich; Frucht mit ausgeschweift gezähnten Kanten; Äcker, Wege; kalkmeidend; selten. Fast ganz Europa.

Gänsefußgewächse
Chenopodiaceae

2 Guter Heinrich
Chenopodium bonus-henricus L.
Pfl. 20–60 cm; B. 3eckig-spießförmig, mattgrün, 5–10 cm lg.; Bl.stand zusammengesetzt, kegelförmig, b.los; Bl. 2geschlechtig, grün. ✿ 6–9. △ Unkrautfluren, Zäune, Wege, Viehläger; zerstreut. Europa. GefGr. 3!

3 Vielsamiger Gänsefuß
Chenopodium polyspermum L.
Pfl. 10–50 cm, liegend bis aufsteigend; St. 4kantig, oft rot überlaufen; B. länglich-eiförmig, lg. gestielt, ganzrandig, 2–5 cm lg.; Bl.stand beblättert; Same schwarz glänzend, 1 mm br., in der offenen Fruchthülle sichtbar. ✿ 7–9. △ Unkrautfluren, Ufer, nährstoffreiche Äcker, Weinberge, verbreitet. Fast ganz Europa.
– Ähnlich ist der **Stinkende Gänsefuß,** *Ch. vulvaria* L., aber Pfl. nach Heringsdosen stinkend; B. ei-rautenförmig, 2–3 cm lg., ganzrandig, beiderseits mehlig bestäubt; Bl. in b.achsel- und endständi-gen Knäueln; St. niederliegend; Unkrautfluren; wärmeliebend; ziemlich selten. Mittel- und Südeuropa. GefGr. 2!

4 Weißer Gänsefuß
Chenopodium album L.
Pfl. 20–120 cm; B. und St. blau- oder graugrün, St. manchmal rot überlaufen; B. vielgestaltig, eiförmig-rhombisch bis lanzettlich, spitz, meist gezähnt, beiderseits mehlig bestäubt; Bl.stand pyramidenförmig, fast b.los; Bl.hülle 5teilig, mehlig, weißlichgrün. ✿ 7–9. △ Unkrautfluren, Schutt, Äcker, Ufer, Schläge; häufig. Europa. – Der **Graugrüne Gänsefuß,** *Ch. glaucum* L., hat oberseits dunkelgrüne, unterseits dicht bestäubte, hell bläulichgrüne, länglich-eiförmige, buchtig gelappte B. und nicht mehlig bestäubten, dichten Bl.stand; Unkrautfluren; zerstreut. Fast ganz Europa.

5 Spreizende Melde
Atriplex patula L.
Pfl. 1häusig, sehr variabel, 30–80 cm; untere B. länglich-rautenförmig, mit keilförmigem Grund, obere B. länglich-lanzettlich; Bl. 1geschlechtig; ♂ Bl. mit 5 Bl.b. und 5 Staubb.; ♀ Bl. ohne Bl.hülle, aber mit 2 rautenförmigen, ganzrandigen oder gezähnten, manchmal warzigen Vorb., die sich zur Fruchtzeit vergrößern. ✿ 7–10. (Gattung mit vielen, sehr ähnlichen Arten). △ Äcker, Gärten, Schutt; häufig. Europa.

6 Spieß-Melde
Atriplex hastata L.
Pfl. 30–90 cm, ähnlich *A. patula* L., aber untere B. br. 3eckig, hellgrün; Vorb. (der bl.b.losen Bl.) 3eckig, meist klein gezähnelt, mit gestutztem oder br.-keilförmigem Grund. ✿ 7–9. △ Nährstoffreiche Unkrautfluren, Müllplätze, Ufer, Gräben, Schlammböden, Salzstellen, Meeresküsten; zerstreut. Europa.

1

2

5

4

3

Fuchsschwanzgewächse
Amaranthaceae

**1 Rauhaariger Fuchsschwanz,
Krummer Fuchsschwanz**
Amaranthus retroflexus L.
Pfl. 10–80 cm; St. gefurcht, dicht kurzhaarig; B. rhombisch-eiförmig, hellgrün,
unterseits auf den Nerven behaart,
5–15 cm lg.; Bl.stand endständig, dicht,
straußförmig oder eine kegelförmige
Rispe bildend; Bl. 1geschlechtig, klein,
knäuelig gedrängt; Bl.b. 5, grünlichweiß,
2–3 mm lg.; Vorb. der Bl. 3–6 mm lg.,
derb, stechend. ✿ 7–9. (Gattung mit vielen, ähnlichen Arten). △ Unkrautfluren,
Äcker, Schutt, Wege; etwas wärmeliebend. Europa.

Nelkengewächse / Caryophyllaceae

2 Kornrade
Agrostemma githago L.
Pfl. zottig graufilzig, 30–100 cm; B. gegenständig, linealisch; Kelchb. 5, glockig
verwachsen, mit lg. Kelchzipfeln; Krone
purpurn, 3–5 cm br., von den freien
Kelchzipfeln weit überragt; Samen giftig!
✿ 6–7. A Getreideäcker; früher verbreitet, heute durch Saatgutreinigung selten. Fast ganz Europa. GefGr. 1!

3 Gemeines Leimkraut, Taubenkropf
Silene vulgaris (Moench) Garke
(S. cucubalus Wib., *S. inflata* Sm.)
Pfl. 10–50 cm; B. eiförmig-lanzettlich bis
br.-eiförmig (sehr variabel), blaugrün,
meist kahl; Bl.stand rispig; Kelch kugelig
aufgeblasen, stark netzaderig, 20nervig;
Kronb. tief 2teilig, weiß. ✿ 5–9. (Formenreiche Sammelart mit vielen Kleinarten). △ Wege, Böschungen, Steinbrüche, Gebüschsäume, Magerrasen,
in den Alpen bis 2500 m; häufig. Europa.
– Ähnlich ist das **Kegelfrüchtige Leimkraut,** *S. conica* L., aber Pfl. drüsenhaarig, 10–30 cm, wenigblütig; Kelch 30ner-
vig, nicht netzaderig, kegelförmig,
zuletzt schwach aufgeblasen, grün, drüsig behaart; Kronb. rosa, ausgerandet;
B. schmal-lanzettlich; Böschungen,

Schutt, Sandböden, Dünen, Trockenwiesen; ziemlich selten; Mittel- und
Südeuropa. GefGr. 3!

4 Weiße Lichtnelke
Silene alba (Mill.) Krause
(Melandrium album (Mill.) Garcke)
Pfl. oben kurzhaarig-drüsig, 30–100 cm;
B. br.-lanzettlich; Bl. 1geschlechtig,
2–3 cm br., erst nachmittags sich öffnend; Kelchröhre 18–25 mm lg.; Kronb.
tief 2teilig, weiß, mit Nebenkrone; Griffel
5; Zähne der Fruchtkapsel aufrecht.
✿ 6–9. △ Wege, Schutt, Äcker, Gebüschsäume; ziemlich häufig. Europa. –
Ähnlich ist die **Acker-Lichtnelke,** *S.
noctiflora* L., *(Melandrium noctiflorum*
(L.) Fries), aber Bl. 2geschlechtig, wohlriechend; Griffel 3; Krone blassrosa;
Zähne der Fruchtkapsel zurückgerollt;
Pfl. oberwärts klebrig-drüsig, armblütig;
Unkrautfluren, Getreidefelder, Wege;
zerstreut; fast ganz Europa.

Nelkengewächse / Caryophyllaceae

1 Mauer-Gipskraut
Gypsophila muralis L.
Pfl. 1jährig, 5–20 cm; St. aufrecht, von
Grund an ästig; B. linealisch, blaugrün,
5–20 cm lg.; Kelchb. röhrig verwachsen,
mit weißhäutigen Streifen zwischen den
Nerven; Kronb. rosa, mit dunkleren Ner-
ven, ausgerandet, 3–5 mm lg. ✿ 6–10.
△ Ackerrinnen, Brachland, Ufer, nasse
Wege; kalkmeidend; zerstreut. Fast ganz
Europa. GefGr. 3!

2 Echtes Seifenkraut
Saponaria officinalis L.
Pfl. 30–80 cm, mit vielen, aufrechten,
fein flaumigen St.; B. elliptisch, 3nervig,
5–10 cm lg.; Bl. endständig, büschelig
gehäuft; Kelch röhrig, kahl, grün oder
rötlich, 2 cm lg.; Kronb. rosa bis weiß,
schwach ausgerandet, mit 2 Schlundschuppen. ✿ 6–9. △ Unkrautfluren,
Flussufer, Kiesbänke, Hecken; ziemlich
häufig. Fast ganz Europa.

3 Vogelmiere
Stellaria media (L.) Cyr.
Pfl. rasenbildend, 5–30 cm; St. niederliegend, 1reihig behaart, rund; B. eiförmig,
spitz; Kronb. tief 2teilig, weiß, so lg.
oder kürzer als die Kelchb.; Griffel 3.
✿ 3–10. △ Äcker, Gärten, Weinberge,
Ufer; häufig. Europa.

4 Acker-Hornkraut
Cerastium arvense L.
Pfl. lockerrasig, behaart, 15–30 cm; B.
länglich-lanzettlich, in den Achseln oft
mit B.büscheln; Hochb. an der Spitze
br.hautrandig; Kronb. 11–15 mm lg., tief
2teilig, weiß; Kelch und Bl.stiele drüsig;
Griffel 5. ✿ 4–7. △ Wege, Mauern, Dünen; ziemlich häufig. Fast ganz Europa.

5 Dolden-Spurre
Holosteum umbellatum L.
Pfl. 5–25 cm, bläulichgrün; B. eiförmig,
spitz, in grundständiger Rosette und am
St. gegenständig sitzend; Bl.stand dol-
dig; Bl.stiele zuletzt zurückgeschlagen;

Kronb. weiß, 4–6 mm lg., vorn gezähnt.
✿ 3–5. △ Äcker, Brachland, sandige Böden; verbreitet. Mittel- und Südeuropa.

6 Quendel-Sandkraut
Arenaria serpyllifolia L.
Pfl. 5–30 cm, graugrün; B. eiförmig,
spitz, 5–8 mm br., am Rand bewimpert,
sitzend, nur die untersten gestielt; Bl.
5–7 mm br., weiß; Kronb. nicht ausgerandet, kürzer als die ei-lanzettlichen
Kelchb. ✿ 5–9. △ Äcker, Mauern,
Trockenrasen; verbreitet. Europa. – Ähnlich ist das **Dünnstengelige Sandkraut,**
A. leptoclados (Rchb.) Guss., aber Pfl.
gelbgrün, zart; B. 3–5 mm br.; Kelchb.
lanzettlich; Trockenrasen; zerstreut.

7 Quirlige Knorpelmiere
Illecebrum verticillatum L.
Pfl. 5–25 cm; St. niederliegend, fadenförmig, an den Knoten wurzelnd; B. verkehrt-eiförmig, 2–5 mm lg.; Bl. in b.ach-
selständigen Knäueln; Kronb. 5, weiß,
fadenförmig; Kelchb. 5, weiß, knorpelig
verdickt, 2 mm lg., mit Grannenspitze.
✿ 7–9. △ Feuchte Wegränder, saure
Äcker, Sandböden; kalkmeidend; selten.
Mittel- und Südeuropa. GefGr. 3!

8 Kahles Bruchkraut
Herniaria glabra L.
Pfl. niederliegend, polsterartig, 5–20 cm,
1–2jährig; B. eiförmig-elliptisch, sitzend,
kahl, gelbgrün, 2–7 mm lg.; Bl. winzig,
grünlich, in dichten, fast sitzenden,
b.achselständigen Knäueln; Kronb.
winzig oder fehlend. ✿ 6–9. △ Wege,
Dämme, Sand- und Kiesböden, Pflaster;
zerstreut. Europa.

9 Liegendes Mastkraut
Sagina procumbens L.
Pfl. niederliegend, rasenbildend, an den
Knoten wurzelnd, 2–5 cm; B. linealisch,
kurz stachelspitz, 5–12 mm lg.; Kelchb.
meist 4, stumpflich, abstehend; Kronb.
meist fehlend. Bl.stiele nach dem Verblühen zurückgebogen. ✿ 5–9. △ Wege,
saure Äcker, Trittstellen, Quellfluren;
häufig. Europa.

Nelkengewächse / Caryophyllaceae

1 Wimper-Mastkraut
Sagina ciliata Fries *(S. apetala* Ard.)
Pfl. dunkelgrün, 3–10 cm; Kelchb. 4 (wie
Liegendes Mastkraut), aber die 2 äußeren spitz, mit gekrümmter Stachelspitze;
Kronb. fehlend oder ¹/₂ so lg. wie die
Kelchb.; Bl.stiele drüsig bewimpert,
nach der Blüte zurückgekrümmt; B.
3–8 mm lg., am Rand bewimpert, mit
lg. Stachelspitze. ✿ 4–7. △ Äcker, Sandtrockenrasen, Pflasterfugen; kalkmeidend; ziemlich selten. Süd- und Mitteleuropa.

2 Knotiges Mastkraut
Sagina nodosa (L.) Fenzl
Pfl. 5–15 cm; obere St.b. 1–2 cm lg., mit
b.achselständigen Kurztrieben; Kelchb.
und Kronb. 5; die Kronb. weiß, doppelt
so lg. wie die Kelchb. ✿ 6–8. △ Wege,
Moorwiesen; zerstreut bis selten.
Hauptsächlich Nord- und Mitteleuropa.
GefGr. 2! – Ebenfalls 5zählige Bl., aber
mit etwa gleich lg. Kronb. und Kelchb.
haben **Alpen-Mastkraut,** *S. saginoides*
(L.) Karsten, mit kahlen B. und St., auf
alpinen und subalpinen Magerrasen und
Trittrasen, und **Pfriemen-Mastkraut,** *S.
subulata* (SW.) C. Presl., mit gewimperten B. und St.; selten. Nord- und Nordwestdeutschland. GefGr. 2! In Steingär-
ten als Zierpfl. (»Sternmoos«) und
gelegentlich verwildert.

3 Einjähriges Knäuelkraut
Scleranthus annuus L.
Pfl. 1- oder 2jährig, 5–15 cm, niederliegend bis aufsteigend; B. pfriemlich,
blaugrün; Bl. in dichten Knäueln; Kronb.
fehlend; Kelchb. 5, spitz, 3–4 mm lg.,
schmal hautrandig, 3–4mal länger als
die 2–5 Staubb. ✿ 5–9. △ Sandige
Äcker, Wege, kalkarme Sandböden; häufig. Europa. – Ähnlich ist das **Ausdauernde Knäuelkraut,** *S. perennis* L., aber
Kelchb. stumpflich, mit br. Hautrand,
kaum länger als die 10 Staubb.; St. un-

ten leicht verholzt; Pionierrasen, Dünen,
Wege; verbreitet. Mittel- und Südeuropa, vereinzelt bis Südskandinavien.

4 Acker-Spergel
Spergula arvensis L.
Pfl. 10–50 cm; B. linealisch, 2–3 cm lg.,
unterseits mit Längsfurche, quirlig angeordnet; St. zerstreut drüsenhaarig; Bl.
5–8 mm br., in lockeren, gabelig verzweigten Bl.ständen; Kronb. 5, ungeteilt, stumpflich, weiß, 2–4 mm lg., fast
so lg. wie die drüsenhaarigen Kelchb.;
Same mit schmalem Hautrand. (Der
Frühlings-Spergel, *S. morisonii* Borb.,
hat Samen mit sehr br. Hautrand, siehe
T. 49.) ✿ 6–10. △ Kalkarme Äcker, sandige Wegraine, Waldschläge; häufig.
Europa.

5 Rote Schuppenmiere
Spergularia rubra (L.) J. et C. Presl.
Pfl. niederliegend bis aufsteigend, oben
drüsig, 5–25 cm; B. gegenständig, stachelspitzig; Nebenb. silberweiß glänzend; Bl. 5zählig, 6–8 mm br., rosa;
Staubb. 10; Samen runzelig, feinwarzig.
✿ 5–9. △ Ufer, feuchte Äcker; kalkmeidend; verbreitet. Fast ganz Europa. – Die
ähnliche **Igelsamige Schuppenmiere,**
S. echinosperma Čelak, unterscheidet
sich durch randlich bestachelte Samen;
Schlammböden, Ufer; selten.

6 Französisches Leimkraut
Silene gallica L.
Pfl. 10–45 cm, 1jährig, ohne sterile Triebe; B. spatelförmig; St. behaart, oberwärts drüsig; Bl. in meist 1seitswendi-
gen, ährenartigen Bl.ständen; Kronb.
10–15 mm lg., rosarot, selten weiß, vorne abgerundet bis kurz ausgerandet;
Kelch rauhaarig, 7–10 mm lg., mit
10 grünen Nerven; Griffel 3. ✿ 6–7.
△ Äcker, Schutt, Unkrautfluren; ziemlich
selten. Süd- und Mitteleuropa.

Hahnenfußgewächse
Ranunculaceae

1 Feld-Rittersporn
Consolida regalis S. F. Gray
(Delphinium consolida L.)
Pfl. 20–40 cm, 1jährig; B. 1- bis mehr-
fach 3zählig, in schmale, etwa 1 mm br.
Zipfeln zerteilt; Bl. dunkelblau, in wenig-
blütigen Trauben, mit 25 mm lg. Sporn,
dieser aus 2 verwachsenen Nektarb.
gebildet; Bl.stiele länger als die Hochb.;
Fruchtknoten 1; Frucht kahl. ✿ 5–8.
△ Äcker, Wegränder; verbreitet. Mittel-
und Südeuropa, nördlich bis Südskandi-
navien. GefGr 3! – Ähnlich ist der **Orien-
talische Rittersporn,** *C. orientalis* (Gay),
Schrödinger, aber Bl. in reichblütigen
Trauben; Frucht weichhaarig; Äcker,
Bahngelände; selten.

2 Acker-Hahnenfuß
Ranunculus arvensis L.
Pfl. 1jährig, 20–60 cm; B. stark zerteilt,
mit 3spaltigen, linealischen oder lanzettlichen Abschnitten; Bl. hellgelb,
4–12 mm br.; Kelchb. aufgerichtet;
Früchtchen zu 3–8, je 5–6 mm lg., auffällig stachelig, mit kantigem Rand und
gekrümmtem Schnabel. ✿ 5–7. △ Lehmige, tonige Getreideäcker, zerstreut bis
selten. Europa. GefGr 3!

3 Kriechender Hahnenfuß
Ranunculus repens L.
Pfl. 10–40 mm, mit lg. an den Knoten
wurzelnden Ausläufern; Grundb. 3teilig,
mittlerer Abschnitt lg. gestielt, alle Abschnitte 3spaltig, gezähnt; Bl. 2–3 cm
br., dottergelb; Bl.stiele gefurcht; Schnabel der Früchtchen kurz, gerade. ✿ 5–8.
Giftig! △ Äcker, Brachland, Ufer, Wiesen,
Auenwälder; häufig. Europa.

4 Sommer-Adonisröschen,
Blutströpfchen
Adonis aestivalis L.
Pfl. 25–60 cm; B. mehrfach fiederteilig,
mit etwa 1 mm br. Zipfeln; Bl. einzeln,
endständig, 1–3 cm br.; Kelchb. grün,
kahl, der Krone anliegend; Kronb. 5–8,

rot oder blassgelb, am Grund oft
schwarz; Früchtchen dicht stehend, mit
rein grünem Schnabel. ✿ 6–8. Giftig!
Geschützt! △ Lehmige, kalkreiche
Getreidefelder; zerstreut. Mittel- und
Südeuropa, (östlich). GefGr. 3! Ähnlich
ist das **Flammen-Adonisröschen,** *A.
flammea* Jacq., aber Kelchb. zerstreut
lg.haarig; Früchtchen locker stehend,
Schnabel an der Spitze schwarz; Äcker;
selten; giftig! Süddeutschland, Südeuropa, (östlich). GefGr. 1!

5 Mäuseschwanz
Myosurus minimus L.
Pfl. 2–10 cm, 1jährig; B. grasartig,
schmal-linealisch, etwa 1 mm br., in
grundständiger Rosette; St. b.los;
Kronb. 5, hellgrün, eiförmig, 3–4 mm lg.,
am Grund mit kurzem, dem Bl.stängel
anliegendem Sporn; Nektarb. fadenförmig, gelbgrün; Bl.boden sich nach der
Blüte auf 2–5 cm verlängernd und dadurch mäuseschwanzähnlich ausse-
hend. ✿ 4–6. △: Feuchte Wegränder
und Äcker, Ufer, lehmige, staunasse,
kalkfreie Böden; selten. Fast ganz
Europa.

Erdrauchgewächse / Fumariaceae

6 Rankender Erdrauch
Fumaria capreolata L.
Pfl. 30–100 cm, kahl; St. schlaff, durch
Rankenb. kletternd; B. blaugrün, doppelt gefiedert; Bl. 10–12 mm lg., weißlich, mit violetter Spitze, in reichblütigen, lockeren Trauben; Fruchtstiele nach
rückwärts gekrümmt. ✿ 5–9. △ Weinberge, Gärten, Schutt; kalkarme Böden;
selten. Mittel- und Südeuropa, (westlich). – Der **Mauer-Erdrauch,** *F. muralis*
Sonder, ebenfalls kletternd, hat 5–7 mm
lg., purpurne, an der Spitze fast schwarze
Bl. in armblütigen, lockeren Trauben;
Fruchtstiele abstehend. ✿ 6–9. Mauern;
selten. Westeuropa, westliches Mitteleuropa.

Erdrauchgewächse / Fumariaceae

1 Gemeiner Erdrauch
Fumaria officinalis L.
Pfl. kahl, verzweigt, 10–30 cm; B. 2fach
gefiedert, blaugrün, mit 2–3 mm br.
B.zipfeln; Bl. lippenbl.artig, gespornt,
7–9 mm lg., dunkelrot, in dichten,
20–40blütigen Trauben; Kelchb. 2–3 mm
lg., leicht abfallend. ❀ 5–9. △ Unkrautfluren, Äcker, Weinberge, Gärten; häufig.
Europa. – Weitere ähnliche Arten, aber
mit 1–2 mm br. B.zipfeln und 0,5–1 mm
lg. Kelchb. sind: **Blasser Erdrauch,** *F.*
vaillantii Loisel, B.zipfel flach, Bl. blassrosa, 5–7 mm lg., in 6–12blütigen Trauben; Fruchtstiele unter 3 mm lg.; Äcker,
Weinberge; zerstreut. – **Schleichers Erd-**
rauch, *F. schleicheri* Soy-Will., Bl. tiefrosa, in 12–20blütigen Trauben; Fruchtstiele unter 4 mm lg.; B.zipfel flach; Äcker,
Brachland; ziemlich selten. GefGr. 3!
– **Kleinblütiger Erdrauch,** *F. parviflora*
Lamk., Bl. weiß, mit dunkelpurpurner
Spitze, B.zipfel rinnig; Äcker; selten.
GefGr. 2!

Mohngewächse / Papaveraceae

2 Schöllkraut
Chelidonium majus L.
Pfl. mit gelbem Milchsaft, 30–70 cm;
B. fiederteilig, unterseits blaugrün, mit
ovalen, stumpf gezähnten Abschnitten;
Bl. 1–2 cm br., gelb, in 2–8 blütigen Dol-
den; Kelchb. 2; Narbe 2lappig; Frucht
eine 2–5 cm lg. Schote. ❀ 5–9. Giftig!
△ Unkrautfluren, Wald- und Wegränder,
Mauern; verbreitet. Südskandinavien,
Mittel- und Südeuropa.

3 Klatsch-Mohn
Papaver rhoeas L.
Pfl. mit weißem Milchsaft, 20–80 cm;
B. fiederteilig, mit gezähnten Abschnitten, behaart; Bl. einzeln endständig;
Kronb. 2–4 cm lg., rot am Grund oft mit
schwarzem Fleck; Staubfäden dunkelviolett; Narbe scheibenförmig, 8–12strah-
lig; Frucht eine br.-eiförmige Kapsel,
diese am Grund abgerundet. ❀ 5–7.

△ Getreidefelder, Schutt, Wege; häufig.
Europa. – Der **Schlaf-Mohn,** *P. somnifer-*
um L., hat eiförmige, st.umfassende, ungeteilte, kahle, blaugrüne, wellige, ge-
kerbte bis gezähnte B. und violette, rote
oder weiße, am Grund dunkel gefleckte,
3–6 cm lg. Kronb. und kugelige, bis 6 cm
br. Fruchtkapsel; Gartenpfl., gelegentlich auf Schuttplätzen verwildert; seit
der jüngeren Steinzeit angebaut; zur
Gewinnung von Öl aus reifen Samen und
von Opium aus dem Milchsaft der unrei-
fen Kapseln.

4 Saat-Mohn
Papaver dubium L.
Pfl. 30–60 cm, ähnlich Klatsch-Mohn,
aber B. 2fach fiederteilig; Narbenstrahlen 5–8; Kapsel keulenförmig, am Grund
allmählich verschmälert, kahl; Staubfäden linealisch nicht verdickt; Staubbeutel bläulich. ❀ 5–7. △ Getreidefelder, Wege, Schutt, Steinbrüche;
zerstreut. Fast ganz Europa.

5 Sand-Mohn
Papaver argemone L.
Pfl. 15–30 cm; B. bis fast auf den Mittelnerv 2fach fiederteilig, mit 2–3 mm br.,
spitzen Abschnitten; Kronb. 15–25 mm
lg., dunkelrot, am Grund mit schwarzem
Fleck, sich nicht mit den Rändern
deckend; Staubfäden nach oben keulig
verdickt; Fruchtkapsel länglich-keulen-
förmig, borstig, mit 4–5 Narbenstrahlen.
❀ 4–6. △ Kalkarme Getreidefelder,
Sandböden; wärmeliebend; ziemlich selten. Mittel- und Südeuropa. – Ähnlich ist
der **Bastard-Mohn,** *P. hybridum* L., aber
Kronb. sich mit Rändern deckend;
Fruchtkapsel kugelig bis eiförmig, borstig, mit 5–9 Narbenstrahlen; Getreidefelder, Schutt; selten. Mittel- und Süddeutschland, Südeuropa. GefGr. 2!

Kreuzblütengewächse
Cruciferae oder Brassicaceae

1 Raps, Kohlrübe
Brassica napus L.
Pfl. 60–120 cm; alle B.blaugrün, bereift,
fast kahl, halbst.umfassend, fiederteilig,
mit jederseits 1–4 ovalen Seitenabschnit-
ten und viel größerem Endabschnitt;
Kronb. gelb, 10–14 mm lg., doppelt so
lg. wie die Kelchb.; Bl.stiele wenig länger als die Bl.; Schote linealisch,
5–10 mm lg., Schotenwand 1nervig.
✿ 4–9. △ Öl-, Gemüse- und Futterpfl.,
an Wegen und Schuttplätzen verwildert.
– Ähnlich ist der **Rübenkohl** oder **Rüb-
sen**, *B. rapa* L., aber Rosettenb. grasgrün, St.b. etwas blaugrün, alle B.
st.umfassend, meist stark behaart; offene Bl. die Bl.knospen überragend;
Kronb. 7–11 mm lg.; Kelchb. waagrecht
abstehend; seit der jüngeren Steinzeit
als Öl-, Gemüse- und Futterpfl. angebaut. – Der **Schwarze Senf,** *B. nigra* (L.)
Koch, hat gestielte, fiederteilige B. mit
unregelmäßig gezähnten Abschnitten;
obere B. ungeteilt; Kronb. 6–9 mm lg.,
gelb; Schoten 4kantig, 1–2 cm lg., mit
2–3 mm lg. Schnabel, an 2–3 mm lg. Stielen, dem St. dicht angedrückt; Schutt,
Ufer, feuchte Äcker; häufig; seit der Römerzeit als Senflieferant angebaut.

2 Französische Hundsrauke
Erucastrum gallicum (Willd.) O.E. Schulz
Pfl. 20–60 cm; B. fiederteilig, Endab-
schnitt kaum größer als die seitlichen
Abschnitte; untere Bl. mit kleinen
Hochb.; Kronb. 6–8 mm lg., blassgelb,
grünlich geadert; Kelchb. aufrecht,
3–5 mm lg., Schoten länglich, 2–4 cm lg.,
mit kegelförmigem Schnabel, deren
Stiele 4–10 mm lg. ✿ 5–10. △ Äcker,
Brachland, Ufer; zerstreut. Mitteleuropa.
– Ähnlich ist die **Stumpfkantige Hundsrauke,** *E. nasturtiifolium* (Poir.) O.E.
Schulz, aber Bl. ohne Hochb., Kelchb.
waagrecht abstehend; Kronb. 8–12 mm
lg., gelb; Flussufer, feuchte Äcker; selten. Südwesteuropa, Bodensee, Ober-
rheintal.

3 Ackerkohl
Conringia orientalis (L.) Dum.
Pfl. kahl, 10–50 cm; B. blaugrün, wechselständig, eiförmig-elliptisch, ganzrandig, st.umfassend; Bl. gelblich- oder
grünlichweiß, 15–20 mm br.; Schote
6–10 cm lg., 4kantig, aufrecht-abstehend, deren Stiele etwa $^1/_5$ so lg. ✿ 5–7.
△ Äcker, Brachland, Schutt; selten. Mit-
tel- und Sudosteuropa. <u>GefGr. 2!</u>

4 Acker-Senf
Sinapis arvensis L.
Pfl. 30–60 cm; B. buchtig gezähnt;
Kronb. schwefelgelb, 8–12 mm lg.;
Kelchb. 5–6 mm lg., fast waagrecht abstehend; Schoten 2–4 cm lg. und
2–3 mm br., fast kahl, mit 10–15 mm lg.
Schnabel; Schotenwand 3–5nervig; Samen schwarz. ✿ 6–10. △ Äcker, Brachland; häufig. Fast ganz Europa. – Ähnlich
ist der **Weiße Senf,** *S. alba* L., aber B.
buchtig-fiederspaltig; Kronb. hellgelb,
7–10 mm lg.; Schoten steifhaarig, meist
gekrümmt, mit stark abgeflachtem
Schnabel; Samen hell; Äcker, Schutt;
zerstreut; Kulturpfl., zur Öl- und Senfge-
winnung angebaut.

5 Stinkrauke,
Schmalblättriger Doppelsame
Diplotaxis tenuifolia (L.) DC.
Pfl. 30–80 cm, am Grund verholzend; St.
reich beblättert; B. tief fiederteilig, mit
schmalen, schräg nach vorne gerichteten Abschnitten, kahl, etwas blaugrün,
beim Zerreiben mit scharfen Geruch;
Kronb. gelb, 8–14 mm lg.; Bl.stiele
2–3mal so lg. wie die Bl.; Schoten
2–6 cm lg., an ebenso lg. Stielen; Samen
in jedem Fach 2reihig. ✿ 5–8. △ Unkrautgesellschaften; zerstreut. Mittel-
und Südeuropa. Ähnlich ist der **Mauer-
Doppelsame,** oder **Mauersenf,** *D. muralis* (L.) DC., aber St. kaum beblättert; B.
grundständig, fiederteilig bis buchtig
gezähnt; Kronb. 4–8 mm lg., schwefelgelb; Bl.stiele so lg. wie die Bl.; Stiele
der Schoten etwa $^1/_2$ so lg.; Äcker, Schutt;
zerstreut. Mittel- und Südeuropa.

Kreuzblütengewächse
Cruciferae oder Brassicaceae

1 Acker-Rettich, Hederich
Rhaphanus rhaphanistrum L.
Pfl. rauhaarig, 1jährig, 30–80 cm; untere
B. mit schmalen Fiederlappen und
großem Endlappen, obere B. ungeteilt;
Bl. 2–3 cm br., weiß oder blassgelb,
meist violett geadert, Kelchb. aufrecht;
Schoten 2–10 cm lg., perlschnurartig
gegliedert, mit lg., samenlosem Schna-
bel. ✿ 5–9. △ Äcker, Getreidefelder,
Schutt; häufig. Europa.

2 Runzeliger Rapsdotter
Rapistrum rugosum (L.) All.
Pfl. 1jährig, 25–60 cm, mit kleiner Pfahlwurzel; untere B. geigenförmig fiederlappig, mit gezähntem, rundlichem
Endlappen, obere B. ungeteilt; Bl. zitronengelb, Schoten 2gliedrig, anfangs borstig behaart, 5–10 mm lg., oberes Glied
kugelig, plötzlich in den dünnen Griffel
zusammengezogen, dieser so lg. wie
das obere Glied, unteres Glied schmäler,
walzenförmig. ✿ 6–10. △ Lehmige
Äcker; zerstreut. Süddeutschland, Südeuropa. – Ähnlich ist der **Ausdauernde
Rapsdotter,** *R. perenne* (L.) All., aber Pfl.
mehrjährig, mit dicker Pfahlwurzel; untere B. tief fiederteilig, Schote 7–10 mm
lg., 2gliedrig, oberes Glied gerippt, ge-
nau so dick wie das untere, kahl; Griffel
kurz kegelförmig, etwa $^{1}/_{2}$ so lg. wie das
obere Glied; trockne Äcker, Wege,
Trockenrasen; selten. Z. B. Rheinebene,
Thüringen; Südosteuropa.

3 Feld-Kresse
Lepidium campestre (L.) R. Br.
Pfl. graugrün, behaart, 20–60 mm; St.
meist einzeln; B. pfeilförmig st.umfas-
send, ungeteilt, lanzettlich, gezähnt;
Bl. weiß, 2–3 mm br., in ährenförmigen
Trauben; Schötchen br.-eiförmig, dicht
mit schuppigen Bläschen bedeckt, flach
oder etwas gewölbt, geflügelt, am Griffel
ausgerandet, dieser die Ausrandung des
Flügels nicht überragend. ✿ 5–6. △ Wege, trockne Ruderalstellen, Äcker; zer-

streut. Europa. – Ähnlich ist die **Verschiedenblättrige Kresse,** *L. heterophyllum* (DC.) Bentham, aber Pfl. mit mehreren, bogig aufsteigenden St.; Grundb.
fiederlappig; Schötchen kahl oder mit
wenigen Schuppen; Griffel die Ausrandung des Flügels überragend; Äcker;
selten. GefGr. 0!

4 Schutt-Kresse
Lepidium ruderale L.
Pfl. beim Zerreiben stinkend, 10–30 cm;
Grundb. 1–2fach gefiedert, mit schmal-
lanzettlichen Abschnitten; St.b. fieder-
teilig bis ungeteilt, nicht st.umfassend;
Bl. unscheinbar, grünlich; Kronb. kürzer
als die Kelchb. oder fehlend; Schötchen
br. eiförmig, 2–2,5 mm lg., schmal geflü-
gelt. ✿ 5–7. △ Unkrautfluren, Trittrasen,
Wege, Bahngelände; zerstreut. Europa.
– Die **Virginische Kresse,** *L. virginicum*
L., hat lineal-lanzettliche, scharf gesägte
St.b. und borstige, geigenförmig fiederteilige Grundb.; Kronb. länger als die
Kelchb.; sandige Ruderalstellen; zerstreut. Herkunft Nord- und Mittelamerika.

5 Durchwachsene Kresse
Lepidium perfoliatum L.
Pfl. 20–40 cm; Grundb. doppelt fiederspaltig, mit linealischen, unter 1 mm br.
Abschnitten; St.b. ungeteilt, ganzrandig,
eiförmig, mit tief herzförmigem Grund
st.umfassend; Bl. blassgelb, 2–3 mm br.;
Schötchen br.eiförmig oder rhombisch.
✿ 5–6. △ Wege, Ufer, Schutt, Brachland; selten. Mittel- und Osteuropa.

6 Pfeilkresse
Cardaria draba (L.) Desv.
(Lepidium draba L.)
Pfl. 20–60 cm; B. länglich-eiförmig, unregelmäßig gezähnt, obere B. mit herz-
pfeilförmigem Grund st.umfassend; Bl.
5–6 mm br., weiß, in dichten Trauben;
Schötchen herzförmig, 4–5 mm br.,
ungeflügelt. ✿ 4–7. △ Unkrautfluren,
Weinberge, Wege, Dämme, Schutt; zerstreut. Mittel- und Südeuropa (östlich).

Kreuzblütengewächse
Cruciferae oder Brassicaceae

1 Färber-Waid
Isatis tinctoria L.
Pfl. 50–120 cm, oberwärts blaugrün, bereift; untere St.b. gestielt, lanzettlich, obere St.b. pfeilförmig st.umfassend; Bl. gelb, 3–6 mm br., in dichten verzweigten Bl.ständen; Schötchen hängend, flach, keilförmig, geflügelt, zur Reife schwarz, 10–25 mm lg., 3–7 mm br. ✿ 5–6. △ Wege, Dämme, Steinbrüche, Kalkmagerrasen; wärmeliebend; zerstreut. Fast ganz Europa.

2 Acker-Hellerkraut
Thlaspi arvense L.
Pfl. kahl, beim Zerreiben mit Lauchgeruch, 10–40 cm; St. kantig; St.b. lanzettlich, mit pfeilförmigem Grund st.umfassend, ganzrandig oder gezähnt; Bl. weiß 4–6 mm br., in endständigen Trauben; Schötchen 10–15 mm lg., flach, fast kreisrund, br. geflügelt, oben u-förmig ausgerandet. ✿ 4–9. △ Unkrautfluren, Äcker, Schutt; ziemlich häufig. Europa. – Ähnlich ist das **Lauch-Hellerkraut,** *Th. alliaceum* L., aber St. am Grund zerstreut lg.haarig; Schötchen verkehrt-eiförmig, 6–10 mm lg., nur oberwärts schmal geflügelt, deren Stiele waagrecht abstehend; Pfl. mit Lauchgeruch; Äcker; sehr selten. Berchtesgaden, Nordost- und Südalpen, Südosteuropa.

3 Durchwachsenblättriges Hellerkraut
Thlaspi perfoliatum L.
Pfl. 5–20 cm; St. rund; St.b. herzförmig, st.umfassend sitzend, ganzrandig, blaugrün; Bl. weiß; Schötchen herzförmig, 4–8 mm lg., vorne br. geflügelt, Flügel den Griffel in der Ausrandung überragend. ✿ 3–5. △ Weinberge, Äcker, Wege, Kalkmagerrasen; zerstreut. Mittel- und Südeuropa, nördlich bis Südskandinavien.

4 Hirtentäschel
Capsella bursa-pastoris (L.) Med.
Pfl. 5–60 cm; B. tief fiederteilig, in grundständiger Rosette, obere St.b. lanzettlich, mit pfeilförmigem Grund st.umfassend; Bl. weiß, 4–5 mm br.; Schötchen 3eckig, flach, in verlängerten, b.losen Trauben. ✿ 1–12. △ Äcker, Wege, Schutt, Gärten; häufig. Europa.

5 Finkensame, Ackernüsschen
Neslia paniculata (L.) Desv.
Pfl. rauhaarig, 15–80 cm; untere St.b. lanzettlich, gestielt, obere mit pfeilförmigem Grund st.umfassend; Bl. goldgelb, 4–5 mm br.; Schötchen kugelig, 2–3 mm br., grobnetzig, deren Stiele 3–5mal so lg. ✿ 5–7. △ Getreidefelder; zerstreut. Fast ganz Europa. GefGr. 3! – Ähnlich ist das **Spitzfrüchtige Ackernüsschen,** *N. apiculata* Fischer, May. et A.-Láll., aber Schötchen kugelig, mit kurzer, aufgesetzter Spitze; Fruchtstiele $^1/_2$–3mal so lg.. Südeuropa, nördlich bis Mittelfrankreich, Norditalien, Schweiz (Rheinebene).

6 Orientalische Zackenschote
Bunias orientalis L.
Pfl. oben reichästig, 30–120 cm; Rosetenb. länglich, buchtig-fiederspaltig; St.b. lanzettlich, fiederlappig bis unregelmäßig grob gezähnt; Bl. gelb, 8 mm br., in dichter, reichblütiger Traube; Schötchen schief-eiförmig, 6–10 mm lg., mit unregelmäßigen Höckern. ✿ 5–8. △ Wege, Schutt, Dämme, Ufer; zerstreut. Ost- und Südosteuropa, in Mitteleuropa eingeschleppt. – Ähnlich ist die **Echte Zackenschote,** *B. erucago* L., aber Schötchen zackig geflügelt, 8–12 mm lg.; Schutt, trockne Äcker; wärmeliebend; selten. Süddeutschland, Alpensüdseite, Wallis, Aostatal, Südeuropa.

3

5

6

4

1

Kreuzblütengewächse
Cruciferae oder Brassicaceae

1 Graukresse
Berteroa incana (L.) DC.
Pfl. 1–2jährig, 20–70 cm, mit dünner
Pfahlwurzel; Pfl. durch Sternhaare graugrün; B. lanzettlich, meist ganzrandig,
in den kurzen Stiel verschmälert, 3–5 cm
lg.; Kronb. tief 2spaltig, weiß, 5–6 mm
lg.; Schötchen elliptisch, sternhaarig,
grau, 7–10 mm lg., in ährenförmigen
Trauben. ✿ 6–10. △ Wege, Schutt,
Bahngelände, Kiesgruben; zerstreut bis
selten. Mittel- und Südeuropa (östlich).

2 Echtes Barbarakraut
Barbaraea vulgaris R. Br.
Pfl. 30–90 cm; untere B. gestielt, gefiedert, jederseits mit 2–5 ei-länglichen
Fiedern und großer, rundlicher Endfieder, obere B. sitzend, tief gezähnt; Bl.
gelb, 7–9 mm br.; Kronb. doppelt so lg.
wie die Kelchb.; Schoten 15–25 mm lg.,
auf dünnen, 4–6 mm lg. Stielen. ✿ 5–7.
△ Wege, Dämme, Ufer, Kiesbänke, Flussauen; häufig. Europa. – Ähnlich ist das
Steife Barbarakraut, *B. stricta* Andrz.,
aber untere B. jederseits mit 1–2 Seitenfiedern und ei-länglicher Endfieder,
Schoten steif-aufrecht, dem St. angedrückt; Flussufer, Schutt; selten.

3 Wilde Sumpfkresse
Rorippa silvestris (L.) Bess.
Pfl. mit Ausläufern, kahl, 15–60 cm; B.
gefiedert, jederseits mit 3–7 gezähnten
oder nochmals fiederteiligen Abschnitten; Bl. 4–6 mm br., goldgelb; Schoten
schmal-linealisch, 8–20 mm lg. ✿ 6–9.
△ Ufer, Wege, feuchte Äcker und Ruderalstellen; ziemlich häufig. Europa.

4 Acker-Schöterich
Erysimum cheiranthoides L.
Pfl. 20–50 cm; B. lanzettlich, ganzrandig
oder entfernt gezähnt, mit 2–4 strahligen
Haaren; Bl. gelb, 5–8 mm br.; Bl.stiele
2–3mal länger als der etwa 2 mm lg.
Kelch; Kronb. 2–5 mm lg.; Schoten
2–3 cm lg., deren Stiele $^1/_3$–$^1/_2$ so lg.

✿ 5–8. △ Äcker, Wege, Schutt, feuchte
Ruderalstellen; zerstreut. Fast ganz Europa. – Der **Brach-Schöterich** auch **Spar-
riger Schötterich,** *E. repandum* L., hat
geschweift-gezähnte B., 7–10 mm lg.
Kronb. und fast waagerecht abstehende,
4–10 cm lg. Schoten an fast so dicken,
sehr kurzen Stielen; Unkrautfluren;
selten. Mittel- und Süddeutschland,
Südosteuropa.

5 Lauchkraut, Lauchhederich
Alliaria petiolata (Bieb.) Cavara et
Grande (*A. officinalis* Andrz.)
Pfl. 20–100 cm, beim Zerreiben nach
Knoblauch riechend; Grundb. herz- bis
nierenförmig, gekerbt, lg. gestielt; Bl.
weiß, 5–8 mm br.; Schoten 2–3 cm lg.,
an aufrecht-abstehenden Stielen. ✿
4–6. △ Schattige Unkrautfluren, Waldränder, Zäune; häufig. Fast ganz Europa.

6 Weg-Rauke
Sisymbrium officinale (L.) Scop.
Pfl. 30–60 cm; untere B. tief bis fast zur
Mittelnerv fiederteilig, Abschnitte
3eckig bis eiförmig, gezähnt, obere B.
ungeteilt oder mit nur 2 seitlichen Lappen; Bl. gelb, 3–6 mm br.; Schoten linealisch, zugespitzt, 1–2 cm lg., dem St. angedrückt. ✿ 5–8. △ Wege, Schutt,
Dämme, Ufer; häufig. Europa. – Artenreiche Gattung; ähnliche Arten, aber mit
abstehenden Schoten sind: **Orientali-
sche Rauke,** *S. orientale* L., Pfl. grauhaarig; obere B. gestielt, 3teilig bis ungeteilt; Schoten 4–10 cm lg., deren
Stiele 4–7 mm lg., fast so dick wie die
Schote; Wege, Schutt; zerstreut; wärmeliebend. – **Hohe** oder **Ungarische Rauke,**
S. altissimum L., Pfl. grün, unten abstehend steifhaarig; obere B. meist sitzend,
fiederteilig; Grundb. bis zum Mittelnerv
fiederteilig, mit 1 mm br. Abschnitten;
Bl. weißlich gelb; Kelchb. zur Bl.zeit abstehend, die 2 äußeren an der Spitze
gehörnt; Schoten 5–10 cm lg., deren
Stiele 5–10 mm lg.; Schutt, Wege; wärmeliebend; zerstreut. Ursprünglich Osteuropa; heute in den wärmeren Gebieten weit verbreitet.

Kreuzblütengewächse
Cruciferae oder Brassicaceae

1 Sophienkraut
Descurainia sophia (L.) Webb
(Sisymbrium sophia L.)
Pfl. 20–80 cm, im oberen Teil verzweigt;
B. graugrün, 2–3fach gefiedert, mit
linealischen, unter 1mm br. Zipfeln;
Kronb. hellgelb, 2mm lg., so lg. oder kürzer als die Kelchb.; Schoten 15–25 mm
lg. ✿ 5–9. △ Sandböden, Wege, Schutt,
Mauern; zerstreut. Fast ganz Europa
(östlich).

2 Acker-Schmalwand
Arabidopsis thaliana (L.) Heynh.
Pfl. 5–30 cm, mit grundständiger B.rosette; B. ei-länglich, gezähnt oder ganzrandig, 2–3 cm lg.; Kronb. 2–4 mm lg.,
weiß; Schoten 1–2 cm lg., waagrecht bis
aufrecht abstehend. ✿ 4–6. Äcker, Mauern, lückige Magerrasen; kalkmeidend;
verbreitet. Ursprünglich Mittelmeergebiet, heute fast ganz Europa. – Ähnlich
ist die **Schwedische Schmalwand,**
A. suecica (Fries) Norrlin, aber Grundb.
gezähnt bis fiederspaltig; St.b. meist gezähnt; Kronb. 4–6 mm lg.; Schoten
2–3 cm lg.; sandige Magerrasen. Brandenburg, Nordeuropa. – Siehe auch
Cardaminopsis arenosa, T. 52.

3 Saat-Leindotter
Camelina sativa (L.) Crantz
Pfl. 30–90 cm, kahl, oben verzweigt,
1jährig; B. lanzettlich, meist ganzrandig,
pfeilförmig st.umfassend; Kronb.
4–5 mm lg., gelb; Schötchen birnenförmig, 7–8 mm lg., Fruchtklappen mit
deutlichem Mittelnerv. ✿ 5–6. △ Getreidefelder, Äcker, trockene Ruderalstellen;
heute selten geworden. – Der **Kleinfrüchtige Leindotter,** *C* microcarpa
Andrz., hat rauhhaarige St. und B. und
5 mm lg. Schötchen; Getreidefelder, Wege; selten; wärmeliebend. Süddeutschland, Südosteuropa.

4 Nachtviole
Hesperis matronalis L.
Pfl. 40–100 cm, mit lg. borstenförmigen
Haaren; Grundb. eiförmig, bis 15 cm lg.,
meist gezähnt; St.b. ei-lanzettlich, zahlreich, nach oben kleiner werdend;
Bl.stand dicht; Bl. violett, lila, oder weiß,
2 cm br., wohlriechend; Schoten
aufrecht-abstehend, 3–10 cm lg. und
2mm br. ✿ 5–7. △ Ruderalstellen, Auenwälder; zerstreut. Mittel- und Südosteuropa.

5 Meerrettich
Armoracia rusticana G.M.Sch.
(A. lapathifolia Usteri)
Pfl. 60–120 cm; Grundb. ei-länglich, bis
1 m lg., lg.gestielt, gezähnt; untere St.b.
fiederspaltig, obere St.b. ungeteilt, gezähnt bis ganzrandig; Kronb. 5–7 mm lg.,
weiß; Bl. in reichblütigen Trauben;
Schötchen walzlich, 4–6 mm lg. ✿ 5–7.
△ Kulturpfl., in Unkrautfluren verwildert,
häufig; Gemüse- und Heilpfl., senfölreich. Ursprünglich Osteuropa, heute
fast ganz Europa.

1

2

3

4

5

Kreuzblütengewächse
Cruciferae oder Brassicaceae

**1 Behaartes Schaumkraut,
Vielstängeliges Schaumkraut**
Cardamine hirsuta L.
Pfl. mit grundständiger B.rosette,
5–20 cm; Endfieder der Rosettenb. rundlich; St. kahl oder zerstreut behaart, mit
2–4 gefiederten B.; Kronb. weiß, 2–4 mm
lg., etwa doppelt so lg. wie die Kelchb.;
Staubb. meist 4, mit gelben Staubbeuteln; Schoten etwa 20 mm lg. und 1 mm
dick. ✿ 4–6. △ Gebüschsaum, Weinberge, Wegränder, Äcker; etwas feuchte,
sandreiche Böden; schwach wärmeliebend; zerstreut. Fast ganz Europa (westlich). – Ähnlich ist das **Kleinblütige
Schaumkraut,** *C. parviflora* L., aber
grundständige B. mit keilförmiger Endfieder; St. immer kahl; Kronb. 2–2,5 mm
lg., weiß; Staubb. meist 6; Schote
10–20 mm lg. △ Ufer, Schlammböden,
Schutt; selten. Fast ganz Europa.
GefGr. 3!

**2 Bittere Schleifenblume,
Bitterer Bauernsenf**
Iberis amara L.
Pfl. 10–20 cm; B. keilförmig, entfernt
gezähnt, stumpf, 3–5 cm lg., am Rand
bewimpert; Bl. in doldenartiger, später
sich verlängernder Traube; Kronb. weiß,
selten hellviolett, die nach außen gerichteten 6–8 mm lg. und doppelt so lg.
wie die inneren; Schötchen 4–6 mm lg.
und fast so br., mit flügelartigem Rand;
Fruchtstiel fast waagrecht abstehend.
✿ 5–8. △ Getreidefelder, trockene, steinige, kalkreiche Böden; selten. West-
und Mitteleuropa. GefGr. 1! – Die **Doldi-
ge Schleifenblume,** *I. umbellata* L., hat
lanzettliche, spitze, meist ganzrandige
B. und rosarote oder violette Bl.; nach
außen stehende Kronb. 8–15 mm lg.;
Zierpfl. und gelegentlich verwildert,
sonst Südeuropa.

Rosengewächse / Rosaceae

3 Kriechendes Fingerkraut
Potentilla reptans L.
Pfl. mit bis 1 m lg., kriechenden, an den
Knoten wurzelnden St.; B. lg. gestielt,
5–7zählig gefingert, Fiedern grob gesägt; Bl. in den B.achseln einzeln stehend, goldgelb, 1–2 cm br.; Kronb. 5,
ausgerandet. ✿ 6–8. △ Wegränder,
Böschungen, Äcker, Schutt, Hecken;
oft mit folgender Art zusammen; häufig.
Europa.

4 Gänse-Fingerkraut
Potentilla anserina L.
Pfl. mit bis 80 cm lg., oft rötlichen Ausläufern, an den Knoten wurzelnd; B.
gefiedert, oberseits grün, unterseits
silberhaarig, 5–25 cm lg., mit 6–10
ei-länglichen, größeren Fiederpaaren
und abwechselnd kleineren Fiederpaaren; Fiedern grob gezähnt; Bl. einzeln,
lg. gestielt, gelb, 2–3 cm br.; Kronb. 5,
rundlich. ✿ 5–7. △ Wege, Ufer, Schutt,
Dünen, Brachland; häufig. Fast ganz
Europa.

Rosengewächse / Rosaceae

1 Acker-Frauenmantel
Aphanes arvensis L.
Pfl. meist graugrün, 5–20 cm, ohne
grundständige B.rosette; St.b. kurz gestielt, obere sitzend, rautenförmig, auf
$^1/_3$–$^1/_2$ eingeschnitten, 4–8 mm br. und
6–10 mm lg.; Bl. 1,8–2,5 mm lg., in
10–20blütigen Knäueln; Kelchb. meist
spreizend; Frucht über 2 mm lg. ✿ 5–9.
△ Getreidefelder; kalkmeidend; zerstreut. Mittel- und Südeuropa, nördlich
bis Südskandinavien. – Sehr ähnlich ist
der **Kleinblütige Frauenmantel,** *A.*
microcarpa (Bois et Reuter) Rothm.,
aber Pfl. meist reingrün, 3–12 cm; Bl.
unter 1,5 mm lg.; Kelchb. zusammenneigend; Frucht etwa 1 mm lg.; sandige,
saure Äcker; selten. Hauptsächlich
Mittel- und Südeuropa.

Resedengewächse / Resedaceae

2 Wilde Resede
Reseda lutea L.
Pfl. 20–50 cm; B. 1–2fach fiederteilig,
mit schmalzipfeligen, am Rand welligen,
knorpelig gezähnten Abschnitten;
B.stiele schmal geflügelt; Bl. hellgelb,
geruchlos, in ährenförmigen Trauben;
Kronb. 6, die oberen 2 länger, 4–5 mm
lg.; Kelchb. 6, 2–3 mm lg. ✿ 6–9. △ Wege, Dämme, Schutt, Steinbrüche; häufig.
Mittel- und Südeuropa. – Ähnlich ist die
Färber-Resede, *R. luteola* L., aber Pfl.
60–120 cm; B. ungeteilt, schmal-lanzettlich, wellig; Bl. 4teilig, in lg., dünner,
ährenförmiger Traube; Unkrautfluren;
zerstreut; Mittel- und Südeuropa, vereinzelt bis Südskandinavien. – Die **Ra-**
punzel-Resede, *R. phyteuma* L., hat li-
nealisch-spatelförmige B., manchmal
mit 1 Paar seitlichen Lappen; Bl. weißlich, in lockerer Traube; Kelchb. 6,
3–4 mm lg., zur Fruchtzeit sich vergrößernd, 5–13 mm lg.; Kronb. 6, in
schmale Zipfel zerteilt, 35mm lg.; Pfl.
20–50 cm; Schutt, Wege; wärmeliebend.
Hauptsächlich Südeuropa.

Schmetterlingsblütengewächse Fabaceae oder Papilionaceae

3 Weißer Steinklee
Melilotus alba Med.
Pfl. 30–120 cm, ähnlich folgenden Arten
aber Bl. weiß, 4–5 mm lg., Bl.traube
4–6 cm lg., 40–80blütig; Fruchthülse
3–5 mm lg., kahl, netznervig, runzelig,
zur Reife schwarz. ✿ 6–9. △ Unkrautfluren, Bahngelände; verbreitet. Fast ganz
Europa.

4 Gewöhnlicher Steinklee
Melilotus officinalis (L.) Pallas
Pfl. 30–100 cm; B. 3zählig; Bl. gelb,
5–7 mm lg., in lockeren, 4–10 cm lg.
Trauben; Flügel der Bl. länger als das
Schiffchen; Frucht 3–4 mm lg., kahl, mit
Querrunzeln, zur Reife braun. ✿ 6–9.
△ Sonnige Unkrautfluren, Dünen, Steinbrüche, Schutt; häufig. Europa. – Ähnlich ist der **Hohe Steinklee,** *M. altissima*
Thuill., aber Flügel so lg. wie das Schiffchen; Bl.traube 2–6 cm lg.; Bl. 5–7 cm
lg.; Fruchthülse angedrückt behaart,
netzig, runzelig, 3–5 mm lg.; Ufer, Wege;
selten. – Der **Kleinblütige Steinklee,** *M.*
indica (L.) All. *(M. parviflora* Desf.), hat
2–3 mm lg., gelbe Bl., fast kugelige,
2–3 mm lg. Fruchthülsen.

5 Kleiner Vogelfuß, Mäusewicke
Ornithopus perpusillus L.
Pfl. niederliegend, 5–30 cm; B. gefiedert,
mit 15–27 2–5 mm lg. Fiederb.; Bl.
3–4 mm lg., in 3–7blütigen Dolden oder
Köpfen; Krone weiß, mit gelblichen
Schiffchen und rotgeaderter Fahne;
Frucht 1–2 cm lg., gebogen aus 4–7 zur
Reife zerfallenden Gliedern bestehend;
Fruchtstand vogelfußartig. ✿ 5–6.
△ Sandfelder, Dünen, Brachländer; kalk-
meidend; ziemlich selten. Mittel- und
Westeuropa, nördlich bis Irland, Schott-
land.

1

3

4

2

5

Schmetterlingsblütengewächse
Fabaceae oder Papilionaceae

1 Rauhaarige Wicke
Vicia hirsuta (L.) S. F. Gray
Pfl. 1jährig, 15–50 cm; B. gefiedert, meist mit 6–8 Fiederb.paaren und verzweigter Endranke; Fiedern linealisch, vorne ausgerandet, 5–12 mm lg.; Bl. hellviolett oder weißlich, zu 3–6 in lg. gestielten Trauben; Frucht 2samig, weichhaarig. ✿ 6–8. △ Getreidefelder, Wege, Sandtrockenrasen; häufig. Europa.

2 Viersamige Wicke
Vicia tetrasperma (L.) Schreb.
Pfl. 20–60 cm, ähnlich *V. hirsuta*, aber Frucht kahl, meist 4samig; B. mit 6–8 Fiederb.; Bl. zu 1–2, blassviolett. ✿ 6–7. △ Silikatmagerrasen, saure Äcker, auch Moorwiesen; kalkmeidend; verbreitet. Südskandinavien, Mittel- und Südeuropa.

3 Futter-Wicke, Saat-Wicke
Vicia sativa L.
Pfl. 30–80 cm; B. mit 4–7 Fiederb.paaren und verzweigter Endranke, Fiedern eiförmig bis linealisch; Bl. zu 1–2 b.achselständig, kurz gestielt, mit bläulicher Fahne und rotvioletten Flügeln; Kelchzähne gleich lg. (bei der ähnlichen **Zaun-Wicke** Kelchzähne ungleich lg., siehe T. 153); Frucht aufrecht, kurzhaarig, zur Reife braun, 3–8 cm lg. ✿ 5–7. Futterpfl., auf Ruderalstandorten verwildert; zerstreut. Europa.

4 Zottel-Wicke
Vicia villosa Roth
Pfl. 30–130 cm, dicht, abstehend weichhaarig; B. mit 14–18 linealischen, behaarten Fiederb.; Traube 10–20blütig; Bl. 15–20 mm lg.; Kelchzähne lg. bewimpert; Kelch am Grund sackartig ausgebuchtet; Frucht 2–4 cm lg. ✿ 6–8. △ Getreidefelder, Schuttplätze, Wegränder; zerstreut. Fast ganz Europa (ursprünglich Südeuropa). – Siehe auch **Vogel-Wicke,** *V. cracca,* T. 81.

5 Ranken-Platterbse
Lathyrus aphaca L.
Pfl. 10–30 cm; St. aufsteigend oder kletternd, ungeflügelt; B. in eine Ranke umgewandelt, mit 2 (gegenständigen), großen, laubb.artigen, 1–4 cm lg. Nebenb.; Bl. zu 1–2, gelb, 10–15 mm lg.; Kelch kahl; Frucht 2–3 cm lg., kahl. ✿ 5–7. △ Kalkarme Getreidefelder; wärmeliebend; zerstreut. Mittel- und Südeuropa. GefGr. 3! – Bei der **Gras-Platterbse,** *L. nissolia* L., besteht das B. nur aus dem b.artig verbreiterten, 4–10 cm lg., grannenartig zugespitzten B.stiel und aus 1–2 mm lg., pfriemlichen, oft fehlenden Nebenb. am Grund, Ranke fehlend; Bl. zu 1–2, purpurn, mit dunkel geaderter Fahne; Fruchthülse 4–6 cm lg. und 3–4 mm br.; Getreidefelder, Gebüschsäume; selten. Süddeutschland, Südeuropa. GefGr. 2!

6 Knollen-Platterbse, Erdnuss-Platterbse
Lathyrus tuberosus L.
Pfl. mit Wurzelknollen, niederliegend oder kletternd, 20–100 cm; St. kantig; B. mit 2 elliptischen, fein zugespitzten Fiedern und einer Endranke; Nebenb. halbpfeilförmig; B. karminrot, 12–16 mm lg., duftend, zu 2–5; Frucht 2–4 mm lg., braun. ✿ 6–8. △ Lehmige Äcker, Wegränder; zerstreut. Fast ganz Europa.

Sauerkleegewächse / Oxalidaceae

7 Europäischer Sauerklee
Oxalis europaea Jord. (*O. stricta* auct.)
Pfl. aufrecht, 10–30 cm; B. 3zählig, kleeb.artig, gegen- oder quirlständig; Bl. hellgelb, 8–10 mm br., zu 1–6 in lg.gestielten, achselständigen, doldenähnlichen Bl.ständen; Kronb. vorne abgerundet; Bl.stiele nach dem Verblühen aufrecht. ✿ 6–9. △ Äcker, Gärten, Wege; häufig. Europa. – Ähnlich ist der **Gehörnte Sauerklee,** *O. corniculata* L., aber St. niederliegend; B. wechselständig; Kronb. vorne ausgerandet; Bl.stiele nach dem Verblühen herabgebogen; Gärten, Wege; zerstreut.

Storchschnabelgewächse
Geraniaceae

1 Pyrenäen-Storchschnabel
Geranium pyrenaicum Burm.
Pfl. 20–60 cm; St. abstehend weichhaarig; B. rundlich, bis etwas über die Mitte in 5–9 keilförmige Lappen geteilt; Bl. paarweise, in lockeren Bl.ständen; Kronb. 7–10 mm lg., violettrot, tief ausgerandet, doppelt so lg. wie die Kelchb. ✿ 5–10. △ Krautreiche Unkrautfluren, Wege, Gebüsche; ziemlich häufig. Fast ganz Europa.

2 Schlitzblättriger Storchschnabel
Geranium dissectum L.
Pfl. 10–40 cm; St. abstehend behaart; Bl. paarweise; Kronb. rosarot, ausgerandet, 4–6 mm lg., so lg. wie die Kelchb.; Stiele der Bl.stände kürzer als ihre Tragb., drüsenhaarig; B. bis zum Grund geteilt, mit linealischen Zipfeln. ✿ 5–9. △ Äcker, Gärten, Wege; verbreitet. Europa. – Ähnlich ist der **Tauben-Storchschnabel**, *G. columbinum* L., aber St. anliegend behaart, Stiele der Bl.stände länger als die Tragb., drüsenlos; Kronb. 7–9 mm, ausgerandet; Unkrautfluren; zerstreut.

3 Rundblättriger Storchschnabel
Geranium rotundifolium L.
Pfl. rauhhaarig, 10–30 cm; St. oft rötlich; B. rundlich, bis zur Mitte eingeschnitten; Kronb. 5–6 mm lg., rosarot, nicht ausgerandet. ✿ 5–10. △ Sonnige Unkrautfluren, Weinberge, Mauern; ziemlich selten. Mittel- und Südeuropa.

4 Weicher Storchschnabel
Geranium molle L.
Pfl. 10–30 cm; St. abstehend zottig weichhaarig; B. rundlich, bis etwa zur Mitte eingeschnitten; Kronb. 4–8 mm lg., rosarot, ausgerandet, kaum länger als die Kelchb. ✿ 5–9. △ Sonnige Unkrautfluren; ziemlich häufig. Europa. – Ähnlich ist der **Kleine Storchschnabel, G.**

pusillum L., aber Kronb. 3–4 mm lg., schmutzigviolett; St. kurzhaarig; Wege, Weinberge; Äcker; verbreitet.

5 Gewöhnlicher Reiherschnabel
Erodium cicutarium (L.) L' Hér.
Pfl. rauhaarig, 10–40 cm; B. bis zum Mittelnerv fiederteilig, Fiedern nochmals geteilt, mit schmalen, spitzen Zipfeln; Bl. zu 2–9 in lg.gestielten Bl.ständen; Kronb. 5–9 mm lg., rosa oder lila, die beiden oberen oft größer; Fruchtschnabel in 5 korkzieherartige Teilfrüchte aufreißend. ✿ 4–9. △ Wege, Brachland, Weinberge, Dünen; ziemlich häufig. Europa. – Der **Große Reiherschnabel,** *E. ciconium* (L.) L' Hér., hat zwischen den Fiederb.chen kleine Zähne oder Lappen; St. drüsenhaarig; Kelchb. 10–15 mm lg., mit 2–4 mm lg., aufgesetzter Spitze; Kronb. violettblau, fast so lg. wie die Kelchb.; Unkrautgesellschaften; selten. Süddeutschland, Südeuropa.

Wolfsmilchgewächse
Euphorbiaceae

6 Liegende Wolfsmilch
Euphorbia humifusa Willd.
Pfl. kahl, bläulichgrün, später rot überlaufen, 5–15 cm; St. liegend; B. gegenständig, verkehrt-eiförmig, stumpflich, 5–10 mm lg., mit kleinen Nebenb.; Scheinbl. einzeln. ✿ 6–9. △ Gärten, Wege, Pflasterfugen, sandige Ruderalstellen; ziemlich selten. Ursprünglich Asien, heute weit verbreitet. – Im Wuchs ähnlich sind noch: **Zwerg-Wolfsmilch,** *E. chamaesyce* L., St. und B. abstehend behaart; St.glieder etwa so lg. wie das dazugehörige B.paar; B. meist 1farbig; Acker, Bahngelände; selten; wärmeliebend. – Die **Gefleckte Wolfsmilch,** *E. maculata* L., ist flaumig behaart, B. meist rot gefleckt, St.glieder kürzer als das dazugehörige B.paar; Pflasterfugen, Bahngelände; wärmeliebend; selten. Süddeutschland, Südeuropa.

Wolfsmilchgewächse
Euphorbiaceae

1 Sonnenwend-Wolfsmilch
Euphorbia helioscopia L.
Pfl. 10–40 cm; St.b. wechselständig, verkehrt-eiförmig bis keilförmig, hellgrün,
kurz gestielt, vorne fein gezähnt, 2–4 cm
lg.; Bl.dolde 5strahlig; Hüllb. den St.b.
ähnlich; Drüsen des Bl.bechers gelb,
rundlich-oval; Fruchtkapsel glatt.
✿ 4–11. Giftig! △ Äcker, Gärten, Weinberge. nährstoffreiche Böden; häufig.
Europa.

2 Garten-Wolfsmilch
Euphorbia peplus L.
Pfl. 1jährig, 10–30 cm, ähnlich voriger
Art, aber Bl.dolden 3strahlig, jeder
Strahl nochmals 2–3mal geteilt; Hüllb.
eiförmig, kahnförmig gewölbt, kurz sta-
chelspitz; Drüsen des Bl.bechers halb-
mondförmig, in 2 lg. Hörner auslaufend;
B. eiförmig, gestielt, vorne stumpf;
Fruchtkapsel an den 3 Kielen schmal
doppelt geflügelt. ✿ 5–10. Giftig!
△ Äcker, Gärten, Schutt; häufig. Europa.

3 Kleine Wolfsmilch
Euphorbia exigua L.
Pfl. 1jährig, 5–20 cm; B. hellgrün, wechselständig, linealisch, stachelspitz, sitzend, 0,5–3 cm lg.; Bl.dolden 3–5strah-
lig, jeder Strahl nochmals gabelig
geteilt; Hüllb. hellgrün, linealisch, mit
herzförmigem Grund sitzend, nicht verwachsen; Drüsen des Bl.bechers halb-
mondförmig-gehörnt; Fruchtkapsel
glatt. ✿ 6–10. Giftig! △ Lehmige Getreidefelder, Brachland, Schuttplätze; etwas
wärmeliebend; zerstreut. Fast ganz
Europa; ursprünglich Südeuropa. – Ähnliche, 1jährige Arten sind noch:
Saat-Wolfsmilch, *E. segetalis* L., Pfl.
kahl, 10–30 cm; B. linealisch, spitz,
0,5–4 cm lg., blaugrün, ganzrandig, sitzend, sehr dicht stehend; Bl.dolde
5strahlig; Hüllb. 3eckig oder rautenförmig, mit aufgesetzter Spitze; Drüsen des
Bl.bechers gelb, halbmondförmig, in 2
sehr lg. Hörner auslaufend (wie bei

E. peplus); Fruchtkapsel feinwarzig;
Getreidefelder, Schutt; wärmeliebend;
selten. Giftig! Süddeutschland, Südeuropa. – **Sichel- Wolfsmilch,** *E. falcata*
L., Pfl. 10–30 cm; B. 0,5–2 cm lg., spatelig bis keilförmig-lanzettlich, blaugrün;
Bl.dolde meist 3strahlig; Hüllb.
3eckig-eiförmig, spitz; Drüsen des Hüllbechers gelb. in 2 weiße, dünne Hörner
auslaufend; Fruchtkapsel glatt; Getreidefelder, Schutt; wärmeliebend; selten.
Giftig! Süddeutschland, Südeuropa.
GefGr. 1!

4 Einjähriges Bingelkraut
Mercurialis annua L.
Pfl. 10–40 cm; St. kahl, 4kantig, mit vielen gegenständigen Ästen; B. ei-lanzettlich, stumpf gezähnt, 3–8 cm lg.; Pfl.
meist 2häusig; ♀ Bl. fast sitzend, in
armblütigen, b.achselständigen Knäueln; ♂ Bl. in vielblütigen, ährenartigen
Knäueln. ✿ 5–10. △ Äcker, Weinberge,
Wege, Schutt; wärmeliebend; verbreitet.
Fast ganz Europa, ursprünglich Südeuropa.

Malvengewächse / Malvaceae

1 Rosen-Malve
Malva alcea L.
Pfl. 50–100 cm; St. oberwärts wie B. und
Kelch anliegend sternhaarig; St.b. fast
bis zum Grund handförmig geteilt;
Kronb. 2–4 cm lg., tief ausgerandet, rosa
oder lila; Außenkelchb. eiförmig, am
Grund verbreitert, .3–5 mm lg. ✿ 6–10.
△ Wege, sonnige Böschungen, Dämme;
zerstreut. Fast ganz Europa (vergleiche
auch *M. moschata,* T. 63).

2 Wilde Malve, Große Käsepappel
Malva sylvestris L.
Pfl. 40–120 cm; St.b. rundlich, mit 5–7
gesägten spitzen Lappen; Bl. zu 2–6 in
den B.achseln; Kronb. 2–3 cm lg., tief
ausgerandet, purpurn, mit dunkleren
Streifen, 3–4mal so lg. wie der Kelch,
dieser bis zur Mitte verwachsen; Außenkelchb. 3, frei, 4–8 mm lg. ✿ 6–10.
△ Wege, Mauern, Schutt, trockene
Ruderalstellen; zerstreut. Europa.

3 Gänse-Malve, Weg-Malve,
Kleine Käsepappel
Malva neglecta Wallr.
Pfl. 10–40 cm; B. rundlich, mit 3–5 gerundeten Lappen; Kronb. 8–10 mm lg.,
tief ausgerandet, rosa bis weiß, 2mal so
lg. wie die Kelchb.; Kelchzipfel flach;
Teilfrüchte glatt. ✿ 6–9. △ Wege, Mauern, Gärten, Ackerränder; häufig. Fast
ganz Europa. – Ähnlich ist die **Kleinblütige** oder **Nordische Malve,** *M. pusilla*
Sm. *(M. borealis* Wallmann), aber Kronb.
3–5 mm lg., schwach ausgerandet,
weißlich, etwa so lg. wie die Kelchb.;
Kelchzipfel am Rand kraus; Teilfrüchte
runzelig; Wege, Schutt, Weinberge; wärmeliebend; ziemlich selten. Hauptsächlich Mittel- und Südeuropa. GefGr. 3!

Johanniskrautgewächse Hypericaceae

4 Liegendes Johanniskraut
Hypericum humifusum L.
Pfl. 5–15 cm; St. fadenförmig, kriechend,
fast 2kantig; B. eiförmig, 10–15 mm lg.,
unterseits am Rand mit schwarzen, sitzenden Drüsen; Kronb. 4–8 mm lg., gelb,
am Rand mit schwarzen Drüsen; Kelchb.
länglich, ganzrandig; Staubb. 15–20.
✿ 6–10. △ Feuchte Äcker, Wege, Waldschläge, Ufer; verbreitet. Südskandinavien, Mittel- und Südeuropa. – Ebenfalls
niederliegende, kriechende St. hat das
Sumpf-Johanniskraut, *H. elodes* L., aber
Pfl. behaart, 10–30 cm; St. stielrund;
Kelchb. eiförmig, drüsig gewimpert; Hei-
detümpel, nasse Torf- und Sandböden;
selten. Geschützt! GefGr. 2!

Veilchengewächse / Violaceae

5 Acker-Stiefmütterchen
Viola arvensis Murray
Pfl. 5–20 cm, sehr ähnlich nachfolgender
Art; Nebenb. mit ei-lanzettlichen bis
eiförmigen, gekerbt-gesägten Mittellappen; Krone cremefarben und meist noch
etwas violett, etwa so lg. wie der Kelch;
Sporn etwa so lg. wie die Kelchanhängsel. ✿ 4–10. △ Äcker, Wege, Schutt;
häufig. Europa.

6 Wildes Stiefmütterchen
Viola tricolor L.
Pfl. sehr variabel, 10–40 cm; B. herzförmig, gesägt, Nebenb. gefingert, mit lanzettlichen Mittellappen; Krone länger als
der Kelch, blauviolett und gelb; Sporn
fast 2mal so lg. wie die Kelchanhängsel.
✿ 5–10. △ Äcker, Brachland, Wegränder; verbreitet. Fast ganz Europa.

3

6

5

2

1

4

Kürbisgewächse / Cucurbitaceae

1 Weiße Zaunrübe
Bryonia alba L.
Rankende Pfl., 1häusig, 2–3 m; Ranken spiralfederartig; B. in 5 3eckige, scharf gezähnte Lappen geteilt; Bl. mit Fruchtknoten und Staubb.; Narbe kahl; Krone grünlichweiß, etwa 1 cm br.; reife Beeren schwarz. ✿ 6–7. Giftig! △ Zäune, Wege, Gebüschsäume; ziemlich selten. Mittel- und Südeuropa. Ähnlich ist die **Rotbeerige Zaunrübe**, *B. dioica* Jacq., aber Pfl. 2häusig; Bl. nur mit Fruchtknoten oder nur mit Staubb.; Narbe behaart; reife Beeren rot; B.lappen meist ganzrandig; giftig! Zäune, Hecken; zerstreut. Mittel- und Südeuropa (westlich).

Nachtkerzengewächse
Oenotheraceae oder Onagraceae

2 Gewöhnliche Nachtkerze
Oenothera biennis L.
Pfl. aufrecht, meist unverzweigt, 50–100 cm; B. ei-lanzettlich, 8–15 cm lg., gesägt oder ganzrandig; Bl.stand aufrecht; Bl. tellerförmig; Kronb. 3–6 cm lg., gelb; Bl.röhre 2–5 cm lg. ✿ 6–8. (Formenreiche Sammelart mit mehreren Kleinarten). △ Sandige, kiesige Plätze, Dämme, Steinbrüche, Sandtrockenrasen; verbreitet. Ursprünglich Nordamerika, heute fast ganz Europa. – Ähnlich ist die **Kleinblütige Nachtkerze**, *Oe. parviflora* L., aber B.stand nickend; Kronb. 1–2 cm lg.; Bl.röhre, 1,5–3 cm lg.; trockene Ruderalstellen; verbreitet. (Formenreiche Sammelart mit mehreren Kleinarten).

Doldengewächse
Umbelliferae oder Apiaceae

3 Echter Dill
Anethum graveolens L.
Pfl. 50–120 cm, kahl; St. stielrund; B. 2–4fach fiederschnittig, mit linealischen, fast borstlichen Abschnitten; B.scheiden kurz; Dolde 15–40strahlig; Hüllb. und Hüllchenb. fehlend; Kronb. gelb; Frucht

linsenförmig, 4 mm lg. ✿ 7–9. △ Als Gewürzpflanze kultiviert, selten verwildert, Unkrautfluren. Fast ganz Europa. – Ähnlich ist der **Fenchel,** *Foeniculum vulgare* Mill., aber Pfl. blaugrün, Wurzelstock spindelförmig (Wildsippen) oder eine große Zwiebel bildend; B.scheiden lg.; als Gewürzpfl. kultiviert, gelegentlich verwildert; wärmeliebend.

4 Acker-Haftdolde
Caucalis platycarpus L.
(*C. lappula* (Web.) Grande)
Pfl. 10–30 cm, meist borstig behaart; B. 2–3fach gefiedert; Hüllb. 0–2, Hüllchenb. 3–5, kaum hautrandig; Bl. weiß; Frucht 6–12 mm lg., mit 4 Stachelreihen. ✿ 5–7. △ Getreidefelder, Brachland, wärmeliebend, auf Kalk; selten. Mittel- und Südeuropa. GefGr. 3!

5 Strahlen-Breitsame, Großblütige Strahlendolde
Orlaya grandiflora (L.) Hoffm.
Pfl. 10–30 cm; St. kahl, kantig gefurcht; B. 2–3fach gefiedert, mit linealischen, fein zugespitzten Zipfeln; Dolde 5–12strahlig; Hüllb. 5–8, lanzettlich, Hüllchenb. meist 5, br. hautrandig; die nach außen gerichteten Kronb. der Randbl. 10–15 mm lg., 7–8mal so lg. wie die übrigen Kronb.; Frucht 6–8 mm lg., mit 2–3 Stachelreihen. ✿ 6–8. △ Getreidefelder, Brachland, Trockenrasen; auf Kalk; selten. Mittel-, Süd- und Südosteuropa. GefGr. 1! – Die **Flachfrüchtige Strahlendolde**, *O. platycarpus* Koch (*O. kochii* Heywood), hat 2–3strahlige Dolden mit 2–3 Hüllb.; Kronb. der Randbl. 5–7 mm lg.; Äcker. Südeuropa.

2

3

5

4

Doldengewächse
Umbelliferae oder Apiaceae

1 Gefleckter Schierling
Conium maculatum L.

Pfl. 50–200 cm, unangenehm riechend; St. stielrund, fein gerieft, blaugrün, unten meist rot gefleckt; B. 2–3fach fiederteilig, oberseits dunkelgrün, unterseits graugrün, Abschnitte länglich-lanzettlich, grob gezähnt; Dolde 8–15strahlig; Hüllb. zurückgeschlagen; Frucht rundlich, 3 mm lg., mit welligen Rippen. ❀ 6–9. Sehr giftig! △ Gräben, Schuttplätze, Wegränder; zerstreut. Südskandinavien, Mittel- und Südeuropa.

2 Gewöhnliche Sichelmöhre
Falcaria vulgaris Berh.

Pfl. blaugrün, reich verzweigt, 30–80 cm; B. doppelt 3zählig, mit scharf gesägten, linealischen, 10–15 mm br., leicht sichelförmigen Abschnitten; Dolden 10–20strahlig; Hüllb. und Hüllchenb. zahlreich, lanzettlich; Bl. weiß; Frucht länglich eiförmig, 3–4 mm lg. ❀ 7–9. △ Weg- und Ackerränder, Brachland, sonnige Gebüschränder; auf Kalk; zerstreut. Mittel- und Südeuropa, vereinzelt bis Südschweden.

3 Gewöhnlicher Pastinak
Pastinaca sativa L.

Pfl. 40–120 cm; St. glänzend, kantig gefurcht; B. gelbgrün, 1fach gefiedert, mit ei-länglichen, gelappten oder grob gezähnten, etwa 5 cm lg. Fiedern; Bl. gelb; Hüllb. und Hüllchenb. meist fehlend; Dolde 5–15strahlig; Frucht eiförmig, 5–8 mm lg., br.geflügelt. ❀ 6–9. Ssp. *urens* (Req.) Celak. ist grau behaart, matt; Pfl. mit sparrigem Wuchs, bis 250 cm; St. rund; Bl.dolde 5–7strahlig. Ssp. *sylvestris* (Mill.) Rouy et Cam. ist ebenfalls grau behaart, aber St. kantig gefurcht und Dolde 7–15strahlig. △ Unkrautfluren, Steinbrüche, Wege, Wiesen; verbreitet. Ursprünglich Westasien, seit dem Altertum als Futter- und Heilpfl. angebaut, heute fast ganz Europa.

4 Gemeiner Klettenkerbel
Torilis japonica (Houtt.) DC.
(*T. anthriscus* C. Gmel.)

Pfl. 30–120 cm, anliegend borstig behaart; B. 2fach gefiedert, mit zugespitzten Fiedern; Dolden lg. gestielt, 4–12strahlig; Hülle 5–12blättrig; Bl. weiß; Frucht 2–3 mm lg., mit rauen, schwach gebogenen Stacheln besetzt, ❀ 6–8. △ Unkrautgesellschaften, Waldwege, Kahlschläge; häufig. Fast ganz Europa. – Ähnlich sind noch: **Acker-Klettenkerbel**, *T. arvensis* (Huds.) Link, Pfl. 1jährig, 30–80 cm; Dolden 3–9strahlig; Hülle 0–2blättrig; Frucht 3–5 mm lg., mit widerhakigen Stacheln besetzt; Äcker, Brachland; selten. Mittel- und Südeuropa. Die **Knäuel-Klettenkerbel**, *T. nodosa* (L.), Gaertn., unterscheidet sich durch kurz gestielte, geknäuelte, b.gegenständige Dolden mit fehlender Hülle; Pfl. 15–30 cm; Schutt, Bahnanlagen; wärmeliebend; selten. Mittel- und Südeuropa.

3

1

4

2

Rötegewächse / Rubiaceae

1 Kletten-Labkraut
Galium aparine L.
Pfl. klimmend, 60–200 cm; St. behaart,
B. linealisch, 4–8 mm br., am Rand wie
der St. mit rückwärtsgerichteten Stacheln, zu 6–8 im Quirl; Krone 4zipfelig,
weiß, 2 mm br.; Frucht kugelig, hakig-
borstig, 4–6 mm br. ❀ 6–10. △ Acker,
Schutt, Ufer, Hecken, Auenwälder; verbreitet. Europa. – Das **Kleinfrüchtige
Kletten-Labkraut,** *G. spurium* L., hat
1 mm br., grünlichweiße Bl., 2–3 mm br.
B. und 1,5–3 mm br., feinkörnige Früchte; St. kahl, aber mit Stacheln; Getreidefelder; ziemlich selten. Mittel- und
Südeuropa.

2 Ackerröte
Sherardia arvensis L.
Pfl. 5–20 cm, 1jährig; St. 4kantig, liegend; B. lanzettlich, 1nervig, am Rand
rau, die unteren zu 4, die oberen zu 6 im
Quirl; Bl. kopfig gehäuft, sternförmig
umgeben von 8–10 Hochb., diese nicht
bewimpert; Krone 4zipfelig, lila, 2–3 mm
br. ❀ 6–10. △ Getreidefelder, Brachland;
verbreitet. Europa.

3 Acker-Meister
Asperula arvensis L.
Pfl. aufrecht, 5–25 cm; B. linealisch, un-
tere zu 4, obere zu 6–8 quirlständig;
Bl.stand kopfig; Hochb. borstig gewim-
pert; Krone 4–6 mm br., blau. ❀ 5–6.
△ Lehmige, kalkreiche Äcker; sehr sel-
ten. Mittel- und Südeuropa. GefGr. 0!

Primelgewächse / Primulaceae

4 Acker-Gauchheil
Anagallis arvensis L.
Pfl. 5–25 cm; St. 4kantig, kahl; B. gegenständig, eiförmig, 5–20 mm lg.; Bl. lg.
gestielt; Kronb. meist zinnoberrot, selten blau oder rosa, übereinandergreifend, bis 7 mm lg. und 6 mm br., vorne
ganzrandig oder schwach gekerbt, mit
3zelligen Drüsenhaaren; Kelchb. ganzrandig. ❀ 6–10. △ Gärten, Äcker, Wein-

berge; häufig. Europa. – Ähnlich ist der
Blaue Gauchheil, *A. foemina* Mill.
(*A. coerulea* L.), Pfl. 5–25 cm, aber
Kronb. immer blau, nicht übereinandergreifend, etwa 6 mm lg. und 3,5 mm br.,
vorne gesägt, mit 4zelligen Drüsenhaaren; Kelchb. fein gesägt; Getreidefelder,
wärmeliebend; ziemlich selten. Mittel-
und Südeuropa.

Windengewächse / Convolvulaceae

5 Zaunwinde
Calystegia sepium (L.) R. Br.
(*Convolvulus sepium* L.)
Pfl. windend, 1–3 m; B. tief herzförmig,
8–15 cm lg.; Bl. einzeln, b.achselständig,
lg. gestielt; Krone trichterförmig, weiß,
3–5 cm lg. und br.; Kelch von 2 herzförmigen Vorb. eingeschlossen; Narbenlap-
pen flach. ❀ 6–9. △ Unkrautfluren, Ufer,
Weiden- und Erlengebüsch; verbreitet.
Europa.

6 Acker-Winde
Convolvulus arvensis L.
Pfl. am Boden ausgebreitet oder windend, 20–80 cm; B. herz- bis pfeilförmig,
3–4 cm lg.; Bl. b.achselständig, lg. gestielt, in der Mitte der Bl.stiele mit 2 fadenförmigen, kurzen Vorb.; Krone weit
trichterförmig, 2–3 cm lg. und br., rosa.
❀ 6–9. △ Äcker, Gärten, Wege; verbreitet. Europa.

Seidengewächse / Cuscutaceae

1 Nessel-Seide
Cuscuta europaea L.
Rötliche Schmarotzerpfl., 20–100 cm;
St. um die Wirtspfl. gewunden; B.
schuppenförmig, farblos; Bl. in kleinen,
sitzenden, 10–15 mm br. Knäueln; Krone
glockenförmig, 5teilig, weißrosa, 2 mm
br.; Kronröhre so lg. wie die Kronzipfel,
innen mit aufrechten Schlundschuppen,
Krone daher nicht verschlossen; Griffel
kürzer als der Fruchtknoten. ✿ 6–8. △
Auf Brennnessel, Zaun-Winde, Beifuß
schmarotzend; zerstreut. Fast ganz Europa. (Artenreiche Gattung, oft schwie-
rig zu bestimmen, teilweise wirtsspezi-
fisch.) Siehe auch Thymian-Seide, *C.
epithymum*, T. 66.

Borretschgewächse / Boraginaceae

2 Kleine Wachsblume
Cerinthe minor L.
Pfl. blaugrün, 15–60 cm; Grundb. oft
weiß gefleckt, obere St.b. st.umfassend,
spatelförmig; Bl.stand mit großen, krautigen Tragb.; Krone 5spaltig, fast bis zur
Mitte in lanzettliche Zipfel geteilt, gelb,
oft rot gefleckt. ✿ 5–7. △ Weg- und
Ackerränder, Dämme, Brachland; ziemlich selten. Mittel- und Südosteuropa. –
Die **Alpen-Wachsblume**, *C. glabra* Mill.
(*C. alpina* Mill.), hat kurze 5zähnige Krone, Zähne eiförmig, an der Spitze zurückgekrümmt; B. nie gefleckt; subalpine
Rasen, Hochstaudenfluren, Viehläger;
ziemlich selten. Alpen, Pyrenäen, Abruzzen, Karpaten.

3 Kletten-Igelsame
Lappula squarrosa (Retz.) Dum.
(*L. echinata* Gilib.)
Pfl. rauhaarig, oberwärts ästig,
10–40 cm; B. lanzettlich, sitzend, angedrückt behaart, 2–5 cm lg.; Bl. 2–4 mm
lg., himmelblau; Fruchtstiele aufrecht.
Nüsschen an den Kanten mit je 2 Reihen
widerhakiger Stacheln. ✿ 6–7. △ Brachland, trockene Ruderalstellen, Trockenrasen; selten. Fast ganz Europa.

4 Echte Hundszunge
Cynoglossum officinale L.
Pfl. dicht weichhaarig, grau, 20–80 cm;
St. dicht beblättert; B. elliptisch bis lanzettlich, halbst.umfassend, graufilzig;
Bl.stand verzweigt; Bl. violett, dann rot-
braun, 5–7 mm br.; Kronröhre kurz, von
Schlundschuppen verschlossen, Kron-
zipfel ausgebreitet; Nüsschen 4, am
Rand wulstig verdickt, 6–8 mm lg., mit
widerhakigen Stacheln besetzt. ✿ 5–7.
△ Sonnige Unkrautfluren; zerstreut. Fast
ganz Europa. – Die **Wald-Hundszunge**,
C. germanicum Jacq., hat oberseits kahle, glänzende, unterseits zerstreut behaarte B. und rotviolette Bl.; Nüsschen
nicht wulstig verdickt; krautreiche
Mischwälder, Kahlschläge; selten.
Mittel- und Südeuropa (Verbreitung un-
genügend bekannt).

5 Acker-Steinsame
Lithospermum arvense L.
Pfl. rauhaarig, 10–50 cm; B. verkehrt-
eiförmig bis lanzettlich, 1nervig, 3–5 cm
lg.; St. locker beblättert; Krone 3–4 mm
br., trichterförmig, schmutzigweiß;
Nüsschen braun, warzig. ✿ 4–6.
△ Getreidefelder; verbreitet. Europa.

**6 Blauer Natternkopf,
Gewöhnlicher Natternkopf**
Echium vulgare L.
Pfl. steifborstig behaart, 30–80 cm; B.
länglich-lanzettlich, steifborstig; Krone
unregelmäßig, 2lippig, 15–20 mm lg.,
blau, mit schiefer Kronmündung;
Bl.knospen rot; Staubb. ungleich lg.
✿ 6–8. △ Sonnige Unkrautfluren, Wege,
Kiesgruben, Steinbrüche; häufig. Europa. – Der **Italienische Natternkopf**, *E. italicum* L., hat weiße bis blassviolette,
8–12 mm lg. Krone und dicht lg.borstig
behaarten Kelch. Unkrautgesellschaften
im Mittelmeerraum.

Borretschgewächse / Boraginaceae

1 Borretsch, Gurkenkraut
Borago officinalis L.
Pfl. 20–60 cm, mit Pfahlwurzel; B. und
St. abstehend behaart; B. eiförmig-
elliptisch, in den geflügelten Stiel
verschmälert, dieser herablaufend;
Bl.stand doldenartig; Krone himmelblau,
2–3 cm br., mit weißen Schlundschuppen; Kelchb. schmal-lanzettlich; Staubbeutel dunkel. ✿ 6–8. △ Gewürz- und
Heilpfl., häufig in Gärten gepflanzt und
öfter in wintermilden Klimagebieten verwildert; Weinberge, Schutt. Ursprünglich
Südeuropa.

2 Gewöhnliche Ochsenzunge
Anchusa officinalis L.
Pfl. 30–80 cm, weichhaarig; B. länglich-
lanzettlich, die unteren in den Stiel verschmälert, die oberen mit gerundetem
Grund sitzend, ganzrandig; Bl. blauviolett, 10–15 mm br.; Kronröhre gerade;
Kronschlund von eiförmigen, samtigen
Schlundschuppen verschlossen;
Bl.stand reichblütig. ✿ 5–9. △ Trockene
sandige Unkrautfluren, Wege, Dämme;
wärmeliebend; selten. Fast ganz Europa.
– Die **Italienische Ochsenzunge**, *A. itali-
ca* Retz. (*A. azurea* Mill.), hat himmel-
blaue, 12–15 mm br. Krone mit pinselig
behaarten Schlundschuppen und wellige, glänzende B.; Schutt, Bahngelände;
wärmeliebend; selten. Süddeutschland,
Südeuropa. – Die **Gelbe Ochsenzunge,**
A. ochroleuca M. Bieb., hat 7–10 mm br.,
gelblichweiße Krone; Schutt, Bahngelände; wärmeliebend; selten.; Süddeutschland, Südeuropa (östlich).

3 Acker-Krummhals
Anchusa arvensis (L.) M. Bieb.
(Lycopsis arvensis L.)
Pfl. dicht borstlich behaart, 20–40 cm;
B. länglich, 10–15 cm lg., ausgeschweift
gezähnt, meist etwas wellig; Krone
blassblau, 7–10 mm br., mit weißer, ge-
krümmter Röhre; Nüsschen feinwarzig,

runzelig. ✿ 5–9. △ Weinberge, Äcker,
sandige Plätze; wärmeliebend; zerstreut. Europa.

4 Braunes Mönchskraut
Nonea pulla (L.) DC.
Pfl. 20–40 cm, grauhaarig, drüsig;
B. länglich-lanzettlich, 8–12 cm lg.,
die oberen st.umfassend; Bl. rotbraun,
10–15 mm lg.; Krone trichterförmig, mit
walzlicher Röhre; Kelch zur Fruchtzeit
stark vergrößert; Teilfrüchte fast kugelig. ✿ 5–8. △ Getreidefelder, Brachland,
Wegränder; wärmeliebend; selten. Mit-
tel- und Südosteuropa.– Das **Gelbe
Mönchskraut,** *N. lutea* (Desr.) DC., hat
7–12 mm lg. und 5–7 mm br., gelbe
Krone mit behaarten Schlundschuppen;
Schutt, Kiesgruben; selten; wärmeliebend. Süddeutschland, Südeuropa
(östlich).

5 Acker-Vergissmeinnicht
Myosotis arvensis (L.) Hill
Pfl. dicht grauhaarig, am Grund verzweigt, 10–40 cm; B. ei-lanzettlich,
2–8 cm lg., die unteren allmählich in den
Stiel verschmälert, die oberen sitzend;
Bl.stand dichtblütig, ohne Tragb.; Krone
trichterförmig, 3–4 mm br., blau; Fruchtstiele 2–3mal so lg. wie die Kelchb.
✿ 4–10. △ Äcker, Getreidefelder, Waldschläge; häufig. Europa.

Lippenblütengewächse
Labiatae oder Lamiaceae

1 Gelber Günsel
Ajuga chamaepitys (L.) Schreb.
Pfl. 5–15 cm, behaart; B. dicht stehend, 1–3 cm lg., 3teilig, mit linealischen Zipfeln, obere B. ungeteilt; Bl. einzeln, kurz gestielt, b.achselständig; Krone 7–15 mm lg., gelb, mit sehr kurzer Oberlippe und 3teiliger, bräunlich gezeichneter Unterlippe. ✿ 5–9. △ Getreidefelder, Weinberge, Brachland, wärmeliebend; selten. Süddeutschland, Südeuropa. GefGr. 3!

2 Basilienkraut
Ocimum basilicum L.
Pfl. 20–40 cm, kahl, aromatisch riechend; B. eiförmig bis lanzettlich, gestielt, ganzrandig oder gezähnt, 3–5 cm lg.; Bl. kurz gestielt, in 6blütigen, übereinanderstehenden Scheinquirlen; Krone weiß oder rötlich, 10–15 mm lg., Oberlippe stumpf 4lappig, Unterlippe ungeteilt; Staubb. auf der Kronunterlippe liegend; Kelch 2lippig, mit ungeteilter Oberlippe und tief 4spaltiger Unterlippe. ✿ 6–9. △ Gewürz- und Heilpfl., selten verwildert. Herkunft Vorderindien.

3 Herzgespann, Echter Löwenschwanz
Leonurus cardiaca L.
Pfl. aufrecht, 30–100 cm; B. behaart, handförmig 3–7teilig, 6–12 cm lg., oberseits dunkelgrün, unterseits hellgrün; die oberen B. 3lappig; Bl. in quirlartigen, übereinanderstehenden Teilbl.ständen; Krone 2lippig, 8–11 mm lg., hellpurpurn; Kelch glockenförmig, regelmäßig 5zähnig, 5–8 mm lg.; Staubb. weit aus der Kronröhre ragend. ✿ 6–9. △ Wege, Zäune, nährstoffreiche, lehmige Böden; ziemlich selten; alte Arzneipfl. Fast ganz Europa (östlich). GefGr. 3! – Ähnlich ist der **Katzenschwanz**, *L. marubiastrum* L., aber B. ei-lanzettlich, grob gezähnt, unterseits graufilzig; Krone und Kelch etwa gleich lg.; Staubb. wenig aus der Kronröhre ragend; Unkrautfluren; selten. Hauptsächlich Mittel- und Osteuropa.

4 Gewöhnliche Katzenminze
Nepeta cataria L.
Pfl. aufrecht, dicht kurzhaarig, herb zitronenartig riechend, 40–100 cm; Bl. 3eckig-herzförmig, grob gezähnt, lg. gestielt, unterseits graufilzig; Bl. in vielblütigen, quirlartigen, oben dicht übereinanderstehenden Teilbl.ständen; Krone 2lippig, weiß oder rötlich, 1 cm lg.; Kelch 6–8 mm lg., oft violett überlaufen, mit 5 ungleichen, schmal-lanzettlichen Zähnen. ✿ 6–9. △ Unkrautgesellschaften, Wege, Mauern; selten. Fast ganz Europa. GefGr. 3!

5 Kleinblütiger Hohlzahn
Galeopsis bifida Boenningh.
Pfl. 20–60 cm; St. an den Knoten stark verdickt und abstehend borstig behaart; B. ei-lanzettlich, gezähnt; Bl.stand mit gelbköpfigen Drüsenhaaren oder drüsenlos; Krone 10–15 mm lg., blassrot; Kronunterlippe mit länglichen, deutlich ausgerandeten, meist 1farbigem Mittellappen. ✿ 6–10. △ Äcker, Kahlschläge, Waldränder, gestörte Moore; kalkmeidend; verbreitet. Europa.

Lippenblütengewächse
Labiatae oder Lamiaceae

1 Bunter Hohlzahn
Galeopsis speciosa Mill.
Pfl. 30–80 cm; St. unter den verdickten Knoten steifhaarig; Krone 25–40 mm lg., hellgelb, Mittellappen oder Kronunterlippe violett. ✿ 6–10. △ Wege, Äcker, Waldschläge; zerstreut. Fast ganz Europa. – Der **Weiche Hohlzahn,** *G. pubescens* Besser, hat wenig verdickte, kurz- und weichhaarige, armdrüsige Knoten; B. oberseits anliegend, unterseits abstehend weichhaarig; Krone 18–25 mm lg., dunkelrot, mit gelbem Schlund, 2–3mal so lg. wie der Kelch; Äcker, Waldschläge; zerstreut. Südskandinavien, Mitteleuropa, südlich bis Mittelitalien, Bulgarien.

2 Schmalblättriger Hohlzahn
Galeopsis angustifolia (Ehrh.) Hoffm.
Pfl. 10–40 cm; St. an den Knoten nicht verdickt; B. schmal lanzettlich, 2–6 mm br., ganzrandig oder jederseits mit 1–4 Zähnen; Krone rot, 1–2 cm lg., 3mal so lg. wie der Kelch, dieser oft rot überlaufen; Kronunterlippe mit gelber und dunkelpurpurner Zeichnung. ✿ 6–10. △ Kalkreiche Äcker, Steinbrüche, Kiesgruben, Dämme; wärmeliebend; zerstreut. Mittel- und Südeuropa. – Der **Acker-Hohlzahn,** *G. ladanum* L., hat ei-lanzettliche, 7–15 mm br. B. mit jederseits 3–8 groben Zähnen; Krone rot, 2mal so lg. wie der Kelch, diese reichdrüsig, mit weißen, abstehenden Haaren; Steinbrüche, trockene Äcker, Bahndämme; zerstreut. – Ebenfalls nicht verdickte St.knoten hat der **Gelbe** auch **Saat-Hohlzahn,** *G. segetum* Neck. mit 2–3 cm lg., blassgelben Bl. und ei-lanzettlichen B.; obere B. und Kelch drüsig-flaumig; sandige Äcker, Steinschutt; kalkmeidend; zerstreut. Westliches Mitteleuropa und Westeuropa. GefGr. 2!

3 Stechender Hohlzahn
Galeopsis tetrahit L.
Pfl. 10–60 cm, 1jährig; St. 4kantig, an den Knoten stark verdickt, abstehend behaart; B. ei-lanzettlich, 3–10 cm lg., gezähnt; Krone 15–20 mm lg., rot oder weiß, kaum doppelt so lg. wie der borstlich behaarte Kelch; Kronunterlippe gelb und purpurn gefleckt, deren Mittellappen quadratisch, vorne gezähnt; Bl.stand meist schwarzdrüsig. ✿ 6–10. △ Äcker, Schutt, Wege, Kahlschläge; verbreitet. Europa.

4 Gefleckte Taubnessel
Lamium maculatum L.
Pfl. 20–60 cm; ähnlich Weißer Taubnessel, aber Krone purpurn, 20–30 mm lg., mit dunkel gefleckter Unterlippe; Kronröhre aufwärts gebogen, innen mit waagrechtem Haarring. ✿ 4–9. △ Unkrautfluren, Waldränder, Hecken, Auenwälder; häufig. Mittel- und Südeuropa.

5 Rote Taubnessel
Lamium purpureum L.
Pfl. oft rotviolett überlaufen, unangenehm riechend, 10–30 cm; B. ei-herzförmig, ungleich gekerbt, weichhaarig, kurz gestielt. Krone 10–15 mm lg., rosarot. ✿ 3–9. △ Äcker, Gärten, Schutt, Wege, verbreitet. Europa. – Ähnlich ist die **Stengelumfassende Taubnessel,** *L. amplexicaule* L., aber obere B. und Tragb. der Bl. st.umfassend sitzend, rundlich-nierenförmig, tief gekerbt, 1–2 cm lg. und 1–3 cm br., kürzer als die St.glieder; Scheinquirle ziemlich entfernt stehend; Unkrautfluren. Fast ganz Europa.

6 Weiße Taubnessel
Lamium album L.
Pfl. behaart, 20–50 cm; B. lg. zugespitzt, brennesselartig, scharf gesägt, 3–7 cm lg.; Bl. in Scheinquirlen; Krone 20–25 mm lg., weiß, 2lippig; Oberlippe helmartig; Kronröhre aufwärts gebogen, innen mit schrägem Haarring. ✿ 4–10. △ Wege, Zäune, Mauern, Viehläger, Hecken; Stickstoffzeiger; häufig. Europa.

2

3

6

4

1

5

Lippenblütengewächse
Labiatae oder Lamiaceae

1 Gundelrebe, Gundermann
Glechoma hederacea L.
Pfl. 20–40 cm; St. kriechend, an den
Knoten wurzelnd; B. rundlich-nierenför-
mig; Bl. zu 2–3 b.achselständig; Krone
blauviolett, 1–2 cm lg., Oberlippe gera-
de, vorne ausgerandet, Unterlippe 3lap-
pig, mit größerem Mittellappen. 4–6.
△ Wiesen, Weiden, Gebüschränder,
Auengebüsche, Ufer; häufig. Europa.

2 Schwarznessel
Ballota nigra L.
Pfl. unangenehm riechend, dunkelgrün,
30–100 cm; B. weichhaarig, grob kerbig
gesägt, 2–5 cm lg.; Bl. zu 4–10 im
Scheinquirl; Krone purpurn, 1–2 cm lg.,
Unterlippe 3lappig; Kelch trichterförmig,
10nervig, drüsenhaarig. ✿ 7–9. △ Wege, Zäune, Schutt, Hecken, stickstoffreiche Ruderalstellen; verbreitet.
Hauptsächlich Mittel- und Südeuropa
(östlich).

3 Sumpf-Ziest
Stachys palustris L.
Pfl. 30–100 cm, mit Ausläufern; B. länglich-lanzettlich, mit herzförmigem Grund
sitzend oder sehr kurz gestielt, kurzhaarig, gezahnt, 3–12 cm lg.; B. in
6–10blütigen Scheinquirlen; Krone
14–18 mm lg., purpurn, doppelt so lg.
wie der kurzhaarige Kelch; Kronoberlippe ganzrandig, Kronunterlippe 3teilig,
mit dunklen Zeichnungen. ✿ 6–9.
△ Ufer, Gräben, feuchte Äcker, Wege;
verbreitet. Fast ganz Europa. – Der
Acker-Ziest, S. *arvensis* L., hat br.-eiför-
mige, gestielte, stumpf
gezähnte B.; Pfl. niederliegend bis aufsteigend, 10–30 cm; St. zottig-drüsig
behaart; Krone 6–9 mm lg., blassrosa,
kaum länger als der Kelch; Äcker, Brachland, kalkarme, feuchte Böden; ziemlich
selten. Mittel- und Südwesteuropa.

4 Echtes Bohnenkraut
Satureja hortensis L.
Pfl. 10–30 cm, aromatisch riechend;
B. schmal-lanzettlich, kurz gestielt, ganzrandig, stumpf, 1–3 cm lg.; Bl. sehr kurz
gestielt, zu 1–3 in den Achseln der obersten B.; Krone 4–6 mm lg., bläulich oder
weißlich; Kelch glockenförmig, mit 5 fast
gleichen, spitzen Zähnen, 3–5 mm lg.
✿ 7–9. △ Gewürz- und Heilpfl., Bienen-
futterpfl.; selten verwildert; wärmeliebend. Ursprünglich Südosteuropa. – Das
Winter-Bohnenkraut, S. *montana* L.,
ist ein kleiner, verholzter Zwergstrauch,
10–50 cm, mit 6–10 mm lg., weißer oder
hellvioletter Krone; B. spitz, lederig, fast
sitzend; Felshänge, kalkreiche, steinige
Böden; wärmeliebend; Gewürzpfl.; Süd-
alpenrand, Südeuropa.

5 Acker-Minze
Mentha arvensis L.
Pfl. aromatisch, 10–40 cm; B. eiförmig
oder elliptisch, schwach gesägt bis ge-
kerbt, 2–6 cm lg.; Scheinquirle b.achsel-
ständig; St. mit einem B.schopf endend;
Krone lila, 5–8 mm lg.; Kelch glockig,
Kelchzähne 3eckig-eiförmig. ✿ 7–8.
△ Feuchte Äcker, Nasswiesen; ziemlich
häufig. Fast ganz Europa.

Eisenkrautgewächse / Verbenaceae

6 Gewöhnliches Eisenkraut
Verbena officinalis L.
Pfl. 20–80 cm; St. 4kantig, mit fast b.lo-
sen Ästen; B. lanzettlich, gegenständig,
mittlere B. 3spaltig, mit großem Endzip-
fel; Bl. in dichten, schmalen Ähren;
Krone schwach 2lippig, 2–5 mm br.,
blasslila, mit gekrümmter Röhre. ✿ 7–9.
△ Wege, Mauern, Zäune, Silikatmagerrasen; verbreitet. Europa.

Nachtschattengewächse
Solanaceae

1 Schwarzes Bilsenkraut
Hyoscyamus niger L.
Pfl. zottig-klebrig, 30–60 cm; B. länglich,
10–20 cm lg., buchtig gezähnt, obere
st.umfassend; Bl. zu mehreren, b.ach-
selständig; Krone trichterförmig, 2–3 cm
lg., schmutziggelb, mit violetten Netz-
adern; Kelch mit 5 stechenden Zähnen;
Frucht eine krugförmige Kapsel. ✿ 6–10.
Giftig! △ Wege, Mauern, Schutt; ziemlich selten. Fast ganz Europa.

2 Stechapfel
Datura stramonium L.
Pfl. kahl, 20–100 cm; B. eiförmig, spitz,
buchtig gezähnt, 10–20 cm lg.; Bl. einzeln, b.achselständig; Krone trichterförmig, mit 5 spitzen Zipfeln, 6–8 cm lg.,
weiß, selten violett; Frucht eiförmig, stachelig, grün, 5–7 cm lg. ✿ 6–10. Giftig!
△ Schutt, Wege, Gärten; wärmeliebend;
ziemlich selten. Europa.

3 Schwarzer Nachtschatten
Solanum nigrum L.
Pfl. 10–60 cm, dunkelgrün; B. eiförmig
oder 3eckig, buchtig gezähnt, seltener
ganzrandig, gestielt; Krone flach ausgebreitet, 5teilig, weiß, 6–10 mm br.;
Kelchzipfel durch spitze Buchten getrennt; Staubbeutel länger als die
Staubfäden; Beeren schwarz, selten
grünlichgelb, 6–10 mm br. ✿ 6–10. Giftig!
△ Schuttplätze, Gärten, Äcker; verbreitet. Europa. – Ähnlich sind: **Gelber
Nachtschatten,** *S. luteum* Mill, aber St.
abstehend lg.haarig; Kelchzipfel durch
runde Buchten getrennt; Staubbeutel so
lg. wie die Staubfäden; Beeren gelb; St.
stumpfkantig, glatt, abstehend behaart;
Schutt, Wege; wärmeliebend. – Der
Geflügelte Nachtschatten, *S. alatum*
Moench, hat schmal geflügelte, höcke-
rige, raue, zerstreut behaarte St. und
Äste; Beeren rot; Unkrautfluren; selten.
Beide Arten hauptsächlich Süddeutschland und Südeuropa.

Braunwurzgewächse
Scrophulariaceae

4 Schwarze Königskerze
Verbascum nigrum L.
Pfl. 50–150 cm; St. oben kantig; untere
B. am Grund herzförmig, lg. gestielt, alle
B. oberseits fast kahl, unterseits graufilzig; Bl.stand verlängert, selten ästig;
Bl. in ährig angeordneten Knäueln; Krone 12–22 mm br., gelb, am Grund purpurn gefleckt; Staubfäden violettwollig.
✿ 6–8. △ Schutt, Dämme, Waldschläge;
ziemlich selten. Fast ganz Europa. –
Ebenfalls violettwollige Staubfäden hat
die **Motten-Königskerze,** *V. blattaria* L.,
aber Bl. lg. gestielt, hellgelb, vor dem
Aufblühen rötlich, zu 1–2 b.achselstän-
dig, in 1facher Traube; B. ei-länglich, in
den Stiel verschmälert, beiderseits kahl;
Wege, Dämme, Schutt; ziemlich selten.
Mittel- und Südeuropa. GefGr. 3!

5 Kleinblütige Königskerze
Verbascum thapsus, L.
Pfl. 20–70 cm; B. ei-länglich, filzig
behaart, bis 40 cm lg., am St. herablaufend, dieser dadurch geflügelt; Bl. kurz
gestielt, in ährigen Knäueln; Krone weit-
trichterig, 15–22 mm br., hellgelb; die
3 oberen Staubfäden weißwollig, die unteren 2 kahl. ✿ 7–9. △ Schutt, Dämme,
Ufer, Waldlichtungen; ziemlich häufig.
Europa. – Ähnlich ist die **Mehlige Königskerze,** *V. lychnitis* L., aber B. nicht
herablaufend, oberseits fast kahl, unterseits sternhaarig, graustaubig filzig; Bl.
weiß oder hellgelb, 10–15 mm br.; Kalkmagerrasen, trockene Ruderalstellen;
verbreitet. Mittel- und Südeuropa.

6 Großblütige Königskerze
Verbascum densiflorum Bertol.
(V. thapsiforme Schrader)
Pfl. 30–200 cm; ähnlich *V. thapsus;*
B. gelbgrün, wollig behaart, gekerbt,
lg.spitzig, am St. herablaufend; Bl.stand
unten kurz verzweigt; Krone flach,
30–35 mm br., hellgelb. ✿ 7–9. Sonnige
Unkrautfluren, Waldschläge, Wegränder;
zerstreut. Mittel- und Südeuropa.

Braunwurzgewächse
Scrophulariaceae

1 Gewöhnliches Leinkraut
Linaria vulgaris Mill.
Pfl. 20–60 cm; B. wechselständig, linealisch bis lanzettlich, 3–8 cm lg.; Bl.stand reichblütig; Krone mit lg., geradem Sporn, 15–30 mm lg., schwefelgelb, mit orangefarbenem Schlund. ✿ 6–10. △ Sonnige Unkrautfluren, Bahndämme, Steinbrüche; verbreitet. Europa.

2 Kleines Leinkraut
Chaenarrhinum minus (L.) Lange
Pfl. 1jährig, drüsenhaarig, 5–25 cm; B. schmal-lanzettlich, die unteren gegenständig; Bl. in lockeren Trauben; Krone mit Sporn 5–10 mm lg., hellviolett, mit gelblichem Gaumen. ✿ 6–10. △ Äcker, Wege, Dämme, Kiesgruben; ziemlich häufig. Fast ganz Europa.

3 Acker-Wachtelweizen
Melampyrum arvense L.
Pfl. 20–60 cm; B. lineal-lanzettlich; Bl. in allseitswendigen, walzigen Ähren; Krone 20–25 mm lg., purpurn, mit hellgelber Röhre und gelbem Schlund; Oberlippe helmartig; Tragb. eiförmig-lanzettlich, mit grannenförmigen Zähnen, flach, purpurn, selten gelbgrün. ✿ 5–9. △ Getreidefelder, Wegraine, sonnige Hecken; zerstreut. Fast ganz Europa. – Ähnlich ist der **Kamm-Wachtelweizen**, *M. cristatum* L., aber Ähre 4kantig, Tragb. rundlich herzförmig, gefaltet, kammförmig gezähnt, weißlich oder rötlich; Bl. gelblichweiß, rot überlaufen; sonnige Plätze, trockene Eichen-Kiefernwälder; selten; hauptsächlich Mitteleuropa. <u>GefGr. 3!</u>

4 Dreiteiliger Ehrenpreis
Veronica triphyllos L.
Pfl. aufrecht, stark drüsenhaarig, 5–15 cm; B. tief 3–5teilig, sitzend, gekerbt, dunkelgrün; St.b. in kleine Tragb. übergehend; Bl. in lockeren Trauben; Krone 6–9 mm br., tiefblau; Kelchzipfel zur Fruchtzeit 6–8 mm lg.; Fruchtkapsel verkehrt-herzförmig, dicht drüsenhaarig.

✿ 3–5. △ Äcker, Sandtrockenrasen; kalkmeidend; zerstreut. Hauptsächlich Mittel- und Südeuropa.

5 Persischer Ehrenpreis
Veronica persica Poiret
Pfl. niederliegend, 10–30 cm; B. 3eckig-eiförmig, grob gezähnt, kurz gestielt; St.b. nach oben kaum verkleinert; Bl. einzeln, b.achselständig; Krone 8–12 mm br., blau, untere Kronb. heller; Kelchzipfel ei-lanzettlich; Fruchtkapsel 8–10 mm br. und 4–6 mm lg., stumpfwinkelig ausgerandet. ✿ 1–12. △ Äcker, Weinberge, Gärten; häufig. Fast ganz Europa.

6 Efeu-Ehrenpreis
Veronica hederifolia L.
Pfl. 8–30 cm; B. 3–7lappig, efeuähnlich, rundlich, lg. gestielt; Krone 6–9 mm br., hellblau, dunkel geadert; Kelchzipfel br. herzförmig, lg. gewimpert; Fruchtkapsel kugelig-2knotig. ✿ 3–5. △ Äcker, Wege, Hecken; verbreitet. Fast ganz Europa.

7 Feld-Ehrenpreis
Veronica arvensis L.
Pfl. 5–20 cm; St. 2reihig behaart; B. ungeteilt, eiförmig, gekerbt, 10–15 mm lg.; Tragb. der Bl. schmal-lanzettlich, nach oben kleiner werdend; Bl.stiele kürzer als der Kelch; Krone 3–4 mm br., hellblau; Fruchtkapsel br.-herzförmig, gewimpert, mit tiefer, spitzwinkeliger Ausrandung. ✿ 4–10. △ Äcker, Wege, Mauern; verbreitet. Ursprünglich Südeuropa, heute weltweit verbreitet.

8 Faden-Ehrenpreis
V. filiformis Sm.
Pfl. mit fadendünnen St. kriechend, 5–30 cm, drüsig behaart; B. rundlich, schwach gekerbt, 5–12 mm lg.; Bl.stiele 2–4mal länger als die Tragb.; Krone bläulich violett, 8–12 mm br.; Fruchtkapsel 4–6 mm br., mit 3–4 mm lg. Griffel; Verbreitung durch kleine Brutknöllchen in den Achseln der B. ✿ 4–5. △ Parkrasen, Weiden, Wege; verbreitet. Ursprünglich Gebirge Südwestasiens, heute weltweit verbreitet.

Braunwurzgewächse
Scrophulariaceae

1 Quendel-Ehrenpreis
Veronica serpyllifolia L.
Pfl. 5–25 cm; B. kahl, eiförmig-rundlich,
kurz gestielt, ganzrandig oder gekerbt;
Bl. einzeln in den B.achseln der oberen
B.; Krone 5–6 mm br., weißlich, blau ge-
adert. ✿ 4–9. △ Wiesen, Wege, Läger-
fluren der Alpen; häufig. Europa.

2 Roter Zahntrost
Odontites rubra (Baumg.) Opiz
Pfl. von Grund an ästig, 15–40 cm; B. ge-
genständig, lanzettlich, meist gezähnt;
Bl. in lg., 1seitswendigen Trauben; Kro-
ne rot, filzig behaart, 8–12 mm lg.; Ober-
lippe helmartig, Unterlippe kürzer, 3lap-
pig; Tragb. kürzer als die Bl. ✿ 8–10.
△ Sandtrockenrasen, Trittrasen; ziem-
lich häufig. Europa. – Ähnlich ist der
Frühlings-Zahntrost, *O. verna* (Bell.)
Dum., aber St. nur oben kurzästig;
Tragb. kürzer als die Bl.. Getreidefelder.

3 Echtes Tännel-Leinkraut
Kickxia elatine (L.) Dum.
Pfl. 1jährig, drüsig-weichhaarig,
10–40 cm, mit niederliegenden, fadenförmigen St. und wechselständigen,
spieß- bis pfeilförmigen B.; Bl. an lg.
Stielen b.achselständig; Krone 5–7 mm
lg. (ohne Sporn), hellgelb, mit geradem
etwa ebenso lg. Sporn; Kronoberlippe
innen violett. ✿ 7–10. △ Getreidefelder,
Lehmböden; ziemlich selten. Mittel- und
Südeuropa, Südskandinavien. – Ähnlich
ist das **Eiblättrige Tännelkraut**, *K. spuria*
(L.) Dum., aber alle B. eiförmig; Bl.stiele
rauhaarig; Krone mit gebogenem Sporn;
Getreidefelder; selten. Mittel- und Südeuropa.

Wegerichgewächse
Plantaginaceae

4 Breit-Wegerich
Plantago major L.
Pfl. 5–30 cm; B. eiförmig-elliptisch,
5–9nervig; Spreite vom B.stiel scharf

abgesetzt, dunkelgrün, derb; Bl. unscheinbar, in schmaler, bis 15 cm lg.
Ähre; Krone 4teilig, gelblichweiß; Staubbeutel erst lila, dann gelblich. ✿ 6–10.
△ Wege, Trittrasen, Weiden; häufig. Europa. – Der **Kleine Wegerich**, *P. intermedia* Gilib., ist kleiner; B. allmählich in
den Stiel verschmälert, 3–5nervig;
Ährenstiel bogig aufsteigend, Ähre kurz;
feuchte Äcker; verbreitet. Europa.

Baldriangewächse / Valerianaceae

5 Echter Feldsalat, Rapünzchen
Valerianella locusta (L.) Laterr.
Pfl. 10–20 cm; B. länglich, untere spatelförmig, 2–7 cm lg., obere lanzettlich,
spitz; Bl.stand endständig, gabelig verzweigt; Krone 5zipfelig, bläulichweiß,
2 mm br.; Frucht abgeflacht, rundlich,
kurz zugespitzt, glatt. ✿ 4–6. △ Äcker,
Wege; ziemlich häufig; als Salatpfl. angebaut. Europa.

Kardengewächse / Dipsacaceae

6 Wilde Karde
Dipsacus sylvestris Huds.
Pfl. 70–150 cm; St. stachelig; B. eiförmig, meist ungeteilt, am Rand kahl oder
zerstreut stachelig, bis 30 cm lg. St.b.
gegenständig, am Grund tütenförmig
verwachsen, gesägt; Bl.köpfe kegelförmig, 3–8 cm lg., mit lg., bogigen, stechenden Hüllb. und borstigen Spreub.,
diese länger als die Bl.; Krone lila, 1 cm
lg. ✿ 7–8. △ Wege, Brachland; ziemlich
häufig. Mittel- und Südeuropa. – Die
Schlitzblättrige Karde, *D. laciniatus* L.,
hat fiederspaltige St.b.; Hüllb. kürzer als
der Bl.kopf; alle B. borstig gewimpert;
Bl. weiß; Wege, Waldränder; wärmeliebend; ziemlich selten. Mittel- und Süddeutschland, Südeuropa. – Die **Behaarte
Karde**, *D. pilosus* L., hat kurz gestielte,
am Grund nicht verwachsene St.b. und
20–25 mm br., kugelige, vor dem Aufblühen nickende Bl.köpfe; Bl. weiß oder
gelblich; Auenwälder, feuchte Wegränder; ziemlich selten. Mitteleuropa, südlich bis Oberitalien, Bulgarien.

Glockenblumengewächse
Campanulaceae

1 Acker-Glockenblume
Campanula rapunculoides L.
Pfl. 30–100 cm, mit Ausläufern; St. rauhaarig; untere B. gestielt, eiförmig, gezähnt, obere B. lanzettlich, sitzend; Bl.
in 1seitswendiger Traube; Krone 2–3 cm
lg., hellviolett, am Rand meist gewimpert. ✿ 6–9. △ Wald- und Wegränder,
Äcker, lichte Eichen- und Kiefernwälder;
zerstreut. Fast ganz Europa. – Ähnlich ist
die **Bologneser Glockenblume**, *C. bono-
niensis* L., aber Pfl. ohne Ausläufer; B.
unterseits dicht flaumig behaart; alle
Tragb. kürzer als die Bl.; Krone 1–2 cm
lg., Bl.traube allseitswendig; trockene
Gebüschsäume, Halbtrockenrasen; selten. Mittel- und Süddeutschland, Täler
der Südalpen, Ost- und Südosteuropa.
GefGr. 2!

2 Gewöhnlicher Frauenspiegel
Legousia speculum-veneris (L.) Chaix
Pfl. 10–30 cm; B. länglich oder verkehrt
eiförmig, Rand schwach gewellt, rau;
Krone radförmig, 20–25 mm br., violett;
Kelchzipfel linealisch, so lg. wie die
Fruchtknoten, kaum länger als die Kro-
ne. ✿ 6–8. △ Getreidefelder, kalkreiche
Äcker; zerstreut. Mittel- und Südeuropa.
GefGr. 3! – Ähnlich ist der **Kleinblütige
Frauenspiegel**, *L. hybrida* (L.) Delarbre,
aber Krone 6–15 mm lg., weitglockig,
purpurn; Kelchzipfel lanzettlich, so
lg. wie der Fruchtknoten, länger als die
Krone; Bl. an der Spitze der Pfl. gehäuft;
Getreidefelder; wärmeliebend; selten.
Mittel- und Süddeutschland, Südeuro-
pa. GefGr. 2!

Korbblütengewächse
Compositae oder Asteraceae

3 Kandisches Berufkraut
Conyza canadensis (L.) Cronq.
(Erigeron c. L.)
Pfl. 30–100 cm; B. lanzettlich, ganzran-
dig oder fein gezähnt, 2–5 cm lg., be-
haart; Bl.köpfe 3–5 mm br., in dichter

Rispe; Zungenbl. weißlich, kaum länger
als die gelblichen Röhrenbl.; Hüllb.
linealisch, fast kahl. ✿ 7–10. △ Schuttplätze, häufig. Fast ganz Europa (ursprünglich Nordamerika). – Ähnlich ist
das **Krause Berufkraut**, *C. bonariensis*
(L.) Cronq., aber Pfl. 15–50 cm, Zungenbl. fehlend; Bl.köpfe 7–8 mm lg., grünlich, Hülle oft rötlich überlaufen; B. dicht
behaart, graugrün, gezähnt; Unkrautgesellschaften, wärmeliebend. Mittel- und
Südeuropa (ursprünglich Südamerika).

4 Huflattich
Tussilago farfara L.
Pfl. 5–20 cm; Bl. vor den B. erscheinend;
Bl.schaft 1köpfig, mit rötlichen Schuppen; Bl.kopf 2–3 cm br., gelb; Hüllb.
1reihig; B. grundständig, rundlich-herzförmig, 10–30 cm br., schwärzlich gezähnt, unterseits graufilzig; B.stiel oben
rinnig (im Gegensatz zu *Petasites*).
✿ 2–4. △ Wege, Kiesgruben, Äcker, Ufer,
Erdanrisse; häufig. Europa.

5 Kleinblütiges Knopfkraut,
Franzosenkraut
Galinsoga parviflora Cav.
Pfl. 20–70 cm, oberwärts spärlich anlie-
gend behaart; B. eiförmig, spitz, fein ge-
zähnt, gegenständig; Bl.köpfe 3–5 mm
lg. und br., mit meist 5 kurzen, weißen
Strahlenbl. und gelben Scheibenbl.;
Spreub. nach vorne verbreitert, meist
3spaltig. ✿ 5–10. △ Äcker, Gärten,
Schutt; häufig. Europa. - Ähnlich ist das
Zottige Franzosenkraut, *G. ciliata* (Raf.)
Blake, aber St. weißzottig behaart;
B. grob entfernt gezähnt, Spreub. lan-
zettlich; Äcker; zerstreut. Europa.

6 Gemeines Greiskraut
Senecio vulgaris L.
Pfl. 10–30 cm; B. fiederteilig, meist kahl,
mit länglichen, gezähnten etwas fleischigen Lappen; Bl.köpfe 10 mm lg. und 4–5
mm br.; Außenhüllb. 8–12, an der Spitze
schwarz, etwa $^{1}/_{4}$ so lg. wie die 21 grünen, kahlen, spitzen Hüllb.; Strahlenbl.
meist fehlend. ✿ 2–11. △ Äcker, Schutt,
Waldschläge; häufig. Europa.

Korbblütengewächse
Compositae oder Asteraceae

1 Frühlings-Greiskraut
Senecio vernalis W. et K.
Pfl. 15–50 cm; St. und B. spinnwebig-
wollig; B. fiederschnittig, mit eiförmigen, gezähnten B.abschnitten, obere B.
sitzend, am Grund br. geöhrt; Bl.köpfe
2–3 cm br.; Außenhülle an der Spitze
kahl, fast bis zur Hälfte schwarz; Strahlenbl. 8–10 mm lg., gelb; Frucht dicht
weißhaarig. ✿ 5–11. △ Äcker, Brachland, Wege; zerstreut. Mittel- und Südosteuropa; zerstreut.

2 Klebriges Greiskraut
Senecio viscosus L.
Pfl. 15–50 cm, unangenehm riechend;
drüsenhaarig-klebrig; B. fiederteilig, zerstreut spinnwebig behaart und dicht
drüsenhaarig; Bl.köpfe 8–12 mm br., mit
kurzen, zurückgerollten Strahlenbl.;
Außenhüllb. halb so lg. wie die inneren,
drüsig behaarten Hüllb. ✿ 6–10.
△ Brachland, Bahngelände, Waldschläge, steinige Böden; wärmeliebend;
häufig. Südskandinavien, Mittel- und
Südeuropa.

3 Einjähriges Berufkraut
Erigeron annuus (L.) Pers.
Pfl. 50–100 cm; St. zerstreut bis dicht
abstehend behaart, oben verzweigt;
untere B. br.-lanzettlich, grob gezähnt,
plötzlich in den Stiel verschmälert,
obere B. schmäler, sitzend; Bl.köpfe
15–20 mm br., in lockeren Schirmrispen;
Zungenbl. länger als die Scheibenbl.;
bei ssp. *strigosus* (Mühlb.) Wagtz. und
bei ssp. *septentrionalis* (Fern. et Wieg.)
Wagtz. 4–6 mm lg., weiß, bei ssp. *annuus* 7–10 mm lg., meist lila; Pappus der
Frucht 2reihig, außen mit kurzen, innen
mit lg. Haaren. ✿ 6–10. △ Ufer, Dämme,
Wegränder, Kiesgruben, Auenwälder;
häufig. Europa (ursprünglich Nordamerika).

4 Echte Kamille
Chamomilla recutita (L.) Rauschert
(*Matricaria chamomilla* auct.)
Pfl. aromatisch riechend, 15–40 cm; B.
2–3fach fiederteilig, mit schmal-linealischen Zipfeln; Bl.köpfe lg. gestielt,
10–25 mm br., mit weißen, bald herabgeschlagenen Strahlenbl. und gelben,
5zähnigen Scheibenbl.; Kopfboden kegelförmig, hohl; ✿ 5–7. △ Getreidefelder, Wege, Schutt; Heilpfl.; ziemlich häufig, heute aber seltener werdend.
Europa.

5 Strahlenlose Kamille
Chamomilla suaveolens (Pursh) Rydb.
(*Matricaria discoidea* DC.,
M. matricarioides auct.)
Pfl. 5–30 cm; Bl.köpfe kegelförmig, kurz
gestielt, grünlichgelb, 5–8 mm br., ohne
Strahlenbl., Scheibenbl. 4zähnig.
✿ 5–8. △ Trittrasen, stickstoffreiche
Unkrautfluren; häufig. Europa.

6 Österreichische Hundskamille
Anthemis austriaca Jacq.
Pfl. 30–50 cm; B. kammförmig fiederspaltig; Bl.kopfboden halbkugelig;
Spreub. mit aufgesetzter Stachelspitze;
Bl.köpfe 2–4 cm br.; Frucht abgeflacht
4kantig. ✿ 7–9. △ Äcker, Wege, Flussufer, sommerwarme, trockene, kalkhaltige Plätze; selten. Mittel- und Südosteuropa.

Korbblütengewächse
Compositae oder Asteraceae

1 Acker-Hundskamille
Anthemis arvensis L.
Pfl. aromatisch riechend, 10–50 cm; B.
2–3fach fiederteilig, kahl oder schwach
behaart; Bl.köpfe 2–3 cm br., mit weißen
Strahlenbl. und gelben Scheibenbl.;
Bl.kopfboden kegelförmig, mit Spreub.,
diese allmählich in eine Stachelspitze
verschmälert; Frucht stumpf 4kantig und
gefurcht. ✿ 5–10. △ Getreidefelder,
Wege, ziemlich häufig. Europa. – Ähnlich
ist die **Stink-Hundskamille**, *A. cotula* L.,
aber Pfl. stinkend, 10–50 cm; Spreub.
des kegeligen Bl.kopfbodens linealisch,
ohne Stachelspitze; Frucht fast stielrund, knotig gerippt; Äcker, Unkrautgesellschaften; zerstreut. Europa.

2 Geruchlose Kamille
Matricaria maritima L.
(*Tripleurospermum m.* (L.) Koch,
T. inodorum (L.) Schultz-Bip.)
Pfl. geruchlos, 10–50 cm; B. 2–3fach
fiederteilig; Bl.köpfe 2–4 cm br., mit
12–30 weißen Strahlenbl. und gelben
Scheibenbl.; Kopfboden halbkugelig,
markig, ohne Spreub. ✿ 6–10. △ Schutt,
Wege, Äcker, Dünen; häufig. Europa.

3 Gewöhnlicher Beifuß
Artemisia vulgaris L.
Pfl. reich verzweigt, unangenehm riechend, 60–120 cm; B. 1–2fach gefiedert,
oberseits dunkelgrün, unterseits weißwollig, am Grund geöhrt; Abschnitte der
oberen St.b. tief gesägt; Bl.köpfe eiförmig, 3–4 mm lg., rötlichbraun, in reichä-
stigen Rispen; äußere Hüllb. eiförmig,
filzig, br. hautrandig. ✿ 7–9. △ Wege,
Schutt, Ufer, Auengebüsch; häufig; Gewürzpfl. Europa. – Ähnlich sind noch:
Ostasiatischer Beifuß, *A. verlotorum*
Lamotte, aber Pfl. aromatisch riechend,
mit lg. Ausläufern; Abschnitte der oberen St.b. ganzrandig (B. aber sonst wie
bei *A. vulgaris);* Bl.köpfe kugelig; Hüllb.
linealisch, verkahlend; Ufer, Wege,
Schutt; ziemlich selten. Ursprünglich

Ostasien, sich in Mittel- und Südeuropa
ausbreitend. – Der **Wermut,** *A. absinthi-
um* L., ist eine 30–80 cm hohe, aromatisch riechende, bitter schmeckende, am
Grund verholzende Pfl. mit graufilzigen
St. und 2–3fach fiederteiligen B.; Abschnitte der B. 2–3 mm br.; Bl.köpfe
3–4 mm br., nickend, mit gelben Bl.; Wege, Schutt, sonnige Mauern; zerstreut;
alte Arznei- und Gewürzpfl.; hauptsächlich Mittel- und Südeuropa. – Der **Feld-
Beifuß**, *A. campestris* L., hat anfangs
locker graufilzig behaarte, später ver-
kahlende, 2–3fach fiederteilige B. mit
schmal-lanzettlichen, stachelspitzigen,
0,5–1 mm br. Abschnitten; Bl.köpfe
eiförmig, 2–3 mm br., rotbraun, mit kahlen Hüllb.; Pfl. 30–80 cm; sandige Magerrasen, Dünen, Dämme; zerstreut.

4 Acker-Filzkraut
Filago arvensis L.
Pfl. oben verzweigt; Äste aufrechte,
graufilzig, 10–30 cm; B. schmal-lanzettlich, 1–2 cm lg.; Bl.köpfe 4–5 mm lg.,
5kantig, mit Spreub., zu 2–7 in dichten
Knäueln, nur mit Röhrenbl.; Hüllb. dicht
wollig-filzig, stumpf, zuletzt sternförmig
ausgebreitet. ✿ 7–9. △ Brachland,
Sandtrockenrasen; kalkmeidend; ziemlich selten. Fast ganz Europa. GefGr. 3!
Das **Gewöhnliche Filzkraut**, *F. vulgaris*
Lam., hat 10–30 Bl.köpfe; Hüllb. grannenartig zugespitzt, aufrecht; B. lanzettlich, am Rand oft wellig, dachziegelig;
Brachland; ziemlich selten. Süddeutschland, Südeuropa. GefGr. 2!

5 Sumpf-Ruhrkraut
Gnaphalium uliginosum L.
Pfl. filzig, reich verzweigt, 5–20 cm; B.
schmal-lanzettlich, beiderseits filzig
1–4 cm lg.; Bl.köpfe 3–4 mm lg., gelblich,
ohne Spreub., zu 3–10 in dichten Knäueln, von abstehenden Hochb. überragt;
Hüllb. hellbraun. ✿ 7–9. △ Ufer, feuchte
Äcker; verbreitet. Fast ganz Europa.

6 Mutterkraut
Tanacetum parthenium (L.) Schultz-Bip.
(*Chrysanthemum p.* (L.) Bernh.)

120

FORTSETZUNG AUF SEITE 122

FORTSETZUNG VON SEITE 120

Pfl. stark duftend, 30–80 cm; B. zart, fiederteilig, mit 3–9 eiförmigen, fiederspaltigen oder gesägten Fiedern; Bl.-köpfe 1,5–2 cm br., in doldenartigen Trauben oder Rispen; Strahlenbl. kurz, verkehrt eiförmig, weiß; Scheibenbl. gelb; Frucht 10kantig. ✿ 5–8. △ Wegränder, Schutt; zerstreut; Zierpfl. Ursprünglich Südosteuropa, heute fast ganz Europa.

Korbblütengewächse
Compositae oder Asteraceae

1 Rainfarn
Tanacetum vulgare L.
(Chrysanthemum vulgare (L.) Bernh.)
Pfl. 60–120 cm; B. fiederteilig, 5–25 cm lg., Fiedern jederseits zu 8–12, lanzettlich, fiederschnittig gesägt; Bl.köpfe 7–12 mm br., in Schirmrispen, goldgelb; Strahlenbl. fehlend; Hüllb. hellgrün, hautrandig, kahl. ✿ 7–9. △ Wege, Schutt, Dämme, Ufer; häufig. Europa.

2 Großes Flohkraut
Pulicaria dysenterica (L.) Bernh.
Pfl. 30–60 cm; B. eiförmig, mit herzförmigem Grund st.umfassend, oft wellig, gezähnt, unterseits graufilzig, 3–8 cm lg.; Bl.köpfe 15–30 mm br.; Strahlenbl. gelb, ausgebreitet, 2mal so lg. wie die grüne, drüsenhaarige Hülle. ✿ 7–8. △ Moorwiesen, Gräben, Nassweiden; zerstreut. Mittel- und Südeuropa. – Ähnlich ist das **Kleine Flohkraut**, *P. vulgaris* Gaertn., aber Pfl. 10–30 cm, 1jährig; Strahlenbl. aufgerichtet, nur etwa so lg. wie die Scheibenbl.; Bl.köpfe etwa 10 mm br., schmutzig gelb; obere St.b. mit abgerundetem Grund sitzend; feuchte Unkrautfluren, Gräben, salzertragend; zerstreut bis selten. Südskandinavien, Mittel- und Südeuropa. GefGr. 3!

3 Filzige Klette
Arctium tomentosum Mill.
Pfl. 60–120 cm; B. ei-herzförmig, gestielt, unten weißwollig; Bl.köpfe kugelig, 1,5–3 cm br., dicht spinnwebigwollig; äußere Hüllb. grün, mit hakenförmiger Spitze, innere Hüllb. rot, mit kurzer, gerader Stachelspitze; nur mit Scheibenbl., purpurn. ✿ 7–8. △ Schutt, Wege, Ufer; zerstreut. Fast ganz Europa.

– Ähnlich sind noch: **Große Klette**, *A. lappa* L., aber Hüllb. bis zur Spitze grün, hakig gekrümmt, kahl, Bl.köpfe 3–4 cm br., lg. gestielt; B. unterseits weißgrau, B.stiel rinnig, mit Mark ausgefüllt; Unkrautfluren; zerstreut; früher Heilpfl. (Klettenöl). Südskandinavien, Mittel- und Südeuropa. – **Hain-Klette**, *A. nemorosum* Lej. et Court *(A. vulgare* (Hill) Ev.), aber Hüllb., besonders die inneren an der Spitze rot, hakig; Bl.köpfe 3–4 cm br., kurz gestielt; Äste fast waagrecht ausgebreitet; B.stiel rinnig, hohl; B. unterseits fast kahl; Waldschläge, Waldwege; zerstreut. Südskandinavien, Mittel- und Südeuropa. – Die **Kleine Klette**, *A. minus* (Hill) Bernh., hat 1–2 cm br., etwas spinnwebige Bl.köpfe, Äste aufrecht abstehend; B. unterseits graugrün; Unkrautfluren; häufig. Fast ganz Europa.

4 Stachel-Distel
Carduus acanthoides L.
Pfl. 30–100 cm; St. und Bl.kopfstiele dornig geflügelt; B. beiderseits grün, meist kahl, tief fiederspaltig, mit 6–7 mm lg., weißlichen, derben Dornen; Bl.köpfe 1–2 cm br., hellrot, zu mehreren auf kurzen, kraus geflügelten Stielen. ✿ 6–9. △ Wege, Brachland, Viehläger; verbreitet. Hauptsächlich Mittel- und Südeuropa. – Ähnlich ist die **Krause Distel**, *C. crispus* L., aber B. unterseits spinnwebig-filzig, weichdornig; Unkrautfluren, Auenwälder; häufig. Fast ganz Europa.

5 Nickende Distel
Carduus nutans L.
Pfl. 30–100 cm; St. weißfilzig; B. lanzettlich, kraus, tief fiederteilig, mit 3eckigen, 2–5spaltigen, dornigen Abschnitten; B. als br., dorniger Flügel am St. herablaufend; Bl.köpfe einzeln, 3–6 cm br., nickend, purpurn; Hüllb. über dem

FORTSETZUNG AUF SEITE 124

FORTSETZUNG VON SEITE 122

Grund eingeschnürt, lanzettlich, stechend, zurückgebogen; Pappus aus

Korbblütengewächse
Compositae oder Asteraceae

1 Gewöhnliche Kratzdistel, Lanzett-Kratzdistel
Cirsium vulgare (Savi) Ten.
Pfl. 60–120 cm; B. fiederteilig, unterseits graufilzig, oberseits durch feine Stacheln rau, am St. herablaufend; B. zipfeln dornig bespitzt; Bl.köpfe einzeln oder zu 2–3, 2–4 cm br. und 4–8 cm lg., Hülle eiförmig. ✿ 6–9. △ Wege, Schutt, Ufer, Waldschläge; häufig. Europa.

2 Acker-Kratzdistel
Cirsium arvense (L.) Scop.
Pfl. 60–120 cm; St. nicht dornig geflügelt; B. buchtig gezähnt oder fiederspaltig, oft wellig kraus, glänzend, am Rand stachelig, nicht herablaufend; Bl.köpfe 1,5–3 cm lg., in doldenartigen Rispen; Hülle dunkelviolett, spinnwebig behaart; Einzelbl. bis zum Grund 5teilig, lila. ✿ 7–9. △ Äcker, Wege, Schutt, Waldschläge; häufig. Europa.

3 Eselsdistel
Onopordon acanthium L.
Pfl. 50–150 cm; St. br. geflügelt; B. fiederteilig, herablaufend, mit br.-3eckigen, stachelig gezähnten Abschnitten; Bl.köpfe meist einzeln, 3–6 cm br. und lg.; Hüllb. schmal-lanzettlich, 2–4 mm br., in eine lg. starre Spitze auslaufend; Krone der Einzelbl. 2 cm lg., purpurn. ✿ 6–8. △ Sonnige Unkrautgesellschaften in Trocken- und Wärmegebieten; zerstreut. Hauptsächlich Mittel- und Südeuropa. – Die **Mariendistel,** *Silybum marianum* (L.) Gaertner, ist ebenfalls eine große, kräftige Pfl., 50–150 cm, mit einzeln, 4–5 cm lg., purpurnen Bl.köpfen, aber B. weißlich gefleckt, länglich eiförmig, buchtig fiederteilig, in den geflügelten Stiel verschmälert oder sitzend, mit gelben Dornen; Schutt, Un-

1fachen, rauen Haaren gebildet. ✿ 7–9. △ Wege, Schutt, Magerweiden; häufig. Südskandinavien, Mittel- und Südeuropa.

krautfluren, Felsensteppen. Südeuropa, in Mitteleuropa Zierpfl. und gelegentlich verwildert.

4 Gewöhnliche Wegwarte
Cichorium intybus L.
Pfl. sparrig-ästig, 30–120 cm; St. steif, gerieft; St.b. br.-lanzettlich, ganzrandig oder entfernt gezähnt, halbst.umfassend; Grundb. fiederspaltig gesägt, löwenzahnähnlich, dunkelgrün, unterseits, besonders auf den Nerven rauhaarig; Bl.köpfe 3–5 cm br., blau, meist sitzend. ✿ 7–10. △ Weg- und Ackerränder, Schutt; häufig. Fast ganz Europa. – Die **Endivie,** *C. endivia* L., hat br. eiförmige, st.umfassende St.b.; kahle, schwach gezähnte, hellgrüne, oft wellige Grundb.; Bl.köpfe 3–6 cm br.; in zahlreichen Rassen als Salatpfl. kultiviert und gelegentlich verwildert. Ursprünglich Südeuropa.

Korbblütengewächse
Compositae oder Asteraceae

1 Kornblume
Centaurea cyanus L.
Pfl. 30–80 cm, weißfilzig behaart; St. mehrfach verzweigt, kantig; B. lanzettlich, 2–5 mm br., die untersten fiederspaltig; Bl.köpfe einzeln, 2–3 cm br.; Randbl. blau, ausgebreitet, viel länger als die violetten Scheibenbl.; Hülle eiförmig, 10–15 mm lg. ✿ 6–10. △ Getreidefelder, Schutt; früher häufig, heute seltener werdend. Europa, ursprünglich Südosteuropa.

2 Rainkohl
Lapsana communis L.
Pfl. 30–100 cm; B. 3eckig-eiförmig, buchtig gezähnt, die unteren jederseits noch am geflügelten B.stiel mit 1–2 lanzettlichen Fiederabschnitten; Bl.köpfe hellgelb, 1–2 cm br., mit 8–15 Einzelbl.; Hüllb. 2reihig, die inneren viel länger als die äußeren; Früchte 3–5 mm lg., mit 20 Längsrippen, Pappus fehlend. ✿ 6–9. △ Äcker, Wegränder, Schutt; häufig. Fast ganz Europa.

3 Gewöhnliches Bitterkraut
Picris hieracioides L.
Pfl. 30–80 cm, sparrig verzweigt; St. reich beblättert; B. länglich-lanzettlich, buchtig gezähnt oder ganzrandig, die oberen halbst.umfassend sitzend; B. und St. steifborstig behaart; Bl.köpfe gelb, in lockerer, doldenartiger Rispe; Hüllb. der Bl.köpfe dachziegelartig angeordnet, die äußeren abstehend, mit steifborstigem Mittelstreifen; Früchte 3–5 mm lg., kurz geschnäbelt, querrunzelig und mit Längsrippen; Pappushaare gefiedert. ✿ 7–10. (Formenreich). △ Wege, Dämme, Steinbrüche, Halbtrockenrasen; wärmeliebend; verbreitet. Mittel- und Südeuropa, Südskandinavien.

4 Natternkopf-Bitterkraut, Wurmlattich
Picris echioides L.
Pfl. 1jährig, 30–60 cm, steifborstig behaart; untere B. verkehrt-eiförmig, in den schmal geflügelten Stiel verschmälert, die oberen B. herzförmig st.umfassend sitzend; äußere Hüllb. 3–5, vergrößert, herz-eiförmig, 4–7 mm br., eine Außenhülle bildend; Frucht lg. geschnäbelt, 6–9 mm lg., ohne Längsrippen. ✿ 7–9. △ Äcker, Gärten, Schutt; wärmeliebend; Arzneipfl.; selten. Südeuropa, in Mitteleuropa eingeschleppt.

5 Dach-, Mauer-Pippau
Crepis tectorum L.
Pfl. 1jährig, graugrün, 10–60 cm, mit weißlicher, dünner Pfahlwurzel; B. schmal-lanzettlich, ganzrandig oder entfernt fiederspaltig; St.b. mit pfeilförmigem Grund sitzend, obere B. am Rand umgerollt; Hülle der Bl.köpfe glockenförmig, behaart; Bl.kopfboden kurz behaart; Krone gelb, 11–13 mm lg.; Frucht 3–4 mm lg., 10rippig, nach oben verschmälert, aber sonst ungeschnäbelt; Pappushaare weiß, weich, biegsam, ungefiedert. ✿ 5–7. △ Brachland, Mauern, Wege, sommerwarme, trockene, steinige Böden; zerstreut. Fast ganz Europa.

2

3

4

5

Korbblütengewächse
Compositae oder Asteraceae

1 Löwenzahn-Pippau
Crepis taraxacifolia Thuill.
Pfl. 20–50 cm; St. beblättert, vielköpfig;
B. buchtig gezähnt bis fiederspaltig,
die unteren in den geflügelten Stiel verschmälert; Bl.köpfe aufrecht, in sparri-
gen, doldigen Bl.ständen; Krone gelb,
die randlichen außen rötlich; Hülle kahl
oder spärlich borstig, 8–12 mm lg.;
äußere Hüllb. br.-hautrandig; Frucht
10rippig, allmählich in einen lg. Schnabel verschmälert, insgesamt 6–8 mm lg.
✿ 5–6. △ Wege, Mauern, Böschungen,
meist kalkhaltige Böden; zerstreut. Mit-
tel- und Südeuropa (westlich). (Artenreiche Gattung).

2 Acker-Gänsedistel
Sonchus arvensis L.
Pfl. 50–150 cm; St. 1fach, erst an der
Spitze doldig verzweigt, unten kahl,
oben gelbdrüsig; B. kahl, lanzettlich,
buchtig gezähnt oder fiederteilig; St.b.
am Grund mit abgerundeten, ange-
drückten Öhrchen; Bl.köpfe 4–5 cm br.,
gelb, in Schirmrispen; Hülle und Kopfstiele meist gelbdrüsig. ✿ 7–10.
△ Äcker, Ufer, Gräben, Dünen; verbreitet. Europa. – Ähnlich ist die **Sumpf-
Gänsedistel,** *S. palustris* L., aber St.b.
mit zugespitzten, abstehenden Öhrchen;
Hülle und Kopfstiele schwarzdrüsig;
Frucht (wie bei *S. arvensis)* mit 5 Längsrippen; Gräben, Moorwiesen, Ufer,
Auenwaldränder; ziemlich selten. Südschweden, Mitteleuropa, südlich bis
Oberitalien, Korsika, Serbien.

3 Raue Gänsedistel
Sonchus asper (L.) Hill.
Pfl. 30–80 cm; St. ästig; B. derb, dunkelgrün, glänzend, oft ungeteilt, stachelig
gezähnt, am Grund mit abgerundeten,
anliegenden Öhrchen; Bl.köpfe sattgelb,
in lockeren Rispen; Hülle fast kahl;

Frucht mit 3 Längsrippen, zwischen den
Rippen glatt. ✿ 6–10. △ Äcker, Gärten,
Schutt; verbreitet. Europa. – Ähnlich ist
die **Kohl-Gänsedistel,** *S. oleraceus* L.,
aber B. blaugrün, matt, ungleich gezähnt, nicht stachelig, mit vorgestreck-
ten, spitzen Öhrchen; Frucht mit 3
Längsrippen, zwischen den Rippen querrunzelig; Unkrautfluren; verbreitet. Fast
ganz Europa, ursprünglich Südeuropa. –
Die **Zarte Gänsedistel,** *S. tenerrimus* L.,
hat kahle, dunkelgrüne, bis auf den
Mittelnerv fiederteilige B.; Abschnitte
nochmals fiederteilig oder mit stumpfen
Zähnen; obere St.b. am Grund mit 2 spitzen Öhrchen; die unteren B. gestielt;
Hülle kahl; Schutt, Mauern, Felsen.
Südeuropa.

4 Großer Bocksbart
Tragopogon dubius Scop.
Pfl. 20–60 cm, meist unverzweigt, am
Grund mit B.resten vorjähriger B.; B.
schmal-lanzettlich, lg. zugespitzt, ganzrandig; Stiel der Bl.köpfe oberwärts
keulig verdickt, hohl; Bl.kopf 4–6 cm br.,
hellgelb; Hüllb. über dem Grund nicht
eingeschnürt; Frucht (mit Schnabel)
20–35 mm lg., 5kantig. ✿ 5–7. △ Sonnige Unkrautgesellschaften, Trockenrasen; selten. Mittel- und Südeuropa. –
Die **Haferwurz,** *T. porrifolius* L., hat
ebenfalls keulig verdickte Stiele der
Bl.köpfe, aber Bl. weinrot; Schutt,
Wegränder; wärmeliebend; Südeuropa,
früher als Wurzelgemüse gepflanzt und
selten verwildert. – Siehe auch
Wiesen-Bocksbart T. 86.

1

2

3

Zypressengewächse
Cupressaceae

1 Gewöhlicher Wacholder
Juniperus communis L.
Säulenförmiger, aufrechter Strauch, selten baumförmig, 2–5 m; B. nadelförmig, stechend, 10–15 mm lg., graugrün; Bl. in B.achseln; ♀ Bl. mit 2–4 Fruchtschuppen; Frucht ein kugeliger, 5–9 mm br., zuerst grüner, dann im 2. Jahr nach der Blüte bläulich-schwarze Beerenzapfen. ✿ 5–6. △ Magerweiden, felsige Hänge, lichte, trockene Wälder; ziemlich häufig. Fast ganz Europa. – Ähnlich ist der **Zwerg-Wacholder,** *J. sibirica* Lodd., aber niedriger Spalierstrauch der Gebirge und Nordeuropas, 2–50 cm; Nadeln 4–8 mm lg.; in den Alpen bis über 3000 m. – Der **Sadebaum oder Stink-Wacholder,** *J. sabina* L., ein niederliegender, bis 2 m hoher Strauch, hat an den älteren Zweigen schuppenförmige, 1–2 mm lg., kreuzweis gegenständige B., an den jungen Trieben nadelförmige B.; giftig! Trockenrasen, trockene, heiße Hänge der Alpen, besonders der Inneralpen, Pyrenäen, Apenninen, Karpaten und der Balkanhalbinsel; gelegentlich in Gärten angepflanzt. GefGr. 3!

Süßgräser
Gramineae oder Poaceae

2 Aufrechte Trespe
Bromus erectus Huds.
Pfl. dichtrasig, 30–100 cm; St. aufrecht; untere B. borstlich gefaltet, obere B. flach, 2–4 mm br., entfernt gewimpert; B.häutchen 1–2 cm lg., untere B.scheiden mit zerstreuten, abstehenden Haaren; Rispe aufrecht, 10–15 cm lg., mit lg. Ästen; Ährchen vielblütig, etwas zusammengedrückt, flach, 2–4 cm lg.; untere Hüllspelze 1nervig, obere 3nervig; Deckspelze mit kurzer Granne. ✿ 5–10. △ Trockenwiesen, sonnige Böschungen, Magerrasen; ziemlich häufig. Südskandinavien, Mittel- und Südeuropa.

3 Unbegrannte Trespe
Bromus inermis Leys.
Pfl. 30–100 cm, mit Ausläufern; B. und B.scheiden kahl, B. flach, 6–10 mm br.; B.häutchen bis 2 mm lg.; Rispe aufrecht, allseitswendig, 10–20 cm lg.; Rispenäste bis 5 cm lg., reichährig; Ährchen linealstumpflich, 2–3 cm lg.; untere Hüllspelze 1nervig, obere 3nervig; Deckspelzen unbegrannt oder mit 1–2 mm lg. Granne. ✿ 6–7. △ Wegränder, Äcker, Magerrasen; zerstreut. Nord- und Mitteleuropa (östlich), südlich bis Alpensüdfuß, Balkanhalbinsel.

4 Zittergras
Briza media L.
Pfl. 20–50 cm; B. 2–5 mm br., am Rand rau; B.häutchen 1 mm lg.; Ährchen herzförmig, 3–12blütig, 5–7 mm lg., hängend, Spelzen ohne Grannen; Rispenäste dünn, wellig. ✿ 5–6. △ Halbtrockenrasen, Magerrasen. Fast ganz Europa. – Das **Große Zittergras,** *B. maxima* L., hat silbrigweiße, 1–2 cm lg. Ährchen an sehr lg., dünnen, überhängenden Stielen; Trockenhänge. Südeuropa; Zierpfl.

5 Borstgras
Nardus stricta L.
Pfl. 10–30 cm, dichte, graugrüne Horste bildend; B. borstenförmig, eingerollt, rau, am Grund von dicht gebüschelten B.scheidenresten umgeben; Ähre 3–8 cm lg., 1seitswendig; Ährchen 1blütig, 7–15 mm lg., begrannt. ✿ 5–6. △ Magerrasen und -weiden, Heiden; häufig. Europa, im Süden nur in den Gebirgen.

6 Dreizahn
Sieglingia decumbens (L.) Bernh.
(Danthonia d. (L.) Lamk. et DC.)
Pfl. horstbildend, 15–45 cm; B. oberseits graugrün, 2 mm br., am Rand zerstreut behaart, anstelle des B.häutchens ein Haarkranz; B.scheiden bewimpert; Ähren aufrecht abstehend, 2–5blütig; Hüllspelzen 8–10 mm lg., mit 2zähniger Spitze; Deckspelze 4–6 mm lg., mit 3zähniger Spitze. ✿ 6–7. △ Silikatmagerrasen, Heiden; verbreitet. Europa.

Süßgraser Gramineae oder Poaceae

1 Schaf-Schwingel
Festuca ovina L.
Pfl. 10–40 cm, dichte Horste bildend;
Grundb. und St.b. borstlich gerollt oder
gefaltet, meist haardünn; B.häutchen
sehr kurz; B.scheiden fast bis zum
Grund offen; Bl.rispe 3–12 cm lg., zusammengezogen, mit aufrechten Ästen;
Ährchen 4–7 mm lg.; Deckspelzen meist
begrannt. ✿ 5–8. (Formenreiche Sammelart mit vielen Kleinarten). △ Mager-
und Trockenrasen, Eichen- und Kiefernwälder. Europa.

2 Bewimpertes Perlgras
Melica ciliata L.
Pfl. 20–70 cm, graugrün; B. 2–3 mm br.,
oberseits dicht kurzhaarig; B.häutchen
2–4 mm lg., zerschlitzt; untere B.schei-
den kahl; Ährenrispe 6–14 cm lg., starr,
aufrecht, locker, meist 1seitswendig;
Ährchen 5–7 mm lg.; Deckspelzen dicht
mit 2–3 mm lg., steifen Haaren bewimpert. ✿ 5–6. △ Sonnige Mauern, Trockenrasen; selten, im Süden häufig.
Südskandinavien, Mittel- und Südeuropa. – Das **Siebenbürger Perlgras,** *M.
transsilvanica,* Schur hat rein grüne, unterseits gekielte B.; untere B.scheiden
zottig behaart; Ährenrispe dicht, allseitswendig; Trockenrasen, Felsen, selten. Süd- und Mitteldeutschland, Vogesen, Wallis, Vintschgau, Südosteuropa.

3 Silbergras
Corynephorus canescens (L.) P. B.
Pfl. 15–30 cm, horstbildend; B. borstför-
mig eingerollt, starr, aufrecht, graugrün;
B.scheiden rosa; B.häutchen 2–3 mm
lg.; Rispe fein verzweigt, grausilberfar-
ben, nach der Blüte zusammengezogen;
Granne der Deckspelzen keulig verdickt,
im Ährchen versteckt. ✿ 6–7. △ Sandtrockenrasen, Dünen, trockene Kiefernwälder; kalkmeidend; zerstreut bis
selten; Südskandinavien, Mittel- und
Südeuropa.

4 Großes Schillergras, Kammschmiele
Koeleria pyramidata (Lamk.) P. B.
Pfl. 30–80 cm; B. flach, 2–3 mm br.,
abstehend bewimpert; Rispe schmal,
pyramidenförmig, 5–12 cm lg.; Ährchen
3blütig, 6–8 mm lg.; Hüll- und Deckspelzen zugespitzt, borstig behaart; St.
unter der Rispe kurzhaarig. ✿ 6–7.
△ Kalkmagerrasen, Kiefernwälder; verbreitet. Südskandinavien, Mitteleuropa.
– Ähnlich ist das **Zierliche Schillergras,**
K. macrantha (Ledeb.) Schult. *(K. gracilis*
Pers.), aber B. der nichtblühenden Triebe eingerollt, nicht bewimpert; Rispe
fast zylindrisch; Ährchen 2blütig,
4–5 mm lg.; zerstreut. – Das **Blaugraue
Schillergras,** *K. glauca* (Schkuhr) DC.,
hat blaugrüne, kahle raue B., zwiebelartig verdickten St.grund und abgerundete
Deckspelzen; selten. GefGr. 2!

5 Rotes Straußgras
Agrostis tenuis Sibth.
Pfl. 20–40 cm; B. 2–4 mm br., flach, rau;
B.häutchen gestutzt, 1 mm lg.; Rispe
5–12 cm lg.; nach der Blüte ausgebreitet;
Ährchen rotviolett, 1blütig, 3–4 mm lg. ✿
6–7. △ Saure Magerrasen, lichte Kiefern-
und Eichenwälder; häufig. Europa.

6 Steppen-Lieschgras
Phleum phleoides (L.) Karsten
Pfl. 30–60 cm; St. oben b.los; B. 2–4 mm
br., rau, am Rand weiß; B.häutchen gestutzt, 1–2 mm lg.; Ährenrispe schlank,
bis 18 cm lg.; Ährchen 2spitzig, stiefel-
knechtartig, 1blütig; Hüllspelzen länger
als die Deckspelzen. ✿ 6–7. △ Sandtrockenrasen, Felsen, lichte Kiefernwälder; zerstreut. Südskandinavien,
Mittel- und Südeuropa. – Das **Rispen-
Lieschgras,** *Ph. paniculatum* Huds., hat
aufwärts raue, bis 8 cm lg. Ährenrispe,
4–10 mm br. B. mit 2–4 mm lg. B.häut-
chen und fast bis oben beblätterten St.;
Äcker; selten. Süddeutschland, Südeuropa. GefGr. 2! – Das **Sand-Lieschgras,**
Ph. arenarium L., hat weißliche, 1–4 cm
lg. Ährenrispen; obere B.scheiden etwas
aufgeblasen; Sandböden. Rhein, Nord-
und Ostsee. GefGr. 2!

Süßgräser
Gramineae oder Poaceae

1 Federgras, *Stipa pennata* L.
Pfl. 30–120 cm; B. 2–3 mm br., flach oder
eingerollt; Rispe schlank, Rispenäste
aufrecht; Ährchen 1blütig; Hüllspelzen
15–20 mm lg., mit 3–5 cm lg. Granne;
Deckspelze mit 20–30 cm lg. Granne,
diese unten gedreht, oben federig behaart. ❀ 5–7. Geschützt! △ Sonnige
Felshänge, Steppenrasen; selten, im Süden verbreitet. Südschweden, Mittel-
und Südeuropa. GefGr. 3! – Ähnlich ist
das **Pfriemengras,** *S. capillata* L., aber
Granne rau, nicht federig behaart,
10–15 cm lg., oft gedreht und mit den
anderen verschlungen; Steppenrasen.
Geschützt! Süddeutschland, Südeuropa.
GefGr. 3!

Riedgrasgewächse oder
Sauergräser / Cyperaceae

2 Hasen-Segge
Carex leporina L.
Pfl. 20–60 cm, dichte Horste bildend; B.
2–3 mm br., graugrün, kürzer als der
3kantige, oben raue St.; Ähren 5–6,
eiförmig, dicht gedrängt, ♂ und ♀ Ähren
gleich gestaltet; Schläuche geflügelt, allmählich in den Schnabel verschmälert;
Spelzen zugespitzt, braun; Narben 2.
❀ 6–7. △ Saure Magerrasen, Feuchtweiden; kalkmeidend; häufig. Europa.

3 Frühlings-Segge
Carex caryophyllea Latourr.
Pfl. 10–30 cm, mit kurzen Ausläufern;
B. 2–4 mm br., steif graugrün, überwinternd, kürzer als der glatte St.; ♀ Ähren
2–3, kurz gestielt, 5–10 mm lg., ♂ Ähre
1, endständig; Schläuche kaum geschnäbelt, behaart, Spelzen rost- bis
gelblichbraun, grün gestreift, spitz; Narben 3. ❀ 3–5. △ Halbtrockenrasen; verbreitet. Fast ganz Europa. – Ähnlich sind
noch: **Berg-Segge,** *C. montana* L., aber
untere B.scheiden blutrot; B. 1–2 mm
br., oberseits behaart; Pfl. dichtrasig;
Schläuche dicht zottig behaart, allmäh-

lich in den Schnabel verschmälert; Kalkmagerrasen, lichte, trockene Wälder. –
Pillen-Segge, *C. pilulifera* L., Pfl. ohne
Ausläufer, dichtrasig; untere B.scheiden
gelbbraun; ♀ Ähren fast kugelig;
Schläuche kugelig, fein behaart; Deckspelzen durch auslaufenden Mittelnerv
stachelspitzig; Wurzeln beim Zerreiben
nach Baldrian riechend; Magerrasen,
Wälder; kalkmeidend.

4 Monte Baldo-Segge
Carex baldensis L.
Pfl. 15–40 cm; B. 2–3 mm br., flach, graugrün; ♂ und ♀ Ähren gleich gestaltet,
kopfig gehäuft, von den lg. Tragb. weit
überragt; Bl.stand weiß; Schläuche kugelig-eiförmig, ungeschnäbelt, weiß bis
gelbbraun; Narben 3. ❀ 6–7. Geschützt!
△ Sonnig, kalkreiche Steinrasen, lockere Bergkiefernwälder, Flusskies; selten.
Oberbayern, Südalpen.

5 Bleiche Segge
Carex pallescens L.
Pfl. horstbildend, 10–50 cm; grundständige Scheiden rotbraun, glänzend; B.
2–5 mm br., zerstreut behaart, gelbgrün;
St. 3kantig, rau; ♀ Ährchen eiförmig,
vielblütig, 8–15 mm lg., grün, glänzend;
Schläuche völlig ungeschnäbelt, gelbgrün, kahl, glänzend; Narben 3; ♂ Ähre
1, endständig. ❀ 5–6. △ Magerrasen,
Wiesen, Wege; häufig. Fast ganz Europa.

Binsengewächse / Juncaceae

6 Gewöhnliche Hainsimse, Hasenbrot
Luzula campestris (L.) DC.
Pfl. 5–20 cm; B. 2–4 mm br., flach, am
Rand spärlich lg. bewimpert; Ähren 2–5,
eiförmig, 3–10blütig; Ährenstiele später
herabgebogen; Bl.b. 6, 3–4 mm lg., kastanienbraun, mit durchsichtigem Rand;
Staubbeutel länger als die Staubfäden.
❀ 3–5. △ Magerrasen, Heiden, Sandböden; kalkmeidend; häufig. Europa. Ähnlich ist die **Vielblütige Hainsimse,** *L. mul-
tiflora* (Retz.) Lej., aber Ähren 8–15blü-
tig, zu 5–10, auf geraden, schräg auf-
wärtsgerichteten Stielen; Magerrasen.

Liliengewächse / Liliaceae

1 Traubige Graslilie
Anthericum liliago L.
Pfl. 30–70 cm; B. grundständig, grasartig, 4–5 mm br., etwa so lg. wie der
Bl.schaft; Bl. in 1facher Traube; Bl.b. 6,
alle gleich, 15–20 mm lg., weiß, 2mal
so lg. wie die Staubb.; Griffel bogig gekrümmt; Tragb. lanzettlich, ¹/₂ so lg. wie
die Bl.stiele; Frucht eine eiförmige,
spitze Kapsel. ✿ 5–6. △ Trockenrasen,
Waldsäume, lichte Eichen- und Kiefernwälder; ziemlich selten. Mittel- und
Südeuropa, nördlich bis Südschweden.

2 Ästige Graslilie
Anthericum ramosum L.
Pfl. ähnlich Traubiger Graslilie, aber
Bl.stand rispig verzweigt; Bl.b. 8–13 mm
lg., die inneren breiter als die äußeren,
so lg. wie die Staubb.; Griffel gerade;
Tragb. ¹/₅ so lg. wie die Bl.stiele; Frucht-
kapsel fast kugelig; B. viel kürzer als der
Bl.schaft. ✿ 6–8. △ Halbtrockenrasen,
Waldränder; ziemlich selten. Hauptsäch-
lich Mittel- und Südeuropa.

3 Weißer Affodill
Asphodelus albus Miller
Pfl. 60–120 cm, Wurzel rübenartig verdickt; Grundb. fleischig, binsenförmig,
bis 70 cm lg. und 2,5 cm br.; Bl.schaft
kräftig, b.los; Bl. zahlreich, in dichter
Traube, oft noch mit seitenständiger
Traube; Tragb. braun, lanzettlich; Bl.b.
6, frei oder am Grund verwachsen, mit
braunem Nerv; Staubb. 6, nach unten
verbreitert. ✿ 6–8 △ Trockene Wiesen
und Weiden, Gebüschsäume, Süd- und
Westalpen, Südeuropa.

4 Gelber Affodill
Asphodeline lutea (L.) Reichb.,
60–100 cm; St. bis oben beblättert; B.
linealisch, stachelspitz, dicht gestellt, im
Querschnitt 3eckig; Bl. gelb, 2–3 cm lg.,
in dichter, 10–15 cm lg. Traube; Bl.b. mit
grünem Mittelnerv, etwas ungleich, das
untere Bl.b. länger und schmäler; Tragb.
eiförmig, spitz, länger als die Bl.stiele;

Frucht kugelig, 10–15 mm lg. ✿ 4–5.
△ Trockene Wiesen, Felshänge. Süd-
und Südwesteuropa; Zierpfl. – Ähnlich
ist der **Liburnische Affodill**, *A. liburnica*
(Scop.) Reichb., aber Pfl. zierlicher,
20–60 cm; B. sehr schmal, 1 mm br., rau,
Bl.schaft im oberen Teil b.los; Bl. gelb,
mit kleinen, 3eckigen Tragb.; Bl.stand
lockerer. Südosteuropa, Italien.

5 Trichterlilie, Paradieslilie
Paradisia liliastrum (L.) Bertol.
Pfl. 30–50 cm; B. grundständig, linealisch, grasartig, bis 40 cm lg.; Bl.schaft
b.los; Bl.stand 3–10blütig, 1seitswen-
dig; Bl. trichterförmig, weiß; Bl.b. 6, frei,
3–5nervig, bis 6 cm lg., unten zu einer
schlanken Röhre verwachsen; Tragb.
häutig, länger als die Bl.stiele. ✿ 6–7.
<u>Geschützt!</u> △ Bergwiesen zwischen
1000 und 2500 m. Zentral-, West- und
Südalpen, Schweizer Jura, Pyrenäen,
Zentralplateau, Apennin, Abruzzen.

6 Ross-Lauch
Allium oleraceum L.
Pfl. 30–70 cm; B. flach, rinnig, 5 mm br.,
nicht röhrenförmig, unterseits meist rau;
Bl.dolde mit sitzenden, rötlichen Zwiebeln; Bl.stiele sehr unterschiedlich lg.,
etwa 2–6mal so lg. wie die rötlichen
oder grünlichweißen Bl.; Staubfäden
ohne seitliche Zähne; Staubb. die Bl.b.
kaum überragend; Hüllb. länger als der
Bl.stand. ✿ 7–8. △ Wegböschungen,
Weinbergsmauern, Trockenrasen; zerstreut. Europa.

7 Kugeliger Lauch
Allium rotundum L.
Pfl. 30–60 cm; B. flach, schmal-linealisch, am Rand glatt, dunkelgrün; Bl.
in reichblütiger Scheindolde, mit zer-
schlitzter, häutiger, 1blättriger Dolden-
hülle; Bl. purpurn; innere Staubfäden
mit 2 langen, fädlichen Zähnen (siehe
Abbildung); Bl.stand ohne Zwiebeln.
✿ 6–8. △ Lückige Halbtrockenrasen,
Weinberge, Wegböschungen; ziemlich
selten. Südeuropa, nördlich bis Süd-
und Mitteldeutschland. <u>GefGr. 3!</u>

1

2

3

4

5

6

7

Liliengewächse / Liliaceae

1 Gekielter Lauch
Allium carinatum L.
Pfl. 30–60 cm; B. flach, 2–4 mm br., schwach rinnig; Bl.dolde mit grünlichen, sitzenden Brutzwiebeln; Bl. 5–7 mm lg., lilapurpurn; Staubb. viel länger als die Bl.b.; Staubfäden nach unten verbreitert, ohne seitliche Zähne; Bl.stiele 4–6 mal so lg. wie die Bl. ✿ 6–8. △ Magerrasen, Moorwiesen, Halbtrockenrasen; selten. Europa. GefGr. 3! – Ähnlich ist der **Schöne Lauch,** *A. pulchellum* Don., aber Bl.dolde ohne Brutzwiebeln; Bl. 4–5 mm lg., deren Stiele 2–4mal so lg.; B. 1–2 mm br.; Trockenrasen, Kiesböden; sehr selten. Süddeutschland, Südeuropa.

2 Schopfige Traubenbyazinthe
Muscari comosum (L.) Mill.
Pfl. 30–70 cm; B. lineal, 10–25 mm br., fein gezähnelt; Bl. in 10–25 cm lg., lockerer Traube, oben mit einem Schopf aufrechter, blauvioletter, lg.gestielter unfruchtbarer Bl.; fruchtbare Bl. 5–7 mm, dunkelblau, mit weißen Zähnen. ✿ 4–5. Geschützt! △ Kalkmagerrasen, Wegraine, Äcker; wärmeliebend; selten. Süddeutschland, Südeuropa. GefGr. 3!

Amaryllisgewächse/Amaryllidaceae

3 Gelbe Narzisse
Narcissus pseudonarcissus L.
Pfl. 15–40 cm; alle B. grundständig, linealisch, 7–15 mm br., fleischig; Bl.stand meist 1blütig; Bl. 5–10 cm br.; Bl.b. 6, unten zu einer 5–15 mm lg. Röhre verwachsen, freie Abschnitte abstehend, hellgelb; Nebenkrone becherförmig, 3–5 cm br., mit krausem Rand, dottergelb, ✿ 3–4. Giftig! Geschützt! △ Kalkarme Bergwiesen, Borstgrasmatten; selten. Westeuropa, östlich bis Eifel, Hunsrück, Vogesen, Bodenseegebiet, Meran; Zierpfl. und mancherorts verwildert. GefGr. 3!

Schwertliliengewächs / Iridaceae

4 Zwerg-Schwertlilie
Iris pumila L.
Pfl. 5–15 cm; B. schwertförmig, graugrün, stachelspitz, 1–2 cm br.; St. niederliegend, 1blütig; Bl.b. 6, die äußeren 3 zurückgeschlagen und oberseits durch einen Längsstreifen dichter Haare bärtig; Bl. violett, seltener hellblau, weiß oder gelb. ✿ 4–5. Geschützt! △ Trockenrasen, Felssteppen. Hauptsächlich Osteuropa; Niederösterreich (Wachau), Wiener Becken), Mähren.

5 Bunte Schwertlilie
Iris variegata L.
Pfl. 20–40 cm; B. 1–3 cm br., etwa so lg. wie der St.; Bl. 4–6 cm lg., zu 2–4; Tragb. zur Bl.zeit grün; äußere Bl.b. gelb und rotviolett geadert, zurückgeschlagen, innere Bl.b. aufrecht, innen bärtig, reingelb. ✿ 5–6. Geschützt! △ Trockene Wiesen, Mauern, Felsbänder; selten. Zierpfl., gelegentlich verwildert. Süddeutschland, Südosteuropa. GefGr. 1! – Ähnlich ist die **Deutsche Schwertlilie,** *I. germanica* L., aber Bl.b. violett, nur am Grund gelblich, mit gelbem Bart, Hochb. zur Bl.zeit trockenhäutig; Weinbergsmauern; Zierpfl. und verwildert. Heimat Südosteuropa. Geschützt!

1

2

3

4

5

Knabenkrautgewächse oder Orchideen / Orchidaceae

1 Herbst-Wendelorchis, Schraubenstendel
Spiranthes spiralis (L.)
Chev. (*S. autumnalis* Rich.)
Pfl. 10–30 cm; St. nur mit Schuppenb., am Grund mit seitenständiger Rosette aus eiförmigen B.; Bl.stand dicht, schraubig gedreht; Bl. grünlichweiß; Bl.b. schmal-lanzettlich, an der Spitze nach außen gebogen; Lippe ungeteilt, oval, mit krausem Rand. ✿ 8–9. Geschützt! △ Silikatmagerrasen, magere Schafweiden, wechseltrockene Böden; selten. Fast ganz Europa, nördlich bis Irland, Dänemark. GefGr. 2! – Ähnlich ist die **Sommer-Wendelorchis**, *S. aestivalis* (Poir.) Rich., siehe T. 101.

2 Grüne Hohlzunge
Coeloglossum viride (L.) Hartm.
Pfl. 5–25 cm; B. eiförmig bis lanzettlich; Bl.ähre dicht; Tragb. lanzettlich, grün, die unteren länger als die Bl.; Bl.hüllb. helmförmig zusammenneigend, Lippe vorne 3zähnig, Sporn kurz, dick. ✿ 5–6. Geschützt! △ Saure, kalkarme Magerrasen; ziemlich selten. Europa, heute fast nur noch Alpen. GefGr. 3!

3 Große Händelwurz
Gymnadenia conopsea (L.) R. Br.
Pfl. 20–60 cm; B. lanzettlich, 5–15 cm lg.; Bl.ähre zylindrisch, 5–10 cm lg., dicht; Bl. violett, lila, duftend; die 2 seitlichen Bl.hüllb. oval, 5–6 mm lg., Lippe mit 3 eiförmigen, stumpfen, gleich lg. Zipfeln; Sporn dünn, fast 2mal so lang wie die Fruchtknoten. ✿ 5–6. Geschützt! △ Kalkmagerrasen, lichte Wälder, Moorwiesen; ziemlich häufig. Fast ganz Europa. – Ähnlich ist die **Wohlriechende Händelwurz**, *G. odoratissima* (L.) Rich., aber Sporn höchstens so lg. wie der Fruchtknoten; Mittellappen der Lippe länger, spitz; Bl. rotviolett, stark nach Vanille duftend; B. schmal-lanzettlich;

Kiefernwälder, Moorwiesen, Bergwiesen, in den Alpen bis über 2200 m; selten. Hauptsächlich Mittelgebirge und Gebirge Mittel- und Südeuropas, Südskandinavien. Geschützt! GefGr. 3!

4 Weißzüngel
Pseudorchis albida (L.)
A. et D. Löve (*Leucorchis a.* E. Mey.)
Pfl. 10–30 cm; Bl. länglich bis verkehrteiförmig; Bl.ähre dicht, 3–6 cm lg.; Bl. weiß bis gelblichweiß, schwach duftend; Bl.hüllb. klein, 3–4 mm lg., zusammenneigend, Lippe 3teilig; Sporn walzlich, $^1/_2$mal so lg. wie der Fruchtknoten. ✿ 6–8. Geschützt! △ Saure, kalkfreie Magerrasen; ziemlich selten. Hauptsächlich Gebirge Europas. GefGr. 2!

5 Honigorchis, Elfenstengel
Herminium monorchis (L.) R. Br.
Pfl. 8–25 cm, mit kurzen Ausläufern; B. grundständig, 2–5, lanzettlich, 5–10 cm lg.; St. gelegentlich mit 1–3 kleinen B.; Ähre schmal, 1seitswendig, mit kleinen grünlichgelben, nach Honig duftenden Bl.; Lippe 3teilig, 3–4 mm lg. ✿ 5–6. Geschützt! △ Kalkmagerrasen, Magerweiden, Moorwiesen; selten. Südskandinavien, Mitteleuropa, Alpen, Pyrenäen, Apennin, Gebirge der Balkanhalbinsel. GefGr. 2!

2

3

4

5

Knabenkrautgewächse oder Orchideen / Orchidaceae

1 Fliegen-Ragwurz, Mückenstengel
Ophrys insectifera L.
(O. muscifera Huds.)
Pfl. 15–30 cm; B. lanzettlich, den St. scheidenartig umfassend; Bl.stand 2–10(20)blütig; Bl. etwa 2 cm lg., äußere 3 Bl.b. oval, grünlich, 5–8 mm lg., die 2 seitlichen inneren fadenförmig, rotbraun; Lippe 3lappig, ohne Anhängsel, 2mal so lg. wie br., purpurbraun, samtig, mit großem, grauem Fleck. ✿ 5–6. Geschützt! △ Kalkmagerrasen, lichte, trockene Kiefernwälder; ziemlich selten. Fast ganz Europa, nördlich bis Irland, Schottland, südlich bis Nordspanien, Mittelitalien. GefGr. 3!

2 Hummel-Ragwurz
Ophrys holoserica (Burm.fil.) Greuter *(O. arachnites* (L.) Reichard, *O. fuciflora* (F. W. Schmidt) Moench
Pfl. 15–30 cm; Bl. 1–10; äußere Bl.b weiß oder rosa, mit grünem Mittelnerv, oval, 10–15 mm lg., innere Bl.b 3eckig; Lippe ungeteilt, rundlich, fast 4eckig, rotbraun, mit gelblichen Zeichnungen, am Grund beiderseits mit einem kleinen Höcker, vorne mit aufwärts gebogenem Anhängsel. ✿ 5–6. Geschützt! △ Kalkmagerwiesen, trockene Gebüschsäume; selten. Mittel- und Südeuropa. GefGr. 2!

3 Spinnen-Ragwurz
Ophrys sphegodes Mill.
(O. araneifera Huds.)
Pfl. 15–30 cm; äußere Bl.b. oval, grünlich 8–12 mm lg., die 2 inneren Bl.b. schmallanzettlich; Lippe ungeteilt, gewölbt, rotbraun, mit H-förmiger, bläulicher Zeichnung, an der Spitze ohne Anhängsel.
✿ 4–5. Geschützt! △ Kalkmagerrasen, Waldlichtungen; selten. Mittel- und Südeuropa. GefGr. 2!

4 Bienen-Ragwurz
Ophrys apifera Huds.
Pfl. 15–40 cm; B. ei-lanzettlich; äußere Bl.b. oval, innere 2 Bl.b. fadenförmig,

Lippe länger als br., 3spaltig, stark gewölbt, braun, mit gelblichen Zeichnungen, vorne mit gelbgrünem, lappenförmigem Anhängsel. ✿ 5–6. Geschützt! △ Kalkmagerrasen, lichte Eichen-Kiefernwälder; selten. Mittel- und Südeuropa. GefGr. 2!

5 Brand-Knabenkraut
Orchis ustulata L.
Pfl. 20–30 cm; B. lanzettlich; Bl.stand 3–6 cm, dicht, walzlich, oben vor dem Aufblühen wie angebrannt; Bl. klein, bis 1 cm lg., duftend; Bl.b. einen halbkugeligen Helm bildend, außen schwarzpurpurn; Lippe 3teilig, 5 mm lg., weiß-rot gepunktet, Mittellappen 2spaltig.
✿ 5–6. Geschützt! △ Kalkmagerrasen, Halbtrockenrasen, Gebüschsaum; selten. Fast ganz Europa, nördlich bis Südschweden. GefGr. 2!

6 Helm-Knabenkraut
Orchis militaris L.
Pfl. 25–50 cm; B. schmal oval, 5–15 cm lg., obere B. scheidenartig den St. umfassend; Bl.stand 5–10 mm lg.; alle 5 Bl.b. helmartig zusammenneigend, lanzettlich, spitz, außen blassrosa, mit dunklen Nerven; Lippe 10–15 mm lg., lila bis weiß, mit behaarten, dunklen Papillen, die 2 Zipfeln des Mittellappens stumpf, kurz, breiter als die seitlichen. ✿ 5–6. Geschützt! △ Kalkmagerrasen, Böschungen, Gebüschsaum; ziemlich häufig. Fast ganz Europa, nördlich bis Südschweden. GefGr. 3!

7 Affen-Knabenkraut
Orchis simia Lam.
Pfl. 30–40 cm, sehr ähnlich dem Helm-Knabenkraut, aber Bl.stand kugelig bis kurz walzlich, von oben nach unten aufblühend (die anderen Arten blühen von unten nach oben auf), alle 4 Zipfel der Lippe schmal-lineal, zugespitzt, etwa gleich lg., aufwärts gekrümmt, Lippe ohne behaarte Papillen. ✿ 5–6. Geschützt! △ Sonnige Kalkmagerrasen; selten. Hauptsächlich Südeuropa, in Deutschland im Kaiserstuhl, Saarland. GefGr. 2!

Knabenkrautgewächse oder Orchideen / Orchidaceae

1 Kleines Knabenkraut
Orchis morio L.
Pfl. 10–30 cm; St. beblättert, kantig; B. schmal-oval, in der Mitte am breitesten, stumpf, ungefleckt, 3–8 cm lg.; Bl.stand 5–10 cm lg., lockerblütig; Tragb. häutig, etwa so lg. wie der Fruchtknoten, oft gefärbt, alle 5 Bl.b. helmförmig zusammenneigend, rot, selten, weiß, grün längsgestreift; Lippe mindest so br. wie lg., 3teilig, der Mittellappen oft ausgerandet; Sporn kürzer als der Fruchtknoten, ± waagrecht. ✿ 4–6. Geschützt! △ Magerrasen, ungedüngte Wiesen, Silikatmagerrasen; zerstreut bis selten. Fast ganz Europa, nördlich bis Südskandinavien. GefGr. 2!

2 Wanzen-Knabenkraut
Orchis coriophora L.
Pfl. 10–40 cm; St. rund; B. lineal-lanzettlich, 6–10 cm lg., rinnig gefaltet; Bl.stand 3–6 cm lg., walzlich, dichtblütig; Bl. nach Wanzen riechend; alle Bl.b., außer der Lippe, zusammenneigend, einen länglichen, spitzen Helm bildend, bräunlichrot, mit grünen Nerven; Lippe 4–6 mm lg. länger als br., der Mittellappen ungeteilt, länger als die Seitenlappen; Sporn kegelförmig, abwärtsgerichtet; Tragb. häutig. ✿ 6–7. Geschützt! △ Magerrasen, Moorwiesen; selten. Mittel- und Südeuropa, nördlich bis Mitteldeutschland. GefGr. 1!

3 Spitzorchis, Hundswurz
Anacamptis pyramidalis (L.) Rich.
Pfl. 25–50 cm; B. lanzettlich; Bl.stand 4–8 cm lg., anfangs kegelförmig, dann walzlich, dichtblütig; Bl. leuchtend purpurrot; äußere 3 Bl.b. abstehend, lanzettlich, 5–7 mm lg.; Lippe so br. wie lg., 6–9 mm, 3teilig, Mittelzipfel etwas kleiner; Sporn dünn, fadenförmig, so lg. wie der Fruchtknoten. ✿ 6–7. Geschützt! △ Kalkmagerrasen, wechseltrockene

Wiesen, lichte Wälder; selten. Mittel- und Südeuropa (westlich), nördlich bis Südskandinavien. GefGr. 2!

4 Riemenzunge, Bocksorchis
Himantoglossum hircinum (L.) Spreng.
Pfl. 30–80 cm; B. eiförmig, obere lanzettlich, 5–15 cm lg. und 3–5 cm br., blaugrün, den St. scheidig umfassend; Bl.stand 10–20 cm lg., locker; Tragb. fadenförmig, gelblich; Bl. grünlichweiß, mit roten Nerven, mit Bocksgeruch; alle 5 Bl.b. einen halbkugeligen Helm bildend; Lippe olivgrün, mit bandartigem, gedrehtem, 2–5 cm lg. und 2–3 mm br. Mittelabschnitt mit 2teiliger Spitze, am Grund mit 2 kürzeren, 5–15 mm lg., welligen Seitenlappen; Sporn kegelförmig, 3–4 mm lg. ✿ 5–6. Geschützt! △ Kalkmagerrasen, sonnige Gebüschsäume; selten. Mittel- und Süddeutschland, Südeuropa (westlich). GefGr. 3!

Sandelgewächse / Santalaceae

1 Wiesen- oder **Pyrenäen-Leinblatt**
Thesium pyrenaicum Pourr.
(Th. pratense Ehrh.)
Pfl. 10–40 cm, ähnlich Alpen-Leinblatt,
aber B. schwach 3nervig; Bl.stand all-
seitswendig; Bl. 5zählig, nach dem Ver-
blühen nur an der Spitze eingerollt; jede
Bl. mit 3 kleinen Hochb.; Äste zur Frucht-
zeit fast waagrecht abstehend. ✿ 6–7.
△ Saure Magerrasen, Halbtrockenrasen;
ziemlich selten. Mittel-und Südeuropa.
GefGr. 3!

2 Geschnäbeltes Leinblatt
Thesium rostratum Mert. et Koch
Pfl. 20–30 cm; St. zahlreich, aufrecht
oder bogig aufsteigend; mit einem
bl.losen B.schopf endend; B. sehr
schmal-lanzettlich, 1nervig; Bl.stand traubig; jede Bl. nur mit 1 Hochb. (nur bei
dieser Art und bei *Th. ebracteatum* Hayne so), 5zählig, weiß; Bl.hülle zur Fruchtzeit etwa 2mal so lg. wie die Frucht,
diese dadurch geschnäbelt. ✿ 5–7.
△ Steinige Böden, lichte, kalkreiche Kiefernwälder; ziemlich selten. Alpen und
Vorland, Süddeutschland. GefGr. 3!

3 Alpen-Leinblatt
Thesium alpinum L.
Pfl. 10–30 cm, bogig aufsteigend;
Schuppenb. am St.grund entfernt stehend; B. schmal-lanzettlich, 1–4 mm br.,
1nervig; Bl.stand meist 1seitswendig;
jede Bl. mit 3 Tragb.; Bl. meist 4zählig;
Bl.hülle zur Fruchtzeit nur an der Spitze
eingerollt, kürzer als die Frucht. ✿ 6–7.
△ Subalpine und alpine Magerrasen, in
den Alpen bis etwa 2400 m; ziemlich
selten. Gebirge Europas, nördlich bis
Südschweden. (Siehe auch *Thesium
bavarum* T. 139). GefGr. 3! – Das **Mittlere
Leinblatt,** *Th. linophyllum* L., hat ebenfalls 1nervige, lineal-lanzettliche,
1–4 mm br., gelbgrüne B., aber Bl.b.
nach dem Verblühen bis zum Grund
eingerollt; Bl. 5zählig; Trockenrasen,
Dünen, Felsbänder; selten; Mittel- und
Südeuropa (östlich). GefGr. 3!

Nelkengewächse / Caryophyllaceae

4 Pechnelke
Lychnis viscaria L.
(*Viscaria vulgaris* Bernh.)
Pfl. 30–60 cm, mit grundständiger B.-
rosette; St. unter den Knoten stark kleb-
rig; B. schmal-lanzettlich, dunkelgrün;
Bl.stand traubig-rispig, fast quirlig;
Kronb. vorne gestutzt oder ausgerandet,
rot, mit Schlundschuppen; Griffel 5,
Kelch kahl, 10rippig. ✿ 5–7. △ Mager-
rasen, Heiden, lichte Wälder; kalkmei-
dend; zerstreut. Fast ganz Europa, im
Süden nur in den Gebirgen.

5 Frühlings-Spergel
Spergula morisonii Bor.
(S. vernalis Willd.)
B. schmal-linealisch, 1–2 cm lg., unter-
seits nicht gefurcht (wie bei *S. arvensis);*
Kronb. br. eiförmig, stumpflich, sich
berührend; Staubb. 10; Same mit br.
Hautrand. ✿ 4–6. △ Sandtrockenrasen,
trockene Kiefernwälder; kalkmeidend;
zerstreut. Mittel- und Südeuropa.

6 Nickendes Leimkraut
Silene nutans L.
Pfl. 30–60 cm, mit nichtblühender B.-
rosette; untere B. spatelförmig, obere
lanzettlich; Bl.stand locker, vielblütig,
1seitswendig, nickend; Kelch drüsenhaarig, 10nervig, Kelchzähne $^1/_3$ so lg.
wie die Kelchröhre; Kronb. 5, tief 2teilig,
weiß, mit 1–3 mm lg. Nebenkrone.
✿ 5–8. △ Kalkmagerrasen, Felsen, lichte
Eichenwälder; ziemlich häufig. Fast ganz
Europa.

1

2

3

4

5

6

Nelkengewächse / Caryophyllaceae

1 Felsen-Leimkraut
Silene rupestris L.
Pfl. 10–25 cm, kahl; B. ei-lanzettlich,
spitz, sitzend, bläulichgrün; Bl.stand,
gabelig verzweigt, mit lg. gestielten,
weißen bis rosaroten Bl.; Kronb. ausgerandet, 2mal so lg. wie die blassgrünen,
stumpfzähnigen Kelchb. ✿ 7–8.
△ Trockene, steinige, kalkarme Hänge;
ziemlich selten. Gebirge Europas.

2 Felsennelke
Petrorhagia saxifraga (L.) Link
(*Tunica s.* (L.) Scop.)
Pfl. 10–25 cm; B. pfriemlich, 1cm lg.;
Bl. einzeln in lockeren, rispenartigen
Bl.ständen; Kelch, 4–6 mm lg., von 4
trockenhäutigen Schuppen eingehüllt;
Kronb. helllila bis rosa, mit 3 dunkleren
Adern. ✿ 6–9. △ Trockenrasen, Felshän-
ge; selten. Süddeutschland, Täler der
Zentral- und Südalpen, Südeuropa. –
Ähnlich ist das **Sprossende Nelkenköpf-
chen,** *P. prolifera* (L.) Ball et Heyw., aber
Bl. zu mehreren von 6–8 trockenhäuti-
gen Hochb. umschlossen; Kelch röhren-
förmig 10–13 mm lg., von 2 trockenhäu-
tigen Schuppen eingehüllt; Kalkmager-
rasen, Dünen; zerstreut bis selten.
Mittel- bis Südeuropa, vereinzelt bis
Südschweden.

3 Büschel- oder **Raue Nelke**
Dianthus armeria L.
Pfl. 15–40 cm, 1–2jährig, oben kurz behaart, rau; B. schmal-lanzettlich; Bl. bis
1cm br., zu 2–20 gebüschelt; Kelchschuppen behaart, grün, fast so lg. wie
der Kelch; Kronb. schmutzig rot, vorne
gezähnt. ✿ 6–7. Geschützt! △ Trockenrasen, Wege, Besenginstergebüsch;
ziemlich selten. Mittel- und Südeuropa.

4 Pracht-Nelke
Dianthus superbus L.
Pfl. 30–60 cm, kahl; B. schmal-lanzettlich, grasgrün, 3–5 mm br.; Bl.stand
locker; Kelchschuppen oval, plötzlich zugespitzt, $1/4$–$1/3$ so lg. wie der Kelch;

Kronb. 15–35 mm lg., bis über die Mitte
unregelmäßig zerschlitzt, purpurn.
✿ 6–10. Geschützt! △ Moorwiesen,
Eichenwälder; zerstreut bis selten. Fast
ganz Europa. – Ähnlich ist die **Sand-
Nelke,** *D. arenarius* L., aber St. meist
1blütig, Krone weiß, B. 1mm br.; Sandtrockenrasen, Kiefernwälder; selten.
Mecklenburg, Brandenburg. Geschützt !

5 Karthäuser-Nelke
Dianthus carthusianorum L.
Pfl. 15–40 cm, kahl; B. schmal-lanzettlich, 2–4 mm br.; B.scheiden etwa 4mal
so lg. wie die B.breite; Bl. zu 4–10,
20–25 mm br., umgeben von lg. begrannten B.; Kelchschuppen kahl,
trockenhäutig, kürzer als der Kelch;
Kronb. dunkelpurpurn, vorne gezähnt.
✿ 6–9. Geschützt! △ Kalkmagerrasen,
sonnige Waldränder; ziemlich häufig.
Hauptsächlich Mitteleuropa.

6 Heide-Nelke
Dianthus deltoides L.
Pfl. 10–30 cm, kurzflaumig behaart;
St.1–3blütig; Krone rot, mit weißen
Punkten und dunklem Ring; am Grund
der Bl. 2 ovale, kurz begrannte Kelchschuppen; B. schmal spatelig, stumpf
✿ 6–9. Geschützt! △ Silikatmagerrasen;
zerstreut. Nord- und Mitteleuropa.

7 Stein-Nelke
Dianthus sylvestris Wulf.
Pfl. 10–40 cm, kahl, in lockeren Rasen;
B. dunkelgrün, rinnig, 1–2 mm br.; St.
meist 1blütig; Kelchschuppen 2, oval,
plötzlich in eine kurze Spitze zusammengezogen; Kronb. 8–15 mm lg., rosa,
am Grund nicht behaart, vorne gezähnt.
✿ 6–7. Geschützt! Steinige Hänge; selten. Gebirge Mittel- und Südeuropas. –
Ähnlich ist die **Pfingst-Nelke,** *D. gratia-
nopolitanus* Vill., aber B. flach, blaugrün; Kelchschuppen 4–6; Kronb. am
Grund behaart. Geschützt!
GefGr. 3!

8 Rotes oder **Kleines Seifenkraut**
Saponaria ocymoides L.

148

FORTSETZUNG AUF SEITE 150

FORTSETZUNG VON SEITE 148

Pfl. 10–30 cm; St. liegend oder aufsteigend, kurz drüsenhaarig; B. spatelig, 1–3 cm lg.; Bl. kurz gestielt, am Ende der

Zweige in Büscheln; Kelch dicht drüsenhaarig; Kronb. 12–18 mm lg., lebhaft rot. ✿ 5–6. △ Kalkschutt, lichte Kiefernwälder; zerstreut bis selten. Gebirge Mittel- und Südeuropas (westlich).

Hahnenfußgewächse Ranunculaceae

1 Knolliger Hahnenfuß
Ranunculus bulbosus L.
Pfl. 10–40 cm, meist abstehend behaart; St. am Grund knollig verdickt; Grundb. 3teilig, Abschnitte bis zur Mitte nochmals 3teilig und gesägt; Bl. 2–3 cm br., gelb; Kelchb. zurückgeschlagen, lg. behaart; Bl.stiele gefurcht; Früchtchen mit kurzem, gekrümmtem Schnabel. ✿ 5–7. Giftig! △ Kalkmagerrasen, magere Wiesen, Böschungen; ziemlich häufig. Europa. – Ebenfalls zurückgeschlagene Kelchb. und knollig verdickte Wurzeln hat der **Illyrische Hahnenfuß**, *R. illyricus* L., aber Bl.stiele rund, nicht gefurcht; Bl. 2–3 cm br.; B. 3teilig, mit lineal-lanzettlichen Abschnitten, beiderseits dicht und lg. weißhaarig; Früchtchen zusammengedrückt und geflügelt; Trockenrasen; selten; Giftig! Mittel- und Südosteuropa. GefGr. 2! – Der **Rauhaarige Hahnenfuß**, *R. sardous* Crantz, mit zurückgeschlagenen Kelchb. unterscheidet sich durch abstehend behaarte St., hellgelbe Bl. und sehr kurze, kaum gekrümmte Schnäbel der Früchtchen; lehmige, feuchte Äcker, Nassweiden; selten. Giftig! Süddeutschland, Südeuropa. GefGr. 3!

2 Frühlings-Adonisröschen
Adonis vernalis L.
Pfl. 10–30 cm; B. fast ungestielt, mehrfach fiederteilig, dicht stehend, mit 1 mm br. Zipfeln; Bl. 4–8 cm br.; Kronb. 10–20, goldgelb. ✿ 4–5. Geschützt! △ Trockenrasen, Steppen, Kiefernwälder; selten. Mittel-, Süd- und Osteuropa. GefGr. 3!

3 Finger- oder Stern-Kuhschelle
Pulsatilla patens (L.) Mill.
Pfl. 5–30 cm; Grundb. 3zählig, mit 3teili-

gen oder handförmig fiederteiligen, jung weißzottigen B.chen; Bl. blauviolett, zuletzt sternförmig ausgebreitet, außen zottig; Bl.hülle viel länger als die Staubb.; Griffel nach der Bl.zeit vergrößert, federig. ✿ 4–5. Geschützt! △ Magerrasen, Heiden, Kiefernwälder; selten. GefGr. 1! – Sehr ähnlich ist die **Gewöhnliche Kuhschelle, Kü(h)chenschelle**, *P. vulgaris* Mill. *(Anemone pulsatilla* L.), Pfl. 5–40 cm, St. zottig weißhaarig, Grundb. mehrfach fiederteilig (nicht handförmig), mit etwa 4 mm br. Zipfeln zu 100–150 je B. (bei ssp. *grandis* (Wend.) Zam., Zipfeln 7 mm br. und zu 50–75 je B.); Bl. glockig, hellviolett; Bl.b 4–5 cm lg., außen zottig; Trockenrasen, Kiefernwälder, auf Kalk; selten. Geschützt! GefGr. 3! – Die **Wiesen-Kuhschelle**, *P. pratensis* (L.) Mill., hat nickende, glockenförmige Bl. mit purpurnen oder schwarzvioletten Bl.b., diese wenig länger als die Staubb.; sandige Trockenrasen, Kiefernwälder; selten. Geschützt! GefGr. 2!

Pfingstrosengewächse Paeoniaceae

4 Echte Pfingstrose
Paeonia officinalis L.
Pfl. 50–100 cm, mit knollig verdickten Wurzeln; Grundb. zur Bl.zeit fehlend; St.b. bis zum Grund 2–3fach gefiedert, 20–40 cm lg., mit ei-lanzettlichen Abschnitten, oberseits dunkelgrün, unterseits graugrün; Kronb. 5–8, rundlich, 4–8 cm lg., rot; Kelchb. br.-eiförmig bis lanzettlich, grün bis rot; Fruchtknoten 2–3; reife Früchtchen weißfilzig, 3–5 cm lg. ✿ 5–6. Geschützt! △ Steinige, trockene Hänge, Trockengebüsche. Südalpen, Südeuropa, Zierpfl.

Erdrauchgewächse / Fumariaceae

1 Gelber Lerchensporn
Corydalis lutea (L.) DC.
Pfl. 15–30 cm, reich verzweigt, dicht beblättert; B. 2–3fach gefiedert, Fiedern
oval; Bl. 1–2 cm lg., in 5–15blütigen
Trauben, gelb, mit Sporn; Kelchb.
4–6 mm lg., gezähnt. ✿ 5–9. △ Mauerspalten, Felsen, Geröll; Zierpfl. Südalpen, sonst verwildert.

Kreuzblütengewächse
Cruciferae oder Brassicaceae

2 Steintäschel
Aethionema saxatile (L.) R. Br.
Pfl. 5–20 cm, aufsteigend bis aufrecht;
B. eiförmig bis lanzettlich, 1–2 cm lg.,
bläulich bereift, ganzrandig; Kronb.
fleischrot oder weiß, 2–4 mm lg., Kelchb.
hautrandig; Schötchen linsenförmig, abgeflacht, br.-geflügelt, auf bogig abstehenden Stielen, manchmal noch 1sami-
ge Nüsschen auf geraden, aufrechten
Stielen. ✿ 4–6. △ Steinschutt, Fluss-
geröll, Felsen; ziemlich selten. Alpen
(bis 1900 m) und Vorland, Südeuropa.

3 Brillenschötchen
Biscutella laevigata L.
Pfl. 15–30 cm; Rosettenb. keilförmig,
länglich, in den B.stiel verschmälert,
ganzrandig oder gezähnt, steifhaarig
oder kahl; Bl. 4zählig; Kelchb. gelbgrün;
Kronb. gelb, 4–8 mm lg.; Schötchen brillenförmig. ✿ 5–8. Geschützt! △ Steinschutt, Trockenrasen, felsige Hänge,
Flusskies der Alpenflüsse, Quellmoore;
zerstreut. Mittel- und Südeuropa.

4 Kelch-Steinkraut
Alyssum alyssoides (L.) Nath.
(*A. calycinum* L.)
Pfl. 5–20 cm, 1jährig; B. länglich eiförmig, in den kurzen Stiel verschmälert,
2 cm lg., beiderseits durch Sternhaare
grau; Kelchb. 1,5–2,5 mm lg., sternhaarig; Kronb. 2–4 mm lg., gelb, nach dem
Verblühen weiß; Schötchen fast kreisrund, 3–6 mm, flach behaart, 4samig.

✿ 4–9. △ Kalkmagerrasen, Steinbrüche,
sandige Brachen; zerstreut. Hauptsächlich Mittel- und Südeuropa.

5 Berg-Steinkraut
Alyssum montanum L.
Pfl. 10–20 cm, am Grund verholzend;
B. schmal-lanzettlich, bis 2 cm lg.; sternhaarig; Krone goldgelb, 4–6 mm lg.;
Bl.stand anfangs doldentraubig; Schötchen 4–6 mm lg., fast kreisrund, behaart. ✿ 3–5. Geschützt! △ Sonnige,
meist kalkreiche Trockenrasen, Felsfluren; ziemlich selten. Mittel- und Südeuropa. Das **Felsen-Steinkraut** oder die
Steinkresse, *A. saxatile* L., hat br.-lan-
zettliche, entfernt gezähnte, graufilzige,
bis 5 cm lg. B. und einen rispigen
Bl.stand; Schötchen kahl; Kalk- und
Silikatfelsfluren; ziemlich selten. Mittel-
und Südosteuropa. Geschützt! GefGr. 3!

6 Frühlings-Hungerblümchen
Erophila verna (L.) Bess.
Pfl. 3–15 cm.; B. keilförmig, ganzrandig
oder entfernt gezähnt, sternhaarig; St.
b.los; Kronb. weiß oder rosa, tief ausgerandet; Schötchen länglich elliptisch,
5–10 mm lg. ✿ 3–5. △ Lückige Magerrasen, sandige Äcker, Wege, Kiesböden;
häufig. Europa. – Das **Rundfrüchtige
Hungerblümchen**, *E. spathulata* Lang,
hat fast kreisrunde Schötchen und das
Frühe Hungerblümchen, *E. praecox*
(Stev.) DC., br. elliptische, schwach zugespitzte Schötchen; beide Arten auf
Sandmagerrasen und ziemlich selten.

7 Sandkresse
Cardaminopsis arenosa (L.) Hayek
Pfl. 10–40 cm, unten abstehend behaart,
mit grundständiger B. rosette; B. meist
fiederspaltig oder grob gezähnt, obere
St.b. lanzettlich, gezähnt oder ganzrandig; Kronb. 6–8 mm lg., weiß, manchmal
blasslila; Schoten 2–4 cm lg., 1 mm br.,
deutlich abgeflacht, an 1–2 cm lg. Stielen. ✿ 4–8. △ Sandtrockenrasen, Bahndämme, entwässerte Moore, Steinschutt;
zerstreut. Ursprünglich Osteuropa, sich
in ganz Europa ausbreitend.

152

Kreuzblütengewächse
Cruciferae oder Brassicaceae

1 Rauhaarige Gänsekresse
Arabis hirsuta L.
Pfl. 10–80 cm; St. dicht beblättert;
grundständige Rosettenb. eiförmig, in
den kurzen Stiel verschmälert, gezähnt
oder ganzrandig; St.b. ei-lanzettlich, mit
herzförmigem Grund sitzend oder pfeilförmig st.umfassend, meist stark behaart; Bl.stand reichblütig, nach der Blüte verlängert; Kronb. 4–6 mm lg., weiß;
Schoten 15–35 mm lg., aufrecht, gedrängt, Klappen mit Mittelnerv. ✿ 5–7.
(Formenreiche Art mit mehreren Kleinarten). △ Kalkmagerrasen, lichte Kiefernwälder; verbreitet. Fast ganz Europa. –
Die **Öhrchen-Gänsekresse,** *A. recta* Vill.
(*A. auriculata* aut.), hat abstehende und
entfernt stehende Schoten und eiförmige, st.umfassende St.b.; Trockenrasen,
Felshänge; wärmeliebend; ziemlich selten. Süddeutschland (z. B. Kaiserstuhl,
Jura), Mitteldeutschland, Südeuropa.
GefGr. 3!

Dickblattgewächse / Crassulaceae

2 Dach-Hauswurz
Sempervivum tectorum L.
Pfl. 15–50 cm, mit 8–12 cm br. B.rosette;
B. scharf zugespitzt, blaugrün, oft rötlich überlaufen, kahl, am Rand bewimpert; Bl. hellrot, 2–3 cm br., mit 10–16
Kronb. ✿ 7–8. Geschützt! △ Mauerkronen, alte Dächer, Steinbrüche; wärmeliebend; zerstreut. Mittel- und Südeuropa.

3 Felsen-Mauerpfeffer
Sedum reflexum L. (*S. rupestre* L.)
15–35 cm, am Grund verholzt, bogig aufsteigend, nichtblühende Triebe dicht beblättert; B. stielrund, 1–2 cm lg., stachelspitz, am Grund gespornt; blühende
Triebe locker beblättert; Bl.stand doldenartig; Kronb. 6–7 mm lg., zitronengelb; Kelchb. 3–4 mm lg., kahl. ✿ 6–8.
△ Sandtrockenrasen, Mauern, Felsspalten; zerstreut. Fast ganz Europa. – Ähnlich ist der **Ockergelbe Mauerpfeffer,**

S. ochroleucum Chaix, aber Kronb.
gelblichweiß, 8–10 mm lg. und Kelchb.
5–7 mm lg., drüsenhaarig; Kalkfelsen,
Weinberge, selten; hauptsächlich Südeuropa.

4 Weißer Mauerpfeffer
Sedum album L.
Pfl. 8–20 cm, lockerrasig, mit aufrechten,
blühenden und mit kriechenden, nichtblühenden St.; B. grün oder rötlich, walzig, beiderseits gewölbt; Bl.stand meist
kahl; Kronb. 3–5 mm lg., stumpf, weiß,
außen oft rosa. ✿ 6–7. △ Sonnige, steinige Rasen, Felsköpfe, Mauern; häufig.
Südskandinavien, Mittel- und Südeuropa. – Der **Buckel-Mauerpfeffer,** *S. dasy-
phyllum* L., hat blaugrüne, eiförmige,
oben flache, unten gewölbte, 3–7 mm lg.
B. und drüsenhaarigen Bl.stand; sonnige Felsspalten, Mauern, Gesteinsschutt;
ziemlich selten. Alpen und Vorland, süd-
deutsche Mittelgebirge, Südeuropa.
GefGr. 3!

5 Scharfer Mauerpfeffer, Fetthenne
Sedum acre L.
Pfl. 5–15 cm, reich verzweigt, bogig aufsteigend, rasenbildend; B. dick, eiförmig, am Grund abgerundet, ohne Sporn,
4 mm lg. und 3 mm br., stumpf, in 6
Längsreihen, meist scharf schmeckend;
Kronb. 6–7 mm lg., fein zugespitzt, goldgelb. ✿ 6–7. △ Sandtrockenrasen, Felsbänder, Mauern, trockene Kiefernwälder; verbreitet. Europa. – Ähnlich ist der
Milde Mauerpfeffer, *S. sexangulare* L.,
aber B. walzig, linealisch, am Grund gespornt, nie scharf schmeckend; Kronb.
3–5 mm lg.; Sandtrockenrasen, Mauern;
zerstreut; Südskandinavien, Mittel- und
Südeuropa.

1

2

3

4

5

Dickblattgewächse / Crassulaceae

1 Rosenwurz
Sedum rosea (L.) Scop. *(Rhodiola r. L.)*
Pfl. 10–35 cm; Grundachsen mit rosenartigem Duft; St. aufrecht, dickfleischig, mit wechselständigen, flachen, lanzettlichen, bläulichgrünen, vorne gezähnten B.; Bl. in dichten Trugdolden; ♂ und ♀ Bl. auf verschiedenen Pfl.; ♂ Bl. mit 8 Staubb. und 4 gelblichen oder rötlichen Kronb.; ♀ Bl. mit verkümmerten Kronb. ✿ 6–8. △ Silikatfelsspalten, steinige, kalkarme Rasengesellschaften; selten. Schwarzwald, Vogesen, Alpen, Pyrenäen, Apennin, Gebirge der Balkanhalbinsel, Nordeuropa.

2 Purpur-Fetthenne
Sedum telephium L.
Pfl. kahl, 20–40 cm, mit rübenartigem Wurzelstock; St. aufrecht, dick, nicht wurzelnd; B. meist wechselständig, länglich-eiförmig, gezähnt, mit keilförmigem Grund, obere B. mit abgerundetem Grund sitzend; Bl. 5zählig, 2geschlechtig, in doldenartigen, dichten, vielblütigen Bl.ständen; Kronb. 4–5 mm lg., rot, zurückgekrümmt. ✿ 7–9. △ Steinwälle, Gebüschsaum, Wege, Äcker; zerstreut. Mittel- und Nordeuropa, südlich bis Norditalien und Nordspanien. – Ähnlich ist die **Große Fetthenne**, *S. maximum* (L.) Hoffm., aber B. gegen- oder zu 3 quirlständig, mit herzförmigem oder gerundetem, nicht keilförmigem Grund sitzend; Bl. hell gelbgrün; steinige Böden, Mauern, Schutt, Sandtrockenrasen; zerstreut. Mitteleuropa, Südskandinavien, südlich bis Pyrenäen.

3 Englische Fetthenne
Sedum anglicum Huds.
Pfl. 5–15 cm, graugrün, oft rötlich überlaufen, lockerrasig, mit aufrechten blühenden und kriechenden nichtblühenden St.; B. stielrund, 3–5 mm lg., am Grund gespornt, wechselständig; Bl. 5zählig; Kronb. 3–5 mm lg., zugespitzt, rosa oder weiß; Staubb. 10, mit schwärzlichen Staubbeuteln. ✿ 6–9.

△ Silikatfelsen, kalkfreie Sandböden, Küstenfelsen. Westeuropa, Südskandinavien.

4 Einjähriger Mauerpfeffer
Sedum annuum L.
Pfl. 2jährig, kahl, nur mit blühenden St., 5–15 cm; B. linealisch, halbstielrund, am Grund kurz gespornt, locker stehend; Bl. 5zählig, gelb, in ährenartigen Bl.ständen; Kronb. 2mal so lg. wie die Kelchb., gekielt, spitz. ✿ 6–7. △ Felsköpfe, Mauern, Steinschutt; Pionierpfl; selten. Hauptsächlich Gebirge Europas. GefGr. 3!

5 Felsen-Nabelkraut
Umbilicus rupestris (Salisb.) Dandy *(U. pendulinus* DC.)
Pfl. kahl, 10–40 cm, mit knollig verdickter Wurzel; B. fleischig, rundlich bis eiförmig, 2–6 cm br., entfernt gezähnt; B.stiel etwa in der Mitte der B.spreite angeheftet; Bl. röhrenförmig, hängend, weiß oder gelblich, selten rötlich, in lg., vielblütiger Traube; Kronb. 7–10 mm lg., zu ³/₄ verwachsen; Kronröhre 3–4mal so lg. wie die am Grund verwachsenen Kelchb. ✿ 5–8. △ Felsspalten, Mauern, schattige Hänge. Süd- und Westeuropa, Westalpen, nördlich bis Schottland.

1

2

3

4

5

Steinbrechgewächse
Saxifragaceae

1 Kies-Steinbrech
Saxifraga mutata L.
Pfl. 15–30 cm, mit großer B.rosette; B. zungenförmig, 3–5 cm lg., fast ganzrandig; St.b. wechselständig, drüsig; St. rispig verzweigt, reichblütig; Bl. rötlichgelb. ✿ 6–7. Geschützt! △ Bachufer, feuchter Kies, überrieselte Nagelfluh- und Molassefelsen; ziemlich selten. Alpen und Vorland. GefGr. 2!

2 Knöllchen-Steinbrech
Saxifraga granulata L.
Pfl. 15–40 cm, 1jährig, am Grund mit unterirdischen Knöllchen; Grundb. rosettig, rundlich nierenförmig, tief gekerbt, zur Bl.zeit vertrocknet; St. verzweigt, drüsenhaarig; Bl.stand eine lockere Rispe; Kronb. 10–15 mm lg., weiß. ✿ 3–5. Geschützt! △ Wege, Dämme, Kiesdächer, lückige Trockenrasen; verbreitet. Fast ganz Europa. Ähnlich ist der **Zwiebeltragende Steinbrech**, *S. bulbifera* L., aber St.b. mit Brutzwiebeln in den Achseln; St. erst oben verzweigt; Bl.stand mit kurzen Ästen, eng zusammengezogen; Kronb. 6–10 mm lg.; trockene, sandige Böden, Flaumeichenwälder; hauptsächlich Südosteuropa, Südalpen. Geschützt! – Der **Finger-Steinbrech**, *S.tridactylites* L., hat 3lappige, spatelförmige, zur Bl.zeit meist vertrocknete B. und 3–4 mm lg., weiße Kronb.; Pfl. 3–15 cm; Trockenrasen, Wege, Dächer, Mauern; fast ganz Europa.

Rosengewächse / Rosaceae

3 Silber-Fingerkraut
Potentilla argentea L.
Pfl. 10–40 cm, aufrecht oder niederliegend; B. 5–7zählig gefingert, unterseits weißfilzig, Fiederb. am Rand umgerollt, grob tief gezähnt; Bl.stand rispig; Bl. 1–1,5 cm br., Kronb. gelb, gestutzt oder ausgerandet, wenig länger als die lan-

zettlichen Kelchb. ✿ 6–8. △ Silikatmagerrasen, Sandboden, Wege, Dämme; ziemlich häufig. Fast ganz Europa.

4 Frühlings-Fingerkraut
Potentilla tabernaemontani Aschers. (*P. verna* auct.)
Pfl. 5–15 cm, mit bl.losen Rosettentrieben, Pfl. daher lockere Polster bildend; B. 5–7zählig gefingert, beiderseits grün, behaart, Nebenb. der Grundb. linealisch, die der St.b. ei-lanzettlich; Bl. gelb, 1–2 cm br.; Griffel nach oben keulig verdickt. ✿ 4–6. △ Sandige Trockenrasen, trockene Kiefernwälder, Felshänge, verbreitet. Mitteleuropa, nördlich bis Südskandinavien, südlich bis Südfrankreich.

5 Aufrechtes Fingerkraut
Potentilla recta L.
Pfl. 30–70 cm, aufrecht, oben verzweigt; Grundb. 5–7zählig, beiderseits grün, oft lg. behaart, tief gesägt, an 5–20 cm lg. Stielen; St. und B.stiele mit lg., weichen und kurzen, borstigen Haaren; Bl. 20–25 mm lg. ✿ 6–7. △ Magerrasen, Wege, Kiesgruben, Sandtrockenrasen; zerstreut bis selten. Mitteleuropa, Südosteuropa.

Rosengewächse / Rosaceae

1 Strauch-Fingerkraut
Potentilla fruticosa L.
niedriger Strauch, 20–100 cm; B.
5–7zählig gefiedert, Fiederb. ei-länglich,
ganzrandig, unterseits dicht seidenhaarig; Kronb. 5, goldgelb, rundlich,
10–12 mm lg. ✿ 6–8. △ Felshänge Südeuropas und an feuchten, gelegentlich
überschwemmten Plätzen in Nordeuropa; Zierstrauch und verwildert.

2 Hügel- oder Knack-Erdbeere
Fragaria viridis Duch.
Pfl. 5–15 cm; B. 3zählig, gezähnt, mittleres B.chen gestielt, die seitlichen sitzend, oberseits grün, locker behaart,
unterseits dicht silbrig behaart; B.stiele
und St. abstehend behaart; Bl. gelblichweiß; Kelchb. der Beere angedrückt, wird
beim Pflücken der reifen, gelblichen, seltener roten Beere mitabgerissen (nicht
bei der Wald-Erdbeere mit abstehenden
Kelchb.). ✿ 5–6. △ Halbtrockenrasen,
lichte Eichen- und Kiefernwälder; zerstreut. Hauptsächlich Mittel- und Südeuropa, nördlich bis Südskandinavien.

3 Kleiner Wiesenknopf
Sanguisorba minor Scop.
Pfl. 30–60 cm, mit grundständiger B.ro-
sette; B. gefiedert, mit 11–31 ovalen Fiederb., diese jederseits mit 4–8 spitzen
Zähnen; Bl.köpfe kugelig, grünlich,
1–1,5 cm lg., die unteren Bl. ♂, die
mittleren 2geschlechtig, die oberen ♀;
Staubfäden schlaff herabhängend,
3–5mal so lg. wie die Kelchb. ✿ 5–8.
Lückige Magerrasen, Wege, Böschungen; ziemlich häufig. Fast ganz Europa,
nördlich bis Südschweden.

4 Knollen-Spierstaude
Filipendula vulgaris Moench
(*F. hexapetala* Gilib.)
Pfl. 30–80 cm, mit knollig verdickter
Wurzel; B. gefiedert, jederseits mit
10–40 länglichen, 1–2 cm lg., grob und
doppelt gezähnten oder fiederspaltigen
Fiederb.; Bl.stand vielblütig, rispig;

Kronb. meist 6, oval, 5–10 mm lg., weiß
bis blassrosa. ✿ 5–7. △ Kalkmagerrasen, Waldränder, lichte Eichen- und Kiefernwälder; zerstreut. Fast ganz Europa,
nördlich bis Südskandinavien.

Schmetterlingsblütengewächse Fabaceae oder Papilionaceae

5 Regensburger Zwergginster, Geißklee
Chamaecytisus ratisbonensis (Schaef.)
Rothm. (*Cytisus r.* Schaef.)
Pfl. 10–30 cm; Äste liegend, vorne aufsteigend, angedrückt seidenhaarig; B.
3zählig, gestielt; Bl. meist zu 2, b.ach-
selständig, kurz gestielt; Kelch röhrenförmig, 2mal so lg. wie br.; Krone 1–2 cm
lg., goldgelb, Fahne rotbraun. ✿ 5–6.
△ Trockenrasen, Waldsäume, lichte,
trockene Kiefernwälder; ziemlich selten.
Mittel- und Südeuropa (östlich). – Ähnlich ist der **Zwerg-Geißklee,** *Ch. supinus*
(L.) Link (*Cytisus capitatus* Scop.), aber
Pfl. 20–50 cm, zottig behaart; Bl. in endständigen Köpfen und einzeln seitenständig; Fahne der Bl. meist rotbraun;
Waldränder, Trockenrasen; selten. Z. B.
Frankenjura, Böhmerwald, Odertal.

6 Deutscher Ginster
Genista germanica L.
Pfl. 20–50 cm; ältere Zweige b.los, dornig, junge Zweige dornenlos, beblättert,
aufrecht, abstehend behaart, mit endständigen, reichblütigen Bl.trauben;
B. 1fach, lanzettlich, 1–1,5 cm lg., grasgrün, ohne Nebenb.; Kelch behaart; Krone 7–11 mm lg., Fahne kahl, kürzer als
das kurz behaarte Schiffchen; Hülsen
7–12 mm lg., behaart. ✿ 5–6. △ Heiden,
Waldränder; zerstreut. Mittel- und Osteuropa, nördlich bis Südschweden, südlich
bis Norditalien. – Der **Englische Ginster,**
C. anglica L., hat armblütige, end- und
seitenständige Trauben, Zweige, Kelche
und Hülsen kahl; B. graugrün; Zweige
dornig; Magerweiden, Heiden, Kiefernwälder; kalkmeidend; zerstreut bis selten. Hauptsächlich Westeuropa, Nordwestdeutschland, Schwarzwald,
nördlich bis Südschweden. <u>GefGr. 3!</u>

**Schmetterlingsblütengewächse
Fabaceae oder Papilionaceae**

1 Färber-Ginster
Genista tinctoria L.
Pfl. 30–60 cm, aufrecht, dornenlos; B.
lanzettlich, 1–4 cm lg., am Grund mit
2 kleinen, schmal-lanzettlichen Nebenb.;
Bl. in endständigen Trauben, gelb; Krone
8–16 mm lg., kahl; Hülse 2–3 cm lg.,
kahl. ✿ 6–8. △ Magerrasen, Wald-, Wegränder, lichte Eichenwälder; ziemlich
häufig. Mittel- und Südeuropa, nördlich
bis Südschweden. – Der **Haar-Ginster,**
G. pilosa L., ist ebenfalls dornenlos, aber
Bl. zu 1–2 b.achselständig; B.unterseite,
Fruchthülse und Kronaußenseite seidig
behaart; Pfl. 10–30 cm, niederliegend;
Heiden, Trockenrasen; kalkmeidend;
zerstreut; West- und Mitteleuropa, nördlich bis Südschweden, südlich bis Nordspanien, Mittelitalien.

2 Flügel-Ginster
Genista sagittalis L. *(Chamaespartium
sagittale* (L.) P. Gibbs)
Pfl. 10–30 cm, mit kriechenden, verholzten St. und aufsteigenden, meist 1fa-
chen, jungen Zweigen; St. und Zweige
br. geflügelt, abstehend behaart; B.
klein, hinfällig; Bl. in kurzen, dichten
Trauben; Kelch abstehend behaart, mit
2teiliger Oberlippe und 3teiliger Unterlippe; Krone 10–15 mm lg., gelb. ✿ 5–6.
△ Magerrasen, Wald- und Wegränder,
felsige Hänge; verbreitet. Mittel- und
Südeuropa.

3 Dornige Hauhechel
Ononis spinosa L.
Pfl. 20–50 cm, am Grund holzig, mit
dornigen Zweigen; St. 1- oder 2reihig
behaart; B. meist 3zählig, kahl, B.chen
eiförmig, gezähnt, das Endb.chen länger
gestielt; Bl. kurz gestielt, in den Achseln
der oberen St.b.; Krone 8–25 mm lg.,
rosa bis violettrot; Hülse so lg. wie der
Kelch oder länger. ✿ 6–8. △ Kalkmagerrasen, Wege, Moorwiesen; häufig. Mitteleuropa, nördlich bis Südskandinavien,
südlich bis Pyrenäen, Mittelitalien. –

Ähnlich ist die **Kriechende Hauhechel,**
O. repens L., aber St. ringsum drüsig-
zottig, oft dornenlos; Hülse kürzer als
der Kelch; B. drüsenhaarig, vorne abgerundet; Magerrasen und -weiden, Moorwiesen; verbreitet. Fast ganz Europa
(westlich). – Sehr selten ist die **Gelbe
Hauhechel,** *O. natrix* L., mit lg. gestielten, gelben Bl.; Pfl. 20–50 cm, drüsenhaarig; sonnige Kalkmagerrasen. Kaiserstuhl, Südalpen, Südeuropa. GefGr. 0!

4 Saat-Luzerne
Medicago sativa L.
Pfl. 30–80 cm, aufrecht, fast kahl; B.
3zählig, B.chen 2–3 cm lg., vorne ge-
zähnt und stachelspitz; Bl. in kopfigen
Trauben, blau oder violett, 8–12 mm lg.;
Hülse locker 2–3mal gewunden. ✿ 6–9.
△ Magerrasen, Wege, Böschungen, als
Futterpfl. angebaut; häufig. Europa.

5 Sichelklee
Medicago falcata L.
Pfl. 20–50 cm, niederliegend bis aufsteigend; B. 3zählig, B.chen vorne in der
Ausrandung stachelspitz; Bl. etwa 1 cm
lg., in fast kugeligen Trauben; Fruchthülse sichelförmig, 8–15 mm lg. ✿ 6–9.
△ Trockenrasen, Kalkmagerrasen,
trockene Wald- und Wegränder; zerstreut. Fast ganz Europa, nördlich bis
Südskandinavien.

6 Hopfenklee, Gelbklee
Medicago lupulina L.
Pfl. 10–40 cm; B. 3zählig, unterseits anliegend behaart; B.chen mit Spitzchen
(im Gegensatz zu *Trifolium dubium);*
Bl.köpfe 10–50blütig; Bl. 3–5 mm lg.;
Hülse nierenförmig, ohne Stacheln,
2–3 mm lg. ✿ 5–10. △ Magerrasen,
trockene Wiesen, Wegränder, Äcker;
verbreitet. Europa.

Schmetterlingsblütengewächse Fabaceae oder Papilionaceae

1 Zwerg-Schneckenklee
Medicago minima (L.) Burtal.
Pfl. 5–25 cm, niederliegend bis aufsteigend; B. 3zählig, seidig behaart; Nebenb. ganzrandig oder mit kurzen Zähnen; Bl. 3–5 mm lg., gelb, in 3–8blütigen Köpfchen; Hülsen schneckenförmig gerollt, stark dornig, mit 2–6 engen Windungen, 3–5 mm br. (ohne Dornen).
✿ 5–6. △ Kalkmagerrasen, Sanddünen, Schafweiden, Wege; ziemlich selten. Mittel- und Südeuropa.

2 Wundklee
Anthyllis vulneraria L.
Pfl. 15–30 cm, mit Pfahlwurzel; B. gefiedert, Endfieder größer, seitliche Fiederb. oval bis lanzettlich; Grundb. oft nur mit Endfieder; Bl.stand, kopfig; Krone 1–2 cm lg., hellgelb bis orangegelb; ✿ 5–8. Sehr formenreich: Bei ssp. *alpestris* (Kit.) A. et Gr. (2b). Kelch 13–16 mm lg., zottig behaart, Krone goldgelb; Grundb. nur mit großer, elliptischer Endfieder, kahl, fleischig. – Bei dem **Strand-Wundklee**, ssp. *maritima* Schweigg., Kelch 8–11 mm lg., Krone orangerot, St. stark ästig, dicht seidig behaart; B. oberseits kahl, unterseits grau seidenhaarig bis filzig; St.b. mit 3–5 Paar lineal-lanzettlichen Fiederb. – Bei dem **Gemeinen Wundklee**, ssp. *vulneraria* (2a) St. wenig verzweigt, kurz anliegend behaart; B. beiderseits behaart, St.b. und Grundb. mit vergrößerter Endfieder und 3–5 Paar elliptischer Fiederb.; Krone leuchtend gelb. ✿ 5–8. △ Kalkmagerrasen, Wege; alpine Steinrasen (ssp. *alpestris); Sanddünen der Nord und Ostsee (ssp. *maritima); ziemlich häufig.

3 Gewöhnlicher Hornklee
Lotus corniculatus L.
Pfl. 5–30 cm, bogig aufsteigend; St. markig oder engröhrig; B. mit 5 ovalen Fiederb., das unterste B.chenpaar dicht am St., von den übrigen 3 B.chen entfernt; Bl. 6–14 mm lg., in 3–8blütigen, kopfi-

gen Dolden, gelb; Schiffchen mit rechtwinkeligem Knie, Schiffchenspitze oft rötlich. ✿ 5–8. △ Wiesen, Weiden, Magerrasen, Steinbrüche; verbreitet. Europa. – Ähnlich ist der **Sumpf-Hornklee,** *L. uliginosum* Schkuhr, aber St. weitröhrig, hohl; Dolde 8–12blütig. Schiffchen mit stumpfwinkeligem Knie; nasse Wiesen, Ufer, Gräben.

4 Feld-Klee
Trifolium campestre Schreb.
Pfl. 10–20 cm; B. 3zählig, mittleres B.chen länger gestielt als die seitlichen; Nebenb. eiförmig, am Grund verbreitert, kürzer als der B.stiel; Bl.köpfe dicht, 20–40blütig, 7–10 mm lg.; Bl. 5 mm lg., hellgelb, verblüht hellbraun. ✿ 6–9. △ Kalkmagerrasen, Sandfelder, Wege; ziemlich häufig. Europa. – Ähnlich ist der **Gold-Klee,** *T. aureum* Pollich, aber Bl.köpfe 10–15 mm lg.; alle 3 B.chen mit gleich lg., sehr kurzem Stiel; Nebenb. länglich-lanzettlich, so lg. wie der B.stiel, am Grund nicht verbreitert; kalkarme Magerrasen, Wegränder; zerstreut.

5 Berg-Klee
Trifolium montanum L.
Pfl. 15–40 cm, aufrecht oder aufsteigend, dicht behaart; B. 3zählig, B.chen fein gezähnt, unterseits weichhaarig; Bl.stand kugelig bis eiförmig, 1–2 cm lg.; Bl. kurz gestielt; Kelchröhre 10nervig, behaart, mit schmalen, gleich lg. Zähnen; Krone 7–10 mm lg., weiß. ✿ 5–7. △ Kalkmagerrasen, Waldränder; zerstreut. Europa, nördlich bis Südskandinavien, im Süden in den Gebirgen.

6 Hasen-Klee
Trifolium arvense L.
Pfl. 5–30 cm, aufrecht, dicht behaart; B. 3zählig, B.chen länglich, graugrün, oft rötlich überlaufen; Bl.köpfe eiförmig bis walzlich, stark zottig; Kelch länger als die weißliche, dann rötliche Krone. ✿ 6–9. △ Lückige Magerrasen, Sandfelder, Brachland; ziemlich häufig. Ursprünglich Südeuropa, heute in fast ganz Europa verbreitet.

Schmetterlingsblütengewächse
Fabaceae oder Papilionaceae

1 Moor-Klee
Trifolium spadiceum L.
Pfl. aufrecht oder aufsteigend, 10–30 cm;
obere St.b. fast gegenständig; B. 3zäh-
lig, B.chen sitzend oder gleich kurz
gestielt; Nebenb. länglich-lanzettlich;
Bl.köpfe zuletzt walzig, 6–25 mm lg. und
10–13 mm br., gelb bis gelbbraun, von
obenher schwarzbraun abblühend;
Bl.stiel viel kürzer als die Kelchröhre;
Krone 5–6 mm lg. ✿ 6–8. △ Moorwiesen, Wege, Grabenränder, magere
Bergwiesen; selten. Fast ganz Europa,
hauptsächlich in den Gebirgen. GefGr. 2!
– Ähnlich ist der **Braun-Klee,** *T. badium*
Schreb., aber Pfl. 10–20 cm; Nebenb.
eiförmig-lanzettlich; Bl.köpfe halbkugelig bis eiförmig, 13–20 mm br., von
obenher lederbraun abblühend; Krone
6–9 mm lg.; Bl.stiele so lg. wie die Kelchröhre; Fettwiesen und -weiden der Alpen
und der übrigen höheren Gebirge Mittel-
und Südeuropas.

2 Blaßgelber Klee
Trifolium ochroleucon Huds.
Pfl. aufsteigend, 20–40 cm; B. und St.
dicht behaart; B. 3zählig; B.chen länglich-elliptisch, 1–3 cm lg.; Nebenb. mit
lg., ausgezogener Spitze; Bl.köpfe einzeln, kugelig oder eiförmig, 15–30 mm
lg., kurz gestielt; Kelchröhre 10nervig,
behaart; Kelchzähne ungleich; Krone
13–18 mm lg., gelblichweiß, blassgelb.
✿ 6–7. △ Magerrasen, trockene Moorwiesen, Waldränder; selten. Mittel- und
Südeuropa, nördlich bis England, Süd-
polen und Südrussland. GefGr. 3!

3 Vogelfuß-Klee
Trifolium ornithopodioides L.
(Trigonella o. (L.) DC.)
Pfl. niederliegend bis aufsteigend, kahl,
5–10 cm; B. 3zählig, B.chen verkehrt ei-
oder herzförmig, 4–10 mm lg., kurz gestielt, fein gezähnt; Bl.köpfe 2–4blütig;
Krone 6–8 mm lg., rosa oder weiß; Kelchzähne etwas ungleich, länger als die

Kelchröhre; Hülsen 5–10samig, 6–8 mm
lg. ✿ 6–7. △ Sandtrockenrasen, Dünen.
Schleswig-Holstein, England, Irland,
Niederlande, Italien, Westeuropa.

4 Stechginster
Ulex europaeus L.
Strauch mit vielen, verzweigten Dornen,
100–150 cm; Zweige sparrig abstehend,
stark dornig, abstehend behaart; B.
dornenähnlich, stechend, pfriemlich,
5–10 mm lg.; Bl. in den Achseln von
B.dornen; Krone gelb, 15–20 mm lg., viel
länger als der abstehend dicht behaarte
Kelch; Hülse 15–20 mm lg., dicht behaart. ✿ 4–6. △ Brachland, Waldränder,
Wege, Heiden, kalkarme, sandige Böden
mit wintermildem Klima. Westeuropa,
Schottland, Südskandinavien, in Mitteleuropa nur in geschützten Lagen und
meist gepflanzt und verwildert. – Ähnlich ist der **Zwerg-Stechginster,** *U. minor*
Roth, aber Strauch nur 20–70 cm; Krone
6–9 mm lg., etwa so lg. wie der Kelch;
Hülsen 8–10 mm lg. Westeuropa, Süd-
schottland.

5 Bunte Kronwicke
Coronilla varia L.
Pfl. 30–80 cm, niederliegend bis aufsteigend; B. gefiedert, kurz gestielt, mit
11–23 ovalen Fiederb.; Bl. in 10–20blüti-
ger Dolde; Krone 8–15 mm lg., weiß mit
rötlicher Fahne und violetter Schiffchenspitze; Hülse aufrecht abstehend, gerade, 2–8 cm lg. ✿ 6–8. △ Halbtrockenrasen, Wald- und Gebüschsäume,
Böschungen; zerstreut. Mittel- und
Südeuropa (östlich).

Schmetterlingsblütengewächse
Fabaceae oder Papilionaceae

1 Spargelschote
Tetragonolobus maritimus (L.) Roth
(Lotus siliquosus L.)
Pfl. 10–25 cm, niederliegend; B. mit
5 graugrünen, etwas fleischigen B.chen,
das untere Paar dicht am St. und etwas
kleiner; Bl. zu 1 oder 2 in den B.achseln,
lg.gestielt, blassgelb, 2–3 cm lg.; Hülse
4kantig oder 4flügelig, 4–5 cm lg. und
3 mm br. ✿ 5–6. △ Kalkmagerrasen,
lichte Kiefernwälder, Moorwiesen, salzertragend; zerstreut. Mittel- und Südeuropa, nördlich vereinzelt bis Südskandinavien. GefGr. 3!

2 Stengelloser Tragant
Astragalus excapus L.
Pfl. 3–8 cm, zottig behaart, (fast) st.los;
B. und Bl.stand grundständig; B. mit
25–39 eiförmigen, gerundeten oder aus-
gerandeten, dicht behaarten Fiederb.;
Bl. zu 3–9; Krone 20–25 mm lg., gelb;
Hülse eiförmig. ✿ 6–7. △ Trockenrasen,
Felsensteppen, auf Kalk oder Gips; selten. Thüringen, Zentral- und Südalpen,
Ost- und Südeuropa. GefGr. 3! Ebenfalls
stark verkürzten St. hat der **Niedrige
Tragant,** *A. depressus* L., mit oberseits
kahlen, unterseits anliegend behaarten
B.; Fiederb. zu 17–25; Bl.stand 6–14blü-
tig, dessen St. etwa $^{1}/_{3}$ so lg. wie das
nächststehende B.; Krone 8–12 mm lg.,
gelblich; Alpen (Schweiz, Italien), Pyrenäen, Apennin, Gebirge der Balkanhalbinsel.

3 Zottiger Spitzkiel
Oxytropis pilosa (L.) DC.
Pfl. 10–30 cm, abstehend zottig behaart;
B. mit 19–27 lanzettlichen, kahlen oder
unterseits anliegend behaarten, 5–20 mm
lg. Fiederb.; Bl. zu 5–25 in aufrechten
Trauben; Kelchzähne fast so lg. wie die
Kelchröhre; Krone 10–12 mm lg., hell-
gelb, Schiffchen mit aufgesetzter Spitze;
Hülsen linealisch, kurzhaarig. ✿ 6–7.
Geschützt! △ Sonnige Steppenrasen,
Felsenhänge, lichte Föhrenwälder; sel-

ten. Süddeutschland, Thüringen, Südschweden, Alpen, Apennin, Osteuropa.
GefGr. 2!

4 Hufeisenklee
Hippocrepis comosa L.
Pfl. 5–20 cm; lg. gestielt, mit 5–15 ovalen bis schmal-lanzettlichen Fiederb.;
Dolde 4–10blütig; Krone gelb, 8–12 mm
lg.; Hülse 1–3 cm lg., abstehend oder
etwas hängend, mit hufeisenförmigen
Gliedern. ✿ 5–7. △ Sonnige Kalkmagerrasen, Wege, Steinbrüche, lichte Kiefer-
wälder; ziemlich häufig.

5 Futter-Esparsette
Onobrychis viciaefolia Scop.
Pfl. 30–60 cm, bogig aufsteigend; B. ge-
fiedert, mit 13–27 ei-länglichen, 3–8 mm
br. Fiederb.; Bl.traube vor dem Auf-
blühen ei-länglich; Bl.stiele 1 mm lg.;
Kelch 5–8 mm lg., Kelchzähne 2–4mal so
lg. wie die Kelchröhre; Krone 10–14 mm
lg., rot; Schiffchen fast so lg. wie die
Fahne; Frucht mit 6–8 mm lg., dicken
Stacheln. ✿ 5–7. △ Kalkmagerrasen,
Wege; Kulturpfl.; häufig. Ursprünglich
Südosteuropa, heute fast ganz Europa.
Sehr ähnlich ist die **Sand-Esparsette,**
O. arenaria (Kit.) DC., aber Pfl. 10–30 cm,
Fiederb. 2–5 mm br.; Krone 8–10 mm lg.,
fleischfarben; Frucht mit 4–5 schlanken
Stacheln; Trockenrasen, Kiefernwälder;
selten. Z. B. Rhein, Main, Tauber, Mittel-
deutschland, Süd- und Osteuropa.
GefGr. 3!

Leingewächse / Linaceae

1 Wiesen-Lein, Purgier-Lein
Linum catharticum L.
Pfl. 5–30 cm, aufrecht, gabelästig; B. gegenständig, ei-lanzettlich, 1 cm lg., sehr fein gezähnt; Bl.knospen hängend; Kelchb. 4–5, 2–3 mm lg., am Rand drüsenhaarig, 1nervig; Kronb. 4–5, 3–6 mm lg., weiß, am Grund gelb. ✿ 6–7. △ Kalkmagerrasen, Moorwiesen; häufig. Europa, im Süden nur in den Gebirgen.

2 Klebriger Lein
Linum viscosum L.
Pfl. 30–60 cm.; St. abstehend behaart; B. wechselständig, ei-lanzettlich, 4–9 mm br., drüsig bewimpert; Kronb. 1–2 cm lg., rosa; Kelchb. am Rand drüsig. ✿ 5–7. Geschützt! △ Kalkmagerrasen, lichte Kiefernwälder, Waldränder; selten. Süddeutschland, Alpen und Vorland, Südeuropa. GefGr. 3! – Ähnlich ist der **Zarte Lein**, *L. tenuifolium* L., aber B. 1–2 mm br., rau, nicht drüsig; B. und St. kahl; Kalkmagerrasen; wärmeliebend. Süd- und Mitteldeutschland, Südeuropa. Geschützt! GefGr. 3! – Der **Gelbe Lein**, *L. flavum* L., ist leicht an den gelben Bl. erkennbar; St. scharfkantig, Pfl. kahl; Trockenrasen, auf Kalk; selten. Süddeutschland, Südosteuropa. Geschützt! GefGr. 2!

3 Stauden-Lein, Dauer-Lein
Linum perenne L.
Pfl. 20–80 cm, mit mehreren St.; B. lanzettlich, 1–2 mm br., 1–3nervig, am Rand rau; Bl. hellblau; Kronb. 1–2 cm lg., sich überdeckend (beim **Alpen-Lein**, *L. alpinum* Jacq. Kronb., sich nur am Grund überdeckend), innere Kelchb. länger und breiter als die äußeren. ✿ 6–8. Geschützt! △ Trockenrasen, trockene Kiefernwälder; selten. Süddeutschland, Südeuropa. GefGr. 1!

4 Saat-Lein, Flachs
Linum usitatissimum L.
Pfl. 30–60 cm, 1jährig, nur mit 1 St.; B. schmal-lanzettlich, 3–4 mm br.; Kronb.

12–15 mm lg., blau; Kelchb. 5–7 mm lg., fein zugespitzt, fein bewimpert, aber nicht drüsig. ✿ 6–7. △ Als Öl und Faserpfl. seit der jüngeren Steinzeit angebaut, gelegentlich verwildert. Geschützt! (Nur wild lebende Populationen).

Kreuzblumengewächse Polygalaceae

5 Zwergbuchs
Polygala chamaebuxus L.
Pfl. 10–20 cm, niederliegend bis aufsteigend, unten verholzt; B. lederig, immergrün, unterseits hellgrün; Bl. 13–15 mm lg., schmetterlingsförmig, zu 1–2 in den Achseln der oberen B., gelb, oft rot überlaufen; Kelchb. gefärbt, kronb.artig, die 2 inneren (Flügel) groß, 10–15 mm lg.; Kronb. 5, das untere (Schiffchen) groß, mit fransigem Anhängsel. ✿ 4–6. △ Kalkmagerrasen, Zwergstrauchgesellschaften, trockene Kiefernwälder; zerstreut. Gebirge Mittel- und Südeuropas.

6 Schopfige Kreuzblume
Polygala comosa Schkuhr
Pfl. 10–25 cm, B. krautig, wechselständig, ei-länglich, 10–25 mm lg.; Bl.stand 5–20blütig; Bl. lila oder rötlich, Flügel schwach netznervig, 4–7 mm lg.; Tragb. der Bl. länger als die Bl.stiele, die Bl.knospen überragend, Pfl. dadurch schopfig. ✿ 5–6. △ Sonnige Kalkmagerrasen; zerstreut. Mittel- und Südeuropa (östlich), nördlich bis Südschweden.

7 Gewöhnliche Kreuzblume
Polygala vulgaris L.
Pfl. 10–30 cm; untere B. wechselständig, keine grundständige Rosette bildend; Bl.traube 10–20blütig; Tragb. der Bl. meist kürzer als die Bl.stiele und daher die Bl.knospen nicht überragend; Bl. blau, Bl.flügel 6–10 mm lg., netzadrig. ✿ 5–8. △ Silikatmagerrasen, Heiden, Wegränder; häufig. Europa, im Süden nur in den Gebirgen.

Kreuzblumengewächse
Polygalaceae

1 Bittere Kreuzblume
Polygala amara L.
Pfl. 10–20 cm, niederliegend, aufsteigend; B. bitter schmeckend, am Grund rosettig gehäuft, größer als die oberen; Bl.stand locker; Bl. blau bis rötlichblau, 3–7 mm lg., Flügel 4–8 mm lg., Schiffchen (unteres Kronb.) mit stark gefranstem, lappigem Anhängsel, unten am Übergang zum Anhängsel stark eingeschnürt. ✿ 5–6. △ Subalpine und alpine Steinrasen, Halbtrockenrasen, Quellfluren; zerstreut. Gebirge Mittel- und Südeuropas (östlich).

Wolfsmilchgewächse
Euphorbiaceae

2 Warzen-Wolfsmilch
Euphorbia brittingeri Opiz.
(*E. verrucosa* L.)
Pfl. 20–50 cm, bogig aufsteigend; B. wechselständig, oval, sitzend, fein gezähnt, hellgrün; Scheindolde meist 5strahlig; Hochb.hülle der Einzelbl.stände oval, nicht verwachsen, kurz gestielt; Drüsen des Bl.bechers oval, gelb; Frucht 3–4 mm lg., mit halbkugeligen oder zylindrischen Warzen. ✿ 5–6. Giftig!
△ Kalkmagerrasen, sonnige Böschungen; zerstreut. Mittel und Südeuropa.

3 Zypressen-Wolfsmilch
Euphorbia cyparissias L.
Pfl. 15–35 cm; B. wechselständig, schmal linealisch, 2–3 mm br., hellgrün; nichtblühende Triebe dicht beblättert, tannenwedelartig; Scheindolde 9–15strahlig; Hochb.hülle der Einzelbl.stände hellgelb, später rot, nicht verwachsen; Drüsen des Bl.bechers halbmondförmig, 2hörnig, gelb; Frucht warzig, dadurch fein punktiert. ✿ 4–6. Giftig! △ Magerrasen, Wege, Böschungen; häufig. Oft von Rostpilzen befallen (Zwischenwirt des Erbsenrostes, *Uromyces pisi*). Europa.

4 Steppen-Wolfsmilch
Euphorbia seguieriana Neck.
Pfl. 15–30 cm, mit dickem, verholztem, oft waagrecht verlaufendem Rhizom; B. wechselständig, lanzettlich, 4–6 mm br., stachelspitz, blaugrün; Scheindolde 8–15strahlig, Strahlen nochmals 1–2mal gabelig verzweigt; Drüsen des Bl.bechers oval, gelb; Frucht glatt, kahl, 3 mm lg. ✿ 4–6. Giftig! △ Trockenrasen, Kalksanddünen, Steppenrasen; selten. Mittel- und Südeuropa. GefGr. 3!

Seidelbastgewächse
Thymelaeaceae

5 Rosmarin-Seidelbast, Heideröschen
Daphne cneorum L.
Pfl. 5–30 cm; B. lineal-spatelförmig, dunkelgrün, lederig, gleichmäßig am Zweig verteilt; Bl.stand doldenartig am Ende der Zweige; Bl. dunkelrosa, außen behaart; Kelchröhre und Zweige anliegend behaart. ✿ 5–8. Giftig! Geschützt! △ Halbtrockenrasen, trockene Waldränder, lichte Kiefernwälder, Felsbänder; selten. Mittel- und Südeuropa. GefGr. 2! – Ähnlich ist der **Gestreifte Seidelbast, Steinröschen**, *D. striata* Tratt., aber B. an den Zweigenden gehäuft, linealisch-keilförmig, bläulichgrün; Bl. rosa, fein gestreift, kahl, stark duftend; Kelchröhre und Zweige kahl. Giftig! Geschützt! Latschengebüsch, subalpine Zwergstrauchgesellschaften; ziemlich selten. Alpen.

Tamariskengewächse
Tamaricaceae

6 Französische Tamariske
Tamarix gallica L.
Graugrüner Strauch, 1–3 m, mit schuppenförmigen, dachziegelartig angeordneten B. und kleinen, 5zähligen rosaroten, 1,5–2 mm lg. Bl. in ährenartigen Bl.ständen. ✿ 5–8. △ Flussufer, Küsten; Zierpfl. Südwesteuropa, oft angepflanzt.

Tamariskengewächse
Tamaricaceae

1 Deutsche Tamariske
Myricaria germanica (L.) Desv.
Strauch bis 2 m, mit rutenförmigen
Ästen; B. schuppenförmig, graugrün,
2–3 mm lg.; Bl. rötlich oder weiß,
3–5 mm br., in endständigen, oft ver-
zweigten, dichten Trauben; Kelchb. und
Kronb. 4–5; Staubb. 10. ✿ 6–8.
△ Schotterflächen der Alpenflüsse; sel-
ten. Skandinavien, Alpen und Vorland
bis zur Donau, Schwarzwald, Pyrenäen,
Abruzzen, Gebirge der Balkanhalbinsel.
GefGr. 1!

Malvengewächse / Malvaceae

2 Moschus-Malve
Malva moschata L.
Pfl. 20–80 cm; B. im Umriss rundlich,
handförmig tief 5–7teilig, Abschnitte der
oberen B. schmal-bandförmig; St. und B.
mit 1fachen Haaren; Bl. einzeln, b.ach-
selständig, obere Bl. oft kopfig gehäuft;
Außenkelchb. 3, lineal-lanzettlich,
3–5 mm lg., frei, am Grund mit dem
Kelch verwachsen; Kronb. 2–4 cm lg.,
ausgerandet, hellrosa; Teilfrüchte am
Rücken stark behaart. ✿ 6–10. △ Magerrasen, sonnige Wiesen, Wegränder;
ziemlich selten. Mittel- und Südeuropa.

Johanniskrautgewächse
Hypericaceae

3 Echtes Johanniskraut
Hypericum perforatum L.
Pfl. 30–60 cm; St. 2kantig, markig; B.
ei-länglich, dicht durchscheinend punktiert; B. 5zählig; Kelchb. lanzettlich,
spitz, 4–5 mm lg., länger als der Fruchtknoten; Kronb. goldgelb, 10–15 mm lg.
✿ 7–8. △ Magerrasen, Brachland, sonnige Waldränder; verbreitet. Europa. –
Ähnlich sind: **Geflecktes Johanniskraut,**
H. maculatum Crantz, mit 4kantigem,
hohlem St. und stumpflichen, elliptischen Kelchb.; B. nicht oder wenig
durchscheinend punktiert; Krone gold-

gelb; Silikatmagerrasen; kalkmeidend;
verbreitet; Europa. – **Geflügeltes Johanniskraut,** *H. tetrapterum* Fries, mit 4flü-
geligem, hohlem St., spitzen Kelchb. und
hellgelber Krone; Ufer, Gräben, Röhricht,
Flachmoore; verbreitet. Südskandinavi-
en, Mittel- und Südeuropa.

Zistrosengewächse / Cistaceae

4 Gewöhnliches Sonnenröschen
Helianthemum nummularium (L.) Mill.
Pfl. 10–30 cm; B. lederig, eiförmig, Rand
nach unten umgerollt, unterseits graufilzig, mit lanzettlichen Nebenb.; Bl.
15–25 mm br., gelb. ✿ 6–9. △ Kalkmagerrasen, trockene Kiefernwälder; ziemlich häufig. Mittel- und Südeuropa. –
Das **Apenninen-Sonnenröschen,** *H.
apenninum* (L.), Mill., hat weiße Bl. und
beiderseits grau oder weißfilzige B.;
Nebenb. pfriemlich; Kalkmagerrasen;
selten. Süddeutschland, Südeuropa.
Geschützt! GefGr. 3!

5 Zwerg-Sonnenröschen
Fumana procumbens (Dun.) Gr. et Godr.
Pfl. 5–20 cm, niederliegend, am Grund
verholzt; B. nadelförmig, 2–12 mm lg.;
Bl. meist einzeln in den Achseln von
Tragb., 15–20 mm br.; Kronb. 5, gelb,
ungleich groß. ✿ 6–10. △ Kalktrocken-
rasen, steinige Hänge; wärmeliebend;
selten. Süddeutschland, Thüringen,
Mähren, (vereinzelt Südschweden),
Frankreich, Täler der Zentral- und Süd-
alpen, Südeuropa. GefGr. 3!

Veilchengewächse / Violaceae

6 Sand-Veilchen
Viola rupestris F. W. Schmidt
Pfl. 3–8 cm; B. grund- und st.ständig,
rundlich-herzförmig, stumpf, 15–20 mm
lg., graugrün, schwach gekerbt bis ganzrandig; B. und St. meist flaumig behaart;
Kronb. blauviolett, am Grund weiß, seltener ganz weiß, Sporn hellviolett, 5 mm
lg.; Kelchb. spitz. ✿ 5–6. △ Kalkmagerrasen, lichte, trockene Kiefernwälder,
Sandböden; ziemlich selten. Nordeuro-

FORTSETZUNG AUF SEITE 176

FORTSETZUNG VON SEITE 174

pa, Mecklenburg, Süddeutschland, Alpen und Vorland, südlich bis Pyrenäen, Cevennen, Kaukasus. GefGr. 3! – Ziemlich häufig in Silikatmagerrasen, Heiden und an Waldrändern ist das **Hunds-Veil-** chen, *V. canina* L., Pfl. 5–15 cm, kalkmeidend; B. ei-lanzettlich, mit herzförmigem Grund, 2–4 cm lg., st.ständig, lg. gestielt, derb, dunkelgrün; grundständige B. fehlend; Krone blauviolett, im Umriss quadratisch, mit 5–7 mm lg., weißlichem oder gelblichem, meist geradem Sporn.

Doldengewächse Umbelliferae oder Apiaceae

1 Faserschirm

Trinia glauca (L.) Dum.
Pfl. 20–80 cm, am Grund reich verzweigt, 2häusig, ♂ Pfl. kleiner als die ♀; am Grund mit Faserschopf; B. blaugrün, 2–4fach gefiedert, mit fädlichen bis schmal linealischen Zipfeln, oberste B. mit aufgeblasener B.scheide und wenigen Fiederzipfeln; Bl.döldchen zahlreich; Kronbl. der ♂ Bl. mit schmalem, grünem, die der ♀ Bl. mit br., rötlichem Mittelstreifen. ✿ 4–5. △ Sonnige Trockenrasen, Dünen, steinige Hänge; selten. Mittel- und Südeuropa. GefGr. 2!

2 Wilde Möhre

Daucus carota L.
30–100 cm; Wurzel dick, weiß, nach Möhren riechend; B. 2–3fach gefiedert, behaart; Dolden zur Bl.zeit flach oder gewölbt, zur Reife in der Mitte eingesenkt, nestförmig; Hüllb. 3- oder fiederteilig, bewimpert; Hüllchenb. meist 1fach; randliche Bl. weiß, strahlig vergrößert, mittlere Bl. meist verkümmert und dunkelrot. ✿ 6–9. △ Magerrasen, Wege, Steinbrüche; häufig. Europa.

3 Bärwurz

Meum athamanticum Jacq.
Pfl. stark würzig riechend, am Grund mit braunem Faserschopf, 15–50 cm, mit dickem Rhizom; B. 2–4fach gefiedert, mit haarfeinen, 2–6 mm lg., fein zugespitzten Zipfeln; St. kantig gerieft; Bl.dolde 5–15strahlig; Hüllb. 0–6; Hüllchenb. allseitswendig, zu mehreren; Bl. weiß, blassgelb oder rosa; Frucht 6–8 mm lg. und 3–4 mm br., kaum abgeflacht, mit stark hervortretenden Rippen. ✿ 5–6. △ Silikatmagerrasen und -weiden, Bergwiesen; kalkmeidend; zerstreut. Arznei- und Gemüsepfl. Hauptsächlich Gebirge Europas.

Enziangewächse / Gentianaceae

1 Feld-Enzian
Gentianella campestris (L.) Börner
(Gentiana c. L.)
Pfl. 5–30 cm, oft vom Grund an verzweigt; B. spatelförmig; Krone und Kelch
4teilig; Krone im Schlund bärtig, violett,
selten weiß; Kelch ungleichzipfelig, mit
2 br.-lanzettlichen äußeren und 2 schmal-
lanzettlichen inneren Zipfeln. ✿ 6–9.
Geschützt! △ Silikatmagerrasen, Wegraine; ziemlich selten. Skandinavien,
mitteleuropäische Mittelgebirge, Ostalpen, Pyrenäen Abruzzen. GefGr. 3!

2 Deutscher Enzian
Gentianella germanica (Willd.) Börner
(Gentiana g. Willd.)
Pfl. 5–40 cm; St. meist nur oben ästig;
St.b. ei-lanzettlich, meist spitz; Bl. 5tei-
lig, 2–4 cm lg.; Kelchzipfel am Rand rau;
Kelch schmal geflügelt; Buchten zwischen den Kelchzipfeln spitz; Krone
rotviolett, innen bärtig, mit 3–5 mm br.
Kronzipfeln. ✿ 6–10. Geschützt! △ Kalkmagerrasen; zerstreut bis selten. Mitteleuropa, Alpen. GefGr. 3! – Ähnlich
sind noch: **Österreichischer Enzian,**
Gentianella austriaca (Kern. Holub), aber
Kelch ungeflügelt, Buchten zwischen
den Kelchzipfeln stumpflich, am Rand
glatt und länger als die Kelchröhre; untere St.äste verlängert; Magerrasen; selten. Böhmerwald, Ostalpen. – Der **Bittere Enzian,** *G. amarella* L., hat kleinere,
5-, selten 4teilige, 10–18 mm lg. Bl. und
kurzästigen St.; Krone lila, Kronzipfel
5–7 mm lg.; Magerrasen; selten. Mittelgebirge Mitteleuropas (z. B. Eifel, Rhön),
Alpen (sehr selten), Karpaten, Kaukasus.
GefGr. 2!

3 Rauer Enzian
Gentianella aspera (Hegetschw L.)
Dostal *(Gentiana a. Hegetschw.)*
Pfl. 5–30 cm; St. vom Grund an ästig;
St.b. 3eckig eiförmig, stumpflich, am
Rand meist bewimpert; Bl. meist 5teilig,
innen bärtig, blauviolett, 2–4 cm lg.;
Kronzipfel 9–15 mm lg. und 5–10 mm br.;

Kelch schmal geflügelt, Kelchbuchten
spitz; Kelchzipfel am Rand und auf dem
Mittelnerv rau bewimpert; Fruchtknoten
lg. gestielt. ✿ 5–10. Geschützt! △ Kalkreiche Halbtrockenrasen; bis etwa
2800 m; verbreitet bis selten. Ostalpen,
Alpenvorland, Fränkischer Jura. GefGr. 3!

4 Gefranster Enzian
Gentianella ciliata (L.) Borkh.
(Gentiana c. L.)
Pfl. 10–25 cm; St. 4kantig; B. lineal-lanzettlich, 1nervig; Bl. 4teilig, blau; Kronzipfel am Rand gefranst. ✿ 6–9. Geschützt! △ Kalkmagerrasen, lichte
Föhrenwälder; zerstreut. Mitteleuropa
und Gebirge Südeuropas. GefGr. 3!

5 Frühlings-Enzian
Gentiana verna L.
Pfl. 3–10 cm, mit grundständiger B.ro-
sette; B. lanzettlich, spitz, 1–3nervig,
bis 3 cm lg.; St.b. kleiner; St. aufrecht,
1blütig; Krone tiefblau, mit abstehenden
Zipfeln, dazwischen mit je einem 2spitzi-
gem Anhängsel. ✿ 3–8. Geschützt! △
Kalk-Magerrasen, Flachmoore, im Alpen-
raum und Vorland zerstreut. Gebirge
Mittel- und Südeuropas. GefGr. 3!

6 Schlauch-Enzian
Gentiana utriculosa L.
Pfl. 8–20 cm; St. mehrblütig, kantig;
B. eiförmig; Kelch 2–4 mm br. geflügelt,
zuletzt aufgeblasen; Krone, dunkelblau,
außen oft grünlich. ✿ 5–8. Geschützt! △
Kalkflachmoore, Magerrasen, subalpine
Steinrasen; selten. Hauptsächlich Gebir-
ge Mittel- und Südeuropas. GefGr. 2!

7 Kreuz-Enzian
Gentiana cruciata L.
Pfl. 15–50 cm; B. lanzettlich, meist 3ner-
vig, bis 10 cm lg., B.paare scheidig verwachsen; Bl. zu 1–3 in den Achseln der
obersten B.; Krone 4zählig, eng-glockenförmig, blau, außen grünlich. ✿ 7–8.
Geschützt! △ Kalk-Magerrasen, lichte
Kiefern- und Eichenwälder; selten.
Hauptsächlich Mitteleuropa, im Süden
nur in den Gebirgen. GefGr. 3!

Enziangewächse / Gentianaceae

1 Echtes Tausendguldenkraut
Centaurium minus Moench
(C. umbellatum Gilib.)
Pfl. 10–30 cm, erst oben verzweigt, mit
grundständiger Rosette; Rosettenb.
eiförmig, über 5 mm br., obere B. ei-lanzettlich bis länglich eiförmig, meist 5ner-
vig; Bl. in lockerer Scheindolde; Krone
5spaltig, rosarot, 9–15 mm lg. Röhre
und eiförmigen, stumpfen, 5–8 mm lg.
Kronzipfeln, ✿ 7–9. Geschützt! △ Halbtrockenrasen, trockene Waldränder;
zerstreut. Südskandinavien, Mittel- und
Südeuropa. Ähnlich sind noch: **Zierli-
ches Tausendguldenkraut,** *C. pulchellum* (Sw.) Druce, aber Pfl. 3–15 cm, ohne
grundständige Rosette; St. von Grund
an gabelästig; Kronzipfel 3–4 mm lg.,
lanzettlich, spitz; Ufer, Wege, Kiesgruben, Salzwiesen; zerstreut. Geschützt!
Strand-Tausendguldenkraut, *C. vulgare*
Rafn. *(C. littorale* Gilib.), Pfl. mit linealischen, meist 3nervigen St.b. und lineali-
lisch-spateligen, bis 5mm br. Rosettenb.
Nord- und Ostseeküste, Salzwiesen.
Geschützt!

2 Durchwachsener Bitterling, Bitterenzian
Blackstonia perfoliata (L.) Huds.
Pfl. aufrecht, 10–40 cm, bläulich bereift;
St. oben 4kantig; B. gegenständig,
3eckig-eiförmig, paarweise am Grund
verwachsen; Bl. in doldentraubigen
Bl.ständen; Bl. 6–8teilig; Kelch fast bis
zum Grund geteilt, kürzer als die Krone;
Krone gelb, mit kurzer, glockiger Röhre
und 6–8 ausgebreiteten Zipfeln. ✿ 6–8.
Geschützt! △ Kalkmagerrasen, Zwergbinsengesellschaften, wechselfeuchte
Ton- und Lehmböden; wärmeliebend;
selten. Mittel- und Südeuropa, nördlich
bis Irland, England (westlich). GefGr. 2!

Seidengewächse / Cuscutaceae

3 Thymian-Seide
Cuscuta epithymum (L.) Nath.
Rötliche Schmarotzerpfl., 10–30 cm,
mit schuppenförmigen B.; Bl. zu 8–10 in
5–8 mm br. Knäueln; Krone rot oder
weiß; Kronröhre durch nach innen ge-
neigte Schuppen verschlossen; Griffel
länger als der Fruchtknoten, die Bl.
überragend. ✿ 7–8. △ Auf Thymian,
Besenginster, Ginster und Heidekraut
schmarotzend; verbreitet. Europa. Siehe
auch Nessel-Seide, *C. europaea,* T. 26.

Rötegewächse / Rubiaceae

4 Färber-Meister
Asperula tinctoria L.
Pfl. 30–50 cm; St. 4kantig; B. zu 4–6
quirlständig, schmal-lanzettlich, 1nervig,
2–6 cm lg.; Bl.stand armblütig; Krone
weiß, 3-spaltig, 3–4 mm br.; Frucht glatt.
✿ 6–8. △ Lichte Kiefern- und Eichenwälder, sonnige Gebüsche, Halbtrockenrasen; ziemlich selten. Mitteleuropa,
nördlich bis Südschweden. GefGr. 3!

5 Hügel-Meister
Asperula cynanchica L.
Pfl. aufsteigend, 10–30 cm; B. meist zu
4 quirlig, schmal lanzettlich, 1nervig,
mit Grannenspitze; Bl.stand wenig-
blütig; Krone trichterförmig, 4spaltig,
rosa, 2–3 mm; Frucht körnig-rau. ✿ 6–8.
△ Kalkmagerrasen, sonnige Wald- und
Wegränder, Kiefernwälder; zerstreut.
Mittel- und Südeuropa.

180

1

2

3

5

Rötegewächse / Rubiaceae

1 Echtes Labkraut
Galium verum L.
Pfl. 20–70 cm; St. oben mit 4 erhabenen
Linien; B. zu 6–12 quirlig, linealisch,
1 mm br., 1nervig, am Rand umgerollt,
unterseits weichhaarig; Bl. in vielblütigen, dichten, rispenartigen, kaum unter-
brochenen Bl.ständen; Krone 4teilig,
gelb, 2–4 mm br., mit 4 spitzen Zipfeln.
✿ 6–9. △ Kalkmagerrasen, Wegränder,
Föhrenwälder, auch Moorwiesen; häufig.
Europa. – Sehr ähnlich ist *C. wirtgenii* F.
Schultz, aber B. bis 2 mm br. kaum umgerollt, unterseits kahl, Bl.stand locker,
unterbrochen; Trockenwiesen. Südwestdeutschland, Täler der Zentral- und
Südalpen.

2 Blaugrünes Labkraut
Galium glaucum L.,
(Asperula glauca (L.) Bess.)
Pfl. 30–80 cm. blaugrün; St. verzweigt,
mit 4 Längsrippen; B. linealisch, zu 8–10
quirlig, am Rand umgerollt, 1nervig;
Bl.stand locker, schirmförmig; Krone
weiß, trichterförmig, 4teilig, 4–5 mm br.;
Früchte glatt. ✿ 5–7. △ Kalkmagerrasen,
sonnige, steinige Hänge; ziemlich selten. Mittel- und Südeuropa.

Boretschgewächse / Boraginaceae

3 Krim-Lotwurz
Onosma tauricum Willd.
Pfl. 20–50 cm; B. lineal-lanzettlich, mit
1–4 mm lg. Borsthaaren auf scheibenförmigen Höckern, diese noch mit kurzen,
strahlig abstehenden, steifen Haaren
umgeben; Bl. in Achseln von Tragb.;
Kelch zylindrisch, tief 5teilig; Krone
15–25 mm lg., gelb. ✿ 5–7. Geschützt!
(Artenreiche Gattung mit sehr ähnlichen
und schwer unterscheidbaren Arten).
△ Trockenrasen, Felsensteppen, lichte
Föhrenwälder; selten. Südalpen, Apennin, Südosteuropa. – Sehr ähnlich ist die
Sand-Lotwurz, *O. arenarium* W. et K.,
aber scheibenförmige Höcker kahl, nur
mit Borsthaaren; Krone 12–18 mm lg.;

Trockenrasen; selten. Süddeutschland,
Südeuropa. Geschützt! GefGr. 1!

Lippenblütengewächse
Labiatae oder Lamiaceae

4 Gewöhnlicher Steinquendel
Acinos arvensis (Lamk.) Dundy
(Calamintha a. (L.) Clairv.)
Pfl. nach Pfefferminze riechend,
10–30 cm; St. behaart; B. gegenständig,
ei-lanzettlich, fast sitzend, 10–20 mm
lg., jederseits mit 1–4 Zähnen, unterseits mit stark hervortretenden Nerven;
Bl. meist zu 6 in Scheinquirlen, etwas
1seitswendig, mit kurzen Tragb.; Krone
8–10 mm lg., blauviolett; Kelch 2lippig,
5–7 mm lg., dicht abstehend behaart,
Kelchzähne unten bauchig erweitert.
✿ 6–9. △ Mauern, Felsen, steinige Magerrasen; wärmeliebend; zerstreut. Mit-
tel- und Südeuropa, Südskandinavien.

5 Heide-Günsel
Ajuga genevensis L.
Pfl. 10–30 cm, zottig behaart, ohne Ausläufer; Grundb. lg. gestielt; obere B.
3lappig oder tief gekerbt, oft blau angelaufen; Bl. dunkelblau; Krone 12–18 mm
lg., Oberlippe sehr kurz, 2teilig, Unterlippe viel länger, 3teilig; Staubb. 4.
✿ 4–6. △ Kalkmagerrasen, sonnige
Hänge, Wegraine, auch in Unkrautgesellschaften; zerstreut. Hauptsächlich
Mittel- und Südeuropa.

6 Edel-Gamander
Teucrium chamaedrys L.
Pfl. 15–30 cm, mit unterirdischen Ausläufern; St. behaart; B. gekerbt, mit keilförmigem Grund, 1–2 cm lg.; Bl. meist zu
6 quirlständig in den Achseln der oberen
B.; Kelch fast regelmäßig 5zähnig, kurz
begrannt; Krone 10–15 mm lg., rosa;
Oberlippe scheinbar fehlend, herabgerückt, Unterlippe daher 5zipfelig.
✿ 7–8. △ Kalkmagerrasen, lichte Eichen
und Kiefernwälder; zerstreut. Mittel- und
Südeuropa.

Lippenblütengewächse
Labiatae oder Lamiaceae

1 Berg-Gamander
Teucrium montanum L.
Pfl. niederliegend, 5–35 cm, aromatisch
riechend; B. schmal-lanzettlich, 5–20 mm
lg., ganzrandig, immergrün, lederig, unterseits dicht weißfilzig; Bl. am Ende der
Zweige kopfig gehäuft, weißlich oder
hellgelb; Kelch fast regelmäßig 5zähnig;
Krone nur mit 5teiliger Unterlippe.
✿ 6–9. △ Sonnige Kalkmagerrasen,
Fels- und Schuttfluren; zerstreut. Mittel-
und Südeuropa.

2 Große Brunelle
Prunella grandiflora (L.) Scholl.
Pfl. 10–30 cm; B. länglich-eiförmig,
2–6 cm lg., die oberen oft fiederspaltig,
locker behaart; Bl. 20–25 cm lg., blauviolett, Bl.röhre gekrümmt. ✿ 6–8.
△ Kalkmagerrasen, sonnige Waldränder,
lichte Wälder; zerstreut. Hauptsächlich
Mitteleuropa, nördlich bis Südschweden, südlich bis Nordostspanien, Poebene, Bulgarien. Siehe auch *P. vulgaris*
T. 83.

3 Aufrechter Ziest
Stachys recta L.
Pfl. 20–60 cm; B. eiförmig-lanzettlich,
rauhaarig, untere gestielt, obere sitzend; Bl.quirl 6–10blütig; Kelchzähne
3eckig, mit kahler Stachelspitze.
✿ 6–10. △ Kalkmagerrasen, sonnige
Waldränder, lichte Kiefern- und Eichenwälder; zerstreut. Mittel- und Südeuropa. – Ähnlich ist der **Einjährige Ziest,** *S.
annua* L., aber Pfl. 10–30 cm, alle B. gestielt; Bl.quirl 4–6blütig; Kelchzähne
lanzettlich, mit behaarter Spitze; Äcker,
Weinberge, selten. Hauptsächlich Süddeutschland, Südosteuropa. GefGr. 3!

4 Gewöhnlicher Thymian
Thymus pulegioides L.
Pfl. kriechend oder aufsteigend, 5–30 cm
aromatisch riechend; St. 4kantig, auf
den Kanten kurzhaarig; B. oval, kahl
oder nur am Grund bewimpert; Bl.stand

zylindrisch oder kugelig; Krone 3–6 mm
lg., hell- bis dunkelpurpurn; obere
Kelchzähne meist bewimpert. ✿ 6–10.
Sehr formenreich, mit vielen Kleinarten.
△ Magerrasen und weiden, Wegränder,
Böschungen, Kiesgruben; verbreitet. Europa. – Ähnlich ist der **Sand-Thymian,**
Thymus serpyllum L., Pfl. 5–15 cm, kriechend oder bogig aufsteigend; St. fast
stielrund, meist behaart; B. lineal elliptisch, kahl oder behaart; Bl. am Ende
der Zweige kopfig gedrängt; Krone
3–6 mm lg., hell- bis dunkelpurpurn,
obere 3 Kelchzähne br. 3eckig, untere 2
schmal-lanzettlich; sehr formenreich mit
vielen Kleinarten; Sandtrockenrasen,
trockene Kiefernwälder; selten.

5 Wiesen-Salbei
Salvia pratensis L.
Pfl. 30–60 cm; St. armblütig; B.
hauptsächlich grundständig, lg. gestielt;
B.spreite oval, 6–12 cm lg., unregel-
mäßig gekerbt; Bl. zu je 4–8 quirlstän-
dig; Krone 20–25 mm lg., dunkelblau,
mit sichelförmiger Oberlippe; Bl.stand
drüsig. ✿ 4–8. △ Kalkmagerrasen,
Halbtrockenrasen, sonnige Fettwiesen,
Wegränder; verbreitet. Hauptsächlich in
Mittel- und Südeuropa, heute auch in
Nordeuropa eingebürgert.

Lippenblütengewächse
Lamiaceae oder Labiatae

1 Garten-Salbei
Salvia officinalis L.
Pfl. 20–80 cm, am Grund verholzt, stark
aromatisch riechend; B. länglich-eiförmig, lg. gestielt, netzrunzelig, schwach
gekerbt, unterseits filzig; Bl. violett, zu
4–8 im Scheinquirl; Krone 17–25 mm
lg., mit gerader Oberlippe. ✿ 6–7.
△ Trockenwiesen, Felsensteppen; als
Heil- und Gewürzpfl. kultiviert und verwildert. Südeuropa, in Mitteleuropa
wohl nur aus Kulturen verwildert.

2 Quirlblütige Salbei
Salvia verticillata L.
Pfl. 30–60 cm; B. herzförmig bis 3eckig,
am B.stiel geöhrt, 4–12 cm lg. und
3–10 cm br., unregelmäßig gezähnt,
die unteren lg. gestielt; Scheinquirle
15–30blütig, fast kugelig; Tragb. kurz,
trockenhäutig; Krone 10–15 mm lg., hellviolett, mit gerader Oberlippe; Kelch
schmal-glockenförmig, 4–7 mm lg., behaart; Staubb. unbeweglich. ✿ 6–9.
△ Halbtrockenrasen, Dämme, Wege,
Unkrautgesellschaften; zerstreut. Ursprünglich Südosteuropa, heute weit
verbreitet. – Der **Steppen-Salbei**, *S. nemorosa* L., hat lanzettliche, am Grund
herzförmige, 4–8 cm lg., runzelige, fein
und regelmäßig gezähnte, graufilzige B.
und 2–4blütige, dicht übereinander
stehende Scheinquirle; Krone violett,
10–15 mm lg.; Halbtrockenrasen, Wege,
Schutt; selten. Süddeutschland, Niederösterreich, Südosteuropa.

3 Lavendel
Lavandula angustifolia Mill.
(L. officinalis Chaix)
Pfl. 20–60 cm, aromatisch riechend; B.
schmal-lanzettlich, am Rand umgerollt,
unterseits dicht graufilzig, 3–4 cm lg.; Bl.
in unterbrochener, entfernt beblätterter,
endständiger Scheinähre; Krone blauviolett, Kelch röhrenförmig, undeutlich
5zähnig. ✿ 7–8. △ Steinige Hänge, Felsensteppen; wärmeliebend. Südwesteuropa, sonst kultiviert, selten verwildert.

Braunwurzgewächse
Scrophulariaceae

4 Violette Königskerze
Verbascum phoeniceum L.
Pfl. 30–80 cm; St. meist unverzweigt,
oben drüsig behaart; Grundb. oval,
gestielt, buchtig gezähnt, dunkelgrün;
St.b. sitzend; Bl. violett, 2–3,5 cm br.;
Kelch drüsenhaarig, mit lanzettlichen
Zipfeln; Staubfäden violettwollig. ✿ 5–7.
△ Trockenrasen, sonnige Hänge, Busch-
wälder; selten. Mitteldeutschland,
Oberrheinische Tiefebene, Alpen (z. B.
Aostatal), Apennin, Südosteuropa.
GefGr. 3!

5 Zimbelkraut
Cymbalaria muralis G. M. Sch.
(Linaria cymbalaria (L.) Mill.)
Pfl. kriechend, 30–60 cm; St. fadenförmig; B. lg. gestielt, wechselständig,
rundlich herzförmig, grob 5–7zähnig
oder 5–7teilig; Bl. lg. gestielt, einzeln in
den B.achseln; Krone hellviolett, Gaumen gelblich, etwa 1 cm; Sporn stumpf,
kaum halb so lang wie die übrige Krone.
✿ 6–9. △ Schattige, luftfeuchte Mauern,
Felsen; verbreitet. Ursprünglich Südalpen, Apennin, Gebirge der Balkanhalbinsel; Zierpfl., heute in fast ganz Europa
verwildert.

Braunwurzgewächse
Scrophulariaceae

1 Österreichischer Ehrenpreis
Veronica austriaca L.
Pfl. 10–50 cm, aufrecht; B. lanzettlich,
entfernt gezähnt bis ganzrandig, in den
kurzen Stiel verschmälert, häufig am
Rand umgerollt; St. ringsum behaart; Bl.
in gegenständigen, vielblütigen, lg. gestielten Trauben; Kelch 5zipfelig; Krone
dunkelblau, 11–15 mm br.; Fruchtkapsel
spitzwinkelig ausgerandet. ✿ 5–6.
△ Kalkmagerrasen, steinige Hänge,
Dünen; zerstreut bis selten. Mittel- und
Osteuropa. GefGr. 3! – Ähnlich sind
noch: **Großer Ehrenpreis**, *V. teucrium* L.,
aber B. eiförmig bis br.-lanzettlich, am
Grund abgerundet oder herzförmig sitzend, grob gezähnt, weichhaarig;
Fruchtkapsel spitzwinkelig ausgerandet;
Halbtrockenrasen, Wald- und Wegränder; zerstreut. – **Liegender Ehrenpreis**,
V. prostrata L., Pfl. mit immergrünen, liegenden Trieben und aufsteigenden,
blühenden St.; B. lanzettlich, fein gezähnt, dicht kurzhaarig; Krone blasslila,
4–11 mm br.; Fruchtkapsel schwach ausgerandet; Trockenrasen, Felsensteppen;
ziemlich selten; Süddeutschland, Täler
der Zentralalpen, Osteuropa. GefGr. 3!

2 Ähriger Ehrenpreis
Veronica spicata L.
(Pseudolysimachia spicata (L.) Opiz
Pfl. 15–30 cm; St. behaart; B. gegenständig, fast sitzend, eiförmig-länglich,
meist stumpf gezähnt, vorne ganzrandig; Bl. kurz gestielt, in lg., dichter
ährenförmiger Traube am Ende des St.;
Krone 4teilig, 8–12 mm br., blau, trichterförmig, schwach 2lippig; Kelch 4tei-
lig, drüsenhaarig. ✿ 6–8. **Geschützt!**
△ Felsköpfe, sonnige Trockenrasen, Dünen; selten. Mittel- und Südeuropa,
nördlich bis England, Südschweden.
GefGr. 3! Ähnlich ist der **Langblättrige
Ehrenpreis**, *V. longifolia* L., aber B. zu
2–4 quirlständig, lineal-lanzettlich,
scharf gesägt, spitz; Pfl. 40–100 cm; Au-
en, Sumpfwiesen. **Geschützt!** GefGr. 3!

Sommerwurzgewächse
Orobanchaceae

Die artenreiche Gattung *Orobanche* ent-
hält ausschließlich wirtsspezifische
Schmarotzerpfl., die oft nur an der
Wirtspfl. sicher zu indentifizieren sind.

3 Zierliche Sommerwurz
Orobanche gracilis Sm.
Schmarotzerpfl. auf Schmetterlingsblütler; ohne B.grün, 15–40 cm, bräunlich;
Bl. in Ähren; Rückenkante der Krone
gleichmäßig gekrümmt; Krone 15–25 mm
lg., gelb, innen rot, nach Nelken riechend; Narbe gelb, rot gerandet; Staubfäden unten behaart. ✿ 5–8. Auf Legu-
minosen *(Lotus, Genista, Hippocrepis,
Trifolium)* schmarotzend. △ Halbtrockenrasen, sonnige Magerwiesen;
zerstreut bis selten. Süddeutschland,
warme Täler der Alpen (Rhone, Rhein),
Südeuropa. GefGr. 3!

4 Gamander-Sommerwurz
Orobanche teucrii Hol.
Pfl. 15–40 cm, auf *Teucrium* schmarotzend; Tragb. fast so lg. wie die Bl.; Krone
20–35 mm lg., bräunlichlila, Rücken win-
kelig abgebogen; Narbe purpurn bis
braun; Staubfäden unten behaart;
✿ 6–7. △ Kalkmagerrasen in warmen Lagen, sonnige Hänge; zerstreut. Gebirge
Mittel- und Südeuropa. GefGr. 3!

Wegerichgewächse
Plantaginaceae

5 Mittlerer Wegerich
Plantago media L.
Pfl. 20–40 cm; B. in grundständiger,
meist dem Boden anliegender Rosette,
br.-eiförmig, in den kurzen, br. Stiel verschmälert, anfangs dicht kurzhaarig;
Bl.röhre walzig, 2–6 cm lg., viel kürzer
als die St. (bei *P. major* Ähre länger als
der St.); Bl. wohlriechend; Krone 4 mm
lg., mit weißen Kronzipfeln; Staubb. lila.
✿ 5–7. △ Halbtrockenrasen, magere
Wiesen und Weiden; verbreitet. Fast
ganz Europa, im Süden selten.

Baldriangewächse / Valerianaceae

1 Rote Spornblume
Kentranthus ruber (L.) DC.
Pfl. 30–80 cm; B. ei-lanzettlich, gegenständig, die oberen mit herzförmigem Grund, sitzend, ganzrandig oder mit wenigen stumpfen Zähnen, kahl, blaugrün; Bl.stand schirmförmig; Krone rot, mit 7–9 mm lg. Röhre, am Grund mit dünnem Sporn; Staubb. 1. ✿ 5–7. △ Felsspalten, Mauern; Zierpfl., selten verwildert, im Süden verbreitet. Südalpen, Südeuropa. Ähnlich ist die **Schmalblättrige Spornblume,** *K. angustifolius* (Cav.) DC., aber B. schmal-lanzettlich, mit verschmälertem Grund sitzend, meist ganzrandig. Südalpen, Abruzzen, Südwesteuropa.

Kardengewächse / Dipsacaceae

2 Teufelsabbiss
Succisa pratensis Moench
Pfl. 20–80 cm; Wurzelstock kurz, wie abgebissen; Grundb. oval, gestielt, meist ganzrandig; St.b. sitzend; Bl.köpfe halbkugelig, später kugelig, 15–35 mm br.; Bl.kopfboden mit Spreub.; Einzelbl. 4spaltig, blauviolett; Kronröhre 4–7 mm lg.; Innenkelch mit 4–5 schwarzen, 1 mm lg. Borsten; Außenkelch 4kantig, rauhaarig, mit 4–3eckigen Zähnen. ✿ 7–9. △ Magerrasen, Moorwiesen, Flachmoore; ziemlich haufig. Fast ganz Europa. – Ähnlich ist der **Moorabbiss,** *Succisella inflexa* (Kluk) G. Beck *(Succisa i. (Kluk)Jundz.)*, aber Wurzelstock kriechend, ästig; B. lanzettlich; Krone hellblau bis weißlich; Innenkelch ohne Borsten; Außenkelch fast stielrund, 8rippig, kahl; Moorwiesen, Röhrichte; sehr selten.

3 Tauben-Skabiose
Scabiosa columbaria L.
Pfl. 20–60 cm; St. meist ästig, mehrköpfig; St.b. gegenständig, 1–2fach gefiedert, fein kraus behaart, matt, Abschnitte 1–3 mm br.; Bl.köpfe 2–3 cm br., halbkugelig; Bl.boden mit Spreub.;

Randbl. vergrößert; Krone 5zipfelig, blauviolett; Kelchborsten schwärzlich stielrund. ✿ 7–11. Kalkmagerrasen, Moorwiesen, lichte Kiefernwälder; verbreitet. Südskandinavien, Mittel- und Südeuropa. Ähnlich sind: **Glänzende Skabiose,** *S. lucida* Vill., aber B. kahl, schwach glänzend; St. meist 1köpfig; Kelchborsten gekielt; subalpine und alpine Steinrasen, Felsschutt, in den Alpen etwa 1200–2500 m; Gebirge Mittel- und Südeuropas. – **Gelbe Skabiose,** *S. ochroleuca* L., aber Krone hellgelb; Kelchborsten fuchsrot; trockene Wiesen, Dämme, Felssteppen; selten. Süddeutschland, Osteuropa. **Südliche Skabiose,** *S. gramuntia* L., B. 2–3fach fiederteilig. mit 0,5–2 mm br. Abschnitten; Kelchborsten hell- bis dunkelbraun, 1–3 mm lg.: Bl. lila; trockene, steinige Hänge, Föhrenwälder. Zentral- und Südalpen, Karpaten, Südeuropa.

1

2

3

3

Glockenblumengewächse
Campanulaceae

1 Berg-Jasione, Schafrapunzel
Jasione montana L.
Pfl. 20–50 cm, ohne Ausläufer; St. reichästig, im unteren Teil beblättert; B. schmal-eiförmig, am Rand wellig, kahl oder steifhaarig; Bl.köpfe kugelig, 15–25 mm br.; Einzelbl. 6–15 mm lg., blau. ✿ 6–10. △ Sandmagerrasen, Dünen, Felsköpfe, Dämme, Brachland, trockene Föhrenwälder; kalkmeidend; zerstreut. Südskandinavien, Mittel- und Südeuropa (westlich). – Ähnlich ist die **Ausdauernde Sandrapunzel,** *J. laevis* Lam. (*J. perennis* L.), aber Pfl. mit Ausläufer; St. meist 1fach; B. ganzrandig oder stumpf gezähnt, nicht wellig; Silikatmagerrasen, Wegränder, lichte Wälder; ziemlich selten. Süddeutschland, Südwesteuropa. GefGr. 3!

2 Kugelige Teufelskralle
Phyteuma orbiculare L.
Pfl. 10–30 cm; Grundb. lanzettlich oder herz-eiförmig, lg. gestielt, kerbig gezähnt; St.b. ei-lanzettlich, obere sitzend; alle B. unterseits mit schwach hervortretendem Adernetz; Bl.köpfe kugelig, blau; Kronröhre 10–15 mm lg.; Kronzipfel 5, bandförmig, anfangs an der Spitze und am Grund verwachsen, spitz, später nur noch am Grund verwachsen; Narben meist 3; Hüllb. eiförmig spitz, etwa so lg. wie die Bl. ✿ 5–7. (Formenreiche Art mit mehreren Kleinarten). △ Sonnige Kalkmagerrasen, auch Moorwiesen, in den Alpen bis über 2500 m. Mittel- und Südeuropa. GefGr. 3! – Ähnlich ist die **Zarte Teufelskralle,** *Ph. tenerum* R. Schulz, aber B. unterseits mit deutlich hervortretendem Adernetz; Hüllb. viel kürzer als die Bl.; Narben meist 2; Trockenrasen; selten. Südwestdeutschland, Südwesteuropa. GefGr. 2!

3 Büschel-Glockenblume
Campanula glomerata L.
Pfl. 20–60 cm, kurzhaarig; St. 1fach; B. ei-lanzettlich, stumpf gezähnt, untere B. mit herzförmigem oder abgerundetem Grund, gestielt, obere B. sitzend; Bl. am St.ende und in den Achseln der oberen B. gebüschelt; Krone trichter- bis glockenförmig, blau, 15–30 mm lg.; Kelchzipfel schmal-lanzettlich, spitz. ✿ 6–9. △ Kalkmagerrasen, Wald- und Wegränder; verbreitet. Mitteleuropa, nördlich bis Südschweden, südlich bis Mittelitalien. – Ähnlich ist die **Borstige Glockenblume,** *C. cervicaria* L., aber Pfl. stechend steifhaarig; untere B. allmählich in den Stiel verschmälert; Kelchzipfel stumpf; Griffel länger als die Krone; lichte Eichen- und Kiefernwälder, Moorwiesen; wärmeliebend; selten. Südskandinavien, Mitteleuropa, südlich bis Mittelitalien. GefGr. 1!

4 Rapunzel-Glockenblume
Campanula rapunculus L.
Pfl. 50–80 cm, mit rübenförmiger Wurzel; B. ei-lanzettlich, gegen den Grund verschmälert; Bl. in schlanker Traube oder Rispe; Krone schmal-trichterförmig, 15–25 mm lg., hell blauviolett, fast bis zur Mitte geteilt; Kelchzipfel schmallanzettlich, länger als die halbe Krone. ✿ 6–8. △ Halbtrockenrasen, trockene Wiesen, Gebüsche, Waldränder; zerstreut. Fast ganz Europa.

5 Rundblättrige Glockenblume
Campanula rotundifolia L.
Pfl. 10–40 cm; grundständige B. rundlich, herz- oder nierenförmig, zur Bl.zeit meist verwelkt; St.b. schmal-lineal; Bl. in lockeren Rispen oder einzeln, 10–20 mm lg., hellblau oder violett; Kelchzipfel schmal-lanzettlich. ✿ 6–9. △ Magerrasen, Heiden, Wald- und Wegränder, lichte Eichenwälder; verbreitet. Europa, im Süden in den Gebirgen.

Korbblütengewächse
Compositae oder Asteraceae

1 Gold-Aster
Aster linosyris (L.) Bernh.
Pfl. 15–45 cm; B. linealisch, 1–2 mm br.,
1nervig; Bl.köpfe 8–10 mm br., in doldenartiger Traube; Zungenbl. fehlend,
Röhrenbl. goldgelb; Pappus gelblich;
Früchte 3 mm lg. ❀ 8–9. △ Sandtrockenrasen, Trocken- und Halbtrockenrasen,
sonnige Hänge, Waldränder; ziemlich
selten. Mittel- und Südeuropa.

2 Scharfes Berufkraut
Erigeron acris L.
Pfl. 10–40 cm; B. lanzettlich, die unteren
gestielt, meist ganzrandig, wellig;
Bl.köpfe 6–13 mm br., in armblütiger
Traube oder wenigästiger Rispe; Hülle
dicht behaart; Zungenbl. aufrecht, hellviolett, kaum länger als die gelblichen,
später schmutzigroten Röhrenbl.; Frucht
2–3 cm lg.; Pappus weiß, gelblich oder
rötlich. ❀ 6–9. △ Kalkmagerrasen,
Sandtrockenrasen, Wegränder, Kiesgruben; zerstreut. Fast ganz Europa. Siehe
auch *E. annuus,* T. 35.

3 Gewöhnliches Katzenpfötchen
Antennaria dioica (L.) Gaertn.
Pfl. 5–20 cm, mit oberirdischen Ausläufern und grundständiger B.rosette; untere B. oval, obere spatelförmig, 1nervig,
unterseits weißfilzig; Bl.köpfe 5–8 mm
br., zu 3–12; Hüllb. der ♂ Köpfe weiß,
die der ♀ rosa. ❀ 5–6. Geschützt! △ Silikatmagerrasen, Heiden, Kiefernwälder;
ziemlich häufig. Europa, im Süden nur in
den Gebirgen. GefGr. 3! – Ähnlich ist das
Karpaten-Katzenpfötchen, *A. carpatica*
(Wahlb.) Bluff et Fingerh., aber Pfl. ohne
Ausläufer; Hüllb. bräunlich; B. beiderseits graufilzig, schwach 3nervig; windexponierte Grate und Steinrasen der
Alpen.

4 Filzige Schafgarbe
Achillea tomentosa L.
Pfl. 5–20 cm, dicht zottig, mit ausgebreiteten, nichtblühenden und mit aufrechten, unverzweigten, blühenden St.; B. im
Umriss lanzettlich, bis zum Mittelnerv
mehrfach fiederschnittig, fein zerteilt,
dicht wollig behaart; Bl.köpfe winzig, in
dichten Doldenrispen; Zungenbl. 4–6,
goldgelb; Hüllb. stumpf, hellbraun berandet, weißwollig. ❀ 5–7. △ Trockenrasen, Felsensteppen, lichte Föhrenwälder. Alpen (z. B. Wallis, Aostatal,
Vintschgau), Pyrenäen, Südeuropa.

5 Sand-Strohblume
Helichrysum arenarium (L.) Moench
Pfl. 10–30 cm, weißwollig; Rosettenb.
spatelförmig, gestielt; St.b. linealisch,
stumpf, sitzend, alle B. wollig behaart;
Bl.köpfe 6–7 mm br., kugelig, in dichter,
endständiger Schirmtraube; Hüllb. glänzend goldgelb oder orange; Zungenbl.
fehlend, Röhrenbl. gelblich. ❀ 7–8.
Geschützt! △ Sandtrockenrasen, lichte
Kiefernwälder, Wegränder, Dünen; zerstreut bis selten. Mittel- und Südeuropa.
GefGr. 3! – Ähnlich sind noch: **Gewöhnliches Sonnengold** oder **Immortelle,**
H. stoechas (L.) DC., aber B. linealisch,
mit eingerolltem Rand, beim Zerreiben
curryartig riechend; Hülle halbkugelig,
innere Hüllb. 2mal so lg. wie die äußeren; Felsensteppen; Südwesteuropa. –
Italienisches Sonnengold, *H. italicum*
(Roth)Guss., mit zylindrischer bis
glockenförmiger Hülle; innere Hüllb.
3–4mal so lg. wie die äußeren; B. mit
umgerolltem Rand. Südwesteuropa.

6 Weiden-Alant
Inula salicina L.
Pfl. 25–80 cm; St. kahl; B. länglich-lanzettlich, mit herzförmigem Grund st.
umfassend, kahl am Rand gewimpert,
netznervig; Bl.köpfe 25–35 mm br.;
Hüllb. lanzettlich, am Rand bewimpert,
Spitze zurückgebogen; äußere Bl. zungenförmig, innere röhrenförmig, gelb.
❀ 6–10. △ Halbtrockenrasen, Moorwiesen, Waldränder; zerstreut. Mittel- und
Osteuropa, südlich bis Oberitalien.

Korbblütengewächse
Compositae oder Asteraceae

1 Weidenblättriges Ochsenauge
Buphthalmum salicifolium L.
Pfl. 20–60 cm; B. ei-lanzettlich, seidenhaarig, ganzrandig oder fein gezähnt;
Bl.köpfe 3–6 cm br., einzeln, endständig;
Bl.kopfboden mit lanzettlichen Spreub.;
randliche Bl. zungenförmig, 2–3 mm br.,
gelb, innere Bl. röhrenförmig, zahlreich;
randständige Frucht geflügelt-3kantig.
✿ 6–9. △ Kalkmagerrasen, Waldränder,
lichte Eichen- und Kiefernwälder; verbreitet. Gebirge Mittel- und Südeuropas.

2 Arnika, Bergwohlverleih
Arnica montana L.
Pfl. 20–50 cm, mit grundständiger, meist
4blättriger Rosette; St.b. gegenständig,
eiförmig, spitz; Bl.köpfe 1 (selten bis 5),
5–8 cm br.; randliche Bl. zungenförmig,
2–3 cm lg. und 4–6 mm br. ✿ 6–7. Geschützt! △ Silikatmagerrasen, Moorwiesen; in den Alpen bis etwa 2500 m;
zerstreut. Hauptsächlich Gebirge Mitteleuropas, nördlich bis Südschweden,
südlich bis Nordspanien, Pyrenäen.
GefGr. 3!

3 Raukenblättriges Greiskraut
Senecio erucifolius L.
Pfl. 30–120 cm; B. im Umriss eiförmig,
tief 1–2fach fiederteilig, mit linealischen
B.zipfeln; Bl.köpfe etwa 1,5 cm br., in
doldenartiger Rispe; Hülle meist
glockenförmig, dazu noch eine 4–6blätt-
rige Außenhülle; randliche Bl. zungenförmig, 6–8 mm lg., gelb; Frucht 1–2 mm
lg., 6–8rippig, Pappus 6 mm lg. ✿ 8–10.
△ Kalkmagerrasen, Halbtrockenrasen,
trockene Moorwiesen, Raine; häufig.
Europa, nördlich bis Südskandinavien. –
Sehr ähnlich ist das **Jakobs-Greiskraut,**
Senecio jacobaea L., aber B. mit breite-
ren B.abschnitten und größerem Endlappen; Außenhülle 1–3blättrig; Wegraine,
Gebüsche, Waldränder; verbreitet. Fast
ganz Europa.

4 Spreizblättriges Greiskraut
Senecio erraticus Bert.
Pfl. 30–100 cm, ähnlich Rautenblättri-
gem Greiskraut, aber Außenhülle sehr
kurz, 1–2blättrig; B. dunkelgrün, ungleich geteilt, mit großem Endlappen,
Seitenzipfel der B. fast senkrecht abstehend; St. mit sparrig abstehenden Zweigen. ✿ 7–8. △ Unkrautgesellschaften,
feuchte Wald- und Wegränder; zerstreut.
Mittel- und Südeuropa. Siehe auch
Wasser-Greiskraut, *S. aquaticus* Huds.,
T. 118.

Korbblütengewächse
Compositae oder Asteraceae

1 Färberkamille
Anthemis tinctoria L.
Pfl. 20–50 cm, aufrecht oder aufsteigend; B. gefiedert, mit kammförmig
gesägten Fiederb., behaart; Bl.köpfe
2–5 cm br.; Bl.kopfboden halbkugelig,
mit lanzettlichen, spitzen Spreub.; Randbl. zungenförmig, 8–15 mm lg., gelb, innere Bl. röhrenförmig; Hüllb. filzig, dachziegelig; Hülle halbkugelig. ✿ 6–9.
△ Trockenrasen, Wegränder, Felssteppen; zerstreut; früher wurden die Bl.
zum Färben verwendet. Europa.

2 Silberdistel
Carlina acaulis L.
Pfl. mit dicker Pfahlwurzel und sehr
kurzem St., 10–30 cm, meist 1köpfig; B.
rosettig aufrecht, ganz oder nahe bis auf
den Mittelnerv fiederspaltig, dornig (bei
ssp. *simplex* (W. et Kit.) Arc. B. kraus,
stark gegliedert, mit pfriemlichen,
2–6 mm br. Fiedern; bei ssp. *acaulis* B.
flach, wenig gegliedert, mit eiförmigen,
6–14 mm br. Fiedern); Bl.köpfe 4–7 cm
br.; innere Hüllb. silberweiß, 3–4 cm lg.;
nur mit Röhrenbl., diese weißlich oder
rosa; Pappus 10–15 mm lg. ✿ 7–9. Geschützt! △ Sonnige Magerrasen, lichte
Wälder. Gebirge Mittel- und Südeuropas. – Ähnlich ist die **Akanthusblättrige
Eberwurz,** *C. acanthifolia* All., aber B.
wellig, nur bis zur Mitte oder wenig darüber fiederteilig, mit jederseits 5–7 br.,
buchtig und stachelig gezähnten Abschnitten; Bl.köpfe 10–15 cm br.; innere
Hüllb. gelblich; Pappus 20–25 mm lg.;
Trockenrasen, lichte Wälder. Südalpen,
Ostpyrenäen, Apennin, Gebirge der
Balkanhalbinsel.

3 Golddistel
Carlina vulgaris L.
Pfl. 15–40 cm; St. mehrköpfig; B. länglich-lanzettlich, buchtig dornig gezähnt,
wellig; Bl.köpfe 2–3 cm br.; innere Hüllb.
strohgelb. ✿ 7–9. △ Sonnige Magerrasen, Weg- und Waldränder, lichte

Eichen- und Kiefernwälder; verbreitet.
Europa.

4 Skabiosen Flockenblume
Centaurea scabiosa L.
Pfl. 30–100 cm; B. 1–2fach gefiedert,
Abschnitte länglich-lanzettlich, dunkelgrün; Bl.köpfe 2–3 cm br.; Hüllb. grün,
mit schwarzen, 3eckigen, kammförmig
gefransten Anhängseln; Bl. röhrenförmig, die randständigen größer, purpurn.
✿ 6–9. △ Kalkmagerrasen, Wald- und
Wegränder; verbreitet. Fast ganz Europa. – Die **Rispen-Flockenblume,**
C. stoebe L. (*C. rhenana* Bor.), hat ebenfalls fiederteilige B., aber B.zipfeln linealisch, grau- bis weißfilzig; Bl.köpfe 1 cm
br., rispig gehäuft; Hüllb. oben braun
oder schwarz gefleckt; Trockenrasen,
Felsensteppen; wärmeliebend; selten.
Süddeutschland, trockene Täler der Alpen, Pyrenäen, südlich bis Mittelitalien,
Bulgarien.

5 Gewöhnliches Ferkelkraut
Hypochoeris radicata L.
Pfl. 20–60 cm, mit grundständiger B.-
rosette; B. tief gelappt, kahl oder rauhaarig; St. blaugrün, 1fach oder verzweigt, b.los oder mit schuppenförmigen B.; St. unter dem Bl.kopf wenig
verdickt; Bl.köpfe 2–4 cm br., gelb;
Bl.boden mit Spreub.; Früchte lg. geschnäbelt; Pappus gelblichweiß, 2reihig,
innere Pappushaare gefiedert, ineinander verwebt. ✿ 5–8. △ Magerrasen,
Trockenrasen, magere Weiden. Fast ganz
Europa. – Ähnlich ist noch das **Gefleckte
Ferkelkraut,** *H. maculata* L., mit rotbraun
gefleckten B., 4–5 cm br. Bl.köpfen und
1reihigem Pappus; St. am Grund rauhaarig; Magerrasen, Trockenrasen;
zerstreut.

Korbblütengewächse
Compositae oder Asteraceae

1 Rote Schwarzwurzel
Scorzonera purpurea L.
Pfl. 25–50 cm, am Grund mit vielen
schwarzen Fasern vorjähriger B.; St.
1–3köpfig; grundständige B. grasartig;
Bl.köpfe 3–5 cm br., nur mit Zungenbl.,
hellviolett; Hülle dachziegelig. ✿ 5–60.
Geschützt! △ Trocken- und Halbtrockenrasen; selten. Gebirge Mittel- und Südeuropas, in Deutschland in Wärme- und
Trockengebieten. GefGr. 2!

2 Österreichische Schwarzwurzel
Scorzonera austriaca Willd.
Pfl. 5–30 cm, am Grund mit braunen
Fasern vorjähriger B.; St. 1köpfig; B.
grundständig, lineal-lanzettlich, bläu-
lichgrün, kahl oder wollig flaumig; Köpfe
nur mit Zungenbl., 3–4 cm lg., gelb.
✿ 4–5 (vergl. auch *S.humilis* T. 120).
Geschützt! △ Felssteppen, trockene
Kiefernwälder, kalkhaltige Böden in war-
men Lagen; selten. Süddeutschland,
Südeuropa, Trockentäler der Alpen
(Rhone, Wallis, Aosta, Vintschgau).
GefGr. 1!

3 Kleines Habichtskraut, Mausohr
Hieracium pilosella L.
Pfl. 5–25 cm, mit oberirdischen, entfernt
und klein beblätterten Ausläufern; St.
b.los oder nur mit 1–2 schuppigen B.,
1köpfig; grundständige B. schmal-eiförmig, ganzrandig, unterseits graufilzig;
Hüllb. 1–2 mm br., linealisch, graufilzig;
nur mit Zungenbl., diese hellgelb, außen
oft rot gestreift; Früchte 1–2,5 mm lg.,
mit weißem Pappus. ✿ 5–10. Magerrasen, Heiden, lichte Föhrenwalder. Fast
ganz Europa. – Ähnlich ist das **Öhrchen-
Habichtskraut**, *H. auricula* L., aber St.
2–5köpfig, b.los oder nur mit 1 B.; Pfl.
10–25 cm, mit Ausläufer, deren B. gegen
die Ausläuferspitze größer werdend;
Grundb. spatelförmig, blaugrün, am
Rand und am Grund behaart; Magerrasen, Moorwiesen; verbreitet.

4 Doldiges Habichtskraut
Hieracium cymosum L.
Pfl. 30–60 cm, ohne Ausläufer; St.
1–3blättrig, 10–50köpfig, mit kurzen,
rauen Haaren; grundständige B. lanzettlich, in den Grund allmählich verschmälert, beiderseits sternhaarig; Hülle
mehrreihig, 5–10 mm lg.; Bl. goldgelb
bis braunrot; Früchte 1,5–2,5 mm lg.
✿ 5–7. △ Halbtrockenrasen, kalkhaltige,
trockene, steinige Böden; selten. Mittel-
und Osteuropa. GefGr. 3! – Ähnlich sind
noch: **Wiesen-Habichtskraut**, *H. caespitosum* Dum., aber Pfl. mit Ausläufern;
Bl.köpfe rispig gedrängt; Bl. gelb, Randbl. rötlich gestreift; St. hohl, mit abstehenden, 3–5 mm lg. Haaren; B. höchstens unterseits mit Sternhaaren;
Moorwiesen, Halbtrockenrasen, Wegränder; zerstreut bis selten; GefGr. 3! –
Florentiner Habichtskraut, *H. piloselloi-
des* Vill., Pfl. 20–80 cm, ohne Ausläufer;
B. blaugrün, lineal-lanzettlich, derb,
locker steifborstig behaart; Bl.stand
vielköpfig, locker, gelb; Mager- und
Trockenrasen, Steinbrüche, Kiesbänke;
verbreitet. – **Natternkopf-Habichtskraut**,
H. echioides Lumn., St. mit 5–15 ei-lanzettlichen, derben borsten- und stern-
haarigen B.; Grundb. zur Bl.zeit meist
verwelkt; Bl.köpfe zu 10–30; Sand- und
Silikattrockenrasen; selten. Ost- und
Mitteldeutschland, Osteuropa. GefGr. 3!

5 Blauer Lattich
Lactuca perennis L.
Pfl. 20–60 cm; St. kahl, hohl, oben verzweigt; B. kahl, blaugrün, fiederteilig,
mit lanzettlichen Abschnitten; Bl.köpfe
in lockerer Rispe; Hüllb. schmal weiß
berandet; Krone blau bis lila, 2 cm lg.;
Frucht schwarz, mit Schnabel 10–15 mm
lg. ✿ 5–6. △ Sonnige Trockenrasen,
Felsbänder, Mauern; selten. Süddeutschland, Südeuropa. – Ebenfalls
blaublütig ist der **Tataren-Lattich**, *L. tata-
rica* (L.) C.A.May., mit rotpunktierten
Hüllb.; Frucht grünlichbraun, gefleckt.
Dünen der Ostseeküste.

1

2

3

4

5

Süßgräser
Gramineae oder Poaceae

1 Trauben-Trespe
Bromus racemosus L.
Pfl. 30–80 cm, hellgrün; B. 3–4 mm br.;
Rispe 3–10 cm lg., aufrecht; Ährchen
eiförmig, kahl, 10–15 mm lg., 5–8blütig,
untere Hüllspelze 3–6-, obere 5–9nervig,
Deckspelze pergamentartig, eiförmig,
mit 6–7 mm lg. Granne. ❀ 5–6. △ Feuchtwiesen. Europa. <u>GefGr. 3!</u>

2 Wiesen-Schwingel
Festuca pratensis Huds.
Pfl. 30–80 cm, dunkelgrün; B. 3–5 mm
br., 10–20 cm lg., am Grund mit kahlen
Öhrchen; Rispe schlank, 10–20 cm lg.,
1seitswendig; unterster Rispenast mit
4–5 Ährchen und einem kurzen Zweig
am Grund mit 1(–3) Ährchen; Ährchen
9–11 mm lg., meist 7–8blütig, gelbgrün
oder violett gefleckt, grannenlos.
❀ 6–7. △ Fettwiesen und -weiden,
Moorwiesen; häufig. Europa.

3 Rot-Schwingel
Festuca rubra L.
Pfl. 30–80 cm, lockerrasig, graugrün;
Grundb. borstlich, 0,5–1 mm br.; St.b.
flach, 1–3 mm br., am Grund nicht
geöhrt; B.häutchen kurz, gestutzt; Rispe
aufrecht, 6–15 cm lg.; Ährchen 7–10 mm
lg., 4–6blütig, rötlichviolett oder bräunlich; Granne der Deckspelze 1–2 mm lg.,
unterster Rispenast etwa $^1/_2$ so lg. wie
die Rispe. ❀ 6–7. △ Wiesen, Weiden,
Halbtrockenrasen; häufig. Europa.

4 Wiesen-Rispengras
Poa pratensis L.
Pfl. 10–80 cm, dunkelgrün; B. 3–5 mm
br., flach oder gefaltet (nicht gerollt),
plötzlich kahnförmig zugespitzt, mit
Doppelrinne (so genannte Schispur);
B.häutchen 0,5–2 mm lg., gestutzt;
Bl.rispe 5–10 cm lg., reichblütig; untere
Rispenäste zu 3–5, rau; Ährchen flach,
4–6 mm lg.; Hüllspelzen fast gleich lg.,
wie die Deckspelze behaart. ❀ 5–6.
△ Wiesen, Weiden; häufig. Europa.

5 Gewöhnliches Rispengras
Poa trivialis L.
Sehr ähnlich dem Wiesen-Rispengras,
aber B.häutchen 3–7 mm lg., zugespitzt;
Hüllspelzen sehr ungleich lg.; St. oben
rau. ❀ 5–6. △ Feuchtwiesen, Auenwälder, feuchte Äcker; häufig. Europa.

6 Wiesen-Knäuelgras
Dactylis glomerata L.
Pfl. 30–120 cm, graugrün;
B. 4–10 mm br.; Ährchen 3–4blütig, grün
oft violett überlaufen, an den Rispenästen geknäuelt; Rispe zur Bl.zeit im
Umriss 3eckig, aufrecht, mit abstehen-
dem unterem Rispenast; Hüllspelzen
derb, nicht durchscheinend. ❀ 5–7. Fettwiesen und -weiden, Halbtrockenrasen;
häufig. Europa. – Ähnlich ist das **Wald-
Knäuelgras**, *D. polygama* Horvatovszky,
aber Pfl. hellgrün; B. 3–6 mm br.; Rispe
schlank, meist überhängend; Ährchen
5–6blütig; Hüllspelzen weißlich, durchscheinend. ❀ 5–7; Laubmischwälder.
Mitteleuropa.

7 Wiesen-Kammgras
Cynosurus cristatus L.
Pfl. 20–60 cm; B. 2–3 mm br., fein gerieft, oberseits glänzend, unterseits
mattgrün; B.häutchen 1 mm lg.; Ährenrispe linealisch, 4–10 cm lg., 1seitswen-
dig; Ährchen 2reihig angeordnet, grün,
3–4 mm lg.; jedes fruchtbare Ährchen
mit einem unfruchtbaren, kammartigen
Ährchen. ❀ 6–7 und 9–10. △ Fettweiden
und -wiesen; häufig. Fast ganz Europa.

8 Wolliges Honiggras
Holcus lanatus L.
Pfl. 30–100 cm, graugrün; St.knoten,
B.scheiden und B.spreiten weichhaarig;
B.häutchen 2 mm lg., gefranst; Rispe
6–12 cm lg., rötlich überlaufen; Ährchen
4–5 mm lg., Hüllspelzen am Kiel und am
Rand bewimpert, weißlich, oben rötlich;
Deckspelze weißglänzend, die der ♂ Bl.
mit kurzer Granne. ❀ 6–8. △ Feuchte
Wiesen und Weiden, Flachmoore; häu-
fig. Europa.

1

7

3

4

5

2

8

6

Süßgräser
Poaceae oder Gramineae

1 Glatthafer
Arrhenatherum elatius (L.) J. et C. Presl
Pfl. 50–150 cm; B. flach, 4–8 mm br.,
oberseits kurzhaarig, B.scheiden kahl;
B.häutchen kurz, gestutzt, gezähnt; Ris-
pe 10–20 cm lg.; Ährchen 8–12 mm lg.,
2blütig, nur mit 1 geknieten Granne; un-
tere Hüllspelze 1-, obere 3nervig. ✿ 6–7.
△ Fettwiesen, Wegraine; ergiebiges
Futtergras; häufig. Fast ganz Europa.

2 Gewöhnlicher Goldhafer
Trisetum flavescens (L.) P. B.
Pfl. 30–80 cm, lockerrasig; St. an den
Knoten und darunter behaart; B.schei-
den zottig; B.spreite flach, am Rand bewimpert; B.häutchen 1–2 mm lg.; Rispe
10–20 cm lg., Aste sehr fein, mit 3–12
Ährchen; Ährchen rundlich, 5–8 mm lg.,
2–3blütig, goldgelb, mit 2–3 Grannen;
untere Hüllspelze 1-, obere 3nervig,
Deckspelze 5nervig, 2spaltig, mit
5–7 mm lg., geknieter Granne. ✿ 5–6
und 8–9. △ Fettwiesen, Gebirgswiesen;
gutes Futtergras; häufig. Fast ganz
Europa.

3 Flaumhafer
Avenochloa pubescens (Huds.) Holub.
(*Avena p.* Huds.)
Pfl. 30–100 cm, in lockeren Horsten;
B. flach, 5–10 mm br.; B.scheiden und
untere B. weichhaarig; B.häutchen
3eckig, spitz, 4–6 mm lg.; Rispe 10–20 cm
lg., untere Rispenäste zu 3–5; Ährchen
mit 2–3 Grannen, grünlich, violett und
goldgelb gescheckt; untere Hüllspelze
1nervig, etwa 12 mm lg., obere 3nervig,
etwa 16 mm lg.; Granne 10–20 mm lg.,
unten bandartig, gedreht. ✿ 5–6. △ Magere Wiesen, Kalkmagerrasen; häufig.
Fast ganz Europa.

4 Wiesen-Lieschgras
Phleum pratense L.
Pfl. 20–100 cm, horstbildend; B. hellgrün, rau, 3–8 mm br.; B.häutchen
3–5 mm lg.; Ährenrispe (Scheinähre)
dicht, walzenförmig, 5–20 (30) cm lg.,
5–10 mm br., meist grün, mit sehr kurzen
Ästen, beim Umbiegen nicht lappig; Ährchen von der Form eines Stiefelziehers;
Hüllspelzen nicht verwachsen, zottig
bewimpert; Granne der Hüllspelze
$^1/_4$–$^1/_2$ so lg.; Staubbeutel violett. ✿ 6–8.
△ Fettwiesen und -weiden; ziemlich
häufig. Europa.

5 Wiesen-Fuchsschwanz
Alopecurus pratensis L.
Pfl. 30–100 cm, grasgrün; B. 6–10 mm
br., oberseits rau; B.scheiden glatt,
an den oberen B. etwas aufgeblasen;
B.häutchen 3–5 mm lg; Ährenrispe
(Scheinähre) dicht, walzenförmig, Achse
verdeckt, bis 10 cm lg. und 1 cm br.; Ährchen eiförmig bis elliptisch, kurz gestielt, zu 4–6 je Rispenast; Hüllspelzen
auf $^1/_3$ verwachsen, 5 mm lg., am Kiel
bewimpert; Granne der Deckspelze bis
9 mm lg., meist dicht über dem Grund
eingefügt, schwach gekniet. ✿ 5–6.
△ Frische und feuchte Wiesen, Ufer;
häufig. Fast ganz Europa.

6 Gewöhnliches Ruchgras
Anthoxanthum odoratum L.
Pfl. 10–50 cm, rasenbildend; B. 3–6 mm
br., blaugrün, bitter schmeckend, am
Grund geöhrt und mit Haarkranz;
B.häutchen 1–2 mm lg., gestutzt und
gezähnt; Ährchen 1blütig, zuletzt gelbbraun, mit 4 Hüllspelzen, in kurzer,
schmaler, eiförmiger, 2–4 cm lg. Rispe
(Ährenrispe). ✿ 4–6. △ Magere Wiesen
und Weiden, lichte Laubwälder, Wegränder; häufig. Europa.

3

2

1

4

6

Liliengewächse / Liliaceae

1 Herbstzeitlose
Colchicum autumnale L.
Pfl. 5–30 cm, mit Knolle; zur Bl.zeit im
Herbst b.los; B. br.-lanzettlich, grundständig, etwas fleischig, 12–20 cm lg.
und 2–5 cm br., im Frühjahr zusammen
mit der Fruchtkapsel erscheinend; Bl.b.
6, lila, unten zu einer bis 20 cm lg. Röhre
verwachsen, freier Teil der Bl.b. 4–6 cm
lg. ❀ 8–11. Giftig! △ Feuchte Wiesen,
Auenwälder; verbreitet. Hauptsächlich
Mitteleuropa. – Ähnlich ist die
Alpen-Herbstzeitlose, *C. alpinum* Lam.
et DC., aber alle Pfl.teile kleiner, freier
Teil der Bl.b. 2–3 cm lg; B. lineal-lanzettlich, 7–12 mm br. ❀ 7–9; Gebirgswiesen
der Westalpen und der Gebirge Süd-
ropas. – Bei der **Lichtblume,** *Bulbocodi-
um vernum* L., erscheinen B. und die
rosavioletten Bl. gleichzeitig; Pfl. kro-
kusähnlich, aber Staubb. 6. ❀ 3–5. Gebirgswiesen der Südwestalpen und der
Gebirge Südeuropas.

Amaryllisgewächse
Amaryllidaceae

2 Weiße Narzisse
Narcissus poeticus L.
Pfl. 20–40 cm, 1blütig; B. linealisch, fleischig, blaugrün, 5–10 cm br.; Bl. 3–6 cm
br., weiß, mit kurzer, schüsselförmiger,
gelber Nebenkrone mit krausem, rotem
Rand; Bl.b. 6, unten röhrig verwachsen.
❀ 4–5. Giftig! Geschützt! △ Bergwiesen,
Gartenpfl. und oft verwildert. Hauptsächlich Südwesteuropa.

Schwertliliengewächse / Iridaceae

3 Frühlings-Krokus
Crocus albiflorus Kit.
Pfl. 8–15 cm, mit Knolle, ohne oberirdi-
schem St.; B. grundständig, grasartig,
schmal-linealisch, mit weißem Mittelstreifen: Bl. weiß, violett oder gestreift:
Bl. b. unten zu einer Röhre verwachsen.

❀ 3–4. Geschützt! △ Bergwiesen und
-weiden, in den Alpen bis 2800 m; verbreitet. Gebirge Mittel- und Südeuropas.

Knöterichgewächse / Polygonaceae

4 Wiesen-Sauerampfer
Rumex acetosa L.
Pfl. 30–100 cm; Grundb. lg. gestielt,
spießförmig, ei-länglich, sauer schmeckend, derb, obere B. sitzend; B.schei-
den zerschlitzt oder gezähnt; Bl.stand
verzweigt, locker, unterbrochen, aufrecht; Bl. 1geschlechtig, unscheinbar,
klein; äußere 3 Bl.b. zur Fruchtzeit
zurückgeschlagen, innere 3 Bl.b. 3–4 mm
lg., rundlich oder breiter als lg., nicht
gezähnt, am Grund mit roter oder grüner
Schwiele. ❀ 5–7. △ Wiesen, Weiden,
Wegraine; häufig. Europa. (Hier auch *R.
crispus* und *R. obtusifolius,* siehe T. 4).

5 Wiesen- oder Schlangen-Knöterich
Polygonum bistorta L.
Pfl. 30–80 cm, mit schlangenartig ge-
wundenem Rhizom; B. eiförmig-länglich,
etwas wellig, 10–20 cm lg., die unteren
mit geflügeltem Stiel, obere sitzend;
B.scheiden lg., spitz; Bl.stand ährenartig, 1–2 cm br.; Bl.b. 5, rötlichweiß,
4–5 mm lg. ❀ 5–7. △ Feuchte Wiesen,
Hochstaudenfluren, Auenwälder; häufig.
Hauptsächlich Mitteleuropa, südlich bis
nordspanische Gebirge, Apennin Gebirge der Balkanhalbinsel.

Nelkengewächse / Caryophyllaceae

1 Rote Lichtnelke
Silene dioica (L.) Clairv.
(Melandrium rubrum (Weigel) Garcke)
Pfl. 30–80 cm, weichhaarig; B. eiförmig, spitz, sitzend; Bl. 2–3 cm lg., in lockeren Bl.ständen, 1geschlechtig; Kronb. 5, rot, tief 2lappig; Kelch 10nervig, stark behaart, ± bauchig; Griffel 5; Zähne der Fruchtkapsel nach außen umgerollt. ✿ 4–6. △ Feuchte Wiesen und Waldränder; verbreitet. Fast ganz Europa.

2 Kuckucks-Lichtnelke
Lychnis flos-cuculi L.
Pfl. 30–80 cm; Grundb. spatelförmig, oft gewimpert, gestielt, obere B. lineal-lanzettlich; Bl.stand locker, gabelig verzweigt; Bl. 3–4 cm br.; Kronb. 5, tief in 4 Zipfeln geteilt, rosarot; Kelch 10nervig, oft rötlich. ✿ 5–7. △ Feucht- und Moorwiesen, Flachmoore; verbreitet. Europa.

3 Gewöhnliches Hornkraut
Cerastium holosteoides Fries
(C. caespitosum Gilib., *C. vulgatum* aut.)
Pfl. 10–40 cm, dicht abstehend behaart; B. länglich-eiförmig, dunkel grüngrau, 1–3 cm lg.; Kronb. weiß, 2lappig, etwa so lg. wie die hautrandigen, 4–6 mm lg. Kelchbl. ✿ 4–10. △ Wiesen, Weiden, Wegränder, Äcker; häufig. Europa.

Hahnenfußgewächse Ranunculaceae

4 Scharfer Hahnenfuß
Ranunculus acris L.
Pfl. 30–100 cm, anliegend behaart oder kahl; Grundb. 3–5teilig, die Abschnitte nochmals tief in lineal-lanzettliche Zipfel zerteilt; Bl.stiele rund (nicht gefurcht); Bl. 5zählig, 2–3 cm br.; Kelchb. den Kronb. anliegend; Früchtchen mit kurzem Schnabel. ✿ 5–9. △ Wiesen, Weiden, Wegränder; häufig. Europa.

Kreuzblütengewächse Cruciferae oder Brassicaceae

5 Wiesen-Schaumkraut
Cardamine pratensis L.
Pfl. 10–40 cm; St. hohl, rund; B. unpaarig gefiedert; Grundb. mit rundlich-eiförmigen, St.b. mit linealischen Fiederb.; Kelchb. 4, 3–5 mm lg.; Kronb. 4, 8–14 mm lg., weiß, rosa oder blasslila; Staubbeutel gelb; Schoten 2–4 cm lg. ✿ 4–6. △ Fett- und Nasswiesen, Flachmoore, Ufer, Auenwälder; verbreitet. Fast ganz Europa.

Rosengewächse / Rosaceae

6 Großer Wiesenknopf
Sanguisorba officinalis L.
Pfl. 30–100 cm, grundständiger B. rosette; B. unpaarig gefiedert, mit 7–15 Fiederpaaren; Fiederb. eiförmig, gestielt, 2–5 cm lg., unterseits blaugrün, jederseits mit etwa 12 Zähnen; Bl. klein, dunkelrot, in walzlichen, eiförmigen, 1–3 cm lg. Köpfen; Staubb. 4, kurz, so lg. wie der rotbraune Kelch. ✿ 7–9. △ Nassund Moorwiesen, Bergwiesen; verbreitet. Fast ganz Europa, nördlich bis Südnorwegen, südlich bis Mittelspanien, Kalabrien.

7 Gewöhnlicher Frauenmantel
Alchemilla vulgaris L.
Pfl. 10–30 cm; B. rundlich, 2–12 cm br., zu $^1/_3$–$^2/_3$ in 7–11 gezähnte, halbkreisförmige, trapezförmige oder 3eckige Lappen geteilt, kahl, zerstreut bis dicht anliegend oder abstehend behaart; Behaarung des St. und des reich verzweigten Bl.standes ebenso variabel; Bl. 2–4 mm br., gelbgrün, in lockeren Knäueln; Kronb. fehlend, Kelchb. 2reihig, 4 innere und 4 äußere; Staubb. 4. ✿ 5–8. (Äußerst formenreiche Sammelart mit zahlreichen Kleinarten). △ Fettwiesen und -weiden, Nasswiesen, Quell- und Hochstaudenfluren, Waldränder; verbreitet. Fast ganz Europa.

Schmetterlingsblütengewächse
Fabaceae oder Papilionaceae

1 Weiß-Klee
Trifolium repens L.
Pfl. 15–45 cm, kriechend, an den Knoten
wurzelnd; B. 3zählig, B.chen eiförmig,
fein gezähnt, kahl; Nebenb. trockenhäutig; Bl.köpfe kugelig, einzeln; Einzelbl.
2–5 mm lg. gestielt, nach dem Verblühen
hängend; Kelch 10nervig; Krone
7–12 mm lg., weiß, später bräunlich.
✿ 5–9. △ Fettweiden, Wiesen, Parkrasen, Wegränder, Äcker; häufig. Europa.

2 Wiesen-Klee
Trifolium pratense L.
Pfl. 10–30 cm; B. 3zählig, B.chen eiförmig, ganzrandig, meist gefleckt;
Nebenb. eiförmig, mit bewimperter
Grannenspitze; Bl.köpfe kugelig, meist
zu 2, mit 2 Tragb.; Bl. rot; Kelch 10ner-
vig, Kelchzähne behaart. ✿ 6–9. △ Wiesen, Weiden, Wegränder; häufig. Europa.

3 Schweden-Klee
Trifolium hybridum L.
Pfl. 20–40 cm, aufsteigend, nicht an den
Knoten wurzelnd; B. 3zählig, B.chen fein
gezähnt, Nebenb. krautig; Bl.köpfe kugelig oder eiförmig; Stiele der Einzelbl.
2–3mal so lg. wie die 5nervige Kelchröhre; Krone weiß bis rötlich. ✿ 5–9. △ Fett-
und Nasswiesen, Wegränder; Kulturpfl.;
verbreitet. Fast ganz Europa.

4 Kleiner oder Faden-Klee
Trifolium dubium Sibth. (*T. minus* Sm.)
Pfl. 5–15 cm, niederliegend; B. 3zählig,
bläulichgrün, kahl, mittleres B.chen
länger gestielt als die seitlichen, ohne
Spitzchen (vergleiche *Medicago lupulina* T. 57); Nebenb. eiförmig-lanzettlich;
Bl.köpfe 10–20blütig, 6–8 mm br.; Krone
gelb, 3–4 mm lg. ✿ 5–9. △ Wiesen, Weiden, Wegränder; verbreitet. Fast ganz
Europa.

5 Wiesen-Platterbse
Lathyrus pratensis L.
Pfl. 30–100 cm; B. mit 2 länglich-lanzett-
lichen, parallelnervigen Fiederb. und
Endranke; Nebenb. fast so groß wie die
Fiederb.; St. kantig; Bl. 10–15 mm lg.,
gelb, in 3–10blütigen Trauben. ✿ 6–8.
△ Fettwiesen, Moorwiesen, Ufer, Wald-
ränder; verbreitet. Fast ganz Europa.

6 Vogel-Wicke
Vicia cracca L.
Pfl. 30–100 cm, niederliegend, aufsteigend oder kletternd; B. mit 12–30 lanzettlichen, 2–6 mm br. Fiederb. und
verzweigter Ranke; Bl. zu 10–30 in lg.
gestielten Trauben, der Stiel etwa so lg.
wie ihr Tragb.; Krone 8–12 mm lg., blauviolett, Platte der Fahne etwa so lg. wie
ihr Nagel; Hülse 10–25 mm lg., 4–6 mm
br. ✿ 6–8. △ Wiesen, Weiden, Waldränder, Ufer verbreitet. Europa.

Storchschnabelgewächse
Geraniaceae

7 Wiesen-Storchschnabel
Geranium pratense L.
Pfl. 20–60 cm, oberwärts schwach drüsig behaart; B. meist 7teilig, mit schmalen, fiederspaltigen Abschnitten; Bl.
meist zu 2; Kronb. 12–20 mm lg., blauviolett; Staubfäden am Grund 3eckig
verbreitert; Bl.stiele nach dem Verblühen abwärts gebogen, zur Fruchtreife
oft wieder aufwärts gerichtet. ✿ 6–8.
△ Fettwiesen, Wegraine; zerstreut. Fast
ganz Europa. Sehr ähnlich ist der Wald-
Storchschnabel, *G. sylvaticum* L., aber
B.abschnitte br.-rhombisch, eingeschnitten, gesägt; Bl. rotviolett, Staubfäden
lanzettlich; Bl.stiele nach dem Verblühen aufrecht bleibend. Bergwiesen,
Hochstaudenfluren.

Doldengewächse
Umbelliferae oder Apiaceae

1 Wiesen-Kerbel
Anthriscus sylvestris (L.) Hoffm.
Pfl. 60–150 cm, mehrjährig; B. 2–3fach gefiedert, Fiederb.chen lanzettlich, zugespitzt; Bl.dolde 8–15strahlig; Hüllb. fehlend; Hüllchenb. 4–8, br.-lanzettlich, plötzlich lg. zugespitzt, am Rand gewimpert, 2–5 mm lg.; Bl. weiß, gleich groß; Frucht 6–10 mm lg., etwas kürzer als ihr Stiel. ✿ 4–6. △ Fettwiesen, Wegraine, Hecken, Waldränder, Auenwälder; häufig. Europa. – Ähnlich ist der **Garten-Kerbel**, *A. cerefolium* (L.) Hoffm., aber Pfl. kleiner, aromatisch riechend, 1jährig; B. weich, hellgrün, 2–4fach fiederteilig, mit ei-länglichen, nochmals eingeschnittenen oder kerbig gezähnten Abschnitten; Doldenstrahlen dicht flaumhaarig; Frucht linealisch, glatt, 6–10 mm lg., länger als ihr Stiel. ✿ 5–8. Hecken, Zäune, Gärten, Weinberge, Waldränder. Südosteuropa, sonst eingebürgert und verwildert; Gewürzpfl.

2 Große Bibernelle
Pimpinella major (L.) Huds.
Pfl. 40–100 cm; B. 1fach gefiedert, glänzend, jederseits mit 2–4 eiförmigen, 1–4 cm lg., grob gezähnten Fiederb. und schwach 3lappiger, gezähnter Endfieder; St. kantig gefurcht; Bl.dolde 10–15strahlig; Hülle und Hüllchen fehlend; Krone 2–3 mm br., weiß oder rosa; Griffel nach dem Abblühen länger als die junge Frucht. ✿ 6–9. △ Wiesen, Staudenfluren; häufig. Europa, nördl. bis Südskandinavien, südlich bis Nordspanien, Kalabrien.

3 Kleine Bibernelle
Pimpinella saxifraga L.
Pfl. ähnlich Großer Bibernelle, aber Pfl. 15–50 cm; St. fein gerillt, oben fast b.los; Fiedern der Grundb. eiförmigstumpflich, 10–15 mm lg., matt; Fiedern der St.b. linealisch; Krone weiß oder rosa; Griffel nach dem Abblühen kürzer als die Frucht. ✿ 7–9. △ Silikatmagerrasen,

trockene Kiefernwälder, Heiden; verbreitet; früher Arzneipfl. Fast ganz Europa.

4 Wiesen-Silau, Rossfenchel
Silaum silaus (L.) Sch. et Thell.
Pfl. 30–100 cm; B. 3fach gefiedert; Fiederb.chen schmal-lanzettlich, 1–3 mm br., mit feiner Spitze; Dolde 5–10strahlig; Hüllb. 0–3; Hüllchenb. viele, weißhäutig berandet; Krone gelbgrün, 2 mm br.; Frucht eiförmig, 4 mm lg., mit scharfkantigen, flügelartigen Rippen. ✿ 6–9. △ Moor-, Nass- und Fettwiesen; zerstreut. Hauptsächlich Mitteleuropa.

5 Meisterwurz
Peucedanum ostruthium (L.) Koch
(Imperatoria o. L.)
Pfl. 50–100 cm, mit Ausläufern; St. rund, hohl; B. doppelt 3zählig, 10–30 cm lg.; B.abschnitte br.-eiförmig, 2–7 cm br., gesägt, oder eingeschnitten, unterseits blassgrün; B.scheiden bauchig; Hüllb. 0–1; Dolde 20–50strahlig; Hüllchenb. wenig, fädlich; Krone weiß bis rosa; Frucht rundlich, 4–6 mm, mit br. Seitenrippen. ✿ 7–8. △ Subalpine Hochstaudenfluren, Gebirgswiesen, Grünerlengebüsch, früher im Gebirge als Gewürz- und Arzneipfl. angebaut und verwildert; verbreitet. Hauptsächlich Alpen und mitteleuropäische Mittelgebirge.

Doldengewächse
Umbelliferae oder Apiaceae

1 Wiesen-Kümmel
Carum carvi L.
Pfl. 30–80 cm; B. 2–3fach gefiedert, mit schmal-linealischen, 1 mm br. spitzen Fiederb.chen, am B.grund mit herabgerückten, nebenb.artigen Fiedern; B.scheiden häutig berandet; Bl.dolde 8–16strahlig; Hüllb. 0, Hüllchenb. 0–2; Krone weiß oder rosa, 2–3 mm br.; Frucht eiförmig, 3–4 mm lg. ✿ 4–6.
△ Wiesen und Weiden, besonders im Gebirge, Wegränder; verbreitet. Fast ganz Europa.

2 Wiesen-Bärenklau
Heracleum sphondyleum L.
Pfl. 80–150 cm; St. 5–20 mm dick, steifborstig, kantig gefurcht; Grundb. im Umriss rundlich oder eiförmig, 20–50 cm lg., fiederteilig oder gefiedert, mit großen, br.-eiförmigen bis lanzettlichen, tief gelappten oder grob gezähnten Abschnitten; Dolde 15–30strahlig; Hüllb. 0–3; Krone weiß oder grüngelb, äußere Bl. mit sehr ungleich lg. Kronb.; Frucht 7–11 mm lg., oval, abgeflacht, am Rand geflügelt. ✿ 6–9. △ Fettwiesen, Ufer, Gräben, Auenwälder, Hochstaudenfluren; häufig. Europa. – Der **Riesen-Bärenklau** oder **Herkulesstaude**, *H. mantegazzianum* Sommier et Levier, wird bis über 3 m hoch; St. am Grund bis 10 cm dick, Grundb. über 1 m lg., 3zählig zerschnitten; Bl.dolde bis 50 cm br., 50–150strahlig; Frucht eiförmig 10–14 mm lg. ✿ 6–8. Straßenränder, Flussauen. Aus dem Kaukasus um 1900 eingebürgert und verwildert. Giftig! Die Pfl. erzeugt bei Berührung starke Hautreizungen!

Lippenblütengewächse
Labiatae oder Lamiaceae

3 Kriechender Günsel
Ajuga reptans L.
Pfl. 15–30 cm, mit oberirdischen Ausläufern; Grundb. lg. gestielt, spatelförmig,

ganzrandig oder stumpf gezähnt; St.b. allmählich kleiner werdend, oft rotviolett angelaufen; Bl.stand ährenartig; Bl. zu 2–6 in den Achseln der oberen St.b.; Krone blau oder rötlich, 10–15 mm lg. ✿ 5–8. △ Wiesen, Wegränder, Laubwälder; häufig. Fast ganz Europa.

4 Kleine oder **Gewöhnliche Brunelle**
Prunella vulgaris L.
Pfl. 10–25 cm, mit oberirdischen Ausläufern; B. länglich-eiförmig, spärlich behaart, 2–4 cm lg.; Bl.stand ährenartig oder kopfig; Kelch 2lippig, Oberlippe mit 3 kurzen, ungleichen, stachelspitzen Zähnen, Unterlippe mit 2 lanzettlichen, begrannten Zähnen; Krone blauviolett, 8–15 mm lg., etwa 2mal so lg. wie der Kelch (vgl. Großblütige Brunelle, T. 68). ✿ 6–9. △ Wiesen und Weiden, Moorwiesen, Waldwege, Ufer; häufig. Europa.

Braunwurzgewächse
Scrophulariaceae

5 Gamander-Ehrenpreis
Veronica chamaedrys L.
Pfl. 10–30 cm; St. mit 2 Haarreihen; B. gegenständig, kurz gestielt oder sitzend, eiförmig, gekerbt; Bl. in lg. gestielten, lockeren Trauben; Kelch 4teilig; Krone himmelblau, dunkel geadert; Fruchtkapsel 3eckig oder herzförmig, behaart, 4–5 mm br. ✿ 5–6. △ Wiesen, Wald- und Wegränder, lichte Eichenwälder; verbreitet. Europa.

6 Gewöhnlicher Augentrost
Euphrasia officinalis L.
Pfl. 5–25 cm, verzweigt, oben meist drüsenhaarig, B. eiförmig, gegenständig, jederseits mit 3–6 spitzen Zähnen; Bl. einzeln in den Achseln der oberen B.; Kelch 5–6 mm lg.; Krone 8–14 mm lg., weiß, manchmal mit violetter Oberlippe und gelbem Fleck auf der Unterlippe. ✿ 5–10. (Sammelart mit zahlreichen Kleinarten). △ Magere Wiesen und Weiden, Moorwiesen, Trockenrasen, Bergwiesen; häufig. Fast ganz Europa.

2

6

4

3

5

2

1

Braunwurzgewächse
Scrophulariaceae

1 Zottiger Klappertopf
Rhinanthus alectorolophus (Scop.) Poll.
Pfl. 10–60 cm; St. 1fach oder verzweigt, oben zottig behaart; St.b. oval bis ei-lanzettlich, scharf gesägt, kurzhaarig, gegenständig; Bl. einzeln in den Achseln bleichgrüner, zottig behaarter Tragb., diese mit gleichmäßigen, spitzen Zähnen (beim **Begrannten Klappertopf,** *Rh. aristatus* Celak., mit plötzlich stark aufwärtsgekrümmter Kronröhre und kahlem Kelch; Tragb. am Grund mit grannenartig zugespitzten Zähnen); Kelch zottig behaart; Krone 18–23 mm lg., mit aufwärts gebogener Röhre, gelb; Zahn der Oberlippe länger als br., blauviolett, 1–2 mm lg. ✿ 5–7. △ Fettwiesen, Halbtrokkenrasen, Getreidefelder; verbreitet. Hauptsächlich Mitteleuropa. Ähnlich ist auch der **Große Klappertopf,** *Rh. serotinus* (Schönh.) Oborny, mit ebenfalls leicht gekrümmter Kronröhre, aber St. fast kahl; Kelch und Tragb. kahl, letztere lg. zugespitzt, ungleich gezähnt. ✿ 5–8. △ Feuchte Wiesen; verbreitet.

2 Kleiner Klappertopf
Rhinanthus minor L.
Pfl. 15–40 cm, kaum behaart; B. lanzettlich, kahl; Tragb. grün, 3eckig, spitz; Kelch kahl; Krone 13–15 mm lg., hellgelb, mit gerader Röhre; Zahn der Oberlippe breiter als lg., 0,5–1 mm lg., gerundet, weißlich oder blasslila. ✿ 5–8. △ Magere Wiesen, Flachmoore; ziemlich häufig. Fast ganz Europa.

Wegerichgewächse
Plantaginaceae

3 Spitz-Wegerich
Plantago lanceolata L.
Pfl. 10–40 cm; B. in grundständiger Rosette, lanzettlich, ganzrandig, mit 5–7 parallelen Nerven; Bl. 4zählig, unscheinbar, in eiförmig-länglicher Ähre an lg., 5kantigem, aufrechtem Stiel; Kelchb. 4, ungleich; Krone 2–4 mm br., kahl, mit

bräunlichen Kronzipfeln; Staubfäden sehr lg., Staubbeutel gelblich. ✿ 5–9. △ Wiesen, Weiden, Wegränder, Acker; häufig. Fast ganz Europa.

Röte- oder Krappgewächse
Rubiaceae

4 Wiesen-Labkraut
Galium mollugo L.
Pfl. 25–80 cm, niederliegend, aufsteigend oder kletternd; St. 4kantig; B. lineal-lanzettlich, 2–8 mm br., mit aufgesetzter Spitze, zu 6–9 im Quirl; Bl.stand pyramidenförmig, rispenartig; Krone 4zählig, radförmig, 2–5 mm br.; Kronzipfel grannenartig zugespitzt; Bl.stiele etwas länger als die Bl. ✿ 5–9. △ Fettwiesen, Wegraine, Gebüsche, Waldränder; häufig. Europa.

Kardengewächse / Dipsacaceae

5 Wiesen-Knautie, Witwenblume
Knautia arvensis (L.) Coult.
Pfl. 30–80 cm; St. 1fach oder verzweigt, kurzhaarig und rückwarts borstig-zottig; Grundb. ei-lanzettlich, gestielt, ganzrandig oder gezähnt; St.b. sitzend, fiederteilig, gegenständig, graugrün, matt; Bl. in 2–4 cm br., flachen Köpfen; Randbl. größer; Kelch mit 8–10 Borsten; Krone 4teilig, blau- bis rotviolett. ✿ 7–8. △ Fettwiesen, Wald- und Wegränder, Äcker; häufig. Fast ganz Europa.

1

2

3

4

5

Glockenblumengewächse
Campanulaceae

1 Wiesen-Glockenblume
Campanula patula L.
Pfl. 20–50 cm; Grundb. länglich-lanzett-
lich bis spatelig, kurz gestielt, St.b. lan-
zettlich; Bl. in lockerer Rispe aufrecht;
Tragb. kürzer als die Bl.stiele, seitliche
Bl. mit 2 Hochb.; Krone 15–25 mm lg.,
hellblau oder blauviolett, bis auf die
Hälfte 8spaltig; Kelchzipfel schmal-lan-
zettlich. ✿ 5–7. △ Wiesen, Wegränder,
Gebüschsaum; häufig. Fast ganz Europa.

Korbblütengewächse
Compositae oder Asteraceae

2 Gänseblümchen, Maßliebchen
Bellis perennis L.
Pfl. 5–15 cm; St. anliegend behaart,
b.los, 1köpfig; B. in grundständiger
Rosette, spatelförmig, stumpf gezähnt;
Bl.kopf 1–3 cm br.; randliche Bl. zungen-
förmig, meist 1reihig, ♀, weiß oder rosa,
innere Bl. röhrenförmig, 2geschlechtig,
gelb. ✿ Fast ganzjährig. △ Wiesen und
Weiden; häufig. Fast ganz Europa.

3 Wiesen-Schafgarbe
Achillea millefolium L.
Pfl. 15–50 cm, aromatisch duftend; B.
länglich, bis auf dem Mittelnerv 2–3fach
fiederteilig, 2–3 cm br.; Bl.köpfe 3–6 mm
br., in doldenartigen Bl.ständen; randliche Bl. zungenförmig, zu 3–5, kürzer als
die Hülle, weiß oder rötlich; Hüllb. braun
berandet. ✿ 6–10. △ Wiesen, Weiden,
Halbtrockenrasen, Äcker; häufig.
Europa.

4 Gewöhnliche Wucherblume,
Margerite
Leucanthemum vulgare Lamk.
(Chrysanthemum leucanthemum L.)
Pfl. 20–50 cm; B. länglich-lanzettlich,
grob gesägt, die unteren gestielt die
oberen sitzend; St.b. kleiner; St. 1fach
oder verzweigt; Bl.köpfe 3–6 cm br.;
Bl.kopfboden ohne Spreub.; Zungenbl.
weiß, Röhrenbl. gelb; Hüllb. schwarz

oder braun berandet. ✿ 6–10. (Formenreich, mit vielen Kleinarten). △ Wiesen,
Weiden, Wegränder, Äcker; häufig. Fast
ganz Europa.

5 Wiesen-Flockenblume
Centaurea jacea L.
Pfl. 20–80 cm; St. aufrecht, kantig, rau;
B. ei-lanzettlich bis lanzettlich, die unteren in den Stiel verschmälert, manchmal
gefiedert, die oberen sitzend; Bl.köpfe
einzeln, 3–6 cm br.; Randbl. vergrößert,
rotviolett; Spitze der Hüllb. als trocken-
häutiges, rundliches, meist gefranstes,
bräunliches Anhängsel vom übrigen
Hüllb. deutlich abgesetzt oder abge-
schnürt. ✿ 6–10. △ Wiesen, Weiden,
Magerrasen, Moorwiesen; verbreitet.
Fast ganz Europa. – Ähnlich ist die
Schwarze Flockenblume, *C. nigra* L.,
aber Randbl. nicht größer als die übrigen; Anhängsel der Hüllb. lg. kammförmig gefranst, meist schwarz und die
grünen Hüllb. verdeckend. ✿ 7–9; Bergwiesen, Heiden, Silikatmagerrasen;
kalkmeidend; zerstreut. Hauptsächlich
Mittel- und Westeuropa.

6 Perücken-Flockenblume
Centaurea pseudophrygia C.A. Mey
Pfl. 30–80 cm; St. wenigköpfig; B. eiförmig, fein gezähnt, untere kurz gestielt,
obere st.umfassend; Hülle der Bl.köpfe
15–20 mm lg. und ebenso br.; Randbl.
strahlig verlängert; Anhängsel der Hüllb.
bräunlich, lg. fiederig gefranst, in eine
1 cm lg. Federgranne endend. ✿ 7–9.
△ Bergwiesen, Gebüsche; zerstreut.
Hauptsächlich Gebirge Mitteleuropas,
nördlich bis Südskandinavien.

5

4

3

6

2

Korbblütengewächse
Compositae oder Asteraceae

1 Herbst-Löwenzahn
Leontodon autumnalis L.
Pfl. 10–40 cm; St. verzweigt, mehrköpfig, unter den Köpfen verdickt, oberwärts mit vielen Schuppenb.; grundständige B. tief fiederteilig, mit schmallanzettlichen Abschnitten, kahl; Köpfe vor dem Aufblühen aufrecht; Hülle kahl bis dicht behaart; Bl. gelb; Früchte mit gelblichweißem Pappus. ✿ 7–9. △ Fettwiesen und -weiden, Parkrasen, Wegränder; verbreitet. Europa.

2 Rauer Löwenzahn
Leontodon hispidus L.
Pfl. 10–40 cm; St. 1köpfig, unter dem Kopf oft verdickt, mit 0–2 Schuppenb.; grundständige B. buchtig gezähnt, kahl oder mit Gabelhaaren; Bl.köpfe 2–4 cm br., vor dem Aufblühen nickend, nur mit Zungenbl., gelb; Hülle borstig oder kahl; alle Früchte mit schmutzigweißem oder bräunlichem Pappus und gefiederten Pappushaaren. ✿ 6–10. (Sehr formenreich). △ Fettwiesen und -weiden, Moor- und Nasswiesen, Steinschutt der Hochgebirge; verbreitet. Fast ganz Europa.

3 Wiesen-Bocksbart
Tragopogon pratensis L.
Pfl. 30–70 cm; B. schmal-lanzettlich, lg. zugespitzt, ganzrandig; Stiele unter den Bl.köpfen nicht oder kaum verdickt; Hüllb. meist 8, 2–3 cm lg., über dem Grund eingeschnürt; Bl.köpfe 3–5 cm br., nur mit Zungenbl., gelb; Frucht geschnäbelt, Pappushaare federig, ineinander verwebt. ✿ 5–7. (Formenreich, mit mehreren Kleinarten, siehe auch *T. dubius* T. 40). △ Fettwiesen, Wegränder, Halbtrockenrasen; verbreitet. Fast ganz Europa.

4 Gemeiner oder Wiesen-Löwenzahn
Taraxacum officinale Web.
Pfl. 10–40 cm, mit lg. Pfahlwurzel; B. rosettenständig, länglich, stark gelappt, fiederspaltig oder gezähnt, grasgrün; St.

1köpfig, hohl, b.los; äußere Hüllb. der 3–6 cm br. Bl.köpfe zurückgeschlagen, linealisch; Bl. gelb; Frucht lg. geschnäbelt. ✿ 4–7. △ Fettwiesen und -weiden, Wege, Äcker, Schutt; häufig. Europa.

5 Zweijähriger oder Wiesen-Pippau
Crepis biennis L.
Pfl. 30–100 cm, 2jährig; St. verzweigt, vielköpfig; B. länglich, buchtig gezähnt bis fiederteilig, untere in den Stiel verschmälert, obere sitzend oder st. umfassend; Bl.köpfe 20–35 mm br., gelb; Hülle glockenförmig, behaart, oft mit gelben oder schwarzen Drüsenhaaren; Früchte ungeschnäbelt, 4–6 mm lg., oben verschmälert, Pappus weiß. ✿ 5–6. △ Fettwiesen, Wegränder; verbreitet. Fast ganz Europa. – Ähnlich ist der **Kleinköpfige Pippau**, *C. capillaris* (L.) Wallr., aber St.b. am Grund deutlich pfeilförmig st.umfassend; Bl.köpfe 10–15 mm br.; Früchte 10rippig, 2 mm lg., oben stark verschmälert. ✿ 6–9. Wiesen, Weiden, auch Unkrautfluren; verbreitet. – Auf feuchten Fettwiesen und -weiden, besonders der Gebirge, kommt noch der **Weichhaarige Pippau**, *C. mollis* (Jacq.) Aschers. vor, Pfl. 30–75 cm; Grundb. ei-länglich, meist ganzrandig, in den geflügelten Stiel verschmälert; St.b. halbst.umfassend sitzend; Hülle schwarzdrüsig; Früchte 20rippig, 3–4 mm lg. ✿ 6–8; zerstreut.

6 Gold-Pippau
Crepis aurea (L.) Cass.
Pfl. 5–20 cm; B. in grundständiger Rosette, tief buchtig gezähnt, löwenzahnartig, kahl; St. unverzweigt, b.los, oben schwarz behaart; Bl.köpfe 2–4 cm br., nur mit orangegelben bis roten Zungenbl.; Hülle abstehend schwarzhaarig; Früchte 6 mm lg., nach oben verschmälert, 15–20rippig. ✿ 7–9. △ Bergwiesen, Matten, etwa 900–2900 m; verbreitet. Gebirge Mittel- und Südeuropas (östlich).

Laichkrautgewächse
Potamogetonaceae

1 Dichtes Fischkraut, D. Laichkraut
Groenlandia densa (L.) Fourr.
Pfl. 20–40 cm; B. untergetaucht, paarweise, fast gegenständig genähert, 1–2 cm lg., lanzettlich, gesägt; Bl.ähre wenigblütig. ✿ 5–8. △ Langsam fließende, kühle Gewässer; zerstreut. Fast ganz Europa. GefGr. 2!

2 Kamm-Laichkraut
Potamogeton pectinatus L.
Pfl. bis 2 m; St. stark gabelästig; B. grasartig, 1–4 mm br., 3nervig und quernervig, am Grund mit bis 5 cm lg. B.scheiden; Bl.ähre locker, 3–5 cm lg.; Früchtchen fast halbkreisförmig, am Rücken gekielt, gelbbraun, etwa 4 mm lg. ✿ 6–8. △ Nährstoffreiche Seen, Teiche, Gräben, bis 4 m Tiefe; ziemlich häufig. Europa. – Ähnlich ist das **Fadenblättrige Laichkraut,** *P. filiformis* Pers., aber St. nur am Grund verästelt; B. fadenförmig, 1nervig; Früchtchen schief-elliptisch, am Rücken gerundet, grünlich, 2 mm lg.; klare Seen und Bäche; GefGr. 2!

3 Krauses Laichkraut
Potamogeton crispus L.
Pfl. 30–20 cm, meist verzweigt; B. länglich, bis 10 cm lg., wellig kraus, sitzend; Bl.ähre wenigblütig; Früchtchen am Grund miteinander verwachsen, 5–6 mm lg., mit hakig gebogenem Schnabel. ✿ 5–9. △ In stehenden oder langsam fließenden, nährstoffreichen, Gewässern; ziemlich häufig. Fast ganz Europa.

4 Durchwachsenblättriges Laichkraut
Potamogeton perfoliatus L.
Pfl. 1–6 m, reichästig; B. untergetaucht, rundlich-oval, st.umfassend, 3–7 cm lg.; Bl.ähre bis 3 cm lg., auf bis 10 cm lg. Stiel. ✿ 6–8. △ Nährstoffreiche Gewässer bis in etwa 6 m Tiefe; zerstreut. Fast ganz Europa. – Das **Langblättrige Laichkraut,** *P. praelongus* Wulfen, hat ebenfalls st. umfassende, aber länglich-lanzettliche, an der Spitze kappenförmige,

5–15 cm lg. und 2–3 cm br. B.; St. hin- und hergebogen; Ährenstiele bis 20 cm lg.; klare, unverschmutzte Gewässer; selten; GefGr. 2! Das **Glänzende Laichkraut,** *P. lucens* L., hat ovale, spitze, glänzende, 10–25 cm lg. und 3–5 cm br., am Rand wellige, kurz gestielte, untergetauchte B.; Pfl. 1–4 m, verzweigt; Bl.ähre bis 6 cm lg., auf bis 30 cm lg. Stiel, dieser oben verdickt; nährstoffreiche, Gewässer; ziemlich häufig; Europa.

5 Schwimmendes Laichkraut
Potamogeton natans L.
Pfl. 50–150 cm; Schwimmb. lederig, dunkelgrün oder bräunlich, oval, bis 12 cm lg., am Grund meist herzförmig; untergetauchte B. linealisch, binsenartig, zur Bl.zeit verfault; Bl.ähre bis 8 cm lg., Stiel bis 10 cm, überall gleich dick; Früchtchen 4–5 mm lg. ✿ 6–8 △ In langsam fließenden, nährstoffarmen, Gewässern, ziemlich häufig. Europa.

6 Knöterich-Laichkraut
Potamogeton polygonifolius Pour.
Pfl. 30–60 cm, ähnlich *P. natans,* aber Schwimmb. 2–5 cm lg., elliptisch, am Grund verschmälert, 1–2mal so lg. wie br.; Tauchb. lanzettlich; B.stiele oberseits flach; Ährenstiele oberwärts nicht verdickt. ✿ 6–8. △ Kalkarme, nährstoffarme Gewässer, Moorgräben; selten. Mittel- und Südeuropa (westlich). GefGr. 3! – Ähnlich ist auch das **Flutende** oder **Knoten-Laichkraut,** *P. nodosus* Poir. *(P. fluitans* Roth.), aber Schwimmb. länglich-lanzettlich, 2–4mal so lg. wie br.; Ährenstiele oberwärts verdickt; langsam fließende Gewässer; zerstreut.

7 Alpen-Laichkraut
Potamogeton alpinus Balb.
Pfl. 30–200 cm; Schwimmb. selten, eiförmig; untergetauchte B. lanzettlich, 10–20 cm lg., 2–2,5 cm br., die oberen oft rötlich; Stiel der Bl.ähre nach oben verdickt; B.häutchen bis 6 cm lg. ✿ 6–8. △ Kühle, meist unverschmutzte Stillgewässer; zerstreut. Mittel- und Nordeuropa, Alpen, Pyrenäen. GefGr. 3!

Laichkrautgewächse
Potamogetonaceae

1 Kleines Laichkraut
Potamogeton pusillus L.
Pfl. 30–80 cm, untergetaucht; St. dünn,
fädlich, ästig; St.glieder 2–4 cm lg.; B.
schmal lineal, 15–30 mm lg., stumpflich,
meist 3nervig; Ährenstiele 2–3mal so lg.
wie die Ähre; Früchtchen schief elliptisch, bis 1,5 mm lg. ✿ 6–9. △ Klare,
mäßig nährstoffreiche Seen oder langsam fließende Gewässer; verbreitet,
aber oft selten geworden. Europa. – Weitere sehr ähnliche Arten sind: **Haar-Laich-
kraut,** *P. trichoides* Cham. et Schlecht.,
aber B. 1nervig, kaum 0,5 mm br., fein
zugespitzt. GefGr. 3! – **Stachelspitziges
Laichkraut,** *P. friesii* Rupr., B. 3–5nervig,
bis 2,5 mm br., stumpflich; Ährenstiele
nach oben verdickt. GefGr. 2!

Teichfadengewächse
Zannichelliaceae

2 Sumpf-Teichfaden
Zannichellia palustris L.
Pfl. bis 50 cm, stark verästelt, im Wasser
flutend; B. gegen- oder quirlständig,
2–10 cm lg., mit großen B.häutchen und
2 kleineren B.schuppen; B. bis 1,5 mm
br., fein zugespitzt; 1 ♂ Bl. und 1–6 ♀
Bl. in einer B.achsel; Früchtchen zu 1–4,
2–4 mm lg. ✿ 5–9. △ Stehende oder
langsam fließende, nährstoffreiche Gewässer, über schlammigem Grund, in
0,5–2,5 m Tiefe. Europa.

Nixenkrautgewächse / Najadaceae

3 Großes Nixenkraut
Najas marina L.
Pfl. untergetaucht, starr, zerbrechlich,
10–100 cm; B. 1–4 cm lg. und 1–3 mm
br., gezähnt; St. und B.ränder meist be-
stachelt; B.scheiden ganzrandig, selten
mit 1–4 kleinen Zähnen; Bl. unscheinbar,
in den B.achseln sitzend. ✿ 6–8.
△ Mäßig nährstoffreiche, ruhige Gewässer, meist auf Schlammböden; selten.
Europa. GefGr. 3!

Blasenbinsengewächse
Scheuchzeriaceae

4 Blasenbinse
Scheuchzeria palustris L.
Pfl. 10–20 cm; St. beblättert; B. grasartig, gelblichgrün, am Grund lg.scheidig;
Bl. in 3–10blütigen Trauben, mit großen
Tragb.; Bl.hüllb. 6, gelbgrün, unscheinbar; Früchtchen meist 3, schief-eiförmig,
aufgeblasen. ✿ 5–6. Geschützt! △ Hoch-
und Zwischenmoorschlenken, Schwingrasen; selten. Nord- und Mitteleuropa,
südlich bis Pyrenäen, Norditalien und
nördliche Balkanhalbinsel. GefGr. 2!

Froschlöffelgewächse
Alismataceae

5 Pfeilkraut
Sagittaria sagittifolia L.
Pfl. 30–100 cm; untere B. flutend, bandförmig; Schwimmb. mit ovaler bis pfeil-
förmiger Spreite, obere B. aufrecht, tief
pfeilförmig; Bl. quirlständig; innere
3 Bl.b. weiß, 2mal so lg. wie die 3 äußeren, grünen. ✿ 6–8. △ Teiche, Ufer,
Gräben, Röhrichtgesellschaften, nährstoffreiche Gewässer; ziemlich selten.
Fast ganz Europa.

6 Gemeiner Froschlöffel
Alisma plantago-aquatica L.
Pfl. 20–90 cm, aus dem Wasser ragend;
B. eiförmig, am Grund abgerundet oder
herzförmig, B.spreite 5–25 cm lg.; Bl. in
Quirlen, die inneren Bl.b. weiß, 2–3mal
so lg. wie die 3 äußeren, grünen. ✿ 6–8.
△ Teiche, Ufer von Seen und langsam
fließenden, nährstoffreichen Gewässern,
Röhricht- und Großseggengesellschaften; zerstreut. Europa. – Der seltenere
Lanzettblättrige Froschlöffel, *A. lanceo-
latum* With., hat lanzettliche, in den Stiel
verschmälerte B. und zugespitzte Bl.b.
und der seltene **Grasblättrige Froschlöffel,** *A. gramineum* Lej., hat untergetauchte, bandförmige B. und abgerundete Bl.b.

Dreizackgewächse / Juncaginaceae

1 Sumpf-Dreizack
Triglochin palustre L.
Pfl. 10–50 cm; B. alle grundständig,
grasartig, 2zeilig; Bl. in lockeren,
tragb.losen Trauben; keine Bl.hülle; Narben 3; Staubb. 6; Frucht linealisch, mit
3 Teilfrüchtchen. ✿ 6–8. △ Sumpfwiesen, Gräben, Quell- und Flachmoore;
ziemlich selten. Europa. GefGr. 3!

Schwanenblumengewächse Butomaceae

2 Schwanenblume
Butomus umbellatus L.
Pfl. 50–150 cm; B. grundständig, linealisch, 3kantig, am Grund scheidig, 1 cm
br., bis 100 cm lg., aus dem Wasser ragend; Bl.schaft b.los, stielrund, länger
als die B.; Bl.stand doldenartig; Bl.b. 6,
rötlichweiß, dunkler geadert. ✿ 6–8.
△ Ufer, Gräben, Röhrichte, stehende
und langsam fließende, nährstoffreiche
Gewässer; ziemlich selten. Fast ganz
Europa.

Froschbissgewächse Hydrocharitaceae

3 Wasseraloe, Krebsschere
Stratiotes aloides L.
Wasserpfl., 15–40 cm, frei schwimmend,
mit Ausläufern; B. schwertförmig, 3kantig, stachelig gesägt, zu einer trichterförmigen Rosette angeordnet; Bl. 3–4 cm
br.; ♂ Bl. gestielt, ♀ Bl. sitzend; äußere
3 Bl.b. oval, grün, innere 3 Bl.b. rundlich,
2 cm br., weiß. ✿ 5–7. Geschützt! △ Stehende oder langsam fließende, nährstoffreiche Gewässer, Altwasser, Gräben; ziemlich selten, stellenweise aber
in Massenvorkommen. Fast ganz Europa. GefGr. 3!

4 Gewöhnlicher Froschbiss
Hydrocharis morsus-ranae L.
Wasserpfl., 15–30 cm, mit Ausläufern,
an denen neue B.rosetten; B. gestielt,
rundlich-nierenförmig, am Grund tief
herzförmig, 2–6 cm br., schwimmend; Bl.
5 cm lg. gestielt, äußere 3 Bl.b. schmal
elliptisch, rosa oder grün, innere 3 Bl.b.
rundlich, weiß, mit gelbem Grund.
✿ 6–8. △ Altwasser, Teiche, Seebuchten, nährstoffreiche, windgeschützte
Gewässer; zerstreut bis selten. Europa.
GefGr. 3!

Froschbissgewächse
Hydrocharitaceae

1 Kanadische Wasserpest
Elodea canadensis Michx.
Wasserpfl., 30–60 cm, flutend oder kriechend, oft stark verzweigt, mit kurzen
St.gliedern; B. meist zu 3 quirlständig,
oval, 1 cm lg., 2–5 mm br., fein gezähnt;
im Gebiet nur ♀ Pfl.; ♀ Bl. 6zählig,
weiß, 4–5 mm br.; Vermehrung vegetativ.
✿ 5–8. △ Langsam fließende, nährstoffreiche Gewässer; verbreitet, oft Massenvorkommen. Herkunft Nordamerika.

Rohrkolbengewächse / Typhaceae

2 Breitblättriger Rohrkolben
Typha latifolia L.
Pfl. 100–250 cm; B. 2zeilig, 10–20 mm
br., beiderseits flach, blaugrün; Bl. in
10–20 cm lg., 2–3 cm br. Kolben, der untere schwarzbraun, breiter, mit ♀ Bl.,
der obere gelbbraun, schmäler, mit ♂
Bl.; ♀ und ♂ Kolben sich berührend und
fast gleich lg. ✿ 7–8. △ Nährstoffreiche
Gewässer, Uferröhricht, Schlammböden,
in 20–150 cm Wassertiefe; ziemlich häufig, aber durch Entwässerungsmaßnah-
men seltener werdend. Fast ganz Europa, nördlich bis Südnorwegen. – Ähnlich
sind noch: **Schmalblättriger Rohrkol-
ben,** *T. angustifolia* L., aber B. 3–10 mm
br., unterseits meist gewölbt; ♀ und ♂
Kolben etwa 3–5 cm voneinander entfernt; Ufer, Gräben; ziemlich selten;
Europa. – **Zwerg-Rohrkolben,** *T. minima*
Hoppe, Pfl. 30–70 cm; B. grasartig,
1–2 mm br., grundständig; St.b. zu
B.scheiden zurückgebildet; Kolben kurz,
eiförmig, 2–4 cm lg., der ♂ Kolben etwas
schmäler; sehr selten. GefGr. 1!

Igelkolbengewächse
Sparganiaceae

3 Ästiger Igelkolben
Sparganium erectum L.
(*S. ramosum* Huds.)
Pfl. 30–50 cm; St. ästig; B. 2zeilig,
schwertförmig, 5–15 mm br., im unteren

Teil 3kantig; Bl. in kugeligen, 1geschlech-
tigen Köpfen, die unteren ♀ und größer,
die oberen ♂ und kleiner; Bl. köpfe rispig angeordnet. ✿ 7–9. △ Uferröhricht,
stehende, nährstoffreiche Gewässer, auf
Schlammböden; verbreitet. Europa.

4 Einfacher Igelkolben
Sparganium emersum Rehm.
(*S. simplex* Huds.)
Pfl. aufrecht, selten flutend, 20–60 cm;
St. unverzweigt; B. 3–10 mm br., gekielt,
am Grund 3kantig; ♂ Bl.köpfe 2–8,
♀ 1–5, ähren- oder traubenförmig angeordnet; Narbe fadenförmig; Frucht lg.
geschnäbelt. ✿ 6–7. △ Stehende oder
langsam fließende Gewässer, Schlammböden; ziemlich selten. Europa.

Süßgräser
Gramineae oder Poaceae

5 Flutender Schwaden
Glyzeria fluitans (L.) R. Br.
Pfl. 40–100 cm, mit lg. Ausläufern;
B. grau- bis grasgrün, 5–10 mm br.,
etwas rau; B.häutchen bis 10 mm lg.,
zerschlitzt; Bl.stand eine 1seitswendige,
oft zusammengezogene Rispe; Rispenäste mit 1–4 Ährchen, diese 10–25 mm
lg.; Deckspelzen 6–7 mm lg., vorne verschmälert, ganzrandig. ✿ 5–8. △ Bäche,
Gräben, Bachröhricht, Auenwälder; häufig. Europa. – Ähnlich sind noch: **Blaugrüner Schwaden,** *G. declinata* Brebiss.,
aber Deckspelzen 3–5 mm lg., vorne mit
3–5 spitzen Zähnen; Rispenäste mit 1–4
Ährchen; B. blaugrün, plötzlich in eine
kurze Spitze zusammengezogen; Gräben, nasse Waldwege; zerstreut. – **Gefal-
teter Schwaden,** *G. plicata* Fr., Deckspelzen 3–4 mm lg., vorne gekerbt oder
stumpf 3lappig; B. grasgrün, lg. zugespitzt; Rispenäste mit 5–15 Ährchen;
Gräben, Bachröhricht; zerstreut.

2

4

3

5

1

Süßgräser
Gramineae oder Poaceae

1 Wasser-Schwaden
Glyzeria maxima (Hartm.) Holmbg.
Pfl. 80–200 cm; St. dick, aufrecht, rohrartig; B. hellgrün, 10–15 mm br.; B.häutchen 1–3 mm lg., gestutzt, B.scheiden gekielt, rau; Rispe dicht, reichblütig, 20–40 cm lg.; Ährchen 5–8 mm lg. ✿ 7–8. △ Uferröhricht, stehende oder langsam fließende, nährstoffreiche Gewässer; häufig. Fast ganz Europa.

2 Hunds-Straußgras
Agrostis canina L.
Pfl. 20–60 cm; Ausläufer oberirdisch, mit dichten B.büscheln; Kriechtriebe oft Wurzeln bildend; B. weich, graugrün, die grundständigen borstenförmig, die St.b. flach, 1–3 mm br., mit 2–4 mm lg., zugespitzten B.häutchen; Bl.rispe nach der Blüte zusammengezogen; Ährchen 2–3 mm lg., 1blütig; Hüllspelzen 1nervig, spitz; Deckspelzen 4–5nervig, stumpf, am Rücken, unter der Mitte begrannt; Vorspelze fehlend oder sehr klein. ✿ 6–8. △ Quell- und Flachmoore, Sümpfe, Ufer; häufig. Europa. – Ähnlich ist das **Rote Straußgras**, *A. tenuis* Sibth., aber Bl.rispe nach der Blüte ausgebreitet; Vorspelze 1/2 so lg. wie die Deckspelze; B.häutchen 1–1,5 mm lg., gestutzt (siehe T. 42).

3 Blaues Pfeifengras
Molinia caerulea (L.) Moench
Pfl. 50–100 cm, am Grund zwiebelartig verdickt; untere St.glieder sehr kurz, oberstes St.glied sehr lg., den ganzen oberirdischen St. bildend, St. daher knotenlos; B. blaugrün, flach, rau, am Grund schwach bewimpert, anstelle des B.häutchens ein Haarbüschel; Rispe schmal, bis 30 cm lg., meist schieferblau, seltener violett oder grün; Ährchen 6–8 mm lg.; Deckspelzen 3–4 mm lg., unbegrannt. ✿ 6–9. △ Moorwiesen, feuchte Sand- und Moorböden, Heidemoore; in den Alpen bis über 2000 m; häufig. Fast ganz Europa.

4 Rohr-Glanzgras
Phalaris arundinacea L.
Pfl. schilfartig, 50–200 cm; B. 6–12 mm br., flach; B.häutchen 3–6 mm lg., oft zerschlitzt; Rispe straußförmig, 10–20 cm lg., weißlichgrün oder rötlich; Ährchen 5–7 mm lg., an den Rispenästen zu dichten Knäueln zusammengerückt, 1blütig, mit 4 Hüllspelzen. ✿ 6–7. △ Uferröhricht, Erlenbrüche, Auenwälder, oft reine Bestände bildend; häufig. Europa. Oft zur Ufersicherung von Fließgewässern angepflanzt.

5 Knick-Fuchsschwanz
Alopecurus geniculatus L.
Pfl. 15–40 cm; St. niederliegend, oft im Wasser flutend, an den Knoten wurzelnd; B. graugrün, 2–8 mm br.; B.scheiden etwas aufgeblasen; Ährenrispe 2–5 cm lg. und 4–5 mm br.; Granne unter der Mitte der Deckspelze eingefügt; Staubb. hellgelb, dann rostbraun. ✿ 5–9. △ Ufer, Flutmulden, nasse Wege, Gräben; zerstreut. Europa. – Ähnlich ist der **Rote Fuchsschwanz**, *A. aequalis* Sobol., aber Granne über der Mitte der Deckspelze eingefügt; Staubb. weißlich, dann ziegelrot; B.scheiden oft blauviolett; Gräben, Teichränder.

2

3

4

5

Süßgräser
Gramineae oder Poaceae

1 Gewöhnliches Schilf
Phragmites australis (Cav.) Steud.
(*P. communis* Trin.)
Pfl. 10–400 cm, bis 4 m lg. unterirdische
Ausläufer treibend; B. graugrün, 2–3 cm
br.; anstelle des B.häutchens ein Haarbüschel; Rispe 15–40 cm lg., schwach
1seitswendig, bräunlich oder rötlich,
zuletzt hängend; Ährchen 6–10 mm lg.,
3–8blütig, am Grund der Bl. mit 1 cm lg.
Seidenhaaren; Deckspelzen kahl. ✿ 7–9.
△ Uferröhricht, bis 2 m Wassertiefe,
Moorwiesen, feuchte Äcker, Auenwälder; oft reine, ausgedehnte Bestände
bildend; häufig. Europa. Oft zur Ufersicherung von Flüssen, Bächen und Seen
gepflanzt. – Ähnlich ist das **Riesenschilf,**
Arundo donax L., Pfl. 2–5 m, mit dickem
St.; B. 3–4 cm br.; B.häutchen sehr kurz;
Rispe 40–70 cm lg., weißlichgrün oder
violett, zuletzt silbrig; Ährchen 12 mm
lg.; Deckspelzen 3spitzig, dicht mit bis
1 cm lg. Silberhaaren bedeckt; ✿ 9–12.
Sumpfige Stellen, Ufer, Teichränder.
Südeuropa.

Riedgrasgewächse
oder Sauergräser / Cyperaceae

2 Scheidiges Wollgras
Eriophorum vaginatum L.
Pfl. dichtrasig, 30–60 cm, feste Horste
aus borstenförmigen B. bildend; Ausläufer fehlend; St.b. am Rand rau, mit aufgeblasener Scheide; St. unten rund,
oberwärts 3kantig, mit 1 endständigen,
zu Bl.zeit eiförmig-länglichen, bis 2 cm
lg. Ähre, zur Fruchtzeit mit weißwolligem
Kopf, gebildet aus 2–4 cm lg. weißen
Bl.borsten. ✿ 4–5. △ Hochmoore, Kie-
fern- und Birkenmoore, saure nährstoffarme Torfböden; zerstreut, aber oft bestandsbildend. Mittel- und Nordeuropa,
Pyrenäen und spanische Gebirge.

3 Scheuchzers Wollgras
Eriophorum scheuchzeri Hoppe
Pfl. 10–40 cm, rasenbildend; St. rund,
mit 1 endständigen, kugeligen, zur
Bl.zeit runden, 1 cm lg. Ähre; St.b. glatt,
ohne aufgeblasener Scheide. ✿ 6–9.
△ Quellfluren, Alpenmoore; zerstreut.
Alpen, Pyrenäen, Tatra, Karpaten, Skan-
dinavien.

4 Breitblättriges Wollgras
Eriophorum latifolium Hoppe
Pfl. 30–60 cm, dichtrasig, ohne Ausläufer; St. stumpf 3kantig; B.scheiden der
unteren B. schwarzbraun, zuletzt netznervig; St.b. schmal-lanzettlich, 3–8 mm
br.; Ähre zu 4–10, deren Stiele rau;
Bl.hülle aus weichen Borsten und Haaren, zur Fruchtzeit weißwollige Köpfe
bildend. ✿ 4–6. △ Flachmoore und
Quellsümpfe zerstreut bis selten. Europa GefGr. 3! Das **Schlanke Wollgras,** *E.
gracile* Koch hat 1–2 mm br., rinnige B.,
raue Ährenstiele und stumpf 3kantigen,
oft übergebogenen St.; Ähren zu 3–4,
klein; Übergangsmoore, selten. GefGr. 1!

5 Schmalblättriges Wollgras
Eriophorum angustifolium Honck.
Pfl. 30–60 cm, mit unterirdischen Ausläufern; Pfl. am Grund rosarot überlaufen; St. stielrund; St.b. linealisch, rinnig,
3–6 mm br., in eine 3kantige Spitze verschmälert; oberste B.scheiden blasig
erweitert; Ährenstiele glatt. ✿ 4–5.
△ Flach- und Quellmoore, Übergangsmoore; verbreitet. Fast ganz Europa.

Tafel 93 Gewässer, Moore, Sümpfe

Riedgrasgewächse oder Sauergräser / Cyperaceae

1 Rasenbinse
Trichophorum cespitosum (L.) Hartmann
Pfl. 5–30 cm, dichte, feste Polster bildend; St. stielrund, gefurcht; Ährchen 4–6 mm lg., 3–6blütig, ohne Wollhaare.
✿ 5–6. △ Hoch- und Heidemoore, Quellmoore; zerstreut. Europa. GefGr. 3!

2 Alpen-Wollgras
Trichophorum alpinum (L.) Pers.
Pfl. 10–30 cm; St. 3kantig, rau; Ährchen endständig, 5–7 mm lg., 8–12blütig, mit geschlängelten, weißen, 2 cm lg. Wollhaaren. ✿ 4–5. △ Hoch- und Zwischenmoore; selten. Hauptsächlich Gebirge Mittel- und Südeuropas, Norddeutschland, Skandinavien. GefGr. 3!

3 Borstige Moorbinse, Schuppensimse
Isolepis setacea (L.) R.Br.
(Scirpus setaceus L.)
Pfl. 2–15 cm; St. rund, am Grund beblättert; B. borstenförmig; Ähren 2–4 mm lg., zu 1–4 scheinbar seitenständig; Spelzen bräunlich, mit grünem Kiel; Hochb. den Bl.stand weit überragend. ✿ 7–10. △ Nasse Waldwege, Ufer, Moorgräben; zerstreut. Mittel- und Südeuropa, nördlich bis Südskandinavien.

4 Gemeine Kugelsimse, Kopfsimse
Scirpoides holoschoenus (L.) Sojak
(Holoschoenus romanus (L.) Fritsch, *H. vulgaris* Link)
Pfl. 30–100 cm; St.stielrund, b.los, gerippt; Bl.stand aus 3–10 kugeligen, 5–15 mm br. Köpfen, 1 davon sitzend, die anderen gestielt. ✿ 6–8. △ Sumpfwiesen, Nassweiden, tonige Ufer; sehr selten. Mittel- und Südeuropa. GefGr. 3!

5 Gewöhnliche Teichbinse, Seebinse
Schoenoplectus lacustris (L.) Palla
(Scirpus lacustris L.)
Pfl. 100–400 cm; St. stielrund, b.los, aufrecht; B. linealisch, am St.grund flutend; Ähren rotbraun, 5–10 mm lg., in scheinbar seitenständiger, kopfiger Rispe;

Narben 3; Frucht 3kantig. ✿ 6–7.
△ Uferröhricht stehender oder langsam fließender Gewässer; verbreitet. Europa.
– Ähnlich ist die **Graue Seebinse,** *Sch. tabernaemontani* (Gmel.) Palla, aber St. graugrün, Narben 2, Frucht flach. Salzhaltige Gewässer.

6 Gewöhnliche Sumpfbinse
Eleocharis palustris (L.) R. et Sch.
Pfl. 10–80 cm; St. b.los, stielrund, 1–4 mm br.; Ährchen endständig, 5–20 mm lg., 20–30blütig, am Grund mit 2 bl.losen Hüllspelzen, jede davon das Ährchen halbumfassend; Narben 2. ✿ 5–8. (Formenreich, mit mehreren Kleinarten). △ Röhrichte, Seggensümpfe, Nasswiesen, Gräben; ziemlich häufig. Europa. – Ähnlich sind noch: **Eiförmige Sumpfbinse** oder **Teichried,** *E. ovata* (Roth) R. et Sch., Ähre 20–30blütig, aber 3–6 mm lg., kugelig-eiförmig; Narben 2; St. dünn, fein gestreift; untere B.scheiden purpurn; Pfl. 5–15 cm, dichtrasig, ohne Ausläufer; Teichränder, Schlammböden; ziemlich selten; GefGr. 3! – **Vielstengelige Sumpfbinse,** *E. multicaulis* Sm., Ähre 20blütig, eiförmig, 10–13 mm lg., Narben 3, Pfl. dichtrasig, 10–40 cm; St. oft liegend und an der Spitze wurzelnd; Teichränder, Zwischenmoorschlenken; selten; GefGr. 2!

7 Nadelbinse
Eleocharis acicularis (L.) R. et Sch.
Pfl. 2–10 cm, rasenbildend; St. 3–4kantig, unter 0,5 mm br.; B.scheiden oft purpurn; Ährchen endständig, 2–4 mm lg., 3–7blütig; Spelzen braun, weißrandig; Narben 3. ✿ 6–10. △ Zeitweise trockenfallende Teichböden und Altwasser; zerstreut. Europa. GefGr. 3! – Die **Wenigblütige Sumpfbinse,** *E. quinqueflora* (F. X. Hartm.) O. Schwarz *(E. pauciflora* (Lightf.) Link) hat 0,5–1 mm br. St. und 5–8 mm lg., braunrote, 3–7blütige Ährchen; Pfl. 5–20 cm; Flachund Quellmoore; selten; GefGr. 2!

8 Quellbinse, Flaches Quellried
Blysmus compressus (L.) Panzer

FORTSETZUNG AUF SEITE 236

234

FORTSETZUNG VON SEITE 234

Pfl. grasgrün, 10–40 cm; St. etwas zusammengedrückt; B.flach, gekielt, glänzend, 1–3 mm br., am Rand rau; Ährchen rotbraun, 2zeilig zu 5–12 in einer flachgedrückten, 2–3 cm lg. Ähre angeordnet.

Riedgrasgewächse oder Sauergräser/Cyperaceae

1 Waldsimse, Flechtsimse
Scirpus sylvaticus L.
Pfl. 30–100 cm, mit sterilen Laubsprossen; St. 3kantig, beblättert; B. 8–20 mm br., glänzend grün; Bl.stand reichästig, bis 20 cm br., von den Hochb. überragt; Ährchen 3–4 mm lg., schwärzlichgrün, zu 3–5 kopfig gehäuft. ✿ 5–7. △ Nasswiesen, Auenwälder, Sümpfe; häufig. Fast ganz Europa. – Ähnlich ist die **Wurzelnde Simse,** *S. radicans* Schkuhr, aber Ährchen meist einzeln, lg., gestielt; Bl.stand sehr locker; Pfl. oft steril und mit lg. bogenförmig zur Erde neigenden und an der Spitze wurzelnden Laubsprossen; Ufer, Schlammböden; selten. GefGr. 2!

2 Schwarze Kopfbinse
Schoenus nigricans L.
Pfl. dichtrasig, 15–50 cm; B. borstenförmig; grundständige B.scheiden schwarzbraun, glänzend; Bl.stand kopfig, 10–15 mm lg., aus 5–10 schwarzbraunen Ährchen bestehend, überragt von 2–5 cm lg. Tragb. ✿ 5–7. Nasse Kalkflachmoore, Ufer; zerstreut bis selten. Europa. GefGr. 2!

3 Rostrote Kopfbinse
Schoenus ferrugineus L.
Pfl. 10–30 cm; grundständige B.scheiden dunkel rotbraun; Ährchen zu 2–3, dunkel rotbraun, vom kurzen Tragb. kaum überragt. ✿ 5–6. △ Kalkreiche Quell- und Flachmoore; ziemlich selten. Fast ganz Europa. GefGr. 3!

✿ 6–8. △ Quellmoore, Nasswiesen; ziemlich selten. Fast ganz Europa. GefGr. 2! – Ähnlich ist das **Rote Quellried,** *B. rufus* (Huds.) Link, aber Pfl. graugrün; St. rund; B. glatt, nicht gekielt; Ährchen zu 3–6. Salzwiesen, Küsten. GefGr. 2!

4 Schneidried
Cladium mariscus (L.) Pohl
Pfl. 80–200 cm; St. 3kantig; B. 7–15 mm br., graugrün, am Rand und unterseits auf dem Mittelnerv gesägt, scharf schneidend; Bl.stand reich verzweigt, aus vielen rotbraunen Köpfen mit je 3–10 Ährchen gebildet; Ährchen 1–3blütig, 3–5 mm lg. ✿ 6–7. △ Uferröhricht, Gräben, Flachmoortümpel; selten. Fast ganz Europa. GefGr. 3!

5 Weiße Schnabelbinse
Rhynchospora alba (L.) Vahl.
Pfl. 15–40 cm, ohne oder mit kurzen Ausläufern; St. 3kantig; B. borstenförmig oder rinnig, 1–2 mm br.; Ährchen 4–5 mm lg., dicht geknäuelt, 2blütig, weiß, später rötlich; Tragb. so lg. wie das Ährchenknäuel. ✿ 6–8. △ Hochmoorschlenken, Übergangsmoore; ziemlich selten. Fast ganz Europa. GefGr. 3!

Riedgrasgewächse oder Sauergräser / Cyperaceae

1 Braune Schnabelbinse
Rhynchospora fusca (L.) Ait.fil.
Pfl. mit lg. unterirdischen Ausläufern,
10–30 cm; B. 1 mm br.; Ährchen dicht
geknäuelt, rotbraun, obere Hochb.
2–4mal so lg. wie das Ährchenknäuel.
✿ 5–7. △ Hochmoorschlenken, Übergangsmoore, Torfschlammböden; sehr
selten. Mittel- und Nordeuropa, Pyrenäen. GefGr. 2!

Einährige Seggen
Pfl. nur mit 1 endständigen Ähre

2 Torf-, Davalls-Segge
C. davalliana L.
Pfl. 10–30 cm; 2häusig, ♂ und ♀ Ähren
auf verschiedenen Pfl., in dichten Horsten; B. borstenförmig; B. und St. 3kan-
tig, rau; Fruchtschläuche der ♀ Ähre
3–5 mm lg., abstehend, lg. geschnäbelt,
braun, etwas gekrümmt. ✿ 5–6. △ Kalkhaltige Quell- und Flachmoore; zerstreut. Mitteleuropa. GefGr. 3! Ähnlich
ist die **Zweihäusige Segge**, *C. dioica* L.,
aber Pfl. mit Ausläufern; St. und B. glatt;
Fruchtschläuche kurz geschnäbelt, gerade; Flach- und Zwischenmoore; selten.
GefGr. 2!

3 Armblütige Segge
Carex pauciflora Lightf.
Pfl. 5–10 cm, 1häusig; Ähren am Grund
♂ oben ♀; St. stumpf 3kantig; Ähre
armblütig, mit 3–5 abstehenden oder
zurückgeschlagenen, 7 mm lg., gelblichen, lg. geschnäbelten Fruchtschläuchen; Narbe 3. ✿ 5–6. △ Hochmoore;
ziemlich selten. Nordeuropa, west-, mit-
tel- und südosteuropäische Gebirge.
GefGr. 3! – Ähnlich sind noch: **Floh-Seg-
ge,** *C. pulicaris* L., mit 5–10 glänzend
braunen, 4–5 mm lg., kurz geschnäbelten Fruchtschläuchen; Narben 2; Flachmoore. GefGr. 2! – **Grannen-Segge,**
C. microglochin Wahlenb., aber Fruchtstand von einer 1–2 mm lg. Granne überragt; Flachmoore; selten. GefGr. 0!

Gleichährige Seggen
Pfl. mit gleichgestalteten Ähren, jede
Ähre mit ♂ und ♀ Bl.

4 Zypergras-Segge
Carex bohemica Schreb.
(*C. cyperoides* L.)
Pfl. 5–30 cm, hellgrün; B. 1–2 mm br.,
flach; Ähren grün, am Grund ♂, an der
Spitze ♀, kopfig gehäuft, mit 2–15 cm
lg. Hochb.; Fruchtschläuche lg. geschnä-
belt, bis 1 cm lg.; Narben 2. ✿ 6–9.
△ Teichufer, Altwasser, Schlammböden;
selten. Hauptsächlich Mitteleuropa.
GefGr. 3!

5 Grau-Segge
Carex canescens L.
Pfl. horstbildend, 20–40 cm; B. graugrün, 2–3 mm br.; St. scharfkantig;
Ähren 4–6, graugrün, eiförmig, 5–9 mm
lg., unten entfernt stehend; Schläuche
hellgrün, mit kurzem Schnabel. ✿ 5–6.
△ Flach- und Quellmoore, Ufer; ziemlich
häufig. Europa. – Ähnlich ist die **Bräun-
liche Segge,** *C. brunnescens* (Pers.)
Poir., aber Ährchen bräunlich, kugelig,
3–5 mm lg.; Schläuche braun, Schnabel
auf der Rückseite längsgeschlitzt; Flachmoore, feuchte Magerrasen; selten. Nordeuropa, Alpen (bis 2500 m), Karpaten.

6 Igel-Segge, Stern-S.
Carex echinata Murray
(*C. stellulata* Good.)
Pfl. 10–30 cm; B. steif, graugrün, 1–2 mm
br., kürzer als der scharf 3kantige St.;
Ähren 3–5, kugelig, 4–6 mm lg.; Schläu-
che außen gewölbt, innen flach, stern-
förmig spreizend. ✿ 5–7. △ Flachmoore,
Quellen, Gräben; häufig. Europa.

Riedgrasgewächse oder Sauergräser / Cyperaceae

Gleichährige Seggen
Pfl. mit gleichgestalteten Ähren, jede mit ♂ und ♀ Bl.

1 Fadenwurzel-, Strick-Segge

Carex chordorrhiza Ehrh.
Pfl. 10–30 cm, mit 1 m lg., oberirdisch kriechenden Ausläufern, an jedem Knoten einen aufsteigenden, sterilen Spross und am Ende einen blühenden, aufrechten Trieb bildend; St. hauptsächlich am Grund beblättert; B. 1–2 mm br., am Rand rau; Bl.stand 1 cm lg., aus 2–5 armblütigen, kopfig gedrängten Ährchen bestehend; Ährchen unten mit ♀, oben mit ♂ Bl.; Fruchtschlauch braun, am Rand glatt, kurz geschnäbelt; Narben 2. ✿ 5–6. △ Moorschlenken, Schwingrasen, Torfschlammböden; sehr selten. Hauptsächlich Mittel- und Nordeuropa. GefGr. 2!

2 Rispen-Segge

Carex paniculata L.
Pfl. 40–100 cm, kräftige große Horste bildend; B. 3–7 cm; St. sehr rau; grundständige B.scheiden glänzend braun, ohne Faserschopf; Ähren in 2–10 cm lg., lockerer Rispe mit abstehenden, verlängerten Ästen; Schläuche eiförmig, hellbraun, glänzend. ✿ 5–6. △ Gräben, Quellen, Erlenbruchwälder, Großseggensümpfe; zerstreut. Fast ganz Europa. – Ähnlich ist die **Schwarzschopf-** oder **Wunder-Segge,** *C. appropinquata* Schumach., aber B. 2–3 mm br., gelbgrün, B.scheiden schwarz, faserig; Rispe mit aufrechten Ästen; Erlenbrüche, Flachmoore, Torfstiche; ziemlich selten. GefGr. 2!

Verschiedenährige Seggen
Pf. mit deutlich verschieden gestalteten Ähren

3 Wiesen-Segge, Braun-S.

Carex nigra (L.) Richard *(C. fusca* aut.)
Pfl. 5–40 cm; B. 2–5 mm br., graugrün; grundständige B.scheiden glänzend braun; St. oberwärts rau; ♂ Ähren 1–2, ♀ Ähren mehrere, fast sitzend, 1–3 cm lg.; Narben 2; Schläuche 2–3 mm lg., kaum geschnäbelt; unteres Tragb. fast so lg. wie der Bl.stand. ✿ 4–6. △ Nass- und Moorwiesen, Flachmoore; häufig. Europa.

4 Steif-Segge

Carex elata All. *(C. stricta* Good.)
Pfl. 50–120 cm, große Bulte oder Horste bildend; grundständige B.scheiden gelbbraun, netzfaserig; B. 4–5 mm br. steif graugrün; Ähren 2–6 cm lg., meist sitzend, die unterste Ähre rein ♀, die oberste rein ♂; Narben 2; Schläuche 3–4 mm lg., früh abfallend. ✿ 4–5. △ Ufer, Sümpfe, Erlenbrüche, Verlandungszone; zerstreut. Fast ganz Europa.

5 Schlank-Segge

Carex gracilis Curt.
Pfl. 40–150 cm; grundständige B.scheiden glänzend braun; St. scharf 3kantig; rau; B. 5–10 mm br., bis 150 cm lg.; ♀ Ähren 3–6, 2–10 cm lg., ♂ Ähren 1–4; Schläuche 3 mm lg., spitz, undeutlich geschnäbelt; Narben 2; unterstes Tragb. den Bl.stand weit überragend. ✿ 5–6. △ Ufer, Nasswiesen, Flutmulden; ziemlich häufig. Europa. – Ähnlich ist die **Sumpf-Segge,** *C. acutiformis* Erh., Pfl. 30–120 cm; B. graugrün, 5–10 cm br.; untere B.scheiden stark netzfaserig; Ähren 2–8 cm lg.; ♀ Schläuche 4–5 mm lg., geschnäbelt; Narben 3; Nasswiesen, Ufer, Moorgräben; häufig.

6 Raue Segge

Carex hirta L.
Pfl. 10–60 cm, mit bräunlichen bis purpurroten, schwach netzfaserigen Scheiden am Grund; B. graugrün, wie die B.scheiden behaart; St. 3kantig; Bl.stand mit 2–3 ♂ Ähren und 2–4 lg. gestielten ♀ Ähren; Fruchtschläuche 5–7 mm lg., gelbgrün, dicht behaart, Narben 3. ✿ 4–6. △ Wege, Ufer, Kahlschläge, lückige Wiesen, Böschungen; häufig. Fast ganz Europa.

Riedgrasgewächse oder Sauergräser / Cyperaceae

<u>Verschiedenährige Seggen</u>
Pfl. mit deutlich verschieden gestalteten Ähren

1 Schlamm-Segge

Carex limosa L.
Pfl. 20–40 cm, weitkriechend, mit ober- oder unterirdischen Ausläufern; B. 1–1,5 mm br., graugrün, rinnig gefaltet; ♀ Ähren kurz walzig, 15–20 mm lg., auf dünnen, übergebogenen Stielen; Schläuche stark nervig; Spelzen hellbraun; unterstes Tragb. kürzer als der gesamte Bl.stand. ✿ 5–6. △ Moorschlenken, Schwingrasen, Zwischenmoore; selten. Nord- und Mitteleuropa, Alpen, Pyrenäen, Kaukasus. <u>GefGr. 2!</u> – Sehr ähnlich ist die **Armblütige** oder **Alpen-Schlammsegge,** *C. paupercula* Michx. (*C. magellanica* aut.), aber Pfl. mit kurzen Ausläufern; B. flach, 2–4 mm br., grün; unterstes Tragb. so lg. oder länger als der Bl.stand; Schläuche kaum nervig, bald ausfallend; Quellmoore, Hochmoore der Alpen; selten. Nordeuropa, Alpen, Böhmerwald, Erzgebirge.

2 Hirse-Segge

Carex panicea L.
Pfl. 20–50 cm, grau- bis blaugrün; grundständige B.scheiden braun; B. 2–4 mm br., flach; ♀ Ähren 2–3 cm lg., walzlich, lockerfrüchtig; Narben 3; Schläuche kugelig-eiförmig, graugrün oder gelbbraun, mit kurzem, krummem Schnabel; Spelzen schwärzlich. ✿ 5–6. △ Flach- und Quellmoore, nasse Wiesen und Heiden; häufig. Fast ganz Europa.

3 Saum-Segge

Carex hostiana DC.
Pfl. lockerrasig, hellgrün, 20–50 cm; B. 2–3 mm br., flach, etwa ½ so lg. wie der glatte St.; ♀ Ähren kurz, walzlich, etwa 1 cm lg., entfernt stehend; Schläuche gelbgrün, allmählich in den 2zähnigen Schnabel zugespitzt; Narben 3; Spelzen rotbraun, mit weißem Hautrand und grü-

nem Mittelstreif. ✿ 5–7. △ Nasse Flachmoorwiesen und Quellen der Gebirge. Hauptsächlich Gebirge Europas. <u>GefGr. 2!</u>

4 Gelbe Segge

Carex flava L.
Pfl. 5–50 cm, gelbgrün; grundständige B.scheiden gelbbraun; B. 1–5 mm br., rinnig oder flach; ♀ Ähren 1–6, kurz walzlich bis kugelig, ♂ Ähre 1, endständig; Schläuche 2–7 mm lg., gelbgrün, allmählich oder plötzlich in den lg. Schnabel verschmälert; Hochb. den Bl.stand überragend. ✿ 6–8. (Sammelart mit mehreren Kleinarten). △ Flach- und Quellmoore, Gräben, nasse Wiesen; zerstreut. Europa.

5 Scheinzypergras-Segge

Carex pseudocyperus L.
Pfl. 40–90 cm, gelbgrün; St. scharf 3kantig, bis oben beblättert; B. 6–12 mm br., flach; ♀ Ähren 3–6, lockerfrüchtig, auf dünnen Stielen überhängend, die oberen genähert; Schläuche 5–6 mm lg., gelblich glänzend, zur Reife rückwärts gerichtet; Schnabelzähne 1 mm lg., spreizend. ✿ 6–7. △ Ufer von Tümpel, Altwasser, Gräben, Erlenbrüche; selten. Fast ganz Europa.

Riedgrasgewächse oder Sauergräser / Cyperaceae

Verschiedenährige Seggen
Pf. mit deutlich verschieden gestalteten
Ähren

1 Schnabel-Segge
Carex rostrata Stockes *(C. inflata* aut.)
Pfl. 30–80 cm, grundständige B.schei-
den braunrot, schwach netznervig; St.
stumpf 3kantig; B. 3–5 mm br., rinnig,
graugrün; △ Ähren 2–8 cm lg.; Schläuche fast waagrecht abstehend, kugelig-
eiförmig, plötzlich in den 2zähnigen
Schnabel verschmälert, reif bräunlich.
✿ 5–6. △ Ufer, Teiche, Gräben, Moor;
ziemlich häufig. Fast ganz Europa.

2 Blasen-Segge
Carex vesicaria L.
Pfl. 30–80 cm, ähnlich *C. rostrata,* aber
St. scharfkantig, rau; grundständige
B.scheiden rot, stark netznervig; B. hellgrün, 4–7 mm br., flach; Schläuche
schief aufrecht, eiförmig, allmählich in
den Schnabel verschmälert, reif strohgelb. ✿ 5–6. △ Ufer, Moorgräben, Verlandungsgesellschaften, Erlenbruchwälder; ziemlich häufig. Fast ganz Europa.

Binsengewächse / Juncaceae

3 Spitzblütige Binse
Juncus acutiflorus Ehrh.
Pfl. 30–100 cm, hellgrün; B. borstlich,
nicht gefurcht; St., besonders am Grund,
zusammengedrückt; Bl.stand endst.än-
dig, reichästig; Bl.b. 6, braun, die äußeren kürzer als die inneren, diese grannenartig lg. zugespitzt, nach außen
gekrümmt. ✿ 7–9. △ Nasswiesen, Gräben; verbreitet. Fast ganz Europa. – Ähnlich sind noch: **Glieder-Binse,** *J. articula-
tus* L., aber alle Bl.b. gleich lg., die
inneren mit farblosem, br. Rand; B. stark
quergefächert; Bl.stand mit lg., wenig
verzweigten Ästen; Pfl. 20–50 cm; Flachmoore, Gräben; häufig. **Stumpfblütige
Binse,** *J. subnodulosus* Schrank *(J. obtu-
siflorus* Ehrh.), aber Bl.b. alle stumpf,

gleich lg.; Bl.stand sparrig ausgebreitet;
nichtblühende Triebe st.ähnlich, am
Grund nur mit spreitenlosen Scheiden;
Pfl. rasenbildend, 30–100 cm; Gräben,
Flachmoore; zerstreut. GefGr. 3!

4 Faden-Binse
Juncus filiformis L.
Pfl. 10–40 cm, kriechend, lockerrasig; St.
dünn, fein gestreift, b.los, am Grund mit
braunen B.scheiden; Bl.stand armblütig,
sein Tragb. etwa so lg. wie der St., daher
Bl.stand scheinbar in der Mitte des St.;
Bl.b. weißlich, fein zugespitzt. ✿ 6–8.
△ Flach- und Quellmoore, Nasswiesen;
kalkmeidend; verbreitet. Europa.

5 Flatter-Binse
Juncus effusus L.
Pfl. 30–120 cm; St. glänzend, glatt,
grasgrün; Bl.stand locker, scheinbar sei-
tenständig. ✿ 6–8. △ Nasswiesen, Ufer;
häufig. Europa. – Ähnlich ist die **Knäuel-
Binse,** *J. conglomeratus* L., aber St.
graugrün, fein gestreift, glanzlos;
Bl.stand knäuelig zusammengezogen;
Moorwiesen, Gräben; häufig.

Wasserlinsengewächse Lemnaceae

6 Kleine Wasserlinse
Lemna minor L.
Pfl. nicht in St. und B. gegliedert, sondern aus freischwimmenden, rundlichen, Laubgliedern bestehend; Laubglied rundlich, 2–3 mm lg., unterseits
flach, nur mit 1 Wurzel; Bl. sehr selten,
ohne Bl.hülle. ✿ 4–5. △ Stehende, nährstoffreiche Gewässer; verbreitet. Europa.

7 Dreifurchige Wasserlinse
Lemna trisulca L.
Laubglieder meist untergetaucht, lanzettlich, kreuzweise zusammenhängend,
3nervig, gelegentlich mit abgerundeten,
5–10 mm lg. Schwimmb. ✿ 5–6. △ Teiche, Seen, Gräben; zerstreut. Europa.

8 Vielwurzelige Teichlinse
Spirodela polyrhiza (L.)

FORTSETZUNG AUF SEITE 246

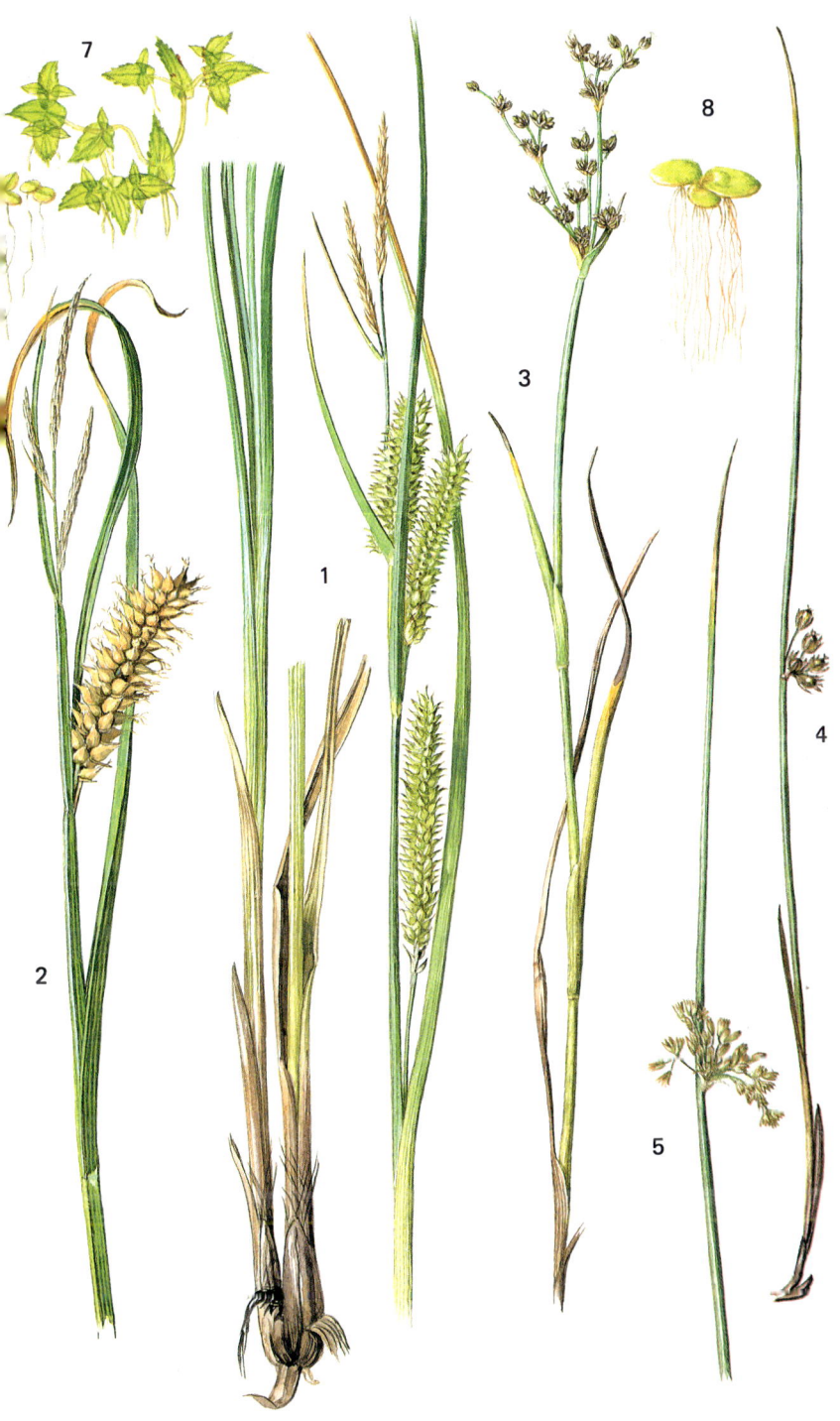

Tafel 99 Gewässer, Moore, Sümpfe

FORTSETZUNG VON SEITE 244

Jedes Laubglied mit Wurzelbüschel, an der Wasseroberfläche schwimmend,

Aronstabgewächse / Araceae

1 Kalmus
Acorus calamus L.
Pfl. 60–120 cm, beim Zerreiben aromatisch riechend; St. 3kantig, 2zeilig beblättert; B. 5–20 mm br., am Rand wellig; Bl.kolben (scheinbar) seitenständig, 4–10 cm lg., am Grund mit einer grünen, st.ähnlichen Bl.scheide (Spatha), diese den St. über dem Kolben fortsetzend; Bl. gelbgrün, winzig; Bl.b. 6, unter 1 mm lg. ✿ 5–7. △ Ufer, Altwasser, Gräben, nährstoffreiche Gewässer; zerstreut. Fast ganz Europa.

2 Sumpf-Calla, Schlangenwurz
Calla palustris L.
Pfl. 15–30 cm, kriechend; B. herzförmig, lg. gestielt; Bl.scheide eiförmig, 3–7 cm lg., außen grünlich, innen weiß; Bl.kolben 2–4 cm lg., bis zur Spitze mit Bl. besetzt; Beeren rot. ✿ 5–9. Giftig! Geschützt! △ Großseggengesellschaften, Moorschlenken, Erlenbruch; selten. Nord- und Mitteleuropa. GefGr. 3!

Liliengewächse / Liliaceae

3 Beinbrech, Ährenlilie
Narthecium ossifragum (L.) Huds.
Pfl. 10–30 cm; B. 2zeilig, schwertförmig; Bl. innen gelb, außen grünlich, lg. gestielt, in 6–7 cm lg., lockeren Trauben; Staubbeutel orangerot, Staubfäden dicht gelbhaarig; Narbe 3lappig; Tragb. lanzettlich. ✿ 7–8. Geschützt! △ Heidemoore; selten. Nordwestdeutschland, Westeuropa. GefGr. 3!

4 Gewöhnliche Simsenlilie
Tofieldia calyculata (L.) Wahlb.
Pfl. 10–30 cm; grundständige B. 2zeilig, grasähnlich, 2–4 mm br., 5–10nervig; Bl. in den Achseln eines Tragb., gelblich, 3–5 mm br., mit 3lappiger, kelchartiger

rundlich, 3–10 mm lg., zu 2–10 zusammenhängend, beiderseits flach, unterseits meist rot. ✿ 5–6. △ Seen, Teiche, Altwasser; zerstreut. Europa.

Außenhülle, in 2–8 cm lg. Traube; Bl.b. 6, lanzettlich. ✿ 5–7. △ Kalkhaltige Flach- und Quellmoore; zerstreut. Südskandinavien, Gebirge Mitteleuropas, Alpen, Pyrenäen, Balkanhalbinsel. GefGr. 3! – Ähnlich ist die **Kleine Simsenlilie**, *T. pusilla* (Michx.) Pers. (*T. palustris* Huds.), aber Bl. weißlich, ohne kelchartiger Außenhülle, in 5–10 mm lg. Köpfen; B. 3–5nervig; Pfl. 5–12 cm; Quellmoore der Alpen, bis etwa 2600 m; selten. Sonst noch Nordeuropa, Großbritannien.

5 Schnittlauch
Allium schoenoprasum L.
Pfl. 10–40 cm, mit länglichen Zwiebeln; B. grundständig, röhrenförmig, hohl; Bl.stand dichtblütig, kugelig; Bl.b. rosa. ✿ 6–8. ssp. *schoenoprasum,* die Gewürzpfl. und gelegentlich verwildert an Flussufern hat 1–2 mm br. St. und bis 10 mm lg. Bl.; ssp. *sibiricum* (L.) Hartm. auf feuchten Schutthalden, Schneeböden, Bachkies und Flachmoore der Gebirge hat 3–5 mm br. St. und bis 15 mm lg. Bl.b. Hauptsächlich Gebirge Europas.

6 Weißer Germer
Veratrum album L.
Pfl. 50–150 cm; B. wechselständig (im Gegensatz zu Enzian-Arten), br.-eiförmig, stark längsfaltig; Bl.rispe 30–60 cm lg.; Bl. sternförmig, 8–15 mm br., weiß oder gelblich, außen grünlich, die unteren 2geschlechtig, die oberen meist rein ☿. ✿ 6–8. Giftig! △ Moorwiesen, Alpenweiden, Hochstaudenfluren; verbreitet. Gebirge Mittel- und Südeuropas.

Liliengewächse / Liliaceae

1 Schachblume
Fritillaria meleagris L.
Pfl. 15–30 cm, mit fast kugeliger Zwiebel; B. wechselständig, meist 4–5, linealisch, rinnig, graugrün, am ganzen St. verteilt; Bl. meist einzeln, seltener zu 2–3, bauchig-glockenförmig, überhängend, 3–4 cm lg. und etwa 2 cm br., purpurbraun, schachbrettartig gemustert; Bl.b. stumpf, an der Spitze umgebogen, am Grund mit Nektardrüse; Narbe 3lappig. ✿ 4–5. Giftig! Geschützt! △ Flachmoorwiesen, nasse, häufig überschwemmte, sumpfige Auenwiesen; selten. Südskandinavien, Mittel- und Südeuropa; Zierpfl. und gelegentlich verwildert. GefGr. 2! – Ähnlich ist die **Burnats Schachblume,** *F. burnatii* Planch. (*F. tubiformis* Gren. et Godr.), aber B. im oberen Teil des St. gehäuft; Narbe nur ganz an der Spitze 3spaltig; Steinrasen der Südalpen. Geschützt!

Schwertliliengewächse / Iridaceae

2 Wasser-Schwertlilie
Iris pseudacorus L.
Pfl. 50–100 cm, mit dickem Rhizom; B. schwertförmig, 1–3 cm br., kürzer als der runde, mehrblütige St.; Bl. gelb; äußere 3 Bl.b. 4–8 cm lg., eiförmig, innere 3 Bl.b. linealisch, viel kürzer, die Narben nicht überragend; Fruchtkapsel stumpf 3kantig, 4–5 cm lg. ✿ 5–6. Geschützt! △ Sümpfe, Ufer, Gräben, Altwasser, Verlandungsgesellschaften; verbreitet. Fast ganz Europa.

3 Sibirische Schwertlilie
Iris sibirica L.
Pfl. 30–80 cm; B. unter 1 cm br., kürzer als die 1–3blütige St.; Bl. blau bis violett, gegen den Grund gelb; äußere 3 Bl.b. 4–5 cm lg., innere kürzer, aber die Narben weit überragend; Fruchtkapsel

3–4 cm lg., querrunzelig. ✿ 5–6. Geschützt! △ Moorwiesen, Gräben; durch Kulturmaßnahmen seltener geworden. Fast ganz Europa, nördlich bis Südskandinavien, südlich bis Mittelitalien. GefGr. 3!

4 Sumpf-Gladiole
Gladiolus palustris Gaud.
Pfl. 30–60 cm, mit Knolle; Knollenhülle faserig, netzadrig; B. 4–9 mm br.; Bl. etwa 3 cm br., zu 2–6 am St., purpurn; Fruchtkapsel etwa 1,5 cm lg., länglich, verkehrt-eiförmig; Samen br. geflügelt. ✿ 6–7. Geschützt! △ Moorwiesen; selten. Mittel- und Südosteuropa. GefGr. 2!

Knabenkrautgewächse oder Orchideen / Orchidaceae

5 Sumpf-Stendelwurz, Sumpfwurz
Epipactis palustris (Mill.) Crantz
Pfl. 20–50 cm; B. länglich-lanzettlich, 1–2 cm br.; äußere 3 Bl.b. 10–12 mm lg., bräunlich, innere 2 Bl.b. kürzer, weiß; Lippe 10–12 mm lg., mit einem rundlichen, am Rand wellig gekerbten, weißen oder rosa geäderten Vorderglied; Bl.traube 8–15blütig. ✿ 6–8. Geschützt! △ Flachmoore, Moorwiesen; ziemlich selten. Fast ganz Europa, nördlich bis Südskandinavien. GefGr. 3!

Knabenkrautgewächse oder Orchideen / Orchidaceae

1 Sommer-Wendelorchis
Spiranthes aestivalis (Poir.) Rich.
Pfl. 10–30 cm; St. am Grund mit schmallanzettlichen, gelblichgrünen, netzadrigen 6–10 cm lg. B.; St.b. schuppenförmig; Bl.ähre locker; Bl. weiß und grünlich geadert, schraubig angeordnet, wohlriechend; Tragb. lanzettlich; Bl.b. 4–6 mm lg., Lippe länglich-eiförmig, vorne kreisförmig verbreitert, am Rand gekerbt. ✿ 7. Geschützt! △ Kalkreiche Flachmoore; selten. Mittel- und Südeuropa. GefGr. 2!

2 Kleingriffel, Einblatt
Malaxis monophyllos (L.) Sw.
(Microstylis m. (L.) Lindb.)
Pfl. 8–30 cm, mit meist 1 grundständigen, länglich-eiförmigen, 4–6 cm lg. B. und vielblütiger, lockerer Traube; Bl. klein, grünlichgelb; Tragb. lanzettlich, spitz; äußere 3 Bl.b. lanzettlich, die beiden seitlichen linealisch; Lippe eiförmig, plötzlich schmal zugespitzt, nach oben gestellt. ✿ 6–7. Geschützt! △ Auenwälder, Waldbäche, moorige, schattige Wiesen; selten. Nord- und Mitteleuropa, vor allem Alpen und Vorland, Schwarzwald. Ähnlich ist die **Weichwurz, Weichorchis,** *Hammarbya paludosa* (L.)O. Kuntze *(Malaxis p.* (L.)Sw.), Pfl. 5–20 cm; B. zu 2–3, oval, das obere am größten, bis 3 cm lg.; Bl. klein, grünlichgelb; Lippe lanzettlich, löffelartig vertieft, nach oben gestellt. ✿ 7–8; Geschützt! Moorschlenken, Zwischenmoore; sehr selten. Nord- und Mitteleuropa. GefGr. 2!

3 Glanzorchis, Glanzstendel
Liparis loeselii (L.) Rich.
Pfl. 6–20 cm, gelbgrün, mit 1–3 grundständigen, fettig glänzenden, lanzettlichen B. und 3–7 gelbgrünen, kleinen Bl.; Lippe 4–5 mm lg., elliptisch, rinnig gefaltet, am Rand klein gekerbt. ✿ 6–7. Geschützt! △ Kalkhaltige Flach- und Zwischenmoore, Quellsümpfe; selten. Nord- und Mitteleuropa, südlich bis Pyrenäen,

Apennin und nördliche Balkanhalbinsel. GefGr. 2!

4 Sumpf-Knabenkraut
Orchis palustris Jacq.
Pfl. 30–50 cm; B. lineal-lanzettlich, rinnig, bis 1 cm br., ungefleckt; Bl.stand 5–10 cm lg., lockerblütig; Tragb.. häutig, 3–5nervig; Bl. dunkelrot, seitliche Bl.b. abstehend; Lippe 3lappig, 12–15 mm lg. ✿ 4–5. Geschützt! △ Flachmoore, Moorwiesen; selten. Mittel- und Südeuropa. GefGr. 12!

5 Fleischrotes Knabenkraut
Dactylorhiza incarnata (L.) Soó
(Orchis i. L.)
Pfl. 20–60 cm; St. hohl, kantig, mit 3–6 B.; B. gelbgrün, steif aufrecht, ungefleckt, unten am breitesten, an der Spitze kapuzenförmig; Tragb. krautig, kräftig; Bl. fleischfarben, selten gelblich; Lippe ungeteilt oder schwach 3teilig; Sporn kegelförmig, kürzer als der Fruchtknoten. ✿ 5–7. Geschützt! △ Sumpfwiesen, Flachmoore; zerstreut. Hauptsächlich Nord- und Mitteleuropa. GefGr. 2!

6 Breitblättriges Knabenkraut
Dactylorhiza majalis (Rchb.) Hunt. et Summ. *(O. latifolia* aut., *O. majalis* Rchb.)
Pfl. 15–60 cm; B. br.-lanzettlich, 5–10 cm lg., etwa in der Mitte am breitesten, meist gefleckt; Bl.stand dicht; Tragb. grün bis rot, länger als die Bl.; Bl. rot mit dunklen Flecken; äußere 2 Bl.b. abstehend; Lippe 3teilig, mit herabgeschlagenen Seitenlappen. ✿ 5–6. Geschützt! △ Nasswiesen, Quellsümpfe, Gräben, Flachmoore; verbreitet. Hauptsächlich Mitteleuropa, nördlich bis Südskandinavien, südlich bis Norditalien, Nordspanien. GefGr. 3!

Weidengewächse / Salicaceae

1 Kriech-Weide
Salix repens L.
Zwergstrauch, 20–100 cm, mit unterirdisch kriechendem Stamm und niederliegenden, bogig aufsteigenden Ästen;
B. schmal-elliptisch oder lanzettlich,
1–5 cm lg., ganzrandig; Kätzchen
10–15 mm lg., kurz vor den B. erscheinend; Fruchtknoten gestielt, seidig-filz-
ig. ✿ 4–5. △ Moorwiesen, Magerrasen,
Heiden; zerstreut. Fast ganz Europa.

Birkengewächse / Betulaceae

2 Zwerg-Birke
Betula nana L.
Zwergstrauch, 20–70 cm; B. fast kreis-
rund, breiter als lg., stumpf gekerbt,
1 cm br.; Kätzchen aufrecht, bis 1 cm lg.
✿ 4–6. Geschützt! △ Hochmoore, saure
Torfböden; sehr selten; Eiszeitrelikt.
Nordeuropa, norddeutsche Tiefebene,
Harz, Erzgebirge, Jura, Alpen und
Vorland, Böhmer Wald, Karpaten.
GefGr. 2!

3 Strauch-Birke
Betula humilis
Zwergstrauch, 50–200 cm; B. eiförmig,
ungleich gesägt, 2–3 cm lg., gestielt;
junge Zweige drüsig behaart, ✿ 4–5.
Geschützt! △ Birkenmoore, Übergangs-
moore, Torfböden; selten; Eiszeitrelikt.
Nordostdeutschland, Süddeutschland,
Alpen und Vorland, Karpaten. GefGr. 2!

Knöterichgewächse / Polygonaceae

4 Wasser-Knöterich
Polygonum amphibium L.
Pfl. 30–100 cm, Wasserform bis 300 cm;
B. bei der Wasserform länglich-eiförmig,
kahl mit herzförmigem Grund, bis 10 cm
lg. gestielt, bei der Landform B. länglich-lanzettlich, behaart, am Grund abgerundet, kurz gestielt; B.stiel über der
Mitte der B.scheide abgehend; Bl.stand
dicht, gedrungen, walzlich; Bl. rosa.
✿ 6–9. △ Teiche, Gräben, Nasswiesen,

feuchte Äcker, Röhricht- und Laichkraut-
gesellschaften; zerstreut. Europa.

Portulakgewächse / Portulacaceae

5 Bach-Quellkraut
Montia fontana L.
Pfl. 10–30 cm, niederliegend bis aufsteigend oder im Wasser flutend; B. gegenständig, spatelförmig, 5–25 mm lg.; Bl.
unscheinbar, weiß, zu 2–5; Kelchb. 2;
Kronb. 3–5, 1–2 mm lg.; Staubb. 3.
✿ 6–8. (Sammelart mit mehreren Kleinarten). △ Ufer, Gräben, Quellfluren,
feuchte, saure Äcker; zerstreut. Europa.

Nelkengewächse / Caryophyllaceae

6 Wassermiere, Wasserdarm
Myosoton aquaticum (L.) Moench
(Malachium aquaticum (L.) Fries)
Pfl. 20–60 cm, liegend oder klimmend;
St. 4kantig; B. gegenständig, ei-lanzett-
lich, spitz, mit herzförmigem Grund sit-
zend, 3–8 cm lg.; Kronb. 5, weiß, fast bis
zum Grund 2teilig, 7–10 mm lg.; Griffel 5
(Stellaria hat 3 Griffel); Fruchtkapsel
5klappig aufspringend. ✿ 6–9. △ Grä-
ben, feuchte Lehm- und Schlammböden,
Auen; häufig. Fast ganz Europa.

7 Gras-Sternmiere
Stellaria graminea L.
Pfl. 10–50 cm; St. schlaff; B. lineal-lan-
zettlich, grasgrün, 2–4 cm lg.; Kronb.
3–5 mm lg., weiß, fast bis zum Grund
geteilt, so lg. wie die 3nervigen Kelchb.;
Griffel 3; Fruchtkapsel 6klappig. ✿ 4–6.
△ Flachmoorwiesen, Magerweiden,
Wegränder; verbreitet. Europa.

8 Moor-Sternmiere
Stellaria alsine Grimm *(S. uliginosa* Murray)
Pfl. niederliegend, lockerrasig,
10–30 cm; B. blaugrün, länglich eiförmig, spitz, fast sitzend, 1–2 cm lg., am
Grund bewimpert; Kronb. 1–3 mm lg.,
weiß, bis zum Grund geteilt, kürzer als
die Kelchb. ✿ 6–7. △ Quellfluren, Gräben, Waldwege; verbreitet. Europa, im
Süden nur in den Gebirgen.

Seerosengewächse
Nymphaeaceae

1 Weiße Seerose
Nymphaea alba L.
Wasserpfl. mit dickem Rhizom; B.
schwimmend, rundlich, 10–30 cm lg.;
Seitennerven gegen den Rand miteinander verbunden; B.stiele je nach Wassertiefe bis 3 m lg.; Bl. 10–12 cm br.; Kelchb.
4, grün; Kronb. 15–25, weiß, so lg. oder
länger als die Kelchb.; Staubfäden der
inneren Staubb. fadenförmig; Narbenscheibe flach, 12–24strahlig, meist gelb.
✿ 6–8. Geschützt! △ Nährstoffreiche,
stehende oder langsam fließende Gewässer; zerstreut. Fast ganz Europa. –
Ähnlich ist die **Glänzende Seerose,** *N.*
candida Presl., aber Bl. 6–8 cm br., meist
halbgeschlossen; Bl.b. kürzer als die
Kelchb.; Staubfäden der inneren Staubb.
lanzettlich; Narbenscheibe konkav,
6–14strahlig, rötlich; selten. Geschützt!
GefGr. 2!

2 Gelbe Teichrose, Mummel
Nuphar lutea (L.) Sm.
Wasserpfl. mit dickem, verzweigtem
Rhizom; B. schwimmend, br.-eiförmig,
10–30 cm lg., Seitennerven nicht miteinander verbunden; B.stiele bis 3 m lg.; Bl.
3–5 cm br.; Bl.b. 5, gelb, außerdem 7–24
spatelförmige, gelbe Nektarb.; Narbenscheibe 15–20strahlig, in der Mitte trichterförmig vertieft; Frucht birnenförmig.
✿ 6–8. Geschützt! △ Nährstoffreiche,
stehende oder langsam fließende Gewässer bis in 4 m Wassertiefe; ziemlich
häufig. Fast ganz Europa. – Ähnlich ist
die **Kleine Teichrose,** *N. pumila* (Timm)
DC., aber Bl. 2–3 cm br.; B. 5–12 cm lg.;
Narbenscheibe 8–10strahlig, sternförmig ausgerandet, flach; nährstoffarme
Moor- und Gebirgsseen, selten; Eiszeitrelikt. Geschützt! GefGr. 1!

Hornblattgewächse
Ceratophyllaceae

3 Raues Hornblatt
Ceratophyllum demersum L.
Pfl. 50–100 cm, untergetaucht; B. quirlig, 1–2mal gabelteilig, Zipfeln linealisch, starr, dicht stachelig gezähnt,
dunkelgrün; Bl. klein, einzeln in den
B.achseln sitzend, 1geschlechtig; Bl.b.
6–12, grün; Frucht mit 2 Stacheln.
✿ 6–8. △ Stehende oder langsam
fließende Gewässer, Altwasser, Teiche;
ziemlich häufig. Bestäubung unter
Wasser. Europa.

4 Untergetauchtes Hornblatt
Ceratophyllum submersum L.
Pfl. 50–100 cm, untergetaucht; B. hell-
grün, 3–4mal gabelteilig, bis 3 cm lg.,
Zipfel weich, linealisch, fädlich, kaum
gezähnt; Frucht stachellos. ✿ 6–8.
△ Teiche, Altwasser, Laichkrautgesell-
schaften; selten. Mittel- und Südeuropa.

Hahnenfußgewächse
Ranunculaceae

5 Sumpf-Dotterblume
Caltha palustris L.
Pfl. 15–40 cm; St. hohl, mehrblütig; B.
herz- bis nierenförmig, gekerbt, dunkelgrün, glänzend, bis 15 cm br.; Bl.b. 5, innen glänzend, leuchtend gelb. ✿ 4–6.
△ Sumpfwiesen, Ufer, Gräben, Auenwälder, in den Alpen bis über 2400 m;
verbreitet, aber durch Entwässerungen
mancherorts gefährdet. Europa.

4

3

5

1

2

Hahnenfußgewächse
Ranunculaceae

1 Flutender Hahnenfuß
Ranunculus fluitans Lamk.
Pfl. bis 6 m lg., im Wasser flutend;
Schwimmb. fehlend; Wasserb. fein zerteilt, 5–20 cm lg., mit parallel vorge-
streckten, fadenförmigen Zipfeln, diese
außerhalb des Wasses pinselartig zusammenfallend; Bl. 1–2 cm br., weiß;
Fruchtboden (fast) kahl. ✿ 6–8.
△ Bäche, Flüsse, mit meist schnell strö-
mendem, sauerstoffreichem Wasser;
ziemlich häufig. Südschweden, Mitteleuropa, südlich bis Südfrankreich,
Norditalien.

2 Wasser-Hahnenfuß
Ranunculus aquatilis L.
Pfl. 10–20 cm; Schwimmb. rundlich,
meist auf $^2/_3$ 3–5lappig, Abschnitte
nochmals eingeschnitten; Wasserb.
bis 5 cm lg., mehrfach 3teilig, zuletzt
gabelig; Zipfel im Wasser ausgebreitet,
außerhalb des Wasses pinselartig zusammenfallend; Bl. 1–2 cm br., Kronb.
sich berührend oder überlappend, weiß.
✿ 5–8. △ Nährstoffreiche, stehende
oder langsam fließende Gewässer; zerstreut. Europa. – Sehr ähnlich sind noch:
Schild-Hahnenfuß, *R. peltatus* Schrank,
aber Schwimmb. nur bis etwa zur Mitte
3teilig, Abschnitte grob gekerbt; Bl.
2–3 cm br.; zerstreut. – **Efeublättriger
Hahnenfuß,** *R. hederaceus* L.,
Schwimmb. rundlich-nierenförmig, glänzend, mit 3–5 seichten, stumpfen Lappen; Wasserb. fehlend; St. kriechend, an
den Knoten wurzelnd; Quellfluren, nasse
Sandböden; selten. GefGr. 2! – **Brack-
waser-Hahnenfuß,** *R. baudotii* Lloyd,
Schwimmb. mit 3 tief keilförmigen Ein-
schnitten; Kronb. 6–10 mm lg., am Grund
gelb; Wasserb. vorhanden oder fehlend;
Salz- und Brackwasser.

3 Spreizender Hahnenfuß
Ranunculus circinatus Sibth.
Pfl. 50–100 cm; Zipfel der Wasserb.
starr, auch außerhalb des Wassers nicht
zusammenfallend; Zipfel in 1 Ebene, am
Grund 3teilig, dann mehrfach gabelig;
Schwimmb. fehlend; Kronb. weiß, sich
überlappend, 6–10 mm lg. ✿ 5–8.
△ Nährstoffreiche Gewässer, Seerosen-
bestände; zerstreut. Fast ganz Europa. –
Ähnlich ist der **Haarblättrige Hahnenfuß,**
R. trichophyllus Chaix *(R. flaccidus*
Pers.), aber B.zipfel der Wasserb. nicht
in einer Ebene, außerhalb des Wassers
meist pinselartig zusammenfallend;
Schwimmb. fehlend; Kronb. 3–6 mm lg.,
sich nicht überlappend; Pfl. meist
brüchig; nährstoffreiche Gewässer,
verbreitet.

4 Gift-Hahnfuß
Ranunculus sceleratus L.
Pfl. 20–60 cm, kahl; St. hohl, gerieft; B.
dicklich, glänzend, 3–5teilig; Bl. 5–10 mm
br., blaßgelb; Kelchb. zurückgeschlagen; Früchtchen kahl, 1 mm lg., in walzigen, 6–10 mm lg. Köpfen. ✿ 6–10. Giftig!
△ Gräben, Teichufer, Schlammböden;
zerstreut. Europa.

5 Ufer-Hahnenfuß
Ranunculus reptans L.
Pfl. 5–30 cm; St. fadenförmig, kriechend,
an allen Knoten wurzelnd; B. lineal-lanzettlich bis spatelförmig, gestielt;
1–5 cm lg.; Bl. einzeln, 5–10 mm br.
✿ 6–8. Giftig! △ Zeitweise überschwemmte Ufer, Flutmulden; ziemlich selten.
Nord- und Mitteleuropa. GefGr. 1!

6 Zungen-Hahnenfuß
Ranunculus lingua L.
Pfl. 50–150 cm; alle B. ungeteilt, ganz-
randig oder schwach gezähnt, lanzett-
lich, bis 25 cm lg.; St. dick, hohl, auf-
recht; Bl. 3–4 cm br. gelb. ✿ 6–8.
Geschützt! Giftig! △ Ufer, Gräben, flache
Gewässer, auf schlammigem Boden,
Röhricht; selten. Fast ganz Europa.
GefGr. 3!

Hahnenfußgewächse
Ranunculaceae

1 Brennender Hahnenfuß
Ranunculus flammula L.
Pfl. 10–50 cm; untere B. elliptisch, obere
lanzettlich, sitzend, bis 10 cm lg.; St. niederliegend bis aufsteigend, nur an den
unteren Knoten wurzelnd (beim Ufer-
Hahnenfuß, *R. reptans* L., St. an allen
Knoten wurzelnd); Bl. 8–15 mm br. gelb.
✿ 6–10. Giftig! △ Sumpfwiesen, Gräben,
Schlammböden, Erstbesiedler; verbreitet. Fast ganz Europa.

2 Eisenhutblättriger Hahnenfuß
Ranunculus aconitifolius L.
Pfl. 20–60 cm; Grundb. 3–7teilig, lg. ge-
stielt, Abschnitte br.-eiförmig, ungleich
gesägt, der Mittellappen kurz gestielt;
St.b. sitzend; Bl. weiß, 1–2 cm br.;
Bl.stiele behaart; St. mit gespreizten
Ästen. ✿ 5–7. Giftig! △ Staudenreiche
Bergwälder, Bäche, Quellen, Hochstau-
denfluren, in den Alpen bis 2600 m; zer-
streut. Gebirge Mittel- und Südeuropa. –
Ähnlich ist der **Platanen-Hahnenfuß,**
R. platanifolius L., aber Abschnitte der
B. schmaler, Mittellappen nicht gestielt;
Bl.stiele kahl; St. mit aufrechten Ästen.
✿ 5–7; Hochstaudenfluren.

3 Trollblume
Trollius europaeus L.
Pfl. 30–60 cm; B. handförmig geteilt,
deren Abschnitte 3teilig, mit ungleichen
Zipfeln; Bl. zu 1–3, kugelförmig, 3–5 cm
br.; Bl.hüllb. 10–15, gelb. ✿ 5–7. Geschützt! △ Sumpfwiesen, Flachmoore,
Bachränder, Bergwiesen; in den Alpen
bis 2400 m; zerstreut. Nord- und Mitteleuropa, Gebirge Südeuropas. GefGr. 3!

Kreuzblütengewächse
Cruciferae oder Brassicaceae

4 Echte Brunnenkresse
Nasturtium officinale R. Br.
Pfl. 30–80 cm; St. kriechend oder aufsteigend, hohl, verzweigt, kahl; B. gefiedert, mit größerer Endfieder, scharf

schmeckend; Bl. weiß; Kronb. 4,
4–5 mm lg.; Staubbeutel gelb; Schoten
13–18 mm lg, deren Stiele 8–12 mm lg.
✿ 5–9. △ Bäche, Gräben, Quellen, in
schnell fließenden, kühlen Gewässern;
zerstreut. Europa. – Ähnlich ist das
Bittere Schaumkraut, *C. amara* L., Pfl.
10–60 cm; St. markig, kantig; B. gefiedert, jederseits mit 4–10 ovalen Fiederb.
und größerer Endfieder; Kronb. weiß
(selten rötlich), 4–10 mm lg.; Staubbeutel purpurn; Schoten 2–4 cm lg. ✿ 4–6;
Bachränder, Gräben, in Quellfluren und
Erlenbruchwäldern; verbreitet. Fast ganz
Europa, im Süden nur in den Gebirgen.

5 Gewöhnliche Sumpfkresse
Rorippa palustris (L.) Bess.
(*R. islandica* aut.)
Pfl. 15–50 cm; B. gefiedert, jederseits
mit 3–7 schmal ovalen, unregelmäßig
gezähnten Fiederb. und größerer Endfieder; Kronb. hellgelb, etwa so lg. wie die
Kelchb.; Schoten 5–12 mm lg., gedun-
sen, so lg. wie ihre Stiele. ✿ 6–9. △ Ufer,
Gräben, feuchte Äcker und Wege, Altwasser, Pionierpfl.; ziemlich häufig. Fast
ganz Europa. – Ähnlich ist die **Wasser-
Sumpfkresse** oder **Wasserkresse,** *R.
amphibia* (L.) Bess., aber Krone goldgelb, länger als die Kelchb.; Grundb. fiederteilig; St.b. meist ungeteilt, elliptisch
bis lanzettlich, ganzrandig oder gezähnt;
Schoten eiförmig, 3–6 mm lg., ihre Stiele
waagrecht abstehend, 2–3mal so lg.;
Altwasser, Gräben, Ufer; zerstreut.

Sonnentaugewächse / Droseraceae

1 Rundblättriger Sonnentau
Drosera rotundifolia L.
Pfl. 5–15 cm; B. in Rosetten, rund, lg. gestielt, mit lg., klebrigen Drüsenhaaren
(Tentakeln) und kurzen Verdauungsdrü-
sen zum Fangen und Verdauen von Insekten; Bl.stand wenigblütig; Kronb. 5,
4–6 mm lg., weiß. ✿ 7–8. Geschützt! △
Hoch- und Zwischenmoore, saure Torfböden, in Torfmoospolstern; zerstreut;
durch Moorkultivierung seltener werdend. Nord- und Mitteleuropa, südlich
bis Mittelspanien, Italien, Korsika, Balkanhalbinsel. GefGr. 3!

2 Langblättriger Sonnentau
Drosera anglica Huds.
Pfl. 8–20 cm; B. länglich-keilförmig,
1–4 cm lg., Bl.st. in der Mitte der B.roset-
te entspringend, aufrecht, 2–3mal länger als die B. ✿ 6–8. Geschützt!
△ Schlenken von Hoch- und Übergangsmooren; selten. Nord- und Mitteleuropa,
Alpen, Pyrenäen, Karpaten. GefGr. 2! –
Ähnlich ist der **Mittlere Sonnentau,** *D.
intermedia* Hayne, aber Pfl. 3–10 cm; B.
7–10 mm lg.; Bl.st. seitlich entspringend
und bogenförnig aufsteigend, kaum
länger als die B.; Moore, Torfschlammböden; selten. Geschützt! GefGr. 3! – *D.
x obovata* Mert. et Koch, der Bastard aus
D. rotundifolia und *D. anglica* hat senk-
rechte (nicht bogig) aufsteigende, gerade Bl.st.

Steinbrechgewächse
Saxifragaceae

3 Fetthennen-Steinbrech
Saxifraga aizoides L.
Pfl. 3–15 cm; B. fleischig, linealisch,
stachelspitz, am Rand kurz bewimpert;
Bl. zu 5–12, zitronengelb bis dunkel-
orange, oft mit orangeroten Punkten.
✿ 6–8. Geschützt! △ Quellfluren, über-
rieselter Fels und Schutt; in den Alpen
über 3000 m; verbreitet. Nordeuropa,
Alpen, Pyrenäen, Karpaten. – Der
Moor-Steinbrech., *S. hirculus* L., eben-

falls gelbblütig, aber Bl. nur zu 1–3;
Kronb. 10–15 mm lg., gelb, 2–3mal so lg.
wie die Kelchb., diese bald zurückgeschlagen; B. ei-länglich, 1–3 cm lg.,
allmählich in den B.stiel verschmälert,
ganzrandig, am Grund braunrot behaart;
Pfl. 10–40 cm; Übergangsmoore; Eiszeitrelikt; sehr selten, vielerorts ausgestorben. Mittel- und Nordeuropa. Geschützt!
GefGr. 1!

4 Sternblütiger Steinbrech
Saxifraga stellaris L.
Pfl. 4–15 cm; B. in Rosetten, verkehrt-
eiförmig, keilig, vorne grob gezähnt,
fleischig, glänzend; Bl.stand 3–15blütig;
Kronb. 5 (selten 6), 2–3 mm lg., weiß,
mit 2 gelben Punkten. ✿ 6–8. Geschützt!
△ Flache Quellbäche, überrieselte Fel-
sen; in den Alpen bis 3000 m; verbreitet.
Arktis, Gebirge Europas.

5 Sumpf-Herzblatt
Parnassia palustris L.
Pfl. 10–30 cm; grundständige B. herzför-
mig, lg. gestielt; St.b. 1, st.umfassend;
St. 1blütig; Bl. 1–3cm br.; Kronb. 5, oval,
weiß. ✿ 7–9. Geschützt! △ Flach- u.
Quellmoore, Alpen auf wasserzügigen
Schutthängen, bis über 2500 m; zer-
streut. Europa, im Süden nur in Gebir-
gen. GefGr. 3!

Rosengewächse / Rosaceae

6 Bach-Nelkenwurz
Geum rivale L.
Pfl. 20–100 cm; B. rundlich, auf $^2/_3$ oder
bis zum Grund 3teilig, Lappen grob gezähnt; St. locker verzweigt, mehrblütig,
abstehend behaart; Bl. 5–6zählig,
nickend; Kelchb. rotbraun, lanzettlich,
die äußeren kürzer; Kronb. außen rötlich, innen gelb. ✿ 5–6. △ Ufer, Quellen,
Auenwälder, Alpen bis über 2000 m;
häufig. Europa, im Süden hauptsächlich
in den Gebirgen.

7 Blutauge
Potentilla palustris (L.) Scop.
(Comarum palustre L.)

FORTSETZUNG AUF SEITE 262

FORTSETZUNG VON SEITE 122

Pfl. kriechend, bis 1 m weit; St. bogig aufsteigend, 15–30 cm hoch; B. gefiedert, mit 3–7 gesägten Fiederb., oberseits dunkelgrün, unterseits grau- bis blaugrün; Bl. dunkel purpurn; Kronb.

Rosengewächse / Rosaceae

1 Blutwurz
Potentilla erecta (L.) Räusch.
Pfl. kriechend, niederliegend bis aufsteigend, nie wurzelnd, 15–30 cm mit verdicktem, innen rötlichem Rhizom; B. mit 3 keilförmigen, grob gezähnten Fiederb. und großen, fingerig gelappten Nebenb., dadurch B. scheinbar mehrzählig; St.b. sitzend oder nur 5 mm lg. gestielt; Bl. lg. gestielt, meist mit 4 gelben, ei-herzförmigen, 4–5 mm lg. Kronb. ✿ 6–8. △ Moorwiesen, Heiden, Magerrasen, lichte Wälder; häufig. Heilpfl. Europa. – Ähnlich ist das **Englische Fingerkraut,** *P. anglica* Laich., siehe T. 150.

2 Mädesüß
Filipendula ulmaria (L.) Maxim.
Pfl. 50–150 cm, mit großen, gefiederten B.; Fiederb. eiförmig, 4–6 cm lg., doppelt gesägt, oberseits dunkelgrün, unterseits hellgrün oder weißfilzig; Endfieder meist 3teilig; Bl. in dichten, reichblütigen Bl.ständen; Kronb. 5–6, rundlich bis eiförmig, 2–5 mm lg., gelblichweiß. ✿ 6–7. △ Nass- und Moorwiesen, Gräben, Ufer, Auenwälder, Bachläufe; häufig. Europa.

bleiben bis zur Fruchtreife, 3–8 mm lg., fein zugespitzt, halb so lang wie die trüb purpurnen Kelchb.; Außenkelch grün. ✿ 6–7. △ Kalkfreie Flach- und Zwischenmoore, Hochmoorschlenken; in den Alpen bis etwa 2000 m; zerstreut.

3 Moltebeere
Rubus chamaemorus L.
Pfl. 2häusig, 5–20 cm, mit unterirdisch kriechenden Trieben; B. herz-nierenförmig, mit 5–7 rundlichen, gezähnten Lappen und seichten Buchten; Nebenb. eiförmig, papierartig; St. stachellos; Bl. einzeln, endständig, weiß, 2 cm br.; Kronb. 5 oder zu mehreren, viel länger als die kurz drüsenhaarigen Kelchb.; Frucht hellrot bis orange, essbar. ✿ 5–6. Geschützt! △ Hoch- und Übergangsmoore; selten. Nordwestdeutschland, sonst hauptsächlich Nordeuropa. GefGr. 1!

4 Rubus arcticus L.
Pfl. 10–20 cm, mit unterirdisch kriechenden Trieben; St. stachellos; B. 3zählig, mit eiförmigen, doppelt gesägten Fiederb.; Bl. zu 1–3, rosarot oder rot, 1,5–2,5 cm br.; Kronb. 5–7, oft gezähnt; Kelchb. unbehaart; Frucht dunkelrot. ✿ 6–7. △ Torfmoore Nordeuropas.

1

2

3

4

Schmetterlingsblütengewächse
Fabaceae oder Papilionaceae

1 Sumpf-Platterbse
Lathyrus palustris L.
Pfl. 30–100 cm; St. niederliegend oder
kletternd, schmal geflügelt; B. mit 4
oder 6 lanzettlichen, 3–6 cm lg., 5nervi-
gen Fiederb. und endständiger Ranke;
B.stiele kaum geflügelt; Bl. zu 3–6,
15–20 mm lg., schmutzigblau oder blauviolett. ✿ 7–8. △ Moorwiesen, Großseggengesellschaften; ziemlich selten.
Nord- und Mitteleuropa. GefGr. 3!

Storchschnabelgewächse
Geraniaceae

2 Sumpf-Storchschnabel
Geranium palustre L.
Pfl. 30–80 cm; B. 5–7teilig, Abschnitte
unregelmäßig gezähnt oder eingeschnitten; Bl.stand meist 2blütig; Bl.stiele und
Kelch anliegend behaart, drüsenlos (bei
G. pratense und *G. sylvaticum* drüsenhaarig); Krone 3–4 cm br.; Kronb. gerundet, rotviolett. ✿ 6–9. △ Gräben, Moorwiesen, Auengebüsch; zerstreut.
Südskandinavien, Mittel- und Osteuropa, südlich bis Poebene.

Malvengewächse / Malvaceae

3 Echter Eibisch
Althaea officinalis L.
Pfl. graufilzig, 50–120 cm; B. schwach
3–5lappig, graufilzig; Bl. in den B.ach-
seln gebüschelt, 3–5 cm br., helllila;
Außenkelch. 7–9, lanzettlich, kürzer als
die eiförmigen, spitzen Kelchb. ✿ 7–9.
Geschützt! △ Gräben, nasse, salzhaltige
Böden, Küsten; ziemlich selten; Arznei-
pfl. Mittel- und Südosteuropa. GefGr. 3!

Wassersterngewächse
Callitrichaceae

4 Gemeiner Wasserstern
Callitriche palustris L.
Wasserpfl. 5–40 cm, mit fadenförmigem
St. und rosettigen Schwimmb.; unter-

getauchte B. gegenständig, ganzrandig,
linealisch bis eiförmig; Bl. klein, in
B.achseln, ohne Bl.b. nur mit 2 sichelför-
migen Vorb., 1 Staubb. und 1 Fruchtkno-
ten. ✿ 5–10. (Sammelart mit mehreren,
schwer unterscheidbaren Kleinarten).
△ Stehende und fließende Gewässer,
verbreitet. Europa. – Ähnlich ist der
Herbst-Wasserstern, *C. hermaphroditica*
L. *(C. autumnalis* L.), aber Bl. ohne
Vorb.; Pfl. stets untergetaucht und ohne
Schwimmb. ✿ 6–9; Stehende, kalkarme
Gewässer; selten. Nord- und Mittel-
europa.

Veilchengewächse / Violaceae

5 Sumpf-Veilchen
Viola palustris L.
Pfl. 3–10 cm; B. alle grundständig,
herz-nierenförmig, glänzend; Bl. in den
Achseln der grundständigen B., duftend,
lila; Sporn gerade; seitliche Kronb. abwärts gerichtet; Kelchb. stumpf. ✿ 5–6.
△ Saure, nährstoffarme Übergangsmoore, Gräben; verbreitet. Fast ganz Europa.

Weiderichgewächse / Lythraceae

6 Blut-Weiderich
Lythrum salicaria L.
Pfl. 50–120 cm, aufrecht, am Grund
verholzt; B. lanzettlich, bis 10 cm lg.,
gegen- oder zu 3 quirlständig; Bl. purpurrot, quirlständig, in lg. Ähre; Kronb.
6, 8–12 mm lg.; Staubb. 12, verschieden
lg. ✿ 6–9. △ Nasswiesen, Gräben, Ufer,
Seggenrieder, nasse Staudenfluren; verbreitet. Fast ganz Europa. – Ähnlich ist
der **Ysop-Weiderich,** *L. hyssopifolia* L.,
aber B. lineal-lanzettlich, meist wechselständig, gegen die Spitze hin allmählich
größer werdend; Bl. hellrot, zu 1–2
b.achselständig, am St. verteilt, dieser
5–30 cm, mit bogig aufsteigenden Sei-
tenästen; Schlammufer, feuchte Äcker
und Wege, Zwergbinsengesellschaften;
selten. Hauptsächlich Mittel- und
Südeuropa; GefGr. 2!

Wassernussgewächse / Trapaceae

1 Wassernuss
Trapa natans L.
Pfl. mit Schwimmb.rosette aus 5–30 rautenförmigen, lederigen B., 2–6 cm lg., vorne gezähnt, oberseits grün oder rot, unterseits braun, B.stiele aufgeblasen; Bl. 4zählig, weiß; Frucht eine Nuss mit 2–4 Dornen. ✿ 7–8. <u>Geschützt!</u> △ Kalkarme, sommerwarme, Gewässer; selten. Wird z. B. für Bodensee, Rhein, Main, Weser, Elbe- und Odergebiet und für einige Seen der Alpensüdseite noch angegeben, aber durch Gewässerverschmutzung verschwunden. <u>GefGr. 2!</u>

Nachtkerzengewächse Onagraceae

2 Vierkantiges Weidenröschen
Epilobium adnatum Griseb.
Pfl. 30–100 cm; St. 2- oder 4kantig, ± kahl; B. gegenständig, länglich-lanzettlich, hellgrün, dicht gezähnelt; Kronb. 5–7 mm lg., rot; Narbe keulig (nicht 4spaltig). ✿ 7–8. △ Gräben, Ufer, nasse Staudenfluren; zerstreut. Mittel- und Südeuropa, nördlich bis Südschweden, in den Alpen selten.

3 Rauhaariges Weidenröschen
Epilobium hirsutum L.
Pfl. 60–120 cm; St. ästig, abstehend behaart; B. 6–12 cm lg., scharf gezähnt, halbst.umfassend, weichhaarig; Krone 15–22 mm br., rotviolett; Narbe 4spaltig. ✿ 6–9. △ Gräben, Quellen, Ufer, nasse Staudenfluren; verbreitet. Fast ganz Europa. – Ähnlich ist das **Kleinblütige Weidenröschen**, *E. parviflorum* Schreb., aber Krone 6–10 mm br., B. schwach gezähnt, nicht st.umfassend.

Tausendblattgewächse Haloragaceae

4 Ähriges Tausendblatt
Myriophyllum spicatum L.
Pfl. untergetaucht oder flutend, 20–200 cm; B.quirle meist 4zählig; B. mit 13–35 gegenständigen, borstlichen Fiedern; Bl. etwa 3 mm br., rosa, 1- oder 2geschlechtig, in aufrechter, verlängerter Ähre; Tragb. kürzer als die Bl., im oberen Teil der Ähre nicht geteilt; Pfl. 1häusig. ✿ 6–8. △ Stehende oder langsam fließende, nährstoffreiche Gewässer bis in etwa 6 m Tiefe; verbreitet. – Ähnlich ist das **Quirlblütige Tausendblatt**, *M. verticillatum* L., aber B.quirl 5–6zählig; Tragb. der Ähre fiederteilig, länger als die Bl.; verbreitet. – Das **Wechselblütige Tausendblatt**, *M. alterniflorum* DC., hat 8–18 haarförmige Fiedern an den B., diese meist zu 4 im Quirl; Bl.ähre zuerst überhängend, oben mit wechselständig sitzenden Bl.; Kronb. gelb; nährstoffarme und kalkarme Gewässer; selten. <u>GefGr. 2!</u>

Tannenwedelgewächse Hippuridaceae

5 Tannenwedel
Hippuris vulgaris L.
Wasserpfl. 20–100 cm; St. meist aufrecht, unverzweigt, oft flutend; B. quirlständig, linealisch, untergetauchte B. schlaff, über dem Wasser stehende steif; Bl. klein, grün, b.achselständig, ohne Kronb., Staubb. 1, Fruchtknoten 1, unterständig. ✿ 6–8. △ Langsam fließende oder fast stehende, klare Gewässer; zerstreut. Europa.

Wassernabelgewächse Hydrocotylaceae

6 Wassernabel
Hydrocotyle vulgaris L.
Pfl. 10–40 cm; St. kriechend, fadenförmig, an den Knoten wurzelnd; B. kreisrund, schildförmig, gekerbt, 2–4 cm br.; Bl. weißlich, etwa 1 mm br., zu 3–5 in kopfiger Dolde, diese kurz gestielt. ✿ 7–8. △ Moorwiesen, Flachmoore, Gräben, Ufer; ziemlich selten. Fast ganz Europa.

Tafel 110 Gewässer, Moore, Sümpfe

Doldengewächse
Umbelliferae oder Apiaceae

1 Wasserschierling
Cicuta virosa L.
Pfl. 60–120 cm, mit dickem, durch Querwände gekammertem Wurzelstock; B. 2–3fach gefiedert, Fiedern schmal-lanzettlich, scharf gezähnt, bis 8 cm lg.; Dolde 15–25strahlig; Hüllb. 0–2; Hüllchenb. zahlreich, zuletzt zurückgeschlagen. ✿ 7–9. Giftig! △ Ufer, Gräben, Altwasser; zerstreut. Nord- und Mitteleuropa, südlich bis Poebene.

2 Aufrechte Berle, Wassersellerie
Berula erecta (Huds.) Cov.
(Sium erectum Huds.)
Pfl. 30–80 cm, mit Ausläufer; St. stielrund, gestreift; B. 1fach gefiedert, Fiedern ungleich, untere eiförmig, obere lanzettlich, grob gesägt, Endfieder oft 3teilig; Bl.dolde b.gegenständig; Frucht rundlich, 2 mm lg. ✿ 7–8. △ Bäche, Gräben, Teiche; verbreitet. Fast ganz Europa.

3 Breitblättriger Merk
Sium latifolium L.
Pfl. ohne Ausläufer, 60–120 cm; St. kantig gefurcht; St.b. 1fach gefiedert, Abschnitte ei-lanzettlich, fein scharf gesägt, 3–6 cm lg., untergetauchte B. doppelt fiederteilig, mit linealischen Zipfeln; Bl.dolde endständig, 15–25strahlig; Frucht länglich-eiförmig, 4 mm lg. ✿ 7–8. △ Gräben, Ufer, nährstoffreiche Gewässer, ziemlich selten. Südskandinavien, Mittel- und Südeuropa.

4 Gewöhnlicher Wasserfenchel, Rosskümmel, Rebendolde
Oenanthe aquatica (L.) Poir.
Pfl. 30–120 cm, mit dickem, schwammigem Rhizom und dünnen, büscheligen Wurzelfasern; B. 2–3fach gefiedert, Fiedern ei-lanzettlich, 4–6 mm lg.; untergetauchte B. selten, mit haarfeinen Zipfeln; Dolden kurz gestielt, b.gegenständig, 8–15strahlig; Hüllb. meist fehlend; Hüllchenb. zahlreich; Frucht etwa 4 mm

lg. ✿ 6–8. △ Gräben, Tümpel, Altwasser, Sümpfe; zerstreut. Fast ganz Europa. – Ähnlich ist der **Fluss-Wasserfenchel,** *Oe. fluviatilis* (Bab.) Coleman, aber Pfl. 100–200 cm, zum größten Teil im Wasser flutend; B.fiedern 15–25 mm lg., schmal-rauten- oder keilförmig, nochmals in Zipfeln zerteilt; Dolden b.gegenständig; Frucht 5–6 mm lg.; kalkarme, langsam fließende, klare Gewässer; selten. Rheinebene, Vogesen, Elsass, England, Irland, Flandern, Jütland. GefGr. 0!

5 Röhriger Wasserfenchel
Oenanthe fistulosa L.
Pfl. 30–60 cm, mit Ausläufern; St. und B.stiele röhrig; untere B. doppelt, obere B. 1fach fiederteilig, mit linealischen, oft 3spaltigen Fiedern; B.spreite viel kürzer als der B.stiel; Dolden endständig, 2–5strahlig; Hüllb. 0–2; Randbl. der Döldchen lg. gestielt und etwas größer, mittlere B. fast ungestielt; Frucht stumpfkantig, 3–4 mm lg. ✿ 6–7. △ Ufer, Gräben, Sümpfe; zerstreut. Südskandinavien, Mittel- und Südeuropa (westlich). GefGr. 3! – Ähnliche Arten mit endständigen Dolden sind: **Lachenal's-** und **Wiesen-Wasserfenchel,** *Oe. lachenalii* C. Gmelin, Pfl. 40–60 cm, ohne Ausläufer; St. markig, kantig gefurcht; Dolden 5–12strahlig; Hüllb. 4–6; Hüllchenb. so lg. wie die Bl.stiele; Kronb. bis zur Mitte 2spaltig; obere St.b. 1fach gefiedert, Fiedern ei-lanzettlich, 2–4 cm lg. und bis 2 mm br.; untere B. mit ei- oder keilförmigen Zipfeln; Salzwiesen, Großseggengesellschaften; zerstreut. Rheinebene, Norddeutschland, Südschweden, Westeuropa. GefGr. 2! – **Haarstrang-Wasserfenchel,** *Oe. peucedanifolia* Pollich, Pfl. 30–60 cm; Wurzel rübenförmig; Hüllb. 0–1; Hüllchenb. kürzer als die Bl.stiele; Kronb. zu $^1/_3$ 2spaltig; alle B. mit linealischen Zipfeln; kalkarme Moorwiesen; selten. Rhein-, Nahe-, Lahn- und oberes Wesertal, nördlich bis Holland, Südwesteuropa. GefGr. 2!

Doldengewächse
Umbelliferae oder Apiaceae

1 Sumpf-Haarstrang
Peucedanum palustre (L.) Moench
Pfl. 80–150 cm; St. röhrig, kantig gefurcht; B. 2–3fach gefiedert, Zipfel
lineal-lanzettlich, 1–2 mm br.; Dolde
15–30strahlig; Hüllb. und Hüllchenb.
br.hautrandig; Frucht eiförmig, 3–5 mm
lg. ✿ 7–8. △ Moore, Sümpfe, Erlenbrüche; zerstreut. Mitteleuropa, südlich
bis Norditalien, Südfrankreich.

Krähenbeerengewächse
Empetraceae

2 Schwarze Krähenbeere
Empetrum nigrum L.
Zwergstrauch 15–50 cm, ausgedehnte
Teppiche bildend; Pfl. 2häusig; B. wintergrün, nadelförmig, unterseits mit
schmaler, weißer Rinne; Triebe jung rötlich, später rotbraun; Bl. einzeln, 1ge-
schlechtig, an Kurztrieben, unscheinbar,
3zählig, rosa oder purpurn; Frucht eine
schwarzglänzende, kugelige Beere,
genießbar, aber bitter. ✿ 4–5. △ Torfmoore, Dünen, Heiden, Nadelwälder;
kalkmeidend; zerstreut. Nordeuropa.
Norddeutschland, deutsche Mittelgebirge, in den Alpen fehlend. GefGr. 3! –
Ähnlich ist die **Zwittrige Krähenbeere**, *E.
hermaphroditum* (Lange) Hagerup, aber
Pfl. 1häusig; Bl. 2geschlechtig; B. 2–3mal
so lg. wie br., oval, unterseits mit breite-
rer, weißer Rinne; junge Triebe grün,
ältere braun; in den Alpen bis 3000 m;
Nord- und Mitteleuropa, Alpen, Pyrenä-
en, Apennin, Gebirge der Balkaninsel.

Heidekrautgewächse / Ericaceae

3 Sumpf-Porst
Ledum palustre L.
Strauch 50–150 cm, stark duftend; B.
immergrün, lederig, linealisch, etwa
3 cm lg., 3 mm br., unterseits wie die
jungen Zweige rostfilzig; Bl. weiß, in
Dolden; Kronb. 5, frei; Fruchtknoten
unterständig. ✿ 5–7. Giftig! Heilpfl.,

Geschützt! Kalkfreie Kiefernmoore,
Hoch- und Übergangsmoore; selten.
Hauptsächlich Norddeutschland und
nördliches Europa. GefGr. 3!

4 Rosmarinheide
Andromeda polifolia L.
Pfl. 10–30 cm; B. immergrün, schmal-
lanzettlich, Rand umgerollt, oberseits
dunkelgrün, unterseits weißlich; Bl. zu
2–8, rosa; Staubb. 10, in der kugeligen
Krone eingeschlossen. ✿ 5–8. Giftig!
△ Hoch- und Übergangsmoore; zer-
streut. Nord- und Mitteleuropa, Alpen,
Karpaten, Pyrenäen. GefGr. 3!

5 Gemeine Moosbeere
Oxycoccus palustris Pers.
(Vaccinium oxycoccus L.)
Pfl. mit fadenförmigen, 10–80 cm lg.,
kriechenden Zweigen; B. immergrün,
eiförmig, 4–8 mm lg., in der Mitte oder
im unteren Drittel am breitesten; Bl.stie-
le rot, fein behaart; Krone rosa, Kronzipfel zurückgeschlagen; Staubfäden
außen kahl; Beere rot, 8–10 mm br. ✿
6–8. △ Hochmoorbulte, zwischen Torfmoosen; ziemlich selten. Nord- und Mitteleuropa. GefGr. 3! – Sehr ähnlich ist
die **Kleinfrüchtige Moosbeere**, *O. micro-
carpus* Turcz. *(Vaccinium microcarpum*
(Turcz.) Hooker), aber Bl.stiele kahl; Bl.
meist einzeln; Staubfäden ringsum
behaart; B. 3–5 mm lg., im untersten
Viertel am breitesten; Hochmoorbulte;
selten.

6 Heidekraut
Calluna vulgaris (L.) Hull
Pfl. 30–100 cm; B. immergrün, 4zeilig,
dachziegelig, lineal-lanzettlich, 1–4 mm
lg.; Bl. in 1seitswendigen, dichten Trauben; Bl. mit 4blättrigem Außenkelch und
4 blassvioletten bis weißlichen, freien
Kelchb.; Kronb. 4, verwachsen, gleichfarbig wie die Kelchb.; Staubb. 8. ✿ 8–10.
△ Heiden, Magerrasen, Moore, Kiefern-
und Eichenwälder; verbreitet. Europa.

7 Glocken-Heide
Erica tetralix L.

Fortsetzung auf Seite 272

Tafel 112 Gewässer, Moore, Sümpfe

FORTSETZUNG VON SEITE 270

Pfl. 15–50 cm; B. nadelförmig 3–5mm lg., steifhaarig bewimpert, zu 3–4 quirlständig; Bl.stand kopfig, 5–15blütig;

Heidekrautgewächse / Ericaceae

1 Erica ciliaris L.
30–80 cm, ähnlich *E. tetralix,* aber B. eiförmig bis ei-länglich, 2–4 mm lg., zu 3 quirlständig, drüsenhaarig, lg. bewimpert; Zweige abstehend behaart; Bl. in verlängerten 5–12 cm lg., 1seitswendigen Trauben; Krone tiefrot, 8–10 mm lg., krugförmig, schwach gekrümmt, Kelch behaart; Staubb. ohne Anhängsel, in der Krone eingeschlossen *(E. tetralix* hat Staubb. mit schmalen Anhängseln). ✿ 7–9. △ Moore, Heiden, lichte Kiefernwälder; kalkmeidend. Westeuropa, nördlich bis Westirland.

2 Grau-Heide
Erica cinerea L.
Aufrechter Zwergstrauch, 20–60 cm, mit linealischen, dunkelgrünen, kahlen, 4–6 mm lg. B. zu 3 im Quirl; B.rand umgerollt; Bl. violettrot, in dichten, quirligen, 1–7 cm lg. Trauben; Krone 5–6 mm lg., die Staubbeutel einschließend, diese mit kurzen Anhängseln; Kelch kahl. ✿ 6–8. △ Moore, Heiden, lichte, felsige Wälder; kalkmeidend. West- und Nordeuropa, Nordwestdeutschland (sehr selten). GefGr. 1!

3 Blauheide
Phyllodoce coerulea (L.) Bab.
Zwergstrauch, 10–30 cm; B. dicht gedrängt, wechselständig, linealisch, immergrün, lederig, 6–10 mm lg., unterseits behaart; B.rand umgerollt; Kelchb. und Kronb. 5; Krone flaschenförmig, 7–8 mm lg., blauviolett, purpurn, kurz 5zähnig; Bl. an dünnen, rötlichen, drüsenhaarigen Stielen zu 2–6 in lockeren Trauben. ✿ 6–7. △ Heiden, lichte, felsige Wälder, Torfböden. Hauptsächlich in den Gebirgen; kalkmeidend; Nordeuropa, isoliertes Vorkommen in den Pyrenäen.

Krone rot, 6–8 mm lg.; Staubb. in der Krone eingeschlossen. ✿ 6–9. △ Hochmoore, Torfböden; selten. Hauptsächlich Westeuropa, Norddeutschland, Schwarzwald.

4 Vierkantige Moorheide
Cassiope tetragona (L.) D.Don
Zwergstrauch, 10–30 cm; B. dicht, dachziegelig, 4zeilig angeordnet, stumpf, 3–5 mm lg., unterseits mit tiefer Längsfurche; Bl. einzeln, b.achselständig; Krone glockenförmig, 5–7 mm lg., weiß, mit rosafarbenen Zipfeln oder reinweiß; Bl.stiele kahl; Frucht eine Kapsel. ✿ 7–8. △ Heiden, Tundra. Hauptsächlich Gebirge Nordeuropas, Arktis. – Ähnlich ist *C. hypnoides* (L.) D.Don., aber B. spitz, nadelförmig, wechselständig, unterseits nicht gefurcht; Bl. endständig, weiß, halbkugelig; Bl.stiele kurzhaarig; Schneeböden, Tundra, Heiden. Gebirge Nordeuropas.

Primelgewächse / Primulaceae

5 Salzbunge
Samolus valerandi L.
Pfl. 10–50 cm, mit grundständiger B.rosette; obere B. wechselständig, verkehrt-eiförmig, ganzrandig, 1–8 cm lg.; Bl. winzig, 2–3 mm br.; Krone glockenförmig, weiß, mit 5 gerundeten Zipfeln. ✿ 6–8. △ Salzreiche Schlickböden, Küsten, Teichböden; an den Küsten verbreitet, sonst selten. Fast ganz Europa. GefGr. 2!

Primelgewächse / Primulaceae

1 Mehl-Primel
Primula farinosa L.
Pfl. 10–15 cm; B. in grundständiger Rosette, oberseits dunkelgrün, unterseits weiß bestäubt, meist unregelmäßig gezähnt; Bl. 10–15 mm br., rosa oder rotviolett, in aufrechter Dolde. ✿ 5–7. Geschützt! △ Kalkflachmoore, Sumpfwiesen, quellige Stellen, alpine Steinrasen. In den Alpen und im Vorland verbreitet, sonst selten, durch Entwässerungen vielerorts verschwunden. Nordeuropa, Nordbayern, Bodensee, Jura, Alpen und Vorland, Pyrenäen, Karpaten. GefGr. 3!

2 Wasserfeder
Hottonia palustris L.
Wasserpfl. 20–50 cm; B. untergetaucht, kammartig bis auf den Mittelnerv fiederteilig, in Rosetten; Bl.schaft aufrecht, über dem Wasser; Bl. weiß oder rötlich, innen am Grund gelb. ✿ 5–6. Geschützt! △ Mäßig nährstoffreiche, flache, stehende Gewässer, über torfigen Schlammböden, Altwässer, Gräben, Moorseen, oft mit Wasserschlauch *(Utricularia)* und Arten der Schwimmblattgesellschaften; selten. Fast ganz Europa, nördlich bis Südskandinavien. GefGr. 3!

3 Strauß-Gilbweiderich
Lysimachia thyrsiflora L.
Pfl. aufrecht, 30–60 cm; B. lanzettlich, sitzend, kreuzweis gegenständig: Bl. in dichten, gestielten Trauben in den Achseln der mittleren St.b. stehend; Kronb. 5–6, schmal-lanzettlich, 4–5 mm lg., gelb, gegen die Spitze rot punktiert. ✿ 5–6. △ An Ufern von Teichen oder langsam fließenden Gewässern, auf nassen, oft überschwemmten, torfigen Böden; selten. Europa. GefGr. 3!

4 Gewöhnlicher Gilbweiderich
Lysimachia vulgaris L.
Pfl. 50–150 cm; St. rundlich, zottig; B. gegenständig oder zu 3 quirlständig, ei-lanzettlich, bis 14 cm lg., drüsig punktiert; Bl. in kurzen, gestielten Trauben oder Rispen; Kronb. oval, 7–12 mm lg., gelb; Kronzipfel am Rand kahl; Kelchzipfel rötlich berandet. ✿ 6–8. △ Quellen, Gräben, Ufer, Streuwiesen, Erlenbruch- und Auenwälder; verbreitet. Europa. – Ähnlich ist der **Drüsige Gilbweiderich** oder **Tüpfelstern,** *L. punctata* L., aber Kronzipfel drüsig bewimpert; Kelchzipfel grün; St. 4kantig, drüsig-weichhaarig; B. zu 3–4 quirlständig, lanzettlich-eiförmig, bis 10 cm lg. ✿ 6–8. Zierpfl. und gelegentlich an Ufern und in Auenwäldern verwildert. Ost- und Südosteuropa, Ostbayern, Ostalpen.

Tafel 114 Gewässer, Moore, Sümpfe

Fieberkleegewächse Menyanthaceae

1 Seekanne
Nymphoides peltata (Gmelin) Kuntze
(Limnanthemum nymphoides Link)
Pfl. 80–150 cm; St. flutend; B. rundlich-herzförmig, wie kleine Seerosenb.; Bl. gelb, 3–5 cm br., innen bärtig, lg. gestielt, über die Wasseroberfläche ragend. ✿ 7–8. Geschützt! △ Stehende oder langsam fließende, nährstoffreiche Gewässer mit etwa 50–150 cm Tiefe, in Schwimmblattgesellschaften, meist in tieferen, sommerwarmen Lagen; ziemlich selten. Mittel- und Südeuropa. GefGr. 3!

2 Fieberklee, Bitterklee
Menyanthes trifoliata L.
Pfl. 15–30 cm, mit dickem, lg. kriechendem Rhizom; B. kleeartig, 3zählig; Bl. weiß oder rotlich, bärtig, in aufrechter Traube. ✿ 4–5. Geschützt! △ Flach- und Quellmoore, Moorschlenken und verlandete Teiche; zerstreut bis selten; Heilpfl. Nord- und Mitteleuropa, Gebirge Südeuropas. GefGr 3!

Enziangewächse / Gentianaceae

3 Lungen-Enzian
Gentiana pneumonanthe L.
Pfl. 15–50 cm, ohne grundständige B.rosette; B. linealisch, bis 5 cm lg., meist 1nervig; Bl. in den Achseln der obersten B.; Krone eng-glockenförmig, 5teilig, blau, innen mit 5 grün punktierten Streifen. ✿ 7–9. Geschützt! △ Moorwiesen, Flachmoore; ziemlich selten. Europa, nördlich bis Südskandinavien, im Süden nur in den Gebirgen. GefGr. 3!

4 Blauer Sumpfstern, Moorenzian, Tarant
Swertia perennis L.
St. 15–40 cm, einfach, aufrecht; B. oval, untere gestielt, obere sitzend; Bl. 2–3 cm br., schmutzigblau, dunkel punktiert, in Trauben oder Rispen; Bl.stiele 4kantig, geflügelt. ✿ 6–8. Geschützt! △ Kalkhaltigen Flach- und Quellmoore; bis etwa 1500 m; selten. Alpen und Vorland, Gebirge Mittel- und Südeuropas. GefGr. 2!

Röte- oder Krappgewächse Rubiaceae

5 Sumpf-Labkraut
Galium palustre L.
Pfl. 15–80 cm; St. dünn, von gekrümmten, feinen Stacheln rau; B. schmal ei-lanzettlich, vorne breiter, stumpf, 1nervig, zu 4–6 im Quirl, getrocknet schwärzlich; Bl.stand locker; Krone 4zipfelig, weiß, 3–5 mm br.; Staubbeutel purpurn; Frucht fast glatt. ✿ 5–9. △ Röhrichte, Nasswiesen, Gräben, Ufer, Erlenbrüche; verbreitet. Fast ganz Europa. – Ähnlich ist das **Moor-Labkraut,** *G. uliginosum* L., aber B. lineal-lanzettlich, stachelspitzig; Staubbeutel gelb; Frucht feinkörnig-rau. Moorwiesen.

6 Nordisches Labkraut
Galium boreale L.
Pfl. 30–50 cm; St. steif, aufrecht; B. zu 4 quirlständig, derb., lanzettlich, stumpf, 3nervig; Bl.stand pyramidenförmig; Krone 4zählig, weiß, 3–5 mm br. ✿ 6–8. △ Flachmoore, Magerwiesen, Auenwiesen, auch Kiefern- und Eichenwälder; zerstreut. Nord- und Mitteleuropa, Gebirge Südeuropas.

Borretschgewächse / Boraginaceae

1 Sumpf-Vergissmeinnicht
Myosotis palustris L.
Pfl. 20–100 cm; St. stumpfkantig, dicht beblättert, schief aufwärts oder waagrecht-abstehend behaart; B. länglich-eiförmig, 2–10 cm lg., 5–20 mm br., behaart; Bl.stand ohne B.; Krone 4–8 mm br., blau; Kelch spärlich angedrückt behaart, Haare nie hakig. ✿ 5–9.
△ Nasswiesen, Gräben, Ufer; verbreitet. Europa.

2 Gemeiner Beinwell
Symphytum officinale L.
Pfl. 30–100 cm; B. schmal-lanzettlich, obere bis zum nächsten B. am St. herablaufend, St. daher br. geflügelt; Bl. rotviolett oder gelblichweiß, innen, zwischen den Staubb. mit 5 spitzen Schlundschuppen. ✿ 5–7. Arzneipfl.
△ Nass- und Moorwiesen, Ufer, Auenwälder; verbreitet. Fast ganz Europa.

Lippenblütengewächse
Labiatae oder Lamiaceae

3 Sumpf-Helmkraut
Scutellaria galericulata L.
Pfl. 10–40 cm; B. oval bis lanzettlich, seicht gezähnt; Bl. in 1seitswendigen Paaren in den Achseln der oberen B.; Krone 12–20 mm lg., blau, kürzer als die Tragb.; Kronröhre aufwärts gekrümmt. ✿ 6–9. △ Nasswiesen, Gräben, Ufer, Verlandungsgesellschaften; verbreitet. Europa. – Auch in Moorwiesen und an Ufern, im Aussehen ähnlich ist das **Spießblättrige Helmkraut**, *S. hastifolia* L., aber B. ganzrandig, untere B. spießförmig; Krone 20–22 mm lg., länger als die Tragb.; selten. GefGr. 2! – Das **Kleine Helmkraut**, *S. minor* Huds., hat 6–7 mm lg., rotviolette Bl. mit gerader Kronröhre; Feuchtwiesen, Bruchwälder, kalkmeidend; selten. GefGr. 3!

4 Ufer-Wolfstrapp, Wolfsfuß
Lycopus europaeus L.
Pfl. 20–80 cm; B. lanzettlich, tief und grob gezähnt, untere B. fiederteilig; Bl. quirlartig in den B.achseln der oberen B. paare sitzend; Kelchzähne 5, steif, langspitzig; Krone 4–6 mm lg., weiß. ✿ 7–8.
△ Ufer, Gräben, Erlenbruchwälder; ziemlich häufig. Europa.

5 Wasser-Minze
Mentha aquatica L.
Pfl. 20–80 cm, aromatisch riechend, mit unterirdischen und lg., oberirdischen, beblätterten Ausläufern; B. eiförmig, gesägt; Bl. in einem endständigen, kopfigen Bl.stand und darunter quirlartig in den Achseln der obersten B.paare; Krone 5–7 mm lg., rosa oder lila; Kelch gleichmäßig 5zähnig (bei der **Polei-M.**, *M. pulegium* L., Kelch ungleich 5zähnig, fast 2lippig). ✿ 7–9. △ Ufer, Gräben, Nasswiesen, Röhrichte, Großseggengesellschaften; häufig. Europa.

6 Ross-Minze
Mentha longifolia (L.) Huds.
Pfl. 30–80 cm; St. behaart; B. länglich-lanzettlich, 6–10 cm lg., scharf gesägt, unterseits filzig behaart; Bl.stand ährenförmig, schlank; Kelch dicht behaart, 5zähnig; Krone 3–4 mm lg., rosa oder rötlichlila. ✿ 7–9. △ Ufer, Nassweiden, Quellfluren; ziemlich häufig. Mittel- und Südeuropa, nördlich bis Großbritanien. – Ähnlich sind noch: **Rundblättrige Minze**, *M. rotundifolia* (L.) Huds., aber B. rundlich-eiförmig, kerbig gesägt, unterseits filzig; Krone helllila oder fast weiß; Gräben, Ufer, feuchte Äcker; ziemlich selten. – **Grüne** oder **Ähren-Minze**, *M. spicata* L., Pfl. 30–80 cm; B. kahl oder nur auf den Nerven behaart, beiderseits grün, länglich-lanzettlich, scharf gesägt; St. kahl, oft rot überlaufen; Bl.stand schlank; Kulturpfl. und gelegentlich verwildert, ursprünglich wahrscheinlich Südeuropa.

Braunwurzgewächse
Scrophulariaceae

1 Bach-Ehrenpreis, Bachbunge
Veronica beccabunga L.
Pfl. 20–60 cm, fleischig; B. br.-elliptisch
bis rundlich, 1–4 cm lg., kurz gestielt,
unregelmäßig stumpf gesägt; Krone
himmelblau. ✿ 5–9. △ Gräben, Quellen;
verbreitet. Europa. – Ähnlich ist der
Wasser-Ehrenpreis, *V. anagallis-aquati-*
ca L., aber B. länglich-lanzettlich, mit
schwach herzförmigem Grund sitzend,
fast ganzrandig; Krone blasslila, rotviolett geadert; Bachröhricht, Gräben.

2 Alpenhelm, Bartschie
Bartsia alpina L.
Pfl. 5–15 cm; St. kraushaarig; B. eiförmig, mit herzförmigem Grund, stumpf
gezähnt, obere B. schmutzigviolett; Bl.
einzeln in den obersten B.; Krone 2lip-
pig, 15–20 mm lg., dunkelviolett, drüsenhaarig; Kelch 4teilig. ✿ 6–8. △ Quellmoore, Zwergstrauchheiden, in den
Alpen bis über 2500 m; verbreitet, in der
Ebene selten. Nordeuropa, Mittelgebirge
Mitteleuropas, Alpen, Pyrenäen, Karpaten, Gebirge der Balkanhalbinsel.

3 Sumpf-Läusekraut
Pedicularis palustris L.
Pfl. 20–50 cm; St. einzeln, aufrecht,
ästig, nur oben mit Bl.; B. kahl, tief fiederteilig; Kelch 2lippig, 5zähnig; Krone
hellpurpurn, Oberlippe dunkler, Unterlippe bewimpert, so lg. wie die Oberlippe. ✿ 5–7. Geschützt! △ Flach- und
Übergangsmoore; zerstreut. Fast ganz
Europa, außer Mittelmeerraum. GefGr. 3!
– Ähnlich ist das **Wald-Läusekraut,** *P. syl-*
vatica L., aber Pfl. mit mehreren, nieder-
liegenden-aufsteigenden St., auch unten
mit Bl.; Unterlippe kahl, kürzer als die
Oberlippe; Flach- und Quellmoore. Geschützt! GefGr. 3!

4 Karlszepter
Pedicularis sceptrum-carolinum L.
Pfl. 30–100 cm, stattlichste Art der Gat-
tung; B. 10–30 cm lg., bis auf den Mittel-

nerv fiederteilig; Bl.stand locker, lang;
Krone hellgelb, 3 cm lg.; Unterlippe rot
gerandet, Oberlippe sichelförmig.
✿ 6–8. Geschützt! △ Moorwiesen, Flachmoore; selten. Nord- und Mitteleuropa.
GefGr. 1!

Wasserschlauchgewächse
Lentibulariaceae

5 Alpen-Fettkraut
Pinguicula alpina L.
Pfl. 5–15 cm; B. in grundständiger Rosette, fleischig, 3–6 cm lg., sich vom Rand
her einrollend, mit Kleb- und Verdau-
ungsdrüsen zum Fangen und Verdauen
von Insekten; Bl. weiß, mit kurzem, kegelförmigem Sporn. ✿ 5–7. Geschützt!
△ Quell- und Flachmoore, feuchte
bemooste Felsen, von der Ebene bis
2700 m; zerstreut bis selten. Hauptsächlich Alpen und Vorland, Pyrenäen, Skandinavien. GefGr. 3!

6 Gemeines Fettkraut
Pinguicula vulgaris L.
Pfl. wie Nr. 5, aber Bl. blauviolett, mit
schlankem pfriemlichem Sporn. ✿ 5–7.
Geschützt! △ Flach- und Quellmoore,
feuchte Böden; von der Ebene bis etwa
2000 m; zerstreut bis selten. Hauptsächlich Nordeuropa und Gebirge Mitteleuropas. GefGr. 3!

7 Gewöhnlicher Wasserschlauch
Utricularia vulgaris L.
Pfl. meist frei schwimmend, untergetaucht, 10–200 cm lg., nur Bl. über dem
Wasser; B. 2–8 cm lg., mehrfach in haarförmige Abschnitte zerteilt, daran
1–4 mm große Fangbläschen oder
Schläuche zum Einfangen von Plankton
(zusätzliche Ernährung); Bl. zu 3–15 in
Trauben, leuchtend gelb, 13–20 mm lg.
✿ 6–8. △ Stehende oder langsam
fließende, meist nährstoffreiche Gewässer, Gräben; zerstreut bis selten.
Europa.

8 Mittlerer Wasserschlauch
Utricularia intermedia Hayne

FORTSETZUNG AUF SEITE 282

FORTSETZUNG VON SEITE 280

Pfl. 10–20 cm, mit farblosen Schlammsprossen im Boden verankert und mit grünen, untergetauchten Wassersprossen; Fangblasen nur an den Schlammsprossen; B. der Wassersprosse im Umriss rundlich, 5–20 mm lg., mit bandförmigen, 0,5 mm br. Zipfeln, diese auf jeder Seite mit 2–10 Wimperborsten und vorne mit aufgesetzter Spitze; Bl. (selten) mit walzlichem, 1 cm lg. Sporn.

Wegerichgewächse
Plantaginaceae

1 Strandling
Littorella uniflora (L.) Achers.
Pfl. 5–10 cm, mit grasartigen, linealischen, meist aufrechten B. in grundständiger Rosette und dünnen, oberirdischen Ausläufern; Bl. 1geschlechtig, trockenhäutig; ♂ Bl. einzeln an lg. Stiel, mit 4teiliger, 6–8 mm lg. Krone; ♀ Bl. meist zu 2, am Grund des Stieles der ♂ Bl. sitzend. ✿ 6–8. △ Sandige, flache Ufer, ziemlich nährstoffarme Seen und Teiche, bis in 2 m Tiefe; ziemlich selten (besonders im Süden). Fast ganz Europa. GefGr. 2!

Baldriangewächse / Valerianaceae

2 Echter Baldrian
Valeriana officinalis L.
Pfl. 30–150 cm; B. gegenständig, alle B. gefiedert, mit 7–13 lanzettlichen, gesägten oder ganzrandigen Fiederb.; Bl.stand dicht, schirmförmig; Krone 3–6 mm br., rosa. ✿ 6–8. Sehr formenreiche Art mit vielen Kleinarten. △ Moorwiesen, Ufer, Gräben, Auenwälder, Hochstaudenfluren; verbreitet. Die Gesamtart fast ganz Europa, die Kleinarten meist auf kleinere Gebiete beschränkt.

✿ 7–8. Geschützt! △ Moorschlenken von Flach- und Übergangsmooren, auf Torfschlamm, in 10–50 cm Wassertiefe; zerstreut. Mittel- und Nordeuropa, südlich bis Norditalien, Pyrenäen. GefGr. 2! – An ähnlichen Standorten wächst auch der **Kleine Wasserschlauch,** *U. minor* L., B.zipfel allmählich zugespitzt, ohne Wimperborsten; Bl. zu 2–6, blassgelb, braungestreift; Seitenränder der Unterlippe nach unten gebogen; zerstreut. Fast ganz Europa. Geschützt! GefGr. 2!

3 Sumpf-Baldrian
Valeriana dioica L.
Pfl. 10–30 cm; Grundb. rundlich-nierenförmig; St.b. gefiedert, mit ovaler, größerer Endfieder; Bl.stand schirmförmig; Krone der ♀ Bl. 1 mm lg., weiß, Krone der ♂ Bl. 3 mm lg., rosa. ✿ 5–6. △ Kalkarme Moorwiesen, Flach- und Quellmoore; verbreitet. Fast ganz Europa.

Glockenblumengewächse
Campanulaceae

4 Wasser-Lobelie
Lobelia dortmanna L.
Pfl. 40–70 cm; B. untergetaucht, linealisch, fast stielrund, in grundständiger Rosette; Bl. 1–2 cm lg, weißlich, mit bläulicher Kronröhre; Krone 2lippig, mit 2teiliger Oberlippe und 3teiliger Unterlippe. ✿ 7–8. Geschützt! △ Nährstoffarme, kalkarme Seen; selten. Nordwestdeutschland, Nordwesteuropa. GefGr. 1!

Korbblütengewächse
Compositae oder Asteraceae

1 Dreiteiliger Zweizahn
Bidens tripartita L.
Pfl. 15–100 cm; St. braunrot, mit abstehenden, weitausladenden Ästen; B. dunkelgrün, 3–7teilig, Abschnitte ei-lanzettlich, grob gezähnt, spitz; Zähne gerade, vorwärtsgerichtet; Bl.köpfe 1–2 cm br., ohne oder mit gelben, zungenförmigen Randbl.; Röhrenbl. bräunlich; äußere Hüllb. 5–8, b.artig; innere Hüllb. gelbbraun; Frucht auf der Fläche glatt, am Rand von rückwärts gerichteten Haaren rau. ✿ 7–10. △ Teichränder, Gräben, vernässte Äcker, auch Schuttplätze, auf stickstoffreichen, tonig-schlammigen oder sumpfigen Böden; verbreitet. Fast ganz Europa. – Ähnlich sind noch: **Strahlen-Zweizahn,** *B. radiata* Thuill., aber B. hellgrün, Zähne nach vorne gekrümmt; Bl.köpfe breiter, mit 9–14 b.artigen Außenhüllb.; St. bleichgrün bis schwach rötlich, mit aufrechten Ästen; Gräben, Teichränder. – **Schwarzfrüchtiger Zweizahn,** *B. frondosa* L. *(B. melanocarpa* Wieg.), B.gefiedert, die oberen 3zählig, lg. gestielt, auch Fiederb. gestielt; Bl.köpfe lg. gestielt; Frucht auch auf der Fläche höckerig, mit nach vorne gerichteten Haaren; Flussufer.

2 Nickender Zweizahn
Bidens cernua L.
Pfl. 1jährig, 10–100 cm; B. ungeteilt, lanzettlich, grob gezähnt, sitzend; Bl.köpfe nickend, 2–4 cm br., oft mit zungenförmigen Randb.; äußere Hüllb. 5–8, krautig, am Rand bewimpert, viel länger als die br.-eiförmigen, braun gestreiften, inneren Hüllb.; Frucht flach, 4kantig, mit hakigen Borsten. ✿ 8–10. △ Dorfteiche, Gräben, nährstoffreiche Schlammböden; ziemlich selten. Fast ganz Europa, nördlich bis Südskandinavien.

3 Sumpf-Schafgarbe
Achillea ptarmica L.
Pfl. 20–100 cm; B. schmal-lanzettlich, ungeteilt, fein gezähnt, meist kahl, glän-

zend; Bl.köpfe 12–17 mm br., zu 5–30 am St.; Zungenbl. 8–13, weiß, ausgebreitet, 4–6 mm lg.; Hüllb. filzig behaart, mit Hautrand. ✿ 7–9. △ Nasswiesen, Gräben, Ufer; zerstreut. Südskandinavien, Mitteleuropa, südlich bis Nordspanien, Norditalien.

4 Gewöhnliche Pestwurz
Petasites hybridus (L.) G. M. Sch.
Pfl. zur Bl.zeit 10–40 cm, zur Fruchtzeit 100 cm; B. am Ende der Bl.zeit erscheinend, rundlich-herzförmig, bis 60 cm br., gezähnt, unterseits anfangs graufilzig; Schuppen des Bl.standes rötlich; Bl.köpfe in dichten Trauben, nur mit Röhrenbl., rötlich. ✿ 3–5. △ Ufer, Nasswiesen, in Weiden- und Erlengebüsch; verbreitet. Nord- und Mitteleuropa und Gebirge Südeuropas (siehe auch *Petasites albus,* T. 180).

5 Wasser-Greiskraut
Senecio aquaticus Huds.
Pfl. 15–60 cm; B. fiederteilig, gelbgrün, mit nach vorne gerichteten, schmalen Abschnitten und großem Endlappen; Grundb. oft ungeteilt; Bl.köpfe 2–3 cm br., in doldenartiger Rispe, mit 1–3blättriger, kurzer Außenhülle; Zungenbl. 10–12 mm lg., gelb. ✿ 6–8. △ Nass- und Moorwiesen, Gräben, Quellen; häufig. Fast ganz Europa (siehe auch *S. erucifolius* und *S. erraticus,* T. 74). In Verlandungsgesellschaften mit Seggen und Röhrichten wächst das **Sumpf-Greiskraut,** *S. paludosus* L., Pfl. 80–150 cm; B. lineal-lanzettlich, scharf gesägt, unterseits graufilzig, 8–14 cm lg.; Bl.köpfe 3–4 cm br., gelb, zu 10–30 in doldenartiger Rispe, mit 10–20 Zungenbl.; zerstreut. GefGr. 3!

Korbblütengewächse
Compositae oder Asteraceae

1 Bach-Kratzdistel
Cirsium rivulare (Jacq.) All.
(C. salisburgense (Willd.) G. Don.)
Pfl. 30–100 cm; St. oberwärts b.los; B. beiderseits grün, kurzhaarig, geöhrt, st.umfassend, tief fiederspaltig, Abschnitte lanzettlich, meist ungeteilt; Bl. purpurn; Hüllb. meist rot überlaufen. ✿ 5–7. △ Nass- und Moorwiesen, Gräben, quellige Stellen. Alpen- und Vorland verbreitet, sonst ziemlich selten. Hauptsächlich Gebirge Mitteleuropas, Alpen, Pyrenäen, Karpaten. – Ähnlich ist die **Knollen-Kratzdistel,** *C. tuberosum* (L.) All. *(C. bulbosum* DC.), aber Bl.köpfe einzeln; B. unterseits schwach spinnwebig-wollig, gefiedert, mit gelappten oder grob gezähnten Fiedern; Wurzel spindelförmig verdickt; Moorwiesen, Flachmoore, Gebüsche; ziemlich selten. Mitteleuropa. GefGr. 3! – Ebenfalls 1köpfig ist die seltene **Englische Kratzdistel,** *C. dissectum* (L.) Hill, aber Wurzel nicht verdickt; B. unterseits grau, spinnwebigwollig; St.b. wenig fiederteilig; Moorwiesen. Nordwestdeutschland, Westeuropa. GefGr. 2!

2 Kohldistel
Cirsium oleraceum (L.) Scop.
Pfl. 50–150 cm, weichdornig; St. entfernt beblättert; B. weich, kaum stechend, hellgrün, untere fiederteilig, obere ungeteilt, eiförmig, st.umfassend; Bl.köpfe zu mehreren gehäuft, von bleichen, br.-eiförmigen Hochb. umgeben; Bl. gelblichweiß; Hüllb. nicht klebrig. ✿ 7–9. △ Nasswiesen, Auenwälder, Bachufer, Staudenfluren; in den Alpen bis 2000 m; verbreitet. Südskandinavien, Mitteleuropa, südlich bis Westalpen, Nordapennin, Bulgarien. – Die **Klebrige Kratzdistel,** *C. erisithales* (Jacq.) Scop., hat ebenfalls hellgelbe Bl., aber Bl.köpfe nicht von Hochb. umgeben; Hüllb. klebrig; B. weich, bis zum Mittelnerv fiederteilig, mit lanzettlichen, stachelig gezähnten Seitenfiedern und sehr schmaler End-

fieder; Hochstaudenfluren, Waldränder, Laubmischwälder. Alpen, Apennin, Schweizer Jura, Karpaten, Gebirge der Balkanhalbinsel; in Deutschland fehlend.

3 Verschiedenblättrige Kratzdistel, Alantdistel
Cirsium helenioides (L.) Hill
(C. heterophyllum (L.) Hill)
Pfl. 50–100 cm; St. reich beblättert; B. oberseits grün, unterseits schneeweißfilzig, ungeteilt oder fiederspaltig, mit schmal-lanzettlichen Abschnitten, obere B. st.umfassend; Bl.köpfe zu 1–3; Bl. purpurn. ✿ 7–8. △ Kalkarme Nasswiesen, an Bächen, in nassen Staudenfluren; ziemlich selten. Hauptsächlich Nordeuropa, Alpen und mitteleuropäische Mittelgebirge.

Korbblütengewächse
Compositae oder Asteraceae

1 Sumpf-Kratzdistel
Cirsium palustre (L.) Scop.
Pfl. 50–150 cm; St. dornig geflügelt, bis oben beblättert; B. lanzettlich, tief in schmale, dornige Lappen zerteilt, unterseits wollig-filzig; St.b. herablaufend; Bl.köpfe gehäuft, eiförmig, kurz gestielt, purpurn, 10–15 mm lg.; Pappus 7–10 mm lg. weiß. ❀ 5–6. △ Moorwiesen, Quellen, Gräben, Auenwälder; verbreitet. Europa. – Ähnlich ist die **Graue Kratzdistel,** *C. canum* (L.) All., aber Bl.köpfe einzeln; B. weniger herablaufend; St. oben fast b.los, wollig behaart; Wurzel knollig verdickt; feuchte Wiesen, Moore, selten. Mitteldeutschland. GefGr. 2!

2 Färber-Scharte
Serratula tinctoria L.
Pfl. 20–100 cm; oben verzweigt, mit zahlreichen Bl.köpfen, bis oben beblättert; untere B. eiförmig, 1fach, fein gezähnt, obere B. tief fiederteilig; Bl.köpfe schmal-eiförmig, 15–20 mm lg., purpurn; Hüllb. dachziegelig, angedrückt, mit purpurroter Spitze; Frucht 5 mm lg., grünlich, Pappus gelblich. ❀ 7–8. △ Moorwiesen, Gräben, lichte Laubwälder; zerstreut. Europa. GefGr. 3!

3 Niedrige Schwarzwurzel
Scorzonera humilis L.
Pfl. 10–40 cm; St. und Hülle wollig; B. lanzettlich, ganzrandig; St.b. fehlend oder schuppenförmig; St. unverzweigt, 1köpfig; Bl. hellgelb. 2mal so lg. wie die Hülle; äußere Hüllb. halb so lg. wie die inneren; Früchte 5–7 mm lg., braun behaart. ❀ 5–6. Geschützt! △ Kalkfreie Moorwiesen, Magerrasen, Heiden, Föhrenwälder; ziemlich selten. Südskandinavien, Mitteleuropa, im Süden nur in den Gebirgen. GefGr. 3! – Ähnlich ist die **Kleinblütige Schwarzwurzel,** *S. parviflora* Jacq., aber St. und Hülle kahl; Bl. hellgelb, so lg. wie die Hülle; Salzwiesen; selten. Mitteldeutschland, pannonische Tiefebene. GefGr. 2!

4 Kronenlattich
Calycocorsus stipitatus (Jacq.) Rauschert
(Willemetia s. (Jacq.) Cass.)
Pfl. 15–40 cm; St. unten kahl, oben abstehend schwarzhaarig, mit 1–2 kleinen B.; Rosettenb. kahl, schwach bläulichgrün, eiförmig, buchtig gezähnt bis ganzrandig; Bl.köpfe zu 1–5, gelb; Hüllb. 2reihig; Früchte geschnäbelt, mit 6–7 mm lg. Pappus. ❀ 6–8. △ Flach- und Quellmoore, Bachufer; zerstreut. Gebirge Mittel- und Südeuropas, Alpen und Vorland, Bayerischer Wald.

5 Sumpf-Pippau
Crepis paludosa (L.) Moench.
Pfl. 40–80 cm, oben locker verzweigt; grundständige B. schmal-eiförmig bis lanzettlich, unregelmäßig buchtig gezähnt; St.b. herz- oder pfeilförmig st.umfassend, unterseits bläulich; Bl.köpfe gelb; Hülle drüsenhaarig; Früchte 5 mm lg., 10rippig, nach oben wenig verschmälert; Pappus gelblichweiß, brüchig. ❀ 6–8. △ Nasswiesen, Flachmoore, Auenwälder; verbreitet. Fast ganz Europa. – Ähnlich ist der **Schabenkraut-Pippau,** *C. blattarioides* (L.) Vill., St. bis zu den Bl. köpfen reich beblättert; B. ei-lanzettlich, buchtig gezähnt, spießförmig st.umfassend; Grundb. zur Bl.zeit verwelkt; Bl. köpfe 3–4 cm br.; Hülle nicht drüsig, schwärzlich-rauhaarig; Pappus schneeweiß, weich, biegsam; Hochstaudenfluren, feuchte Wiesen der Alpen von 1000–2400 m; zerstreut. Gebirge Mittel- und Südeuropas.

6 Wiesen-Alant
Inula britannica L.
Pfl. 20–80 cm, oben verzweigt; B. lanzettlich, unterseits wollig-zottig, die unteren in den kurzen Stiel verschmälert, die oberen mit herzförmigem Grund sitzend; Bl.köpfe 3–5 cm br., gelb, einzeln oder in lockeren Doldenrispen; Zungenbl. viel länger als die Röhrenbl.; Hüllb. abstehend oder zurückgekrümmt. ❀ 7–9. △ Feuchtwiesen, Ufer, salzertragend; ziemlich selten. Südskandinavien, Mitteleuropa, südlich bis Mittelitalien.

Eibengewächse / Taxaceae

1 Eibe
Taxus baccata L.
Baum, bis 20 m, oft mehrere Bäume am Stammgrund verwachsen; Rinde anfangs rotbraun, dann graubraun, schuppig; B. immergrün, nadelförmig, flach, in einer Ebene (gescheitelt), oberseits dunkelgrün, unterseits hellgrün; Pfl. 2häusig; ♂ Bl. aus 6–14 kätzchenartig angeordneten Staubb. bestehend; ♀ Bl. aus einer endständigen Samenanlage bestehend; Same von einem fleischigen, roten Samenmantel (Arillus) umgeben. Beginn der Bl. mit 20 Jahren. ✿ 3–4. Geschützt! Giftig (Samenmantel genießbar)! △ Laubwälder, Buchen-Tannenwälder, Bergmischwälder mit wintermildem Klima; selten. Verjüngung durch überhöhte Schalenwildbestände (Hirsche, Rehe) gefährdet, für die die Nadeln unschädlich sind. Südskandinavien, Mitteleuropa, Gebirge Südeuropas. GefGr. 3!

Kieferngewächse / Pinaceae

2 Weißtanne
Abies alba Mill.
Baum, bis 50 m, Krone pyramidenförmig, bei älteren Bäumen storchennestartig abgeflacht, da Seitenäste den Gipfeltrieb überragend; Rinde glatt, hellgrau; Nadeln 2–3 cm lg., flach, 2spitzig, dunkelgrün, mit scheibenartig verbreiterten, grünen Stielchen, unterseits gekielt, mit weißlichen Wachsstreifen; Zapfen aufrecht, bei der Reife fallen die Schuppen einzeln ab und die Zapfenspindel bleibt zurück. Beginn der Blüte mit 60–70 Jahren. ✿ 5–6. △ Wälder, vor allem Bergmischwälder mit Buchte und Fichte in luftfeuchter Lage, frostempfindlich; verbreitet. Verjüngung durch überhöhte Schalenwildbestände gefährdet. Gebirge Mittel- und Südeuropas.

3 Fichte, Rottanne
Picea abies (L.) Karsten *(P. excelsa* Lk.)
Baum bis 50 m, Krone spitz; Rinde rotbraun; Nadeln 4kantig, spitz, mit brau-

nen Stielchen; Zapfen hängend, zur Reife als Ganzes abfallend; Beginn der Blüte mit 30–60 Jahren. ✿ 5–6. △ Wälder; häufig; ursprünglich nur über 800 m Höhe bestandsbildend; in den Alpen bis etwa 2000 m; durch Pflanzung weit verbreitet und andere Baumarten ersetzend. Nord- und Mitteleuropa. – Als forstlich genutzte Art oder als Zierbaum verwendet wird die **Stech-** oder **Blau-Fichte,** *P. pungens* Engelm. mit graugrünen oder silberweißen, harten, stechenden Nadeln. Herkunft Nordamerika.

4 Europäische Lärche
Larix decidua Mill. *(L. europaea* DC.)
Baum bis 40 m, mit graubrauner, abblätternder Rinde; Nadeln hellgrün, 1–3 cm lg., im Herbst goldgelb und abfallend, weich, zu 15–30 an Kurztrieben gebüschelt; Zapfen eiförmig bis kugelig, anfangs rot, zur Reife braun, 2–5 cm lg.; Beginn der Blüte mit 30–60 Jahren. ✿ 4–5. △ Bergwälder der Alpen, Sudeten, Karpaten; lichtliebend; in den Alpen bis 2500 m; verbreitet; im Flachland vielfach angepflanzt.

1

2

3

4

♂

Kieferngewächse / Pinaceae

1 Wald-Kiefer, Föhre
Pinus sylvestris L.
Baum bis 40 m; Krone kegel-, später schirmförmig; Rinde in der unteren Stammhälfte dunkelbraun, in der oberen und im Kronenraum rostrot; Nadeln zu 2 an Kurztrieben gebüschelt, grau- oder blaugrün, zugespitzt, 4–7 cm lg.; Zapfen kugel- bis eiförmig, 3–7 cm lg., deutlich gestielt, hängend; Beginn der Blüte mit 30–70 Jahren; Samenreife erst im 2. Jahr nach der Blüte. ✿ 5. △ Wälder, Dünen, Moore, steinige, trockene, sandige Böden, wo andere Hölzer nicht mehr konkurrenzkräftig sind; häufig. Europa. – Ähnlich ist die **Schwarz-Kiefer,** *P. nigra* Arnold, aber Nadeln 8–15 cm lg., schwarzgrün, mit gelblicher Spitze; Stamm und Äste dunkelgrau. Südosteuropa, aber vielerorts angepflanzt.

2 Berg-Kiefer, Latsche
Pinus mugo Turra (*P. montana* Mill.)
niederliegender Strauch oder bis 20 m hoher Baum; Krone kegelförmig; Rinde grau- bis schwarzbraun; Nadeln zu 2 an Kurztrieben, dunkelgrün, stumpflich, 2–5 cm lg.; Zapfen 2–5 cm lg., fast sitzend. ✿ 6–7. (Nach Wuchsform und Form der Zapfen und der Zapfenschilder werden mehrere Kleinarten unterschieden, deren genaue Abgrenzung noch nicht geklärt ist.) △ Bergwälder, in den Alpen bis etwa 2500 m in der Latschenoder Krummholzzone, Hochmoore; verbreitet. Gebirge Mittel- und Südeuropas.

3 Zirbel-Kiefer, Arve
Pinus cembra L.
Baum bis 25 m; Krone kegelförmig oder walzig; Rinde braun, junge Zweige dick, rotgelb behaart; Nadeln zu 5 an Kurztrieben gebüschelt, steif, dunkelgrün, 6–10 cm lg., 3kantig, 1,5 mm br.; Zapfen eiförmig, 5–8 cm lg., schief aufrecht oder abstehend, erst im 2. Jahr nach der Blüte reif; Fruchtschuppen bläulich, mit brauner Spitze. ✿ 6–7. △ Nadelwälder in Hochlagen und an der Waldgrenze der Alpen und Karpaten, etwa zwischen 1200 und 2600 m; in den Zentralalpen häufig, in den Nordalpen selten.

4 Weymouths-Kiefer, Strobe
Pinus strobus L.
Baum bis 40 m; Krone kegelförmig; Rinde grau- bis dunkelbraun; junge Zweige dünn, grünlich, anfangs fein behaart; Nadeln zu 5 an Kurztrieben gebüschelt, weich, dünn, blaugrün, 8–15 cm lg., unterseits mit 2 Wachsstreifen; Zapfen schlank, hängend, häufig leicht gekrümmt, 10–15 cm lg.; Fruchtschuppen schmal, keilförmig, an der Spitze mit gelbbrauner Verdickung; Beginn der Blüte mit etwa 30 Jahren. ✿ 5–6. △ Gärten, Parkanlagen, Forstbaum. Herkunft Nordamerika.

Süßgräser
Gramineae oder Poaceae

1 Riesen-Schwingel
Festuca gigantea (L.) Vill.
Pfl. 60–120 cm; B. flach, 5–15 mm br.,
glänzend, am Grund mit st.umfassenden
B.öhrchen; B.häutchen 1 mm lg., gestutzt; Rispe 10–30 cm lg., locker, zuletzt überhängend; Ährchen (ohne Granne) 10–15 mm lg.; Deckspelzen mit
10–20 mm lg., geschlängerter Granne.
✿ 7–8. △ Erlen- oder Eschenauenwäl-
der, feuchte Waldwege, Laubmischwälder; häufig. Südskandinavien, Mitteleuropa, südlich bis Mittelitalien. – Ähnlich
ist der **Wald-Schwingel,** *F. altissima* All.,
aber Ährchen 7–8 mm lg., Deckspelze
unbegrannt; B.häutchen 3 mm lg.;
Buchen-Tannenwälder.

2 Hain-Rispengras
Poa nemoralis L.
Pfl. 20–60 cm; B. waagrecht abstehend,
1–2 mm br., bläulichgrün; B.häutchen
sehr kurz oder fehlend; Rispe armblütig,
locker, 5–10 cm lg.; Ährchen oft 1blütig.
✿ 6–7. △ Laubmischwälder, Hecken,
Waldränder; häufig. Europa.

3 Einblütiges Perlgras
Melica uniflora Retz.
Pfl. 30–50 cm; B. 3–6 mm br.; B.scheiden
kahl, mit kleinen, bis 4 mm lg. Anhängseln gegenüber dem B.grund; Rispe
locker; Ährchen aufrecht, 5–6 mm lg.,
1blütig. ✿ 5–6. △ Laubmischwälder,
Buchenwälder; verbreitet. Südskandinavien, Mittel- und Südeuropa.

4 Nickendes Perlgras,
Melica nutans L.
Pfl. 30–60 cm; B. 3–8 mm br.; B.häutchen
sehr kurz, ohne gegenständigem Anhängsel; Ährchen nickend, 6–10 mm lg.,
2blütig, in lockerer 1seitswendiger, bis
10 cm lg. Traube. ✿ 5–6. △ Laubmischwälder, Auenwälder, lichte Nadelwälder; häufig. Fast ganz Europa.

5 Kalk-Blaugras
Sesleria albicaus Kit.
(*S. caerulea* aut., *S. varia* aut.)
Pfl. dichtrasig, 10–40 cm; B. grün,
2–3 mm br., mit hervortretendem Mittelnerv und stumpfer Spitze; B.häutchen
0,5 mm lg.; Ährenrispe eiförmig bis zylindrisch, am Grund mit schuppenförmigen, häutigen Tragb.; Deckspelzen bläulich, mit grannenartiger Spitze. ✿ 3–5.
△ Lichte Kiefern- und Buchenwälder,
Trocken- und Halbtrockenrasen, kalkhaltige Böden; ziemlich selten, in den Alpen
und im Vorland verbreitet. Fast ganz
Europa, im Süden in den Gebirgen.

6 Waldgerste
Hordelymus europaeus (L.) Jessen
(*Elymus europaeus* L.)
Pfl. 50–120 cm; untere B.scheiden und
St.knoten zottig behaart; B. 6–10 mm
br., grün, weich, kurz behaart, am Grund
mit sichelförmigen B.öhrchen, unterseits
mit weißlichem, vorspringendem Mittelnerv; B.häutchen fast fehlend; Ähre
4–8 cm lg.; Ährchen 10blütig, jeweils zu
2 oder 3 auf den Absätzen der Ährenachse, kurz gestielt; Hüllspelzen mit Granne
2–3 cm lg. ✿ 6–8. △ Laubmischwälder,
Buchenwälder; zerstreut. Südskandinavien, Mittel- und Südeuropa.

1

2

3

5

6

Süßgräser
Gramineae oder Poaceae

1 Fieder-Zwenke
Brachypodium pinnatum (L.) P. B.
Pfl. 50–100 cm, gelbgrün, mit lg., unterirdischen Ausläufern; St. steif, nur an
den Knoten kurzhaarig; B. 4–6 mm br.,
am Rand borstig behaart, selten kahl;
B.häutchen gestutzt, 1–2 mm lg.; Ähre
steif, aufrecht; Ährchen 2–3 cm lg.,
8–20 blütig; Deckspelze mit kurzer Granne. ✿ 6–7. △ Lichte, trockene Wälder
und Waldränder, Magerrasen, Weiden,
Halbtrockenrasen; verbreitet. Europa. –
Ähnlich ist die **Wald- Zwenke**, *B. sylvaticum* (Huds.) P. B., aber Pfl. in lockeren
Horsten; B. dunkelgrün, schlaff, unterseits mit hervortretendem, weißem Mittelnerv; Ähre überhängend; Granne so
lg. oder länger als die dazugehörige
Deckspelze. Auenwälder, Laubmischwälder; häufig. Europa.

2 Rasen-Schmiele
Deschampsia cespitosa (L.) P. B.
Pfl. 30–120 cm, kräftige Horste bildend;
B. flach, 2–4 mm br., sehr rau, oberseits
stark 7rippig; B.häutchen 6–8 mm lg., oft
zerschlitzt; Rispe grün, 10–30 cm lg.,
silbrig oder rötlich glänzend; Rispenaste
rau; Ährchen 4–5 mm lg., meist 2blütig;
Granne der Deckspelze meist im Ährchen versteckt. ✿ 6–7. △ Auenwälder,
nasse Waldstellen, feuchte Wiesen,
Flachmoore, Quellfluren; häufig. Europa.

3 Draht-, Schlängel-Schmiele
Deschampsia flexuosa (L.) P. B.
Pfl. lockerrasig, weiche Polster bildend,
30–50 cm; B. eingerollt, fadenförmig;
B.häutchen 2–3 mm lg.; Rispe locker,
mit geschlängelten, feinen Rispenästen;
Ährchen hellbräunlich, wie die Rispenäste violett überlaufen; Granne der
Deckspelze gekniet, das Ährchen überragend. ✿ 6–8. △ Bodensaure Laub-
und Nadelwälder, Magerweiden, Heiden; kalkmeidend; verbreitet. Europa.

4 Land-Reitgras, Waldschilf
Calamagrostis epigejos (L.) Roth
Pfl. 80–150 cm, mit lg. unterirdischen
Ausläufern; B. 5–10 mm br., flach oder
eingerollt, hart, beiderseits stark rau;
B.häutchen bis 9 mm lg., gestutzt; Rispe
bis 30 cm lg., knäuelig gelappt; Ährchen
am Grund der Deckspelzen mit einem
Haarkranz; Deckspelzen am Rücken
begrannt, Granne die Deckspelze weit
überragend, die Spitze der Hüllspelze
fast erreichend, aber nicht aus dem
Öhrchen herausragend ✿ 6–8. △ Waldschläge, lichte Wälder, Ufer, Kiesgruben;
häufig. Europa. Ähnlich sind noch: **Wolli-
ges Reitgras,** *C. villosa* (Chaix) Gmelin,
B. 4–5 mm br., schlaff, am B.grund mit
2 Haarbüscheln; rückenständige Granne
der Deckspelze diese nicht überragend;
Fichtenwälder, Fichtenmoore, bodensaure Eichenwälder, Zwergstrauchgesellschaften; Gebirge Mittel- und Südosteuropas. – **Berg-Reitgras,** *C. varia*
(Schrad.) Host, B. dunkelgrün, 3–8 mm
br., beiderseits rau; Granne gekniet, im
untersten Viertel der Deckspelze eingefügt, diese und die Hüllspelze überragend und aus dem Ährchen herausragend; Bergwälder, besonders mit Föhre,
steinige Kalkböden, Pionier auf Rutsch-
hängen; Gebirge Mittel- und Südeuropas.

2

4

3

1

Süßgräser
Gramineae oder Poaceae

1 Weiches Honiggras
Holcus mollis L.
Pfl. 30–80 cm, blau- bis graugrün, mit
unterirdischen Ausläufern; St. nur an
den Knoten stark behaart (im Gegensatz
zu *H. lanatus,* siehe T. 77); B. 3–8 mm
br., rau; Hüllspelzen kahl; Granne gekniet, aus dem Ährchen herausragend.
✿ 7–8. △ Bodensaure Eichenwälder,
Heiden, Waldschläge; verbreitet. Fast
ganz Europa.

2 Flattergras, Waldhirse
Milium effusum L.
Pfl. 60–100 cm, blaugrün, kahl; B.
10–15 mm br., unterseits gekielt; B.häut-
chen bis 7 mm lg.; Rispe locker, 10–25 cm
lg.; Rispenäste waagrecht, später schräg
abwärts gerichtet; Ährchen 1blütig, oval,
3–4 mm lg.; Spelzen glänzend, kahl,
nach der Blüte hart werdend. ✿ 5–7.
△ Laub- und Nadelmischwälder, lichte
Tannen-Buchen-Fichtenwälder; verbreitet. Europa.

Riedgrasgewächse
oder Sauergräser / Cyperaceae

3 Zittergras-Segge, Seegras
Carex brizoides Jusl.
Pfl. 30–70 cm, rasenbildend, mit Ausläufern; B. schlaff, 2–3 mm br., länger
als der dünne, 3kantige, zur Fruchtzeit
gebogenen St.; Bl.stand 2–3 cm lg., aus
5–8 gekrümmten, gleichgestalteten
Ähren, diese unten ♂, oben ♀; Fruchtschläuche 2–2,5 mm lg., schmal geflügelt, gelbgrün; Narben 2. ✿ 5–6.
△ Feuchte Wälder, Laubmischwälder,
Auenwälder; häufig. Früher als »Seegras« zu Polstern verwendet. Mittel- und
Osteuropa, südlich bis Pyrenäen, Oberitalien.

4 Winkel-Segge
Carex remota L.
Pfl. 30–60 cm; B. 2 mm br., schlaff; St.
3kantig, bis oben beblättert, zuletzt
überhängend; Ähren 5–10, gleichgestaltet, 5–8 mm lg., unten ♂, oben ♀, die
unteren Ähren weit auseinanderstehend
(bis 8 cm), Gesamtbl.stand dadurch
10–15 cm lg.; Tragb. laubb.artig, schlaff,
sehr lg.; Fruchtschläuche 3–4 mm lg.,
weißlichgrün, innen flach, außen gewölbt; Narben 2. ✿ 6–7. △ Auenwälder,
schattige Quellfluren, feuchte Waldwege, Laubmischwälder; häufig. Fast ganz
Europa.

5 Blaugrüne Segge
Carex flacca Schreb. *(C. glauca* Scop.)
Pfl. 20–60 cm; grundständige B.schei-
den, rotbraun; B. 2–5 mm br., steif, rinnig, blaugrün; Ähren verschieden gestaltet, die ♂ schlank, zu 2–4, endständig,
die ♀ walzlich, 2–3 cm lg., an 3–8 cm lg.
zuletzt überhängenden Stielen; Tragb.
laubb.artig, das unterste die Spitze des
Bl.standes erreichend; Fruchtschläuche
braun bis schwarz, beiderseits gewölbt,
mit undeutlichem Schnabel; Narben 3.
✿ 5–7. △ Lichte Wälder, Kalkmagerrasen, Kalkflachmoore; häufig. Europa.

Riedgrasgewächse
oder Sauergräser / Cyperaceae

1 Große, Hängende Segge
Carex pendula Huds.
Pfl. 50–150 cm, horstbildend; B.
7–15 mm br., glänzend; St. 3kantig,
2–4 mm br., gleichmäßig bis oben beblättert; ♂ Ähre 1, endständig; ♀ Ähren
2–5, lg. gestielt, bogig überhängend,
7–15 cm lg., dichtblütig; Tragb. laubb.ar-
tig; Fruchtschläuche 3–4 mm lg., in den
kurzen Schnabel verschmälert, glänzend; Narben 3. ✿ 5–6. △ Feuchte Laubwälder, schattige Quellfluren; verbreitet.
Mittel- und Südeuropa.

2 Weiße Segge
Carex alba Scop.
Pfl. 10–30 cm, rasenbildend, mit lg., unterirdischen Ausläufern; grundständige
B.scheiden braun; B. 1–1,5 mm br., steif,
kahl; St. stumpf 3kantig; ♂ Ähre 1, endständig, ♀ Ähren 2–4, lockerfrüchtig,
5–10 mm lg., an 0,5–3 cm lg., aufrechten
Stielen, oberste ♀ Ähre oft die ♂ Ähre
überragend; Fruchtschläuche kugelig,
gelblich, Spelzen weißhäutig; Narben 3.
✿ 5–6. △ Wärmeliebende Laubwälder,
besonders mit Buche, Kiefernwälder;
zerstreut. Süddeutschland, Alpen, Pyrenäen, Karpaten, Gebirge der nördli-
chen Balkanhalbinsel.

3 Finger-Segge
Carex digitata L.
Pfl. 10–30 cm; grundständige B.schei-
den rotbraun, faserig; B. 2–4 mm br.,
dunkelgrün, schlaff; ♂ Ähre 1, endständig, ♀ Ähren dünn, 15–20 mm lg.,
5–10blütig, fingerartig genähert, das unterste herabgerückt, 1–2 cm lg. gestielt;
Fruchtschläuche gelbgrün bis hellbraun;
Narben 3. ✿ 3–5 △ Laub- und Nadelmischwälder; häufig. Fast ganz Europa.

4 Vogelfuß-Segge
Carex ornithopoda Willd.
Pfl. 5–15 cm, sehr ähnlich *C. digitata*,
aber alle Ähren fast von einem Punkt
entspringend; ♀ Ähren 6–10 mm lg.,

2–6blütig, zuletzt krallenförmig ge-
krümmt. ✿ 4–5. △ Wälder, Gebüsche,
Halbtrockenrasen; zerstreut. Fast ganz
Europa.

5 Wald-Segge
Carex sylvatica Huds.
Pfl. dichtrasig, 30–70 cm; grundständige
B.scheiden braun; St. bis oben beblättert; B. 4–8 mm br., schlaff, glänzend
grün; ♂ Ähre 1, endständig; ♀ Ähren
2–5, linealisch, 3–5 cm lg., lockerfrüchtig, an 3–10 cm lg., dünnen, nickenden
Stielen; Fruchtschläuche 5–6 mm lg., allmählich in den lg., 2zähnigen Schnabel
verschmälert; Narben 3. ✿ 5–7. △ Laub-
und Nadelmischwälder; verbreitet. Südskandinavien, Mittel- und Südeuropa.

Binsengewächse / Juncaceae

6 Haar-, Frühlings-Hainsimse
Luzula pilosa (L.) Willd.
Pfl. 15–30 cm, horstbildend; Grundb.
5–10 mm br., St.b. schmäler; B.scheiden
dunkelrot; Bl.stand doldig; Bl. einzeln,
an lg. Stielen; Bl.b. 6, spitz, braun,
3–4 mm lg.; Bl.äste später zurückgeschlagen. ✿ 4–5. △ Laub- und Nadelwälder; verbreitet. Europa.

7 Schnee-Hainsimse
Luzula nivea (L.) DC.
Pfl. lockerrasig, 40–90 cm; B. 3–5 mm
br., bewimpert; Bl. zu 6–20 gebüschelt;
Hochb. so lg. oder länger als der
Bl.stand, dieser zusammengezogen;
Bl.b. 6, reinweiß. ✿ 6–7. △ Laub- und
Nadelmischwälder; zerstreut. Alpen und
Vorland, Pyrenäen, Cevennen, Apennin.
– Ähnlich ist die **Weiße** oder **Schmal-
blättrige Hainsimse**, *L. luzuloides* (Lam.)
Dandy et Willm. (*L. albida* (Hoffm.) DC.),
aber Bl.stand ausgebreitet; Bl. zu 2–6
gebüschelt, gelblichweiß; bodensaure
Wälder, Magerwiesen, Zwergstrauch-
gesellschaften.

1

3

4

2

5

C

Binsengewächse / Juncaceae

1 Wald-Hainsimse
Luzula sylvatica (Huds.) Gaud.
Pfl. 30–90 cm, mit kurzen, dicken Ausläufern; B. 10–15 mm br., am Rand lg. bewimpert, glänzend, dunkelgrün; Bl. zu 3–4 an den Ästen gebüschelt; Hochb. kürzer als der Bl.stand; Bl.b. braun oder rotbraun, mit grünem Mittelstreifen, die inneren länger als die äußeren. ✿ 5–6. △ Bodensaure Wälder, Heiden; häufig. Fast ganz Europa. Ssp. *sieberi* (Tausch) Cif. et Giacom. hat kleineren Bl.stand und 4–5 mm br. B. Subalpine Fichtenwälder, Alpenrosengebüsch. Alpen.

Aronstabgewächse / Araceae

2 Gefleckter Aronstab
Arum maculatum L.
Pfl. 15–40 cm; B. pfeilförmig, 10–20 cm lg., grün, selten gefleckt; Bl. klein, an einem Kolben sitzend, unten die ♀, dann die ♂, darüber zu Sperrhaken umgewandelte Bl.; Kolben oben bl.los, violett, ganzer Kolben (mit Bl.) umgeben von einer 10–25 cm lg., tütenförmigen, gelbgrünen Hochb.scheide (Spatha); Beere rot. ✿ 4–6. Giftig! △ Auenwälder, Laubmischwälder, Hecken; häufig. Gleitfallenblumen (Bestäubung durch Fliegen). Mittel- und Südeuropa.

Liliengewächse / Liliaceae

3 Wald-Gelbstern
Gagea lutea (L.) Ker-Gawl.
(*G. .sylvatica* Loud.)
Pfl. 10–30 cm, nur mit 1 Zwiebel, Nebenzwiebeln fehlend; ssp 1 grundständigen B., 6–12 mm br.; Bl.stand doldenartig; Bl.b. frei, sternförmig abstehend, gelb. ✿ 4–5. △ Auenwälder, Laubwälder, Gebüsche, Obstgärten; verbreitet. Fast ganz Europa.

4 Südliche Tulpe
Tulipa australis Link
Pfl. 20–40 cm; B. gewöhnlich 2, linealisch, 1 cm br.; Bl. glockenförmig, 2–3 cm lg.; Bl.b. schmal-lanzettlich, zugespitzt, innen gelb, außen rot überlaufen; Fruchtkapsel etwa so lg. wie br. ✿ 4–6. Geschützt! △ Gebirgswiesen, lichte Bergwälder, Felsbänder; zerstreut. Westalpen, Apennin, Gebirge Südwesteuropas. – Ähnlich ist **die Wilde Tulpe**, T. sylvestris L., aber B. meist 3, schmallanzettlich, 1–2 cm br.; Bl. 4–6 cm lg., gelb, innen am Grund behaart; Fruchtkapsel 2mal so lg. wie br. ✿ 4–5. Geschützt! Weinberge, Gebüsche, feuchte Wälder; selten. Süddeutschland, Südeuropa. GefGr. 3!

5 Stechender Mäusedorn
Ruscus aculeatus L.
Immergrüner Strauch, 30–100 cm; B. schuppenförmig, früh abfallend, stattdessen b.artig verbreiterte, 2zeilig stehende Seitensprosse (Phyllokladien), diese br.-lanzettlich, lederig, immergrün, 2–3 cm lg., mit stechender Spitze; Bl. klein, grünlich, 3 mm br., zu 1–2, mit schuppigen Tragb., auf der Oberseite der Phyllokladien; Frucht eine kugelige, rote Beere. ✿ 2–4. △ Gebüsche, Eichenwälder, trockene, felsige Hänge; wärmeliebend; zerstreut. Südalpen, Südeuropa; Schottland und Belgien verwildert.

6 Hasenglöckchen
Endymion non-scriptus (L.) Garcke
(*Scilla n.* L., *Hyacinthoides n.* (L.) P. Chd.)
Pfl. 15–30 cm; B. zu 5–6, linealisch, glänzend, 5–10 mm br.; Bl. blau, zu 4–20 in 1seitswendiger, meist überhängender Traube an einem b.losen, krautigen St.; Bl.hülle am Grund verwachsen, glockig; Bl.stiele kürzer als die Tragb. und Vorb. ✿ 4–5. Geschützt! △ Laubwälder, Gebüsche; selten; Zierpfl. West- und Nordwestdeutschland, Westeuropa.

Liliengewächse / Liliaceae

1 Hunds-Zahnlilie
Erythronium dens-canis L.,
Pfl. 10–25 cm; St. mit 2 eiförmigen bis
ei-lanzettlichen, gegenständigen,
6–10 cm lg., braungrün, dunkelgrün bis
graugrün gescheckten B. und 1 (selten
2) nickenden Bl.; Bl.b. 6, frei, zurückgebogen, 3 cm lg., rosa bis rotviolett.
✿ 3–5. △ Waldränder, Gebüsche, Gebirgswiesen; zerstreut. Gebirge Südeuropas, Südalpen, Kaukasus.

2 Türkenbund-Lilie
Lilium martagon L.,
Pfl. 30–100 cm; B. länglich-spatelförmig,
in der Mitte des St. fast quirlständig,
sonst wechselständig; Bl. hängend, zu
3–8 in lockerer Traube; Bl.b. 6, frei,
zurückgerollt, fleischrot, mit dunklen
Flecken, 3–6 cm lg. ✿ 6–7. Geschützt!
△ Bergmischwälder, Buchenwälder,
Hochstaudenfluren, Bergwiesen, in den
Alpen bis etwa 2500 m; zerstreut bis sel-
ten. Gebirge Mittel- und Südeuropas.

3 Feuer-Lilie
Lilium bulbiferum L.,
Pfl. 50–100 cm; B. lineal-lanzettlich,
wechselständig, bis 10 cm lg.; in den
Achseln der oberen St.b. oft mit Brut-
zwiebeln; Bl. aufrecht, orange, mit
schwarzen Flecken, einzeln oder zu 2–5;
Bl.b. nicht zurückgebogen. ✿ 6–7.
Geschützt! △ Waldwiesen, Waldränder,
Gebüsche, Bergwiesen; häufig kultiviert,
gelegentlich verwildert, ursprüngliche
Verbreitung unklar, wohl Gebirge Mittel-
und Südeuropas (östlich). GefGr. 3!

**4 Zweiblättriger Blaustern,
Sternhyazinthe, Meerzwiebel**
Scilla bifolia L.
Pfl. 10–20 cm; Zwiebeln meist mit 1 runden St. und 2 st.umfassenden, bis 10 cm
lg. B.; Bl.stand 2–8blütig; Bl.b. 6, frei,
sternförmig abstehend, 6–12 mm lg.,
2–3 mm br., hellblau, selten weiß oder
rosa. ✿ 3–4. Geschützt! △ Laubwälder,
Auenwälder, Gebüsche; ziemlich selten.

Mittel- und Süddeutschland, Alpen und
Vorland, Süd- und Südosteuropa. – Der
Herbst-Blaustern, *S. autumnalis* L., hat
3–6 grasartige B., diese im Frühjahr
erscheinend, im Herbst zur Blütezeit verwelkt; Bl. blauviolett, in 10–20blütiger
Traube; Bl.b. 4–5 mm lg. und 1,5 mm br.
✿ 8–10; Trockenrasen; wärmeliebend;
selten. Hauptsächlich Südeuropa.
Geschützt!

Liliengewächse / Liliaceae

1 Bär-Lauch
Allium ursinum L.,
Pfl. 20–50 cm, mit Lauchgeruch; Zwiebeln länglich; B. grundständig, meist zu 2, mit 2–5 cm br., ei-lanzettlicher Spreite und 5–15 cm lg. Stiel; Bl.stand doldig, 5–20 blütig, ohne Zwiebeln; Bl.b. 6, frei, weiß; Staubb. 6, etwa $^1/_2$ so lg. wie die Bl.b. ✿ 5–6. △ Auenwälder, Laub- und Bergmischwälder; ziemlich häufig. Fast ganz Europa. – Weitere br.blättrige Arten sind: Seltsamer Lauch, *A. paradoxum* (M. Bieb.) G. Don., B. ungestielt, lanzettlich, 1–2 cm br.; Bl. zu 1–3, mit grünlichen Brutzwiebeln; Auenwälder, Parks; selten. – **Schwarzer Lauch** *A. multibulbosum* Jacq. (*A. nigrum* Koch), mit 3–5 cm br., grundständigen B. und grünlichweißen Bl. in reichblütiger, zwiebelloser Scheindolde; Weinberge, Hackäcker; selten. – **Allermannsharnisch,** *A. victoralis* L., St. beblättert; B. 2–5 cm br., elliptisch-lanzettlich, kurz gestielt; Bl. grünlichgelb, in kugeliger Scheindolde; Hochstaudenfluren, alpine Matten; in den Alpen bis 3000 m. Alpen, Jura, Schwarzwald, Vogesen, Gebirge Südeuropas. Geschützt!

2 Schattenblümchen,
Maianthemum bifolium (L.) F.W. Schmidt
Pfl. 5–15 cm; Grundb. zur Bl.zeit meist verwelkend; St.b. meist 2, herz-eiförmig, spitz, gestielt, 4–8 cm lg.; Bl. in 8–15 blütiger Traube, weiß; Bl.b. 4, frei, zurückgebogen, 2–3 mm lg.; St. oben mit steifen, weißen Haaren; Beere rot, 6 mm br. ✿ 5–6. △ Laub- und Nadelwälder; zerstreut. Hauptsächlich Nord- und Mitteleuropa, südlich bis Apennin, nördliche Balkanhalbinsel.

3 Salomonssiegel, Duftende Weißwurz
Polygonatum odoratum (Mill.) Druce
(*P. officinale* All.)
Pfl. 15–40 cm; St. scharfkantig; bogig überhängend; B. br.-elliptisch, 2zeilig; Bl. zu je 1–2, etwas bauchig, 5–7 mm br., bis 2 cm lg.; Bl.b. 6, röhrig verwachsen, weiß, an den freien Zipfeln grünlich, kahl; Staubfäden kahl. ✿ 5–6. Giftig! △ Waldränder, Gebüsche, Eichen- und Kiefernwälder; zerstreut. Europa.

4 Vielblütige Weißwurz
Polygonatum multiflorum (L.) All.,
Pfl. 30–70 cm, ähnlich Salomonssiegel, aber St. stielrund; B. ± in einer Ebene ausgerichtet; Bl. zu je 3–5, vorne trichterig erweitert, Zipfel behaart; Staubfäden flaumig behaart; Beeren dunkelblau, 8–10 mm. ✿ 5–6. Giftig! △ Buchen-, Eichen- und Nadelmischwälder. Fast ganz Europa, nördlich bis Südskandinavien.

5 Quirlblättrige Weißwurz
Polygonatum verticillatum (L.) All.
Pfl. 30–70 cm; St. aufrecht, kantig; B. zu je 3–7 quirlständig, schmal-lanzettlich, 5–15 cm lg.; Bl. zu je 1–4, 6–10 mm lg.; Beeren zuerst rot, dann dunkelblau.
✿ 5–6. Giftig! △ Bergwälder, Hochstaudenfluren, in den Alpen bis etwa 2000 m; zerstreut. Gebirge Europas.

Liliengewächse / Liliaceae

1 Maiglöckchen
Convallaria majalis L.,
Pfl. 10–25 cm; B. meist 2, br.-lanzettlich,
10–20 cm; Bl. nickend, glockenförmig,
in lg. gestielter, 1seitswendiger Traube;
Bl.b. 6, verwachsen, Zipfeln nach außen
gebogen; Frucht eine rote Beere. ✿ 5–6.
Giftig! Geschützt! △ Eichen- und Bu-
chenwälder, Kiefernwälder, Felsschutt;
in den Alpen bis 2200 m; verbreitet.
Fast ganz Europa, im Süden nur in den
Gebirgen.

Einbeerengewächse / Trilliaceae

2 Vierblättrige Einbeere,
Paris quadrifolia L.
Pfl. 10–40 cm; St. kahl, an der Spitze mit
4, seltener 5 oder 6 quirlständigen, sitzenden, elliptischen, netznervigen, bis
10 cm lg. B. und 1 endständigen, lg. gestielten, meist 4zähligen, grünen Bl.;
äußere 4 Bl.b. ei-lanzettlich, 2–3 cm lg.,
bis 5 mm br., innere 4 Bl.b. etwas kürzer
und schmaler; Staubb. 8, seltener 10
oder 12; Frucht eine schwarze, bereifte,
1 cm br. Beere. ✿ 5–6. Stark giftig! △ Auenwälder, Eichen- und Buchenwälder,
Nadelmischwälder; zerstreut. Europa.

Amaryllisgewächse
Amaryllidaceae

3 Schneeglöckchen,
Galanthus nivalis L.
Pfl. 10–20 cm; B. 2, grundständig, grasartig, fleischig, 5–8 mm br., blaugrün; St.
mit 1 nickenden Bl.; äußere 3 Bl.b. reinweiß, 14–18 mm lg., innere 3 Bl.b. nur
$^1/_2$ so lg., ausgerandet, an der Spitze mit
grünem Fleck; Frucht eine fleischige,
eiförmige Kapsel. ✿ 2–3. Geschützt!
△ Auenwälder, feuchte Laubmischwälder; zerstreut; häufig angepflanzt, gelegentlich verwildert. Hauptsächlich
Südeuropa, Süddeutschland. GefGr. 3!

4 Frühlings-Knotenblume,
Märzenbecher
Leucojum vernum L.
Pfl. 10–30 cm; B. linealisch, 20–30 cm
lg., 1 cm br., hellgrün; Bl. zu 1 oder 2,
nickend, glockenförmig, weiß, mit gelbem Saum; alle Bl.b. gleich lg., oval,
plötzlich in eine stumpfe, gelbe Spitze
verschmälert. ✿ 2–4. Giftig! Geschützt!
△ Gebüsche, Auen- und Schluchtwälder,
Wiesen, Ufer; Zierpfl.; zerstreut. Hauptsächlich Mitteleuropa, südlich bis
Mittelitalien. GefGr. 3! – Ähnlich ist die
Sommer-Knotenblume, *L. aestivum* L.,
aber St. 3–7blütig, 30–60 cm lg.; B.
30–50 cm lg. und 1,5 cm br. ✿ 4–5;
Wiesen, Auenwälder, eingebürgert,
sonst Südeuropa. Geschützt!

Yamswurzgewächse
Dioscoreaceae

5 Schmerwurz
Tamus communis L.
krautige, linkswindende Kletterpfl.,
1,5–3 m; B. sehr variabel, ei-herzförmig,
lg.spitzig, gestielt, 3–10 cm lg., dunkelgrün, glänzend; Bl. 1geschlechtig, die ♂
mit glockiger Röhre und oben sternförmig abstehenden Bl.b., gelblich, gebüschelt, die ♀ Bl. mit freien Bl.b., einzeln
oder in armblütigen, hängenden Trauben; Beere rot, glänzend, 12 mm br.
✿ 4–6. Giftig! △ Hecken, Waldränder,
lichte Eichenmischwälder; selten bis
zerstreut. Hauptsächlich West- und
Südeuropa, Süddeutschland.

Knabenkrautgewächse oder Orchideen / Orchidaceae

1 Frauenschuh
Cypripedium calceolus L.,
Pfl. 15–50cm; B. eiförmig bis länglich,
6–12cm lg., st.umfassend, hellgrün, am
Rand und auf den Nerven fein behaart;
Bl. zu 1–2, auffällig, groß; Bl.b. rotbraun,
lanzettlich, die beiden unteren auf $^4/_5$ verwachsen; Lippe pantoffel- oder schuh-
förmig, gelb und dunkel geadert und
gefleckt, 3–4cm lg. und bis 3cm br.;
Staubb. 2 (übrige Gattungen nur mit
1 Staubb.). ✿ 5–7. Geschützt! △ Lichte,
gras- und krautreiche Laub- und Nadelwälder, Gebüsche, kalkhaltige Böden;
in den Alpen bis etwa 1600m (selten
höher); selten, vielerorts ausgerottet.
Hauptsächlich Nord- und Mitteleuropa,
im Mittelmeerraum fehlend. GefGr. 3!

2 Rotes Waldvöglein
Cephalanthera rubra (L.) Rich.
Pfl. 20–50cm; St. oberwärts dicht drüsenhaarig; B. ei-lanzettlich, spitz,
6–12cm lg.; Bl. zu 4–12 in lockerer Ähre;
Tragb. so lg. oder länger als der Fruchtknoten; Bl.b. 15–20mm lg., glockenförmig zusammenneigend, rosa
oder purpurn, die Lippe meist verdeckend; Vorderglied der Lippe mit rot-
violettem Rand und violetter Spitze und
mit gekräuselten, gelblichen Längslei-
sten; Fruchtknoten behaart. ✿ 5–7.
Geschützt! △ Buchen-, Eichen- und Kiefernwälder, auch Fichten-Tannenwälder;
zerstreut. Mittel- und Südeuropa, nördlich bis Südskandinavien.

3 Weißes oder **Bleiches Waldvöglein**
Cephalanthera damasonianum (Mill.)
Druce *(C. alba* Simk., *C. grandiflora*
S. F. Gray)
Pfl. 20–50cm; B. eiförmig, spitz, bis
10cm lg., nicht gefaltet, mit 5–10 Nerven; Bl.stand 3–8blütig; Bl.b. gelblichweiß, stumpf, 15–20mm lg.; Bl. höchstens 4mal so lg. wie br.; Tragb. länger
als der halbe Fruchtknoten; Lippe innen
rötlichgelb. ✿ 5–6. Geschützt!

△ Buchen- und Buchen-Tannenwälder,
seltener Eichen- und Föhrenwälder; zerstreut. Mittel- und Südeuropa, nördlich
bis England.

4 Langblättriges Waldvöglein
Cephalanthera longifolia (L.) Fritsch
Pfl. 20–50cm; St. kahl; B. lanzettlich,
gefaltet, 2zeilig, bis 10cm lg.; Bl.stand
10–20blütig; Bl.b. reinweiß, spitz,
10–15mm lg.; Bl. mindest 10mal so lg.
wie br.; mittlere und obere Tragb. kürzer
als der kahle Fruchtknoten. ✿ 5–6.
Geschützt! △ Lichte Eichen- und Buchenwälder, Kiefernmischwälder,
Gebüsche, wärmeliebend; ziemlich
selten. Mittel- und Südeuropa, nördlich
bis Südskandinavien.

1

2

3

4

Knabenkrautgewächse oder Orchideen / Orchidaceae

1 Braunrote Stendelwurz
Epipactis atrorubens (Hoffm.) Schult.
(E. rubiginosa (Crantz)Gaudin,
E. atropurpurea Raf.)
Pfl. 30–60 cm; St. rötlich, oben flaumig
behaart; B. br.-lanzettlich, fast st.umfas-
send, 2zeilig, zugespitzt, länger als die
St.glieder; Bl. braunrot, nach Kakao duftend; äußere 3 Bl.b. lanzettlich, 6–8 mm
lg., innere 2 Bl.b. heller gefärbt; Lippe
etwas kürzer, vorderes Lippenglied am
Grund mit 2 krausgefalteten Höckern;
Fruchtknoten flaumig. ✿ 6–8. Geschützt!
△ Lichte, trockene Eichen-Kiefernwälder, Kiefernsteppen, Halbtrockenrasen;
zerstreut. Fast ganz Europa. – Ähnlich ist
die **Kleinblütige Stendelwurz,** *E. micro-*
phylla (Ehrh.) Sw., aber B. lanzettlich,
kürzer als die St.glieder, graugrün, violett überlaufen; Bl. grünlich und violett
überlaufen; alle 5 Bl.b. glockenförmig
zusammenneigend; krautreiche Laubmischwälder; selten. Geschützt!
GefGr. 3!

2 Breitblättrige Stendelwurz,
Epipactis helleborine (L.) Crantz
(E. latifolia All.)
Pfl. 25–60 cm; B. eiförmig, spitz,
6–15 cm lg., 2–8 cm br., dunkelgrün,
st.umfassend, viel länger als die St.glie-
der; Bl. blassgrün; Lippe oft violett überlaufen oder rosa oder purpurn gezeichnet. ✿ 6–8. Geschützt! △ Eichen-,
Buchenwälder, Nadelmischwälder; ziemlich häufig. Fast ganz Europa. – Ähnlich
ist die **Violette Stendelwurz,** *E. purpu-*
rata Sm. *(E. sessilifolia* Peterm., *E. viola-*
cea (Dur.) Boreau), aber B. kleiner, lanzettlich, 5–8 cm lg., 1–2,5 cm br., mittlere
St.b. kaum länger als die St.glieder;
Bl.stand dichtblütig; Bl. gelbgrün und
rosa überlaufen; ✿ 8–9; Laubmischwälder; selten. Geschützt!

3 Violetter Dingel
Limodorum abortivum (L.) Sw.,
Pfl. 20–50 cm, blau bis violett, ohne B.
grün; B. schuppenförmig; Bl. violett,
aufgerichtet, 3–4 cm lg., in lockerer,
4–8blütiger Ähre; Sporn abwärts gerichtet, 15–25 mm lg.; Bl.b. helmförmig zusammenneigend, Lippe eiförmig, am
Rand gezähnt. ✿ 5–7. △ Flaumeichen-,
Kiefern-, Eichen-, Buchenwälder; wärmeliebend; selten. Süddeutschland, Österreich, Südeuropa. GefGr. 1!

4 Großes Zweiblatt
Listera ovata (L.) R. Br.
Pfl. 20–50 cm; St. mit 2 gegenständigen,
br.-eiförmigen, 5–10 cm lg. B.; Bl.traube
vielblütig; Bl.b. grün, zusammenneigend, 3–4 mm lg.; Lippe gelbgrün, 2lap-
pig, Lappen stumpf, nicht spreizend.
✿ 5–6. △ Laubmischwälder, Auenwälder, Gebüsche, Bergwiesen; ziemlich
häufig. Fast ganz Europa. Geschützt!

5 Herz-Zweiblatt
Listera cordata R. Br.
Pfl. 5–15 cm, zierlich; St. zart, blassgrün,
in der Mitte mit 2 herzförmigen, glän-
zend grünen B.; Traube 6–12blütig; Bl.b.
gelbgrün bis rötlichbraun, 2 mm lg.; Lip-
pe länglich, rot, 3–4 mm lg., tief 2spaltig,
Abschnitte lg. zugespitzt und spreizend.
✿ 5–8. Geschützt! △ Moosreiche Fich-
tenwälder, Bergkiefernbestände; selten.
Nordeuropa, Norddeutschland, Alpen,
Pyrenäen, Jura, Vogesen, Schwarzwald,
Karpaten, Gebirge der Balkanhalbinsel.
GefGr. 3!

1

3

5

2

4

Knabenkrautgewächse oder Orchideen / Orchidaceae

1 Vogelnestwurz
Neottia nidus-avis (L.) Rich.
Pfl. 20–50 cm, ohne B. grün, hellbraun;
St. mit Schuppenb.; Bl.traube vielblütig;
Bl.b. zusammenneigend, stumpf,
4–6 mm lg., hellbraun; Lippe tief 2teilig.
✿ 5–6. Geschützt! △ Laubmischwälder;
Moderpfl., auf moderndem Holz, lebt
von toten, organischen Stoffen; ziemlich
häufig. Fast ganz Europa, nördlich bis
Mittelskandinavien.

2 Kriechstendel, Netzblatt
Goodyera repens R. Br.,
Pfl. 10–30 cm; Grundb. eiförmig bis
ei-länglich, 1–3 cm lg., obere St.b.
schmal-lanzettlich; St. dicht drüsenhaarig; Bl.stand 10–15blütig, 1seitswendig;
Bl. klein, weiß oder rahmgelb, außen
grünlich, süßlich riechend; Bl.b. 4 mm
lg.; Lippe ungeteilt, rinnig und schnabelartig abwärts gebogen. ✿ 7–8. Geschützt! △ Moosige Nadelwälder; in den
Alpen bis über 2000 m; ziemlich selten.
Nord- und Mitteleuropa, Alpen, Pyrenäen, Balkanhalbinsel. GefGr. 3!

3 Widerbart
Epipogium aphyllum Sw.
Pfl. 10–20 cm, ohne B.grün, gelblich
bis braun, oben purpurn überlaufen; St.
röhrig, mit scheidigen Schuppenb.;
Tragb. oval, dünn, weißlich; Bl. 2–4,
blassgelb, rötlich gestrichelt; Bl.b. spreizend, schmal-lanzettlich, 10–14 mm lg.;
Lippe aufwärts gerichtet, am Grund mit
2 seitlichen, rundlichen Blättchen,
Mittellappen oval, am Rand kraus; Sporn
aufwärts gerichtet. ✿ 7–8. Geschützt!
△ Moosige Nadel- und Laubmischwälder; selten. Nord- und Mitteleuropa,
im Süden in den Gebirgen (Pyrenäen,
Alpen, Apennin, Olymp). GefGr. 2!

4 Korallenwurz
Corallorhiza trifida Chatel.
Pfl. gelblich bis braun, 8–20 cm, ohne
grüne B.; St.b. schuppenförmig; Bl.

gelbgrün, ohne Sporn, zu 4–9; Bl.b. 6,
3–6 mm lg., Lippe ungeteilt oder
schwach 3lappig, weißlich, rot punktiert. ✿ 6–7. Geschützt! △ Schattige,
moosreiche Nadelwälder; ziemlich selten. Nord- und Mitteleuropa, Alpen,
Pyrenäen, Apennin, Gebirge der Balkanhalbinsel. GefGr. 3!

**5 Weiße Waldhyazinthe,
Kuckucksstendel**
Platanthera bifolia (L.) Rich.
Pfl. 20–40 cm; B. meist 2, nahe dem
B.grund, eiförmig, 5–15 cm lg., 2–5 cm
br.; obere St.b. klein, lanzettlich; Bl.trau-
be locker, 5–15 cm lg.; Bl. weiß, stark
duftend, 11–18 mm br., äußere 3 Bl.b.
lanzettlich, abstehend, innere 2 Bl. kürzer und schmäler, aufwärts gerichtet;
Lippe bandförmig, 6–10 mm lg.; Staub-
beutelfächer parallel; Sporn fädlich,
spitz, 15–22 mm lg. ✿ 5–7. Geschützt!
△ Lichte Laub- und Nadelwälder, besonders Föhrenwälder, Waldränder, Magerrasen, Feuchtwiesen; zerstreut. Europa.
GefGr. 3!

6 Grünliche oder **Berg-Waldhyazinthe**
Platanthera chlorantha (Gust.) Rchb.
Sehr ähnlich der Weißen Waldhyazinthe,
aber Bl. grünlichweiß, geruchlos, Staub-
beutelfächer nicht parallel, nach unten
auseinanderspreizend; Lippe 10–16 mm
lg.; Sporn keulig, stumpf, 20–40 mm lg.
✿ 5–6. Geschützt! △ Nadelmischwälder,
quellige, moorige Wiesen; ziemlich selten. Fast ganz Europa. GefGr. 3!

7 Norne
Calypso bulbosa L.
Pfl. 10–25 cm, am Grund mit 1–3häuti-
gen, die rundliche Knolle umgebenden
B.scheiden und einem br., eiförmigen,
grünen, lg. gestielten B.; St. mit
1–2scheidigen B. und einer einzelnen,
endständigen Bl.; die 5 oberen Bl.b.
linealisch, purpurn; Lippe
pantoffelförmig, 15–25 mm lg., weißlich,
rosa oder gelb gefleckt, ohne Sporn.
✿ 5–6. △ Nadelwälder, Sümpfe, Moore.
Nordeuropa. Geschützt!

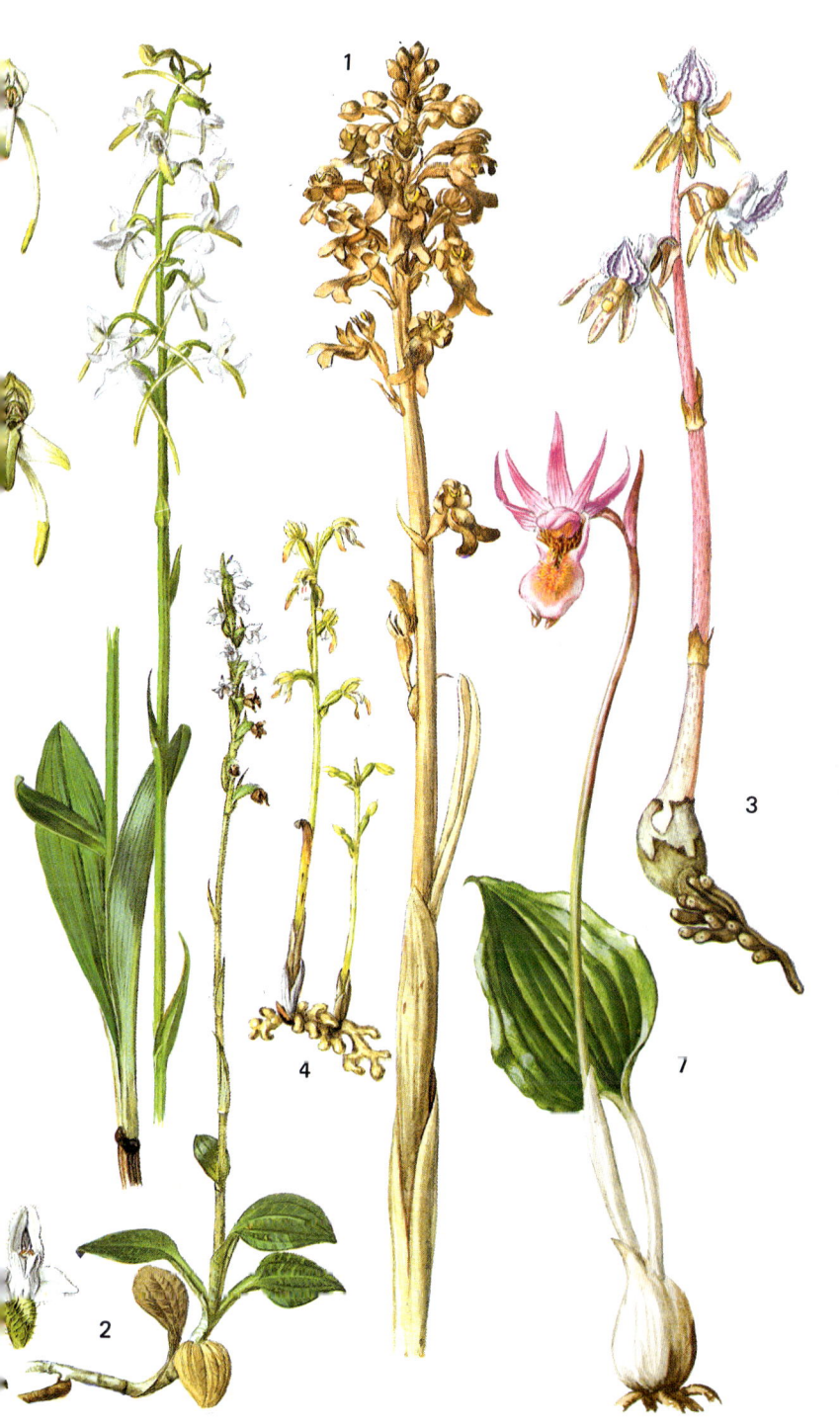

Knabenkrautgewächse oder Orchideen / Orchidaceae

1 Blasses Knabenkraut
Orchis pallens L.
Pfl. 15–40 cm; B. br.-eiförmig, stumpf, bis 4 cm br., glänzend; Bl.stand dicht-blütig, eiförmig, kurz; Tragb. häutig, 1nervig; Bl. blassgelb; äußere Bl.b. abstehend oder zurückgeschlagen, innere zusammenneigend; Lippe seicht 3lappig. ✿ 4–5. Geschützt! △ Lichte Laubwälder, Gebüsche, Halbtrockenrasen; selten. Süddeutschland, Thüringen, Alpen und Vorland, Wiener Becken, Siebenbürgen, Südeuropa. GefGr. 3! – Ähnlich ist **das Holunder-Knabenkraut**, *Dactylorhiza sambucina* (L.) Soó, aber Bl. trübrot oder gelb; Lippe ungeteilt, am Rand wellig, mit purpurnen Punkten; Silikatmagerrasen, trockene Gebüsch-säume; selten. Geschützt! GefGr. 2!

2 Stattliches Knabenkraut
Orchis mascula L.
Pfl. 15–50 cm; B. lanzettlich, die unteren mit abstehender Spreite, die oberen den St. scheidig umfassend; Bl.stand schmal, zylindrisch, 5–15 cm lg., meist locker-blütig; Tragb. häutig, 1nervig, violett überlaufen; Bl. purpurn; Bl.b. lanzett-lich, spitz, die 2 seitlichen abstehend oder zurückgeschlagen; Lippe tief 3lap-pig, dunkel gefleckt, mit abstehenden Seitenlappen; Sporn keulenförmig, etwa so lg. wie der Fruchtknoten, meist auf-wärts gerichtet. ✿ 5–6. Geschützt! △ Gebirgswiesen, Halbtrockenrasen, lichte Laubmischwälder; zerstreut. Europa.

3 Purpur-Knabenkraut
Orchis purpurea Huds.
Pfl. 30–80 cm; B. länglich-eiförmig; Bl.stand meist dichtblütig, 5–15 cm lg., walzlich; Tragb. kurz, häutig, schuppen-förmig; alle 5 Bl.b. zusammenneigend, einen kugeligen, eiförmigen Helm bildend, außen braunrot; Lippe hellrot, dunkel punktiert, mit linealischen Seitenlappen und 2 br., feingezähnten

Endlappen, dazwischen oft mit kleinem Zähnchen; Sporn halb so lg. wie der Fruchtknoten. ✿ 5–6. Geschützt! △ Wärmeliebende Wälder, besonders Eichenwälder, Gebüsche, Halbtrockenrasen; ziemlich selten. Mittel- und Südeuropa. GefGr. 3!

4 Geflecktes Knabenkraut
Dactylorhiza fuchsii (Druce) Soó
Pfl. 20–70 cm; untere B. br.-elliptisch bis verkehrt-eiförmig, stumpf, meist mit quer-verlängerten Flecken; Bl. in dicht-blütiger kegelförmiger, später walzlicher Ähre, blasslila oder weißlich; seitliche Bl.b. abstehend; Lippe tief 3spaltig, der Mittellappen zugespitzt, etwas länger als die seitlichen; Sporn kegelförmig, etwa so lg. wie der Fruchtknoten. ✿ 6–7. Geschützt! △ Lichte Wälder, Flachmoore, Heiden; zerstreut bis selten. Fast ganz Europa. – Sehr ähnlich ist *D. maculata* (L.) Soó, aber B. lanzettlich bis linea-lisch, spitz, mit runden Flecken; Bl.lippe seicht 3lappig, ihr Mittellappen kleiner und kürzer; Wälder, Heiden; selten.

Gagelgewächse / Myricaceae

1 Gagelstrauch
Myrica gale L.
Strauch 50–200 cm, 2häusig; B. lanzettlich bis verkehrt-eiförmig, kurz gestielt, schwach gesägt, stark aromatisch riechend, 2–5 cm lg. Bl. in 5–15 mm lg., aufrechten Kätzchen, vor den B. erscheinend. ✿ 4–5. △ Heidemoore, feuchte Gebüsche; zerstreut. Norddeutschland, Nordeuropa. GefGr. 3!

Weidengewächse / Salicaceae

2 Zitter-Pappel, Espe
Populus tremula L.
Baum 5–20 m, mit gelbbrauner, später dunkelgrauer, glatter Rinde; B. fast kreisrund, stumpflich gezähnt, an lg., dünnen, zusammengedrückten Stielen, kahl, leicht beweglich (Espenlaub); Bl. in 5–10 cm lg. Kätzchen; ♂ Bl. mit 8 Staubb.; ♀ Bl. mit purpurnen Narben; Tragb. der Bl. (Kätzchenschuppen) zottig behaart. ✿ 3–4. △ Waldränder, lichte Wälder; verbreitet. Europa.

3 Silber-Pappel
Populus alba L.
Baum 15–35 m, mit hellgrauer, glatter Rinde und weit ausladender Krone; junge Zweige, Knospen und B.unterseite weißfilzig; B. eiförmig, am Rand buchtig gelappt; Bl. in 5–10 cm lg. Kätzchen; Tragb. der Bl. behaart; ♀ Bl. mit gelben Narben. ✿ 3–4. △ Auenwälder, Schuttplätze; ziemlich häufig. Mittel- und Südeuropa.

4 Schwarz-Pappel
Populus nigra L.
Baum 15–30 m, mit starkrissiger Rinde; jüngere Äste rundlich; B. br.-eiförmig bis rautenförmig, fein gesägt, kahl, 5–10 cm lg.; Tragb. der Bl. kahl; ♂ Bl. mit 20–30 Staubb. ✿ 3–4. △ Auenwälder, Parkanlagen; verbreitet. Mittel- und Südeuropa. GefGr. 3! – Die jüngeren Äste der **Kanadischen** oder **Bastard-Pappel,**
P. × *canadensis* Moench, sind durch

Korkkrippen kantig; in zahlreichen Kulturformen häufig gepflanzt.

5 Silber-Weide
Salix alba L.
Baum oder Strauch, bis 20 m; Zweige gelbbraun bis rotbraun; B. lanzettlich, 5–8 cm lg., mit fein gesägtem Rand, unterseits dicht anliegend behaart (jung beiderseits seidenhaarig); Kätzchen mit den B. erscheinend; Tragb. der Bl. 1farbig; Fruchtknoten kahl, fast sitzend. ✿ 4–5. △ Ufer von Seen und Flüssen, Altwasser, Auenwälder; häufig. Mittel- und Südeuropa.

6 Mandel-Weide
Salix triandra L.
Strauch 2–5 m; Zweige gelbgrün bis rotbraun; Rinde alter Stämme sich in Fetzen ablösend; B. lanzettlich, kahl, 5–10 cm lg., bis 2 cm br., grün beiderseits fast gleichfarbig; Tragb. der Bl. 1farbig; ♀ Kätzchen dünn; Fruchtknoten kahl, deren Stiele $^1/_4$–$^1/_2$ so lg. wie der Fruchtknoten; ♂ Bl. mit 3 Staubb. ✿ 4–5. △ Auengebüsch, Ufer von Flüssen und Bächen; verbreitet. Fast ganz Europa.

Weidengewächse / Salicaceae

1 Korbweide
Salix viminalis L.
Strauch, seltener Baum, 4–10 m; Zweige grüngelb bis blaugrün, rutenförmig; B. schmal-lanzettlich, fast ganzrandig, 8–15 cm lg., am Rand wellig; Kätzchen vor den B. erscheinend, dicht seidenhaarig, 10–15 mm br.; Tragb. der Bl. 2farbig, Fruchtknoten fast sitzend, behaart. ✿ 3–4. △ Auen; verbreitet; zum Korbflechten verwendet. Fast ganz Europa.

2 Purpur-Weide
Salix purpurea L.
Strauch 2–6 m; junge Zweige purpurn überlaufen; B. 4–12 cm lg., oberseits dunkelgrün, unterseits blaugrün; Kätzchen vor den B. erscheinend; Tragb. der Bl. 2farbig, dicht behaart; Fruchtknoten sitzend, filzig behaart; Staubfäden bis zu den Staubbeuteln verwachsen, anfangs purpurn, beim Stäuben gelb. ✿ 4–5. △ Auengebüsch, Kiesbänke der Flüsse; häufig. Mittel- und Südeuropa.

3 Ohr-Weide
Salix-aurita L.
Strauch 1–3 m; Äste sparrig; Zweige und Knospen kahl; junges Holz unter der Rinde durch Längsrippen gestriemt; B. 2–5 cm lg., rundlich-eiförmig, runzelig, am Rand wellig, gezähnt, mit großen Nebenb.; Kätzchen 2 cm lg.; Tragb. der Bl. 2farbig; Fruchtknoten filzig behaart; Staubbeutel gelb. ✿ 4–5. △ Moorränder, Bruchwälder; verbreitet. Nord- und Mitteleuropa, südlich bis Pyrenäen, Apennin.

4 Grau-Weide
Salix cinerea L.
Strauch 2–5 m; junge Zweige graufilzig; junges Holz unter der Rinde wie bei *S. aurita* gestriemt; B. br.-eiförmig, 4–10 cm lg., graugrün, fein gesägt; Kätzchen 4–9 cm lg.; Fruchtknoten filzig; Staubbeutel anfangs orangerot. ✿ 4–5. △ Wie *S. aurita*; häufig. Europa.

5 Sal-Weide
Salix caprea L.
Strauch 3–9 m; Zweige rotbraun, wie die Knospen kahl; B. elliptisch, 3–10 cm lg., unterseits graugrün bis weißlich, dicht weißfilzig; Nebenb. klein; Kätzchen dick, walzlich, 4–10 cm lg., erst sitzend, später gestielt; Tragb. 2farbig, mit lg. weißen Haaren; Fruchtknoten filzig. ✿ 3–4. △ Waldränder, Kiesgruben, Auenwälder; häufig. Fast ganz Europa.

6 Schwarz-Weide
Salix myrsinifolia Salisb.
(S. nigricans Sm.)
Strauch 2–5 m; Zweige braun bis schwarzbraun, matt; B. 3–8 cm lg., eiförmig, gesägt, oberseits dunkelgrün, glänzend, unterseits blaugrün, gegen die Spitze hin reingrün; Nebenb. groß, nierenförmig; Kätzchen fast gleichzeitig mit den B. erscheinend, eiförmig, 2–3 cm lg.; Tragb. 2farbig, zottig; Fruchtknoten kahl, gestielt. ✿ 4–5. △ Auenwälder, Bachufer, Moore; zerstreut. Fast ganz Europa.

7 Lorbeer-Weide
Salix pentandra L.
Strauch bis 12 m, mit glänzenden, olivgrünen bis rotbraunen Zweigen und br.-lanzettlichen, fein gesägten, 5–15 cm lg. B.; ♀ Kätzchen lockerblütig; Tragb. 1farbig, gelbgrün; Staubb. meist 5; Kätzchen und B. gleichzeitig. ✿ 5–6. △ Auen, Bruchwälder; zerstreut. Mittel- und Nordeuropa, südlich bis Pyrenäen, Norditalien, Balkanhalbinsel.

Walnussgewächse / Juglandaceae

8 Echte Walnuss
Juglans regia L.
Baum bis 25 m, mit grauer, längsrissiger Borke; B. mit 7–9 ganzrandigen, eiförmigen, bis 15 cm lg. Fiederb.; ♂ Bl. in hängenden, 5–15 cm lg. Kätzchen; ♀ Bl. zu 2–3, endständig; Steinfrucht mit grüner, fleischiger Schale und brauner Fruchtwand (Nussschale). ✿ 5. △ Laubwälder in spätfrostsicheren Lagen. Südosteuropa; sonst kultiviert.

Birkengewächse / Betulaceae

1 Hänge-Birke
Betula pendula Roth *(B. verrucosa* Ehrh.)
Baum bis 25 m, unten (bis etwa 10 m)
mit rissiger, wulstiger, schwärzlicher
Borke mit einigen weißen Flecken, obe-
rer Stammteil glatt, weiß; B. 3eckig-rau-
tenförmig, lg. zugespitzt, jung klebrig,
kahl; Zweige hängend, jung mit harzigen
Wärzchen; ♂ Kätzchen 3–6 cm lg., ♀
1,5–3 cm lg.; Fruchtschuppen 3lappig
(Verwachsung aus Tragb. und 2 Vorb.),
bei der Reife abfallend; Frucht eine geflügelte Nuss; Flügel 2–3mal so br. wie
die Nuss. ✿ 4–5. △ Wälder, Moore, Heiden, Steinbrüche; verbreitet. Europa. –
Ähnlich ist die **Moor-Birke** *B. pubescens*
Ehrh., aber Rinde meist glatt, weiß, selten grau bis schwarz; junge Zweige und
B. weichhaarig; B. ei- oder rautenförmig,
kurz zugespitzt; Verästelung aufrecht;
Flügel kaum breiter als die Nuss. Moor-
und Bruchwälder, bodensaure Eichenwälder.

2 Grau-Erle
Alnus incana (L.) Moench
Baum bis 20 m, mit glatter (auch an al-
ten Bäumen), hellgrauer Rinde; B. eiförmig-elliptisch, allmählich zugespitzt,
doppelt gesägt, mit 7–12 Seitennerven-
paaren; junge Zweige behaart; ♀ Kätzchen sitzend. ✿ 2–4. △ Auenwälder, Gebirgsbäche und Alpenflüsse; vor allem in
Kalkgebieten; häufig. Stickstoffanreiche-
rung des Bodens durch stickstoffbinden-
de Strahlenpilze, die in Wurzelknöllchen
mit der Erle in Symbiose leben. Nord-
und Mitteleuropa, südlich bis Mittelitalien, Balkanhalbinsel.

3 Schwarz-Erle
Alnus glutinosa (L.) Gaertn.
Baum bis 20 m; Borke schwärzlich, ris-
sig; B. rundlich-eiförmig, bis 10 cm lg.,
stumpf oder ausgerandet, mit 5–8 Sei-
tennervenpaaren, schwach gesägt;
Knospen und junge B. klebrig; ♂ und
♀ Kätzchen an denselben Zweigen, die
♀ gestielt, zapfenförmig, verholzend.

✿ 3–4. △ Auen- und Bruchwälder, Ufer;
häufig. Europa.

4 Grün-Erle
Alnus viridis (Chaix) DC.
Strauch 2–3 m; B. eiförmig, spitz, beiderseits grün, gezähnt; Zähne höher als br.;
Knospen spitzlich, sitzend (bei den übrigen Arten gestielt); ♂ Kätzchen hängend, gelb, bis 6 cm lg., bei Entfaltung
der B. stäubend; ♀ Kätzchen unter den
♂ Kätzchen, ei-rund, 10–15 mm lg.,
grün, später zu braunen Zapfen verholzend. ✿ 5–7. △ Schattige, feuchte Steil-
hänge in den höheren Lagen der Gebirge, in den Alpen etwa 1400–2400 m,
in den Mittelgebirgen tiefer; zerstreut.
Gebirge Mittel- und Südeuropas.

Haselgewächse / Corylaceae

5 Hainbuche, Weißbuche
Carpinus betulus L.
Baum bis 20 m, mit glatter, grauer Rinde,
oft mit gedrehten Längsstreifen; B. eiförmig, 5–8 cm lg., meist asymmetrisch,
doppelt gezähnt, hellgrün; ♂ Bl.stände
gleichzeitig mit den B. erscheinend;
♂ Bl. ohne Bl.b., einzeln in den Achseln
der Tragb. walziger Kätzchen; ♀ Bl. mit
unscheinbarer Bl.hülle und 3teiligen
Vorb. in lockeren Kätzchen; Frucht eine
Nuss, 5–10 mm lg., von den grünen
Bl.hülle eingeschlossen. ✿ 4–5. △ Laubwälder, Hecken, in tieferen Lagen; verbreitet. Hauptsächlich Mittel- und Südosteuropa, nördlich bis Südschweden.

6 Hasel
Corylus avellana L.
Strauch 2–6 m; B. eiförmig, spitz,
5–12 cm lg., doppelt gezähnt; ♂ Bl. in
2–8 cm lg. Kätzchen, diese zu 1–4; ♀ Bl.
zu 2–6, von Knospenschuppen umgeben, zur Bl.zeit nur die roten, fadenförmigen Narben herausragend; Frucht eine hartschalige, braune Nuss, umgeben
von einer unregelmäßig zerschlitzten
Hülle. ✿ 2–4. △ Gebüsche, Waldränder,
Laubwälder; verbreitet. Europa.

Buchengewächse / Fagaceae

1 Rot-Buche
Fagus sylvatica L.,
Baum bis 40 m, mit glatter, grauer Rinde; Tiefwurzler; Knospen schmal, lg. zugespitzt, braun; B br.-eiförmig, bis 10 cm lg., ganzrandig, gewimpert; ♂ Bl. in kugeligen, lg. gestielten Kätzchen; ♀ Bl. zu 2 auf lg. Stiel, gemeinsam von einem weichstacheligen Fruchtbecher (Cupula) umgeben; Frucht eine 3kantige Nuss, im Herbst aus dem Fruchtbecher fallend; Beginn der Blüte mit 40–60 Jahren. ✿ 4–5. △ Laubmischwälder; spätfrostempfindlich; verbreitet. Fast ganz Europa in Gebieten mit ozeanischem Klimacharakter (hohe Niederschläge und relativ milde Winter), nördlich bis Südskandinavien, im Süden hauptsächlich in den Gebirgen, bildet dort oft die Waldgrenze.

2 Edel-Kastanie
Castanea sativa Mill.
Baum bis 30 m, mit rissiger Rinde; Tiefwurzler; B. länglich-lanzettlich, dornig gezähnt, lederig, bis 25 cm lg.; ♂ Bl. in bis 20 cm lg., aufrechten Kätzchen; ♀ Bl. meist zu 3 am Grund der ♂ Bl.stände; Bl.b. 6, nur an der Spitze frei, Narben 6, steif, fadenförmig; Fruchtbecher kugelig, 5–7 cm br., mit harten, stechenden Stacheln, meist 3 dunkelbraune, glatte, halbkugelige Nüsse einschließend; Beginn der Blüte mit 20–30 Jahren. ✿ 6. △ Laubwälder sommerwarmer Gebiete; kalkarme bis saure Böden. Zur Römerzeit im Mittelmeergebiet eingebürgert, Süddeutschland, Zentralplateau, Ober- und Niederösterreich, Südalpen, Südeuropa.

3 Stiel-Eiche
Quercus robur L.
Baum bis 4 m, mit dunkelbrauner, rissiger Rinde und knorrigen, weit ausladenden Ästen; B. gelappt, sehr kurz gestielt, mit herzförmig geöhrtem Grund, unsymmetrisch, größte Lappen an der Spitze der B.spreite; ♂ Bl. in lockeren, hängenden Ähren; ♀ Bl. zu 2–5 achselständig; Bl.hülle 6zählig; Fruchtstand 3–8 cm lg. gestielt; Frucht (Eichel) eine eiförmige, glatte Nuss, von zapfenförmigem Fruchtbecher umschlossen; Beginn der Blüte mit 40–80 Jahren. ✿ 4–5. △ Laubmischwälder; verbreitet. Fast ganz Europa. – Ähnlich ist die **Trauben-Eiche,** *Qu. petraea* (Mattuschka) Liebl., Baum bis 40 m; B. 1–3 cm lg. gestielt, mit keilförmigem Grund, größte Lappen in B.spreitenmitte; Frucht höchstens 1 cm lg. gestielt; ✿ 4–5; △ Laubmischwälder; verbreitet. – Häufig gepflanzter Forst- und Zierbaum ist die **Rot-Eiche,** *Q. rubra* L., mit 15–20 cm lg. B. mit zugespitzten, br. Lappen und schmalen Buchten. Herkunft Nordamerika.

4 Flaum-Eiche
Quercus pubescens Willd.,
Strauch oder Baum, 5–20 m; Äste sparrig abstehend; junge Triebe und B. flaumig behaart, später verkahlend (nicht aber B.unterseite); B. 5–10 cm lg., 1–2 cm lg. gestielt; Schuppen des Fruchtbechers behaart. ✿ 4–5. △ Wälder, sonnige Trockenhänge; selten, im Süden häufig. Süddeutschland, warme Täler der Alpen, Wiener Becken, Südkarpaten, Südeuropa. – Ebenfalls im Mittelmeerraum bestandsbildender und an trocknen, steinigen Hängen häufig ist die **Stein-Eiche,** *Qu. ilex* L., mit immergrünen, 3–6 cm lg., meist stachelig gezähnten, am Rand welligen B.

5 Stein-Eiche
Quercus ilex L.
Strauch, selten Baum, bis 20 m, mit wintergrünen, ovalen, am Rand welligen, stachelig gezähnten **(5a)** oder glattrandigen, 3–6 cm lg., unterseits dicht grauhaarigen B.; Fruchtbecher mit stumpfen, angepressten Schuppen. ✿ 4–5.
△ Trockene, felsige Hänge; Charakterbaum der mediterranen Hartlaubwälder. Hauptsächlich Südeuropa.

Ulmengewächse / Ulmaceae

1 Feld-Ulme
Ulmus minor Mill.
(*U. carpinifolia* Gled., *U. campestris* L.)
Baum, 10–30 m, mit gefelderter, graubrauner Rinde; B. glatt, 6–10 cm lg.,
scharf gezähnt, jederseits mit 8–12 Seitennerven, fast kahl, in der Mitte am
breitesten, bis 1,5 cm lg. gestielt; Bl.
zwitterig, fast sitzend, in knäuligen
Bl.ständen; Frucht eiförmig bis rundlich,
bis 2 cm lg.; Same dem oberen Flügelrand der Frucht genähert. ✿ 3–4.
△ Auenwälder, Laubwälder, Flaumeichenwälder, wärmeliebend; verbreitet.
Mittel- und Südeuropa. GefGr. 3! – Ähnlich ist die **Flatter-Ulme,** *U. laevis* Pall.
(*U. effusa* Willd.), aber B. jederseits mit
12–29 Seitennerven, unterseits behaart,
bis 1 cm lg. gestielt; Bl. lg. gestielt, hängend; Flügel der Frucht zottig bewimpert; Same in oder unterhalb der Mitte
der Frucht. △ Laubwälder, Auenwälder;
ziemlich selten. Hauptsächlich Mittel-
und Osteuropa.

2 Berg-Ulme
Ulmus glabra Huds. (*U. scabra* Mill.)
Baum bis 30 m, mit längsgefurchter
Rinde; B. asymmetrisch, 8–15 cm lg.,
rau, scharf gesägt; jederseits mit 12–20
Seitennerven, unterseits behaart, im
oberen Drittel am breitesten, 3–7 mm lg.
gestielt; Bl. fast sitzend; Samen in der
Mitte der Frucht. ✿ 3–4. △ Laubwälder,
Gebüsche, Schluchtwälder; Alpen bis
1400 m; zerstreut. Europa.

Hanfgewächse / Cannabaceae

3 Hopfen
Humulus lupulus L.
Pfl. 2–6 m; St. rechtswindend; B. gegenständig, meist tief 3lappig, gezähnt; Pfl.
1geschlechtig; ♂ Bl.stände in Rispen;
Bl.b. 5, frei, hellgrün, Staubb. 5; ♀ Bl.-
stand zapfenartig, ährig (Hopfen»dolde«); Frucht eine 3 mm lg. Nuss. ✿ 7–8.
△ Auenwälder, Gebüsche; häufig. Europa.

Sandelgewächse / Santalaceae

4 Berg-Leinblatt
Thesium bavarum Schrank
(*Th. montanum* Ehrh.)
Pfl. 20–60 cm, ohne Ausläufer; B. br.-lan-
zettlich, 2–7 mm br., 3–5nervig, bläulichgrün; Bl. meist 5teilig, weiß, mit je 1
größerem und 2 kleineren Tragb.; Bl.b.
zur Fruchtzeit bis auf den Grund eingerollt. ✿ 6–9. △ Sonnige Waldränder, Kiefernwälder, Halbtrockenrasen; selten.
Mittel- und Südosteuropa.

Mistelgewächse / Loranthaceae

5 Mistel
Viscum album L.
Pfl. strauchig, bis 1 m, als Halbschmarotzer auf Bäumen (holt aus der Wirtspfl.
Wasser und Mineralsalze); Zweige gabelig verzweigt; B. lederig, immergrün; Bl.
1geschlechtig, unscheinbar, in der Gabel
zwischen den Zweigen; Beeren weiß
oder gelblich. ✿ 2–5. △ Die **Laubholz-
Mistel,** ssp. *album,* auf Laubhölzern, die
Tannen-M., ssp. *abietis* (Wiesb.) Abrom.,
auf Weißtannen und die **Kiefern-M.,** ssp.
austriacum (Wiesb.) Vollm. (*V. laxum*
Boiss. et Reut.), auf Kiefern; zerstreut.
Südskandinavien, Mittel- und Südeuropa.

Osterluzeigewächse
Aristolochiaceae

6 Haselwurz
Asarum europaeum L.
Pfl. 5–10 cm; St. kriechend, am Grund
mit schuppenförmigen, weißlichen oder
bräunlichen Niederb.; B. rundlich-nierenförmig, dunkelgrün, 3–10 cm br., oft
wintergrün; Bl. einzeln, kurz gestielt,
radiär; Bl.hülle 3teilig, glockig, braunrot,
10–15 mm lg. ✿ 3–5. △ Laub- und Nadelwälder, Auenwälder; häufig. Hauptsächlich Mittel- und Osteuropa.

4

5

6

3

2

1

Nelkengewächse / Caryophyllaceae

1 Hain-Sternmiere
Stellaria nemorum L.
Pfl. 20–50 cm, mit weit kriechenden
Ausläufern; St. stielrund, oberwärts
drüsig-weichhaarig; B. gegenständig,
herz-eiförmig, spitz, am Rand gewimpert, die unteren gestielt; Bl. 5zählig;
Kelchb. 4–6 mm lg., Kronb. doppelt so
lg., fast bis zum Grund 2teilig, weiß.
✿ 5–7. △ Krautreiche Mischwälder, Au-
en, Bergwälder, Hochstaudenfluren, in
den Alpen bis 2200 m; häufig. Europa.

2 Große Sternmiere
Stellaria holostea L.
Pfl. 10–30 cm; St. 4kantig, unten kahl,
oben zerstreut behaart; B. steif, schmal-
lanzettlich, sitzend; Kronb. bis zur Mitte
2spaltig, weiß, doppelt so lg. wie die
6–8 mm lg. Kelchb. ✿ 4–6. △ Krautreiche
Mischwälder, Gebüsche; häufig. Fast
ganz Europa, nördlich bis Südskandinavien. – Die **Langblättrige Sternmiere,**
S. longifolia Muhl. (*S. diffusa* Schldl.),
hat ebenfalls schmal-lanzettliche, sitzende, 2–3 cm lg. B., aber Kronb. fast bis
zum Grund geteilt, kaum länger als der
Kelch; St. oberwärts rau, unten 4kantig;
Pfl. lockerrasig, 10–20 cm. ✿ 6–8.
△ Moorige Nadelwälder; selten. Eiszeitrelikt, im natürlichen Verbreitungsgebiet
der Fichte; hauptsächlich nördliches
Mitteleuropa, Alpen, Karpaten, Nordost-
europa. GefGr. 3!

3 Taubenkropf, Hühnerbiss
Cucubalus baccifer L.
Pfl. stark ästig, klimmend, kurz behaart,
50–150 cm; B. eiförmig, spitz, kurz gestielt; Bl. in lockeren Bl.ständen, mit
ungleich 5zähnigem, glockig aufgebla-
senem Kelch und tief 2teiligen, grünlichweißen Kronb.; Griffel 3; Frucht eine
6–8 mm lg., schwarze Scheinbeere.
✿ 7–9. △ Auenwälder, Gebüsche, nährstoffreiche Schlickböden in Flusstälern;
ziemlich selten. Mittel- und Südeuropa,
nördlich bis Südengland.

4 Dreinervige Nabelmiere
Moehringia trinerva (L.) Clairv.
Pfl. aufsteigend, 10–30 cm; St. einzeln,
nicht rasig, kurz behaart; B. eiförmig
spitz, meist 3nervig, kurz behaart, die
unteren gestielt, die oberen fast sitzend;
Bl. 5–6 mm br., weiß, einzeln, b.achsel-
ständig oder zu mehreren am Ende der
Zweige, Kronb. 5, kürzer als der Kelch;
Kelchb. 5, br.-hautrandig, 3nervig, kurzhaarig. ✿ 5–7. △ Laub- und Nadelmischwälder, Waldschläge, Waldwege,
Gebüsche; verbreitet. Fast ganz Europa,
im Süden nur in den Gebirgen.

Hahnenfußgewächse Ranunculaceae

5 Glänzende Wiesenraute
Thalictrum lucidum L.
Pfl. 60–120 cm; B. 2fach gefiedert;
Fiederb. länglich, keilförmig oder linealisch, oberseits dunkelgrün, glänzend;
Bl. an den Enden der Rispenäste gedrängt; Bl. und Staubb. aufrecht, gelblich. ✿ 6–7. △ Auenwälder, Moorwiesen;
selten. Mitteleuropa (Mecklenburg, Ost-
preußen, Thüringen, Donau- und Main-
gebiet, Alpen), Südosteuropa. GefGr. 3!

Hahnenfußgewächse
Ranunculaceae

1 Akeleiblättrige Wiesenraute
Thalictrum aquilegifolium L.
Pfl. 40–120 cm, B. 3fach gefiedert; Fiederb. rundlich, grob und stumpf gezähnt, blaugrün; Bl.stand rispig, reichblütig; Bl.b. unscheinbar, bald abfallend; Staubfäden oben verdickt, hellviolett, selten weiß; Früchtchen an lg. Stielen hängend, 3kantig geflügelt. ✿ 5–7. △ Auenwälder, Hochstaudenfluren, in den Alpen bis über 2000 m; zerstreut. Hauptsächlich Mitteleuropa, südlich bis Nordspanien, Pyrenäen, Peleponnes.

2 Kleine Wiesenraute
Thalictrum minus L.
Pfl. 30–100 cm; B. am St. gleichmäßig verteilt, 3–4fach gefiedert; Fiederb. rundlich oder rundlich keilig, blaugrün, unterseits hellgrün; St. gefurcht; Bl.stand rispig, oft mit abstehenden Ästen; Bl.b. und Staubfäden gelblich, hängend; Früchtchen sitzend, spindelförmig, längs-gerippt, ✿ 5–8. △ Lichte, trockene Wälder, Trockengebüsch, Trockenrasen an Waldrändern, ziemlich selten. Hauptsächlich Mittel- und Südeuropa, nördlich bis Südskandinavien.
– Ähnlich sind noch: **Stein-Wiesenraute,** *Th. saxatile* DC., B. beiderseits blaugrün, unterseits mit hervortretenden Nerven; B. in der unteren Hälfte oder in der Mitte des St. gehäuft; Trockenrasen, lichte Gebüsche, Föhrenwälder, in den Alpen bis etwa 2000 m; selten. – **Einfache Wiesenraute,** *Th. simplex* L., aber Fiederb. länglich bis linealisch; Bl. grünlich; Moorwiesen, Kalkmagerweiden; selten. GefGr. 2!

3 Stinkende Nieswurz
Helleborus foetidus L.
Pfl. 30–60 cm; B. wintergrün, handförmig 3–9teilig, bis 30 cm im Durchmesser, Abschnitte gezähnt; Bl.stand reich verzweigt; Bl. glockenförmig, 2 cm br., 5zählig, grüngelb, am Rand rötlich, unangenehm riechend; Früchtchen mit hakigem Schnabel, zu 3–8, etwa 2 cm lg.

✿ 2–4. Geschützt! Giftig! △ Eichen- und Buchenwälder, Waldränder, trockene, kalkreiche Buschhänge; zerstreut. Hauptsächlich Südwesteuropa, Süddeutschland, nördlich bis England.

4 Christrose, Schneerose
Helleborus niger L.
Pfl. 10–30 cm; B. überwinternd, 7–9teilig, 10–20 cm br., Abschnitte nur oberwärts gesägt; St. meist 1blütig, nur oben mit 1–2 ovalen, ganzrandigen B.; Bl. 5–10 cm br., weiß oder rosa, später grün werdend; Bl.b. ausgebreitet; Nektarb. gelb oder gelbgrün. ✿ 1–4. Giftig! Geschützt! △ Laubmisch- und Kiefernwälder; zerstreut. Alpen und südosteuropäische Gebirge. GefGr. 3!

5 Grüne Nieswurz
Helleborus viridis L.
Pfl. 10–30 cm; B. nicht überwinternd, 7–11teilig, Abschnitte bis zum Grund gesägt; St. 1fach oder verzweigt, mit geteilten, gesägten B.; Bl. zu 2–3 nickend, 4–6 cm br.; Bl.b. ausgebreitet, br.-eiförmig, grün; Nektarb. grün. ✿ 3–4. Geschützt! Giftig! △ Lichte Wälder, Gebüsche; selten; als Heilpfl. früher häufig kultiviert und gelegentlich verwildert. Mitteleuropa, südlich bis Spanien und Norditalien.

6 Winterling
Eranthis hyemalis (L.) Salisb.
Pfl. 5–15 cm; Grundb. meist erst nach der Bl.zeit erscheinend, rundlich, bis zum Grund 5–7teilig, Abschnitte 2–3lappig; St. rotbraun, mit einem B.quirl unter der gelben, 2–3 cm br. Bl.; Früchtchen bis 15 mm lg. ✿ 2–3. Giftig! △ Feuchte Laubwälder Südosteuropas, in Mitteleuropa in Gärten, Parkanlagen, Weinbergen, Gebüsche; zerstreut; ursprünglich Süd- und Südosteuropa.

Hahnenfußgewächse
Ranunculaceae

1 Blauer Eisenhut
Aconitum napellus L.
Pfl. 50–150 cm; B. fast bis zum Grund
handförmig 5–7teilig, Abschnitte mit
schmal-linealischen Zipfeln; Bl. in meist
1facher oder wenigästiger, dichter Traube, blauviolett; Bl.helm breiter als hoch;
Staubb. meist behaart. ✿ 6–8. Geschützt! Giftig! (Sehr variable Art mit
mehreren Kleinarten). △ Hochstaudenfluren, Gebüsche, Grauerlenwälder, in
den Alpen bis über 2000 m; zerstreut.
Alpen, Pyrenäen, Gebirge Mitteleuropas.
– Ähnlich ist der **Bunte Eisenhut**, *A. va-*
riegatum L., Bl., violett und weiß
gescheckt, an lg., drüsenlosen Stielen;
Helm höher als br.; Grauerlenwälder,
subalpine Hochstaudenfluren. Giftig!
Geschützt! GefGr. 3 !

2 Rispiger Eisenhut
Aconitum paniculatum Lam.
Pfl. 50–150 cm; Bl.stiele und St. im
oberen Teil drüsig-klebrig und flaumig
behaart; Bl.stand ästig; Bl.traube locker,
kurz; Bl.helm so hoch wie br.; Bl. blauviolett. ✿ 6–8. Giftig! Geschützt!
△ Berg- und Schluchtwälder, Hochstaudenfluren; in den Alpen bis 2400 m; zerstreut. Gebirge Mittel- und Südeuropas
(östlich).

3 Gelber Eisenhut, Wolfs-Eisenhut
Aconitum vulparia Rchb.
(*A. lycoctonum* L.)
Pfl. 50–150 cm; B. handförmig 5–7teilig,
mit br. Abschnitten; Bl. gelb oder weißlich, mit hohem, schlankem Helm, in 1fa-
cher oder ästiger Traube. ✿ 6–8. Giftig!
Geschützt! △ Schlucht- und Auenwälder,
feuchte Laubmischwälder, Hochstaudenfluren, in den Alpen bis 2400 m.
Gebirge Mittel- und Südeuropas.

4 Gelbes Windröschen
Anemone ranunculoides L.
Pfl. 10–20 cm; Grundb. zur Bl.zeit noch
fehlend; St.b. 3, fast quirlständig, kurz

gestielt oder fast sitzend, 4–8 cm lg., bis
zum Grund 3teilig, Abschnitte grob gezähnt oder eingeschnitten; Bl. 2 cm br.,
meist zu 2; Bl.b. 5, gelb, außen behaart;
Früchtchen dicht borstig kurzhaarig.
✿ 4–5. △ Auenwälder, feuchte Laubmischwälder; ziemlich selten. Fast ganz
Europa, nördlich bis Südskandinavien,
südlich bis Nordspanien, Mittelitalien,
Albanien.

5 Busch-Windröschen
Anemone nemorosa L.
Pfl. 10–25 cm; B. zu 3, fast quirlständig,
gestielt, bis zum Grund 3teilig, 3–6 cm
lg., Abschnitte tief 2–3spaltig und grob
gezähnt; Bl. einzeln, 2–4 cm br., Bl.b.
6–8, weiß oder außen rosa, kahl. ✿ 3–4.
△ Laub- und Nadelwälder, Bergwiesen,
Obstgärten; verbreitet. Fast ganz Europa.

6 Großes Windröschen
Anemone sylvestris L.
Pfl. 15–40 cm; Grundb. und St.b. rundlich, handförmig 5teilig, 4–10 cm br.,
locker behaart, Abschnitte grob gezähnt; Bl. meist 1,4–7 cm br.; Bl.b. 5–6,
weiß, außen seidenhaarig. ✿ 4–6.
Geschützt! △ Waldränder, Böschungen,
Hohlwege, Kiefernwälder, wärmeliebend; selten. Mitteleuropa, nördlich bis
Nordrussland, Sibirien, südlich bis Nordspanien, Südalpen, Gebirge der Balkanhalbinsel. GefGr. 3!

7 Leberblümchen
Hepatica nobilis Mill.
(*Anemone hepatica* L.)
Pfl. 5–15 cm; B. grundständig; überwinternd, 3lappig, oberseits grün, unterseits oft rotbraun oder violett; St. zu
mehreren, behaart, mit je 1 Bl.; Bl.b.
6–10, blau, seltener rosa oder weiß,
dicht unter der Bl. 3 grüne Hochb., die
einen Scheinkelch bilden. ✿ 3–4.
Geschützt! △ Buchen- und Eichenwälder, Nadelmischwälder; zerstreut. Fast
ganz Europa.

Hahnenfußgewächse
Ranunculaceae

1 Christophskraut
Actaea spicata L.
Pfl. 30–60 cm; Grundb. fehlend; St.b. lg.
gestielt, doppelt 3zählig bis gefiedert,
mit ovalen, unregelmäßig und grob
gezähnten Abschnitten; B.spreite
20–30 cm lg.; Bl. weiß, klein, 4teilig, in
vielblütigen Trauben; Frucht eine grüne,
später schwarze Beere. ✿ 5–6. △ Laubmischwälder, Schluchtwälder; zerstreut.
Fast ganz Europa, hauptsächlich in den
Gebirgen.

2 Gewöhnliche Akelei
Aquilegia vulgaris L.
Pfl. 30–80 cm; grundständige B. lg.
gestielt, doppelt 3teilig, oft blaugrün,
Abschnitte rundlich, 3schnittig; oberste
B. sitzend, 3lappig; Bl. blauviolett,
3–5 cm lg., mit lg. Sporn; Staubb. zahl-
reich, kaum aus der Bl. ragend. ✿ 5–7.
Geschützt! △ Laubwälder, Gebüsche,
Waldränder, Trockenrasen; wärmelie-
bend; zerstreut. Fast ganz Europa.

3 Schwarzviolette Akelei
Aquilegia atrata Koch
Pfl. 30–70 cm, sehr ähnlich der Gewöhn-
lichen Akelei, aber Bl. braunviolett;
Staubb. weit aus der Bl. ragend. ✿ 6–7.
Geschützt! △ Lichte Nadelwälder, Wald-
ränder, Moorwiesen; zerstreut. Süd-
deutschland, Alpen und Vorland,
Apennin.

4 Gewöhnliche Waldrebe
Clematis vitalba L.
Pfl. 3–8 m, windend und kletternd, mit
verholztem St.; B. mit 3 oder 5 lg. gestielten, ei- oder herzförmigen, grob und
asymmetrisch gezähnten Fiederb.;
Bl.stand rispig, end- und b.achselstän-
dig; Bl. 5zählig, 2–3 cm br., weiß; Bl.b.
beiderseits flaumig behaart; Griffel zur
Fruchtreife bärtig. ✿ 6–7. Giftig! △ Auenwälder, Gebüsche, Waldränder; ziemlich häufig. Mittel- und Südeuropa,
nördlich bis England. – Ähnlich ist die

Brennende Waldrebe, *C. flammula* L.,
aber Fiederb. ganzrandig; Bl.b. weiß,
nur am Rand dicht filzig behaart. Mittelmeergebiet. – Im östlichen Mittelmeergebiet verbreitet ist noch die **Italienische Waldrebe,** *C. viticella* L., Pfl. 3–6 m,
windend; B. doppelt gefiedert, Fiedern
eiförmig, ganzrandig oder ungleich
2–3teilig; Bl. blau, nickend, 3–4 cm br.;
Bl.b. vorne kraus; Zierpfl. und gelegentlich verwildert.

5 Aufrechte Waldrebe
Clematis recta L.
Pfl. 50–150 cm, aufrecht, nicht kletternd
oder windend, krautig; St. selten verholzt, kantig, hohl; B. mit 5, 7 oder 9
ganzrandigen, eiförmigen, spitzen Fiederb.; Bl. in endständiger Rispe, weiß;
Bl.b. nur am Rand dicht filzig behaart.
✿ 5–7. △ Trockene, buschige, steinige
Hänge, Laubmischwälder; wärmeliebend; selten. Süddeutschland, Elbe-
gebiet, Thüringen, Südalpen, Pyrenäen.
Süd- und Osteuropa. GefGr. 3!

1

2

3

4

5

Hahnenfußgewächse
Ranunculaceae

1 Scharbockskraut
Ranunculus ficaria L.
(Ficaria verna Huds.)
Pfl. 5–20 cm, niederliegend, oft an den Knoten wurzelnd; B. rundlich-herzförmig, entfernt stumpf gezähnt, stark glänzend; Bl. gelb, 2–3 cm br.; Bl.b. 3, kelchb.artig; Nektarb. 8–12, kronb.artig, ei-länglich, gelb. ✿ 3–5. △ Auenwälder, Mischwälder, Obstgärten, Hecken; verbreitet. Europa.

2 Wolliger Hahnenfuß
Ranunculus lanuginosus L.
Pfl. 30–70 cm, abstehend dicht behaart; grundständige B. handförmig geteilt, Abschnitte mit br.-eiförmigen, gesägten Zipfeln; Bl.stiele rund, nicht gefurcht; Bl. orangegelb, 2–2,5 cm br.; Früchtchen mit hakig gebogenem bis eingerolltem Schnabel; Fruchtboden kahl. ✿ 5–7. Giftig! △ Mischwälder, Auen- und Schluchtwälder; zerstreut. Mittel- und Südeuropa (östlich).

3 Hain-Hahnenfuß, Wald-Hahnenfuß
Ranunculus nemorosus DC.
(R. breyninus aut.)
Pfl. 20–80 cm, mit dunkelgrünen, im Umriss 5eckigen, bis fast zum Grund 3teiligen Grundb.; B.abschnitte keilförmig, gelappt und gezähnt; Bl.stiele stark gefurcht, locker behaart; Bl.stand vielblütig; Bl. leuchtend gelb; Kronb. 15–20 mm lg.; Früchtchen mit 1,5 mm lg., an der Spitze eingerolltem Schnabel. ✿ 5–7. Giftig! △ Laubmischwälder, Bergwiesen, Trockenrasen; verbreitet; (Sammelart mit mehreren Kleinarten). Mittel- und Südeuropa, nördlich bis Dänemark, in Großbritannien und Skandinavien eingeführt.

4 Vielblütiger Hahnenfuß
Ranunculus polyanthemos L.
Pfl. 30–60 cm, mit 5teiligen Grundb.; B.abschnitte tief eingeschnitten, mit linealischen bis lineal-lanzettlichen, gezähnten Zipfeln; Bl.stiele schwach gefurcht, angedrückt behaart; Kronb. gelb, 7–14 mm lg.; Früchtchen mit 0,5 mm lg., schwach gebogenem, nicht eingerolltem Schnabel. ✿ 5–7. Giftig! △ Lichte Eichenwälder, Waldränder, sonniges Gebüsch; zerstreut bis selten. Mittel- und Nordeuropa. GefGr. 3!

5 Gold-Hahnenfuß
Ranunculus auricomus L.
Pfl. 15–50 cm; St.b. und Grundb. sehr verschieden; Grundb. im Umriss rundlich bis nierenförmig, kahl, glänzend, fast ungeteilt bis tief 5teilig eingeschnitten, mit br.-keilförmigen, gelappten Abschnitten; St.b. bis zum Grund in lanzettliche Abschnitte zerteilt; Bl. gelb, 1–3 cm br.; Bl.stiele rund, nicht gefurcht; Früchtchen kahl oder behaart; Fruchtboden kahl oder behaart. ✿ 4–6. Giftig! △ Laubmischwälder, Auenwälder, Wiesen; verbreitet. Fast ganz Europa. (Sammelart mit fast unzähligen Kleinarten; diese haben oft ein sehr kleines Verbreitungsgebiet.)

1

2

3

4

5

Tafel 145 Wälder, Waldränder, Gebüsche, Auen

Sauerdorn- oder Berberitzengewächse / Berberidaceae

1 Berberitze, Sauerdorn
Berberis vulgaris L.
Sommergrüner Strauch, bis 3 m; Langtriebe mit 1–7, meist 3teiligen Dornen, in deren Achseln Kurztriebe mit Büscheln von verkehrt-eiförmigen, stechend gewimperten, 2–6 cm lg. B.; Bl. 6zählig, in vielblütigen, hängenden Trauben; Kelchb. und Kronb. gelb; Beere länglich, rot, 8–11 mm lg. ✿ 5–6. △ Hecken, Waldränder, Auenwälder, lichte Laub- und Kiefernwälder; zerstreut. Zwischenwirt des Getreiderostes. Hauptsächlich Mittel- und Südeuropa, nördlich bis Südskandinavien.

Erdrauchgewächse / Fumariaceae

2 Hohler Lerchensporn
Corydalis cava (L.) Schw. et Koerte
Pfl. 15–30 cm, mit kugeliger, hohler Knolle; B. doppelt 3zählig, blaugrün; Bl. 15–25 mm lg., in 6–20blütigen, aufrechten Trauben, purpurn oder weiß; Tragb. der Bl. eiförmig, ganzrandig; äußere Kronb. 2, das obere nach rückwärts gespornt und vorne verbreitert (Oberlippe), das untere vorne verbreitert (Unterlippe), innere Kronb. 2, an der Spitze verwachsen. ✿ 3–5. △ Laubwälder, Auenwälder, Obstgärten, Gebüsche; zerstreut. Hauptsächlich Mitteleuropa, nördlich bis Südschweden.

3 Fester, Finger-Lerchensporn
Corydalis solida (L.) Clairv.
Pfl. 10–20 cm, ähnlich Hohlem Lärchensporn, aber Wurzelknolle voll; Hochb. des Bl.standes fingerförmig zerteilt; St. am Grund mit schuppenförmigen, bleichen Niederb. ✿ 3–5. △ Laubmischwälder, Hecken; ziemlich selten. Südschweden, Mitteleuropa, im Süden in den Gebirgen.

Kreuzblütengewächse Cruciferae oder Brassicaceae

4 Wildes Silberblatt
Lunaria rediviva L.
Pfl. 30–140 cm; B. herzförmig, gezähnt, die unteren fast gegenständig; Bl. 4zählig, wohlriechend; Kronb. 12–20 mm lg., hellviolett, lila oder weiß; Kelchb. 5–6 mm lg.; Schoten elliptisch bis br.-lanzettlich, an beiden Enden zugespitzt, 4–8 cm lg. ✿ 5–7. △ Schlucht- und Bergwälder, schattige, luftfeuchte Hänge; ziemlich selten. Fast ganz Europa.

5 Kleeblättriges Schaumkraut
Cadamine trifolia L.
Pfl. 10–20 cm; St. b.los oder mit 1 B.; Grundb. 3zählig, lg. gestielt, wintergrün; B.chen rautenförmig-rundlich, gekerbt; Kronb. 4, weiß, 8–11 mm lg., Staubbeutel gelb; Schoten 15–25 mm lg. und 2 mm br., Stiele etwa genauso lg. ✿ 4–6. △ Krautreiche Buchen- und Mischwälder, Gebirgswälder; zerstreut. Gebirge Mittel- und Südeuropas (östlich).

6 Turm-Gänsekresse
Arabis turrita L.
Pfl. 10–70 cm; Grundb. schmal-eiförmig, in den Stiel verschmälert, unregelmäßig gezähnt; St.b. länglich, mit herzförmig geöhrtem Grund st.umfassend; Bl.stand unten beblättert; Kronb. 4, 6–8 mm lg., gelblichweiß; Schoten bogig überhängend, 8–12 cm lg., 2–3 mm br., ✿ 4–6. △ Lichte Wälder, Gebüsche, felsige Hänge; wärmeliebend; selten. Süddeutschland, Jura, Alpen, Südeuropa.

7 Turmkraut, Kahle Gänsekresse
Arabis glabra (L.) Bernh.
(Turritis glabra L.)
Pfl. 60–120 cm; Grundb. buchtig gezähnt bis fiederteilig, zur Bl.zeit verwelkt; St.b. ganzrandig, st.umfassend sitzend, kahl, bläulich bereift; Krone 5–8 mm br., gelblichweiß; Schoten 4kantig, 4–7 cm lg., am St. angedrückt. ✿ 5–7. △ Wald- und Heckenränder, lichte Eichenwälder; zerstreut. Europa.

Kreuzblütengewächse
Cruciferae oder Brassicaceae

1 Zwiebeltragende Zahnwurz
Dentaria bulbifera L.
Pfl. 10–50 cm; Grundb. und untere St.b.
gefiedert, mit 5–7 ei-lanzettlichen, gesägten Fiederb., obere St.b. ungeteilt;
B.achseln mit kleinen, braunvioletten
Brutknöllchen; Krone hellviolett, rosa
oder weiß. ✿ 5–6. △ Krautreiche Buchenwälder; selten. Hauptsächlich Gebirge Mitteleuropas, nördlich bis Südskandinavien, südlich bis Griechenland.

2 Finger-Zahnwurz
Dentaria pentaphyllos L.
Pfl. 25–50 cm; Rhizom fleischig, mit
zahnartigen Niederb.schuppen; St.b.
wechselständig, handförmig 3–5zählig
gefiedert, Fiederb. ei-lanzettlich, gesägt;
Kronb. 4, rosa oder violett, 12–18 mm lg.
✿ 4–6. △ Krautreiche Buchen- und Buchen-Tannenwälder, Schluchtwälder;
zerstreut. Gebirge Mittel- und Südeuropas (westlich). – Ähnlich ist die
Fieder-Zahnwurz, *D. heptaphyllos* L.,
aber B. 7zählig gefiedert; Krone weiß
oder blasslila. ✿ 4–5. △ Laub- und
Mischwälder; selten. Mittel- und südeuropäische Gebirge.

3 Weiße oder **Quirlblättrige Zahnwurz**
Dentaria enneaphyllos L.
Pfl. 20–30 cm; St.b. zu 3, fast quirlständig, 3zählig; Krone gelblichweiß. ✿ 4–5.
△ Buchen- und Buchen-Tannenwälder;
selten. Gebirge Mittel- und Südeuropas
(östlich).

Steinbrechgewächse
Saxifragaceae

4 Wechselblättriges Milzkraut
Chrysosplenium alternifolium L.
Pfl. 5–20 cm, rasenbildend, mit faden-
¥förmigen Ausläufern; Grundb. rundlich-
nierenförmig, 2–5 cm br., gekerbt, lg.
gestielt; St.b. ähnlich, wechselständig.
St. 3kantig; Bl.stand doldenartig, mit
gelblichen Hochb.; Bl.hülle 1fach, 4zäh-

lig, grünlichgelb, 5–6 mm br.; Staubb. 8.
✿ 3–5. △ Auenwälder, Schluchtwälder,
Ufer; ziemlich häufig. Fast ganz Europa,
südlich bis Mittelitalien. – Ähnlich ist
das **Gegenblättrige Milzkraut,** *Ch. oppositifolium* L., aber St. 4kantig, B. gegenständig. ✿ 4–5. △ Quellfluren, Schluchtwälder; zerstreut.

5 Rundblättriger Steinbrech
Saxifraga rotundifolia L.
Pfl. 20–70 cm; B. lg. gestielt, hellgrün,
rundlich, grob gekerbt; Bl. in lockeren
Rispen, weiß, am Grund rot punktiert.
✿ 6–9. Geschützt! △ Bergmischwälder,
Hochstaudengebüsch, Bachufer, in den
Alpen bis über 2200 m; verbreitet. Gebirge Mittel- und Südeuropas.

Stachelbeerengewächse
Grossulariaceae

6 Berg-Johannisbeere
Ribes alpinum L.
Strauch 80–150 cm, ohne Stacheln; B.
3(–5)lappig, grob gezähnt, 2–4 cm lg.,
beiderseits mit rotkopfigen Drüsenhaaren; Pfl. meist 1geschlechtig; ♂ Bl. in
10–30blütigen, ♀ Bl. in 2–5blütigen
aufrechten Trauben; Bl. 5zählig, grünlichgelb; Kronb. kürzer als die Kelchb.;
Beere rot. ✿ 4–5. △ Bergmischwälder,
Schluchtwälder, Gebirgsauen, in den
Alpen bis 2000 m; Zierpfl.; zerstreut.
Nord- und Mitteleuropa, südlich bis
nordspanische Gebirge, Apennin,
Gebirge der Balkanhalbinsel.

7 Stachelbeere
Ribes uva-crispa L. *(R. grossularia* L.)
Strauch 60–120 cm, stachelig; B.
3–5lappig, 3 cm br., flaumig behaart, mit
stumpfen Zähnen; Bl. zu 1–3, grünlich;
Kelchb. dicht behaart, oval, abstehend,
2–3mal so lg. wie die weißlichen Kronb.;
Beere eiförmig, 1–2 cm br., rötlich, grün,
gelblich, borstig oder kahl. ✿ 4–5.
△ Waldränder, Schlucht- und Auenwälder, Burgruinen; Kulturpfl. in vielen Formen; ziemlich häufig. Fast ganz Europa,
im Süden in den Gebirgen.

Stachelbeerengewächse
Grossulariaceae

1 Schwarze Johannisbeere
Ribes nigrum L.
Strauch 80–150 cm, ohne Stacheln, mit eigenartigem, intensivem Geruch; B. 3–(5)lappig, bis 10 cm lg., unterseits mit gelblichen Drüsen; junge Triebe flaumig behaart; Bl. grünlich, in hängenden Trauben; Kronb. aufrecht, viel kürzer als die zurückgekrümmten, dicht behaarten Kelchb.; Frucht eine 10–15 mm br., schwarze, essbare Beere. ✿ 4–5. △ Erlenbruch, Auenwälder; ziemlich selten. Hauptsächlich Mittel- und Nordeuropa.

Rosengewächse / Rosaceae

2 Wald-Geißbart
Aruncus sylvestris Kost.
(*A. vulgaris* Rafin., *A. dioicus* aut.)
Pfl. 80–150 cm, 1geschlechtig, 2häusig; B. 2–3fach 3zählig; Fiederb. eiförmig, scharf doppelt gesägt; Bl.stand rispig, bis 50 cm lg.; Bl. klein, 2–4 mm br., ♂ Bl. gelblichweiß, mit über 20 Staubb., ♀ Bl. reinweiß, sehr zahlreich; Kronb. und Kelchb. 5. ✿ 4–7. △ Schluchtwälder, Gebirgsbäche, Hochstaudenfluren; zerstreut. Gebirge Mitteleuropas, Alpen, Pyrenäen, Apennin, Gebirge der Balkanhalbinsel.

3 Gewöhnliche Zwergmispel
Cotoneaster integerrimus Med.
Strauch 50–200 cm; B. eiförmig, 2–4 cm lg., oberseits kahl, grün, unterseits graufilzig; Bl. zu 1–5; Kelchb. 5, außen kahl, 2 mm lg.; Kronb. 5, weiß bis blaurot; Frucht kugelig, rot, 6–8 mm br. ✿ 4–5. △ Sonnige Felshänge, trockene Eichen-Kiefernwälder; ziemlich selten. Hauptsächlich Mittel- und Südeuropa (östlich), nördlich bis Südskandinavien. – Ähnlich ist die **Filzige Zwergmispel**, *C. tomentosus* (Ait.) Lindl., aber B. oberseits behaart, unterseits weißfilzig, 2–6 cm lg.; Kelch filzig; Frucht filzig behaart; trockene Wälder und Gebüsche, Kalkfelsspalten; selten; Gebirge Mittel- und Südeuropas.

4 Vogelbeerbaum, Eberesche
Sorbus aucuparia L.
Strauch oder Baum mit glatter Borke, 5–15 m; B. unpaarig gefiedert; Fiederb. eiförmig, 4–6 cm lg., scharf gezähnt; Bl. in reichblütigen, doldenartigen Rispen; Kelchb. 5; Kronb. 5, 4–5 mm lg., weiß, Griffel 2–4; Frucht fast kugelig, rot, 8–10 mm lg. ✿ 5–6. △ Lichte Laub- und Nadelwälder, bis zur Waldgrenze; verbreitet. Europa. – Ähnlich ist der **Speierling**, *S. domestica* L., aber Borke rau; Fiederb. nur in der oberen Hälfte gesägt; Bl.stand nur 6–12blütig, Griffel meist 5; Frucht birnförmig, rötlichgelb; wärmeliebende Laubwälder. Mittelmeergebiet, gebietsweise auch in Deutschland urwüchsig, häufig auch angepflanzt oder verwildert.

5 Mehlbeere
Sorbus aria (L.) Crantz
Strauch oder Baum, 2–10 m; B. eiförmig, ungleichmäßig gesägt, 8–14 cm lg., dunkelgrün, unterseits grau- bis weißfilzig, mit 10–14 Nervenpaaren; Bl. weiß; Griffel 2; Frucht kugelig oder eiförmig, orange bis rot. ✿ 5–6. △ Sonnige Laubwälder, Kalkfelshänge, Bergwälder; zerstreut. Gebirge Mittel- und Südeuropas. – Ähnlich ist die **Vogesen-Mehlbeere,** *S. mougeotii* Soy. Will et Godr., aber B. auf etwa 1/4 der B.breite eingeschnitten und mit 8–10 Nervenpaaren; Lappen stumpf, nach vorne gerichtet, nach der Spitze hin kleiner werdend; wärmeliebende Laubmischwälder, Bergwälder, Gebüsche; selten. Gebirge Mittel- und Südeuropas.

2

5

4

3

1

Rosengewächse / Rosaceae

1 Elsbeere
Sorbus torminalis (L.) Crantz
Baum oder Strauch 3–15 m; B. gelappt,
unterseits graufilzig, später verkahlend,
jederseits mit 4–5 hervortretenden Nerven; B.lappen spitz, die unteren groß,
waagrecht abstehend; Bl. in doldenartigen Rispen, weiß; Früchte eiförmig,
braun. ✿ 5–6. △ Eichen-Hainbuchenwälder, Flaumeichengebüsch; wärmeliebend; zerstreut. Mittel- und Südeuropa.

2 Schwedische Vogelbeere
Sorbus intermedia (Ehrh.) Pers.
Baum oder Strauch, 3–15 m, ähnlich
Elsbeere, aber B. unterseits nicht ver-
kahlend, jederseits mit 3–8 Nerven und
stumpfen, abgerundeten Lappen.
✿ 5–6. △ Laubwälder. Nordeuropa und
Ostseeraum.

3 Wild-Apfel, Holz-Apfel
Malus sylvestris (L.) Mill.
(Pyrus malus L.)
Baum 8–10 m; Zweige meist dornig; B.
rundlich bis eiförmig, 3–5 cm lg., ein
gezähnt, unterseits nur auf den Nerven
behaart, diese deutlich hervortretend;
Bl. 5zählig, 3–4 cm br., in armblütigen
Trauben; Kronb. oberseits weiß, unter-
seits rot überlaufen; Staubb. gelb;
Frucht holzig. ✿ 4–5. △ Auenwälder,
Hecken; zerstreut. Fast ganz Europa. –
Die **Wild-Birne**, *Pyrus achras* Gaertn.
(P. pyraster Borkh.), hat beiderseits rein-
weiße Kronb., rote Staubb. und runde
B. mit unterseits kaum hervortretenden
Nerven. Steinige Gebüsche, Auenwäl-
der; wärmeliebend.

4 Zweigriffeliger Weißdorn
Crataegus oxyacantha L.
Strauch ähnlich Eingriffeligem Weißdorn, aber B. schwach gelappt, mit keilförmigem Grund; Griffel 2–3; Frucht mit
2–3 Steinkernen. ✿ 5–6. (Formenreich).
△ Laubwälder, Hecken; verbreitet. Fast
ganz Europa, nördlich bis Südskandinavien.

5 Eingriffeliger Weißdorn
Crataegus monogyna Jacq.
Strauch 1–8 m; B. tief fiederspaltig,
meist 5teilig, mit br. B.grund; B.lappen
ganzrandig oder an der Spitze gezähnt;
Bl. in Schirmrispen, 5zählig, 10–15 mm
br., weiß; Griffel 1; Frucht kugelig, rot,
6–10 mm br., mit 1 Steinkern. ✿ 5–6.
(Formenreich, mit mehreren Kleinarten).
△ Sonnige Gebüsche, Wälder, Felsen;
häufig. Fast ganz Europa, nördlich bis
Schottland.

6 Himbeere
Rubus idaeus L.
Pfl. 60–120 cm; St. 2jährig, verholzend,
aufrechtüberhängend, mit roten Stacheln; B. gefiedert, mit 5 oder 7 gezähnten, hellgrünen, unterseits weißfilzigen
Fiederb.; Bl.stand nickend, rispig; Kronb.
schmal-eiförmig, weiß, 5 mm lg.; Kelchb.
nach der Bl.zeit zurückgebogen; Frucht
rot, kahl, der Fruchtboden bleibend.
✿ 5–6. △ Waldlichtungen, Schläge,
Auen, Schluchten; häufig. Europa.

7 Bereifte Brombeere, Kratzbeere
Rubus caesius L.
Pfl. 30–80 cm; St. rundlich, bläulich
bereift, stachelig; B. 3zählig, grob und
ungleich gezähnt; Nebenb. lanzettlich;
Bl.stand doldenartig; Bl. 1,5–2 cm br.;
Kronb. 5, weiß; Kelchb. graufilzig; Frucht
blau bereift, aus 5–20 großen Früchtchen bestehend. ✿ 5–6. △ Auwälder,
Waldränder, Hecken, Ufer; häufig. Fast
ganz Europa.

Rosengewächse / Rosaceae

1 Steinbeere
Rubus saxatilis L.
Pfl. 10–30 cm; St. 1jährig, nicht verholzend, mit feinen Stacheln; B. 3zählig, lg. gestielt, beiderseits grün, grob doppelt gezähnt; Bl. zu 3–10; Kronb. weiß, 5 mm lg.; Frucht hellrot (mit Johannisbeergeschmack). ✿ 5–6. △ Mischwälder, Gebüsche, in den Alpen bis 2000 m; ziemlich selten. Europa, im Süden in den Gebirgen.

2 Echte Brombeere
Rubus fruticosus coll.
Formenreiche Sammelart mit zahlreichen Kleinarten, 50–200 cm; St. bogig oder kriechend bis aufrecht oder nickend, stachelig; Form der Stacheln je nach Kleinart sehr unterschiedlich; B. 3–5zählig gefiedert, oft wintergrün, B.chen eiförmig, spitz, gesägt sitzend bis unterschiedlich lg. gestielt; Nebenb. fädlich; Frucht schwarz, glänzend, aus 20–50 kleinen Früchtchen bestehend, mit dem Bl.boden abgehend. ✿ 5–8. △ Wälder, Hecken, Kahlschläge, Heiden; häufig. Fast ganz Europa.

3 Felsenbirne
Amelanchier ovalis Med.
Strauch 1–3 m; B. elliptisch, 2–4 cm lg., oberseits dunkelgrün, kahl, unterseits graufilzig, später kahl und graugrün, fein gezähnt; Bl. in armblütigen Trauben, 5zählig; Kronb. schmal-lanzettlich, 15–20 mm lg., weiß oder gelblichweiß, außen zottig; Staubb. 20; Frucht blauschwarz. ✿ 4–5. △ Felsgebüsch, Kalkfelsspalten, sonnige Eichen- oder Kiefernwälder; zerstreut. Gebirge Mittel- und Südeuropas.

4 Echte Nelkenwurz
Geum urbanum L.
Pfl. 30–60 cm; Grundb. lg. gestielt, gefiedert, mit großer Endfieder, alle Fiederb. grob gezähnt und eingeschnitten; Nebenb. groß, b.artig; St. mehrblütig; Bl. 5zählig, aufrecht, ausgebreitet, 1–2 cm br.; Kronb. gelb, so lg. wie die inneren Kelchb.; Griffel hakig gekrümmt, unten kahl, oben federig. ✿ 5–9. △ Laubmischwälder, Gebüsche, Mauern, schattige Zäune; verbreitet. Fast ganz Europa.

5 Gewöhnlicher Odermennig, Kleiner Odermennig
Agrimonia eupatoria L.
Pfl. 30–100 cm; St. oben meist verzweigt, dicht rauhaarig, mit sitzenden Drüsen; B. gegenständig, 10–15 cm lg., unterseits weißfilzig, mit 5–9 großen, grob gezähnten Fiederpaaren und großer Endfieder, dazwischen mit kleinen Fiederb.; Bl. 5zählig; Kronb. gelb, kaum ausgerandet; Kelchbecher gefurcht, mit abstehenden, zur Reife harten Stacheln. ✿ 7–9. △ Hecken, Waldränder, Magerrasen, Halbtrockenrasen; verbreitet. Fast ganz Europa.

6 Felsen-Fingerkraut
Potentilla rupestris L.
Pfl. 30–50 cm; grundständige B. gefiedert, lg. gestielt; Fiederb. oval, 1–3 cm lg., gezähnt, obere B. 3zählig; Bl. 5zählig, 1–2 cm br.; Kronb. weiß, oval, 1–2mal so lg. wie die lanzettlichen Kelchb.; Staubfäden kahl; Früchtchen kahl. ✿ 5–7. △ Sonnige, lichte Eichen- und Kiefernwälder, Mauern; wärmeliebend; selten. Mittel- und Südeuropa. GefGr. 3!

Rosengewächse / Rosaceae

1 Weißes Fingerkraut
Potentilla alba L.
Pfl. 5–20 cm; B. 5zählig gefingert, oberseits grün, unterseits silberweiß, seidenhaarig; Fiederb. lanzettlich, 3–6 cm lg., jederseits mit 1–4 kleinen Zähnen; St. behaart, 1–5blütig; Kronb. 5, weiß, herzförmig, ausgerandet, wenig länger als die Kelchb.; Staubfäden kahl. ✿ 4–6. △ Waldränder, lichte Eichen- und Eichen-Kiefernwälder trockener und warmer Gebiete; selten. Mittel- und Osteuropa. GefGr. 3!

2 Erdbeer-Fingerkraut
Potentilla sterilis (L.) Garcke
Pfl. 5–10 cm, mit lg., an der Spitze B.rosetten bildenden Ausläufern; Grundb. 3zählig, erdbeerartig, jedes B.chen jederseits mit 4–6 Zähnen, oberseits locker, unterseits dicht behaart; B.stiele abstehend behaart; Bl. 10–15 mm br.; Kronb. weiß, nicht übereinandergreifend; Staubfäden kahl, nach oben dünner werdend. ✿ 3–5. △ Gebüsche, krautreiche Laubwälder, Waldränder, Grasraine; verbreitet. Mitteleuropa, nördlich bis Schottland, Südskandinavien, südlich bis Mittelspanien, Norditalien, Slowenien. – Ähnlich ist das **Kleinblütige Fingerkraut**, *P. micrantha* Ram., aber Pfl. ohne Ausläufer, B.chen jederseits mit 6–11 Zähnen; Kelch und Krone am Grund rötlich; Staubfäden unten bewimpert, bandförmig verbreitert. Mischwälder, Waldränder; wärmeliebend; selten. Südeuropa und südliches Mitteleuropa.

3 Englisches Fingerkraut
Potentilla anglica Laich.
Pfl. 15–30 cm; St. niederliegend, an den Knoten oft wurzelnd; Grundb. 3–5zählig, deren B.chen jederseits mit 4–6 Zähnen; St.b. 1–2 cm lg. gestielt, Nebenb. meist ganzrandig; Bl. 4(–5) zählig, gelb; Kronb. 5–7 mm lg. ✿ 6–8. △ Waldwege, feuchte Wälder, Sumpfwiesen; selten. Bastardart aus *P. erecta* × *P. reptans*.

Mittel- und Nordeuropa. Ähnlich ist die Blutwurz, *P. erecta,* siehe T. 107.

4 Wald-Erdbeere
Fragaria vesca L.
Pfl. 5–20 cm, mit lg. Ausläufern; B. 3zählig, B.chen eiförmig, sitzend, gesägt, locker behaart, unterseits seidenhaarig; Bl. 1–1,5 cm br.; Kronb. 5, weiß; Kelchb. zur Fruchtzeit waagrecht abstehend oder zurückgeschlagen (vergleiche Knack-Erdbeere T. 56), beim Pflücken der reifen, roten, weichen Beere zurückbleibend. ✿ 5–6. △ Waldränder, Kahlschläge, Waldlichtungen; häufig. Europa.

1

4

2

3

Rosengewächse / Rosaceae

1 Feld-Rose
Rosa arvensis Huds.
Strauch 50–150 cm, liegend oder kletternd, mit schwach gebogenen, gleichartigen Stacheln; B. 7zählig, B.chen eiförmig, 1–3 cm lg., gezähnt, dunkelgrün, unterseits hellgrün; Bl. einzeln, lg. gestielt, 4 cm br., weiß; Kelchb. ganzrandig, selten gefiedert, vor der Fruchtreife abfallend; Griffel zu einer Griffelsäule verwachsen, diese deutlich aus dem Bl.becher ragend und mindestens so lg. wie die inneren Staubb.; Frucht elliptisch bis kugelig, dunkelrot, 1–1,5 cm lg. ✿ 6–7. △ Waldränder, lichte Laubwälder, Hecken; häufig. Mittel- und Südeuropa.

2 Alpen-Heckenrose
Rosa pendulina L.
Strauch, 0,5–2 m; Stamm und Zweige mit geraden, wenigen Stacheln oder stachellos; B. mit 9–11 dunkelgrünen, doppelt gezähnten B.chen; B. meist einzeln; Bl.stiele 1–3 cm, mit Drüsenhaaren; Kelchb. ganzrandig, nach der Bl.zeit aufgerichtet, bleibend; Kronb. rosa bis dunkelrot; Frucht flaschenförmig, mit Drüsenhaaren und Stachelborsten, orange bis rot. ✿ 6–7. △ Bergmischwälder, Hochstaudenfloren, Felsbänder, Latschengebüsch; zerstreut. Gebirge Mittel- und Südeuropas.

3 Hunds-Rose
Rosa canina L.
Strauch, 1–3 m, mit hakigen Stacheln; B. 5–7zählig, beiderseits kahl, drüsenlos, B.chen gezähnt; B.stiel mit sichelförmigen Stacheln; Kelchb. nach der Bl.zeit zurückgeschlagen, vor der Reife abfallend, äußere 2 Kelchb. durch schmale Anhängsel gefiedert; Bl. rosa; Griffel frei, kurz, nur wenig aus dem Bl.becher ragend; Frucht eiförmig, rot. ✿ 6. △ Wald- und Wegränder, Hecken, lichte Wälder; verbreitet. Europa.

4 Zimt-Rose
Rosa majalis Herrm. *(R. cinnamomea* L.)
Strauch 0,5–2 m; Bl.zweige mit gleichartigen, meist paarweise angeordneten, hakig gekrümmten Stacheln, untere Zweige und Stamm noch mit vielen Nadelstacheln und Stachelborsten; B. 5–7zählig, oberseits dunkelgrün bis blaugrün, behaart, unterseits graugrün, flaumig bis filzig behaart; Kelchb. ganzrandig, nach der Bl.zeit aufgerichtet, bleibend, länger als die Kronb., diese rosa bis dunkelrot; Frucht kugelig, kahl, orange bis rot. ✿ 5–6. △ Sonnige Hecken, Felshänge, Auenwälder; selten. Nord- und Mitteleuropa (östlich).

5 Schwarzdorn, Schlehe
Prunus spinosa L.
Strauch bis 4 m, sparrig und stark dornig; B. ei-lanzettlich, 2–4 cm lg., dunkelgrün, fein gezähnt; Bl. einzeln oder zu 2, aber dicht gedrängt; Kronb. 5–8 mm lg., weiß; Kelchb. unregelmäßig und fein gezähnt; Staubb. etwa 20; Frucht kugelig, blau bereift, 1–1,5 cm br. ✿ 4–5.
△ Wald- und Wegränder, sonnige Hecken, Magerweiden; häufig. Europa.

6 Steinweichsel, Felsenkirsche
Cerasus mahaleb (L.) Mill.
(Prunus mahaleb L.)
Strauch 1–6 m; B. ei-rundlich, mit aufgesetzter Spitze, dunkelgrün, am Rand mit kurzen, stumpfen Zähnen, 4–8 cm lg.; Bl. zu 4–10 in Schirmtrauben, weiß, 1 cm br.; Frucht eiförmig, schwarz. ✿ 4–5.
△ Sonnige Hecken, Buschwälder, felsige Hänge, Flaumeichenwälder; wärmeliebend; selten, im Süden häufiger. Süddeutschland, Österreich, Südeuropa, sonst angepflanzt.

Rosengewächse / Rosaceae

1 Vogel-Kirsche, Süß-Kirsche
Cerasus avium (L.) Moench
(Prunus avium L.)
Baum bis 25 m, mit rotbrauner bis
schwarzer, in Querstreifen sich abrin-
gelnder Rinde; B. eiförmig, 6–15 cm lg.,
gezähnt; Bl. in Büscheln; Bl.stiele
3–5 cm lg., am Grund nur mit Knospenschuppen; Kronb. 10–15 mm lg., weiß;
Staubb. bis 20; Frucht kugelig, 10–15 mm
br., rot bis schwarzrot, mit glattem Stein.
✿ 4–5. △ Laub- und Nadelmischwälder,
Waldränder, Hecken, Hartholzaue; zerstreut. Hauptsächlich Mittel- und Südeuropa. – Ähnlich ist die **Weichsel** oder
Sauer-Kirsche, *C. vulgaris* Mill. (Prunus
cerasus L.), Strauch oder Baum, bis
10 m; Bl.stiele 2–4 cm lg., am Grund mit
Knospenschuppen und mit 1–2 Laubb.;
Kronb. fast kreisrund; lichte Wälder,
Hecken; häufig angepflanzt; ursprünglich Südosteuropa.

2 Traubenkirsche
Padus avium Mill. *(Prunus padus* L.)
Strauch oder Baum bis 12 m; B. br.-lan-
zettlich, 5–10 cm lg., fein gezähnt; Bl. zu
10–20 in aufrechten, dann hängenden
Trauben; Kronb. 5–10 mm lg., weiße
Kelchb. gefranst, drüsig; Frucht kugelig,
glänzend, schwarz, 7–8 mm br., Stein
grubig gefurcht. ✿ 4–5. △ Auenwälder,
Waldränder; ziemlich häufig. Fast ganz
Europa. – Ähnlich ist die **Späte Traubenkirsche** oder **Herbstkirsche,** *P. serotina*
(Ehrh.) Borkh. *(Prunus serotina* Ehrh.),
aber B. lederig, oberseits stark glänzend; Bl.stiele 3–6 mm lg.; Kelch an der
reifen Frucht noch vorhanden, diese mit
glattem Stein. ✿ 6–7. △ Waldränder,
Zierbaum; ursprünglich Nordamerika.

Schmetterlingsblütengewächse Fabaceae oder Papilionaceae

3 Wald- oder Hügel-Klee
Trifolium alpestre L.
Pfl. 10–30 cm, rasenbildend; B. 3zählig,
B.chen schmal-lanzettlich, 3–5 cm lg.,

dunkelgrün, nicht gefleckt; Nebenb.
pfriemlich, über 3 cm lg.; Bl.köpfe kugelig bis eiförmig, meist zu 2; Kelchröhre
20nervig, behaart; Krone 10–15 mm lg.,
purpurn. ✿ 6–7. △ Waldränder, lichte
Trockenwälder, Gebüsche, Kalktrocken-
rasen; wärmeliebend; ziemlich selten.
Mittel- und Südeuropa.

4 Fuchsschwanz-Klee, Purpur-Klee
Trifolium rubens L.
Pfl. 30–60 cm, ähnlich Hügel-Klee, aber
Kelchröhre außen kahl (Kelchzähne aber
bewimpert), 20nervig; Bl.köpfe zu 2,
länglich-walzig, zuletzt 3–7 cm lg., am
Grund mit Hülle; B.chen fein gezähnt;
Nebenb. kahl, länger als der B.stiel und
länger als die B.chen. ✿ 6–7. △ Sonnige
Waldränder, lichte Eichen-Kiefernwälder;
wärmeliebend; selten. Mitteleuropa,
südlich bis Nordspanien und Mittelitali-
en. – Bei dem ähnlichen **Zickzack-Klee,**
T. medium L., ist die Kelchröhre 10ner-
vig, kahl (Zähne aber bewimpert);
Bl.köpfe kugelig, meist einzeln, ohne
Hülle; B.chen länglich-elliptisch, meist
gefleckt; Nebenb. bewimpert; Waldränder, Gebüsche, Halbtrockenrasen; verbreitet.

5 Deutscher Backenklee
Dorycnium germanicum (Gremli) Rikli
Pfl. 15–30 cm, am Grund verholzt; B.
3–5fach gefingert; B.chen 2–4 mm br.,
anliegend seidig behaart; Bl.köpfe
6–14blütig; Bl.stiele 1–2 mm lg., kürzer
als die Kelchröhre; Krone 5–7 mm lg.,
weiß, mit violetter Schiffchenspitze;
Flügel mit taschenförmiger Längsfalte;
Hülsen eiförmig, 3–5 mm lg. ✿ 7–8.
△ Lichte Kieferntrockenwälder, Kalkmagerrasen; selten. Alpenvorland, Ostalpen, Südosteuropa. – Ähnlich ist der
Krautige Backenklee, *D. herbaceum*
Vill., aber B.chen 4–6 mm br., abstehend
lg.haarig (bis verkahlend); Bl. 3–5 mm
lg., zu 15–25; Bl.stiele so lg. oder länger
als die Kelchröhre; sonnige Gebüsche,
Halbtrockenrasen; sehr selten. Hauptsächlich Süd- und Südosteuropa.
GefGr. 1!

Schmetterlingsblütengewächse
Fabaceae oder Papilionaceae

1 Schwärzender Geißklee
Lembotropis nigricans (L.) Griseb.
(Cytisus nigricans L.)
Pfl. 50–150 cm, beim Trocknen schwarz werdend; Zweige anliegend kurzhaarig, rutenförmig; B. 3zählig, oberseits kahl, unterseits behaart; Bl. in endständigen, reichblütigen, b.losen Trauben; Krone 10–12 mm lg., gelb; Bl.stiele 1–2mal so lg. wie der glockenförmige, kurze Kelch; Hülsen 2–3 cm lg. ✿ 6–8. △ Lichte Wälder, sonnige Waldränder; wärmeliebend; selten. Süddeutschland, Südalpen, Osteuropa.

2 Besenginster
Sarothamnus scoparius (L.) Koch
(Cytisus s. (L.) Link)
Zwergstrauch 50–200 cm, mit aufrechten, verzweigten St. und rutenförmigen, 4–5kantigen, grünen Zweigen; untere B. 3zählig, obere B. 1fach, lanzettlich, 5–20 mm lg.; Bl. zu 1–2, b.achselständig; Kelch kahl; Krone 20–25 cm lg., spiralig eingerollt; Hülse 3–5 cm lg., behaart. ✿ 5–6. △ Waldränder, Kahlschläge, bodensaure Eichenwälder, Heiden; kalkmeidend; häufig. Südskandinavien, Mittel- und Südeuropa (westlich).

3 Blasenstrauch
Colutea arborescens L.
Strauch 2–5 m; B. unpaarig gefiedert, Fiedern verkehrt-eiförmig, vorne ausgerandet, 1–3 cm lg.; Bl. zu 3–6, gelb, 15–25 mm lg.; Kelch glockenförmig, mit 5 ungleichen Zähnen; Hülsen bauchig aufgeblasen, 6–8 cm lg., 3 cm dick. ✿ 6–8. △ Eichenwälder, Gebüsche, sonnige Waldränder; selten. Süddeutschland, Niederösterreich, Südeuropa. GefGr. 3!

4 Zaun-Wicke
Vicia sepium L.
Pfl. 30–60 cm; B. mit 8–14 eiförmigen Fiederb. und vorne mit geteilter Ranke; Bl. zu 2–5 in kurz gestielten Trauben;

Kelchzähne ungleich lg.; Krone 12–15 mm lg., braunviolett; Hülse 2–3,5 cm lg., anfangs kurzhaarig, dann kahl, 3–6samig. ✿ 5–8. △ Gebüsche, Waldränder, Laubmischwälder, auch Wiesen; verbreitet. Fast ganz Europa.

5 Kassuben-Wicke
Vicia cassubica L.
Pfl. 30–60 cm; St. einfach oder verzweigt, kurz behaart; B. mit 16–28 eiförmigen, 5–7 mm br., beiderseits zerstreut kurzhaarigen Fiederb. und verzweigter Endranke; Nebenb. ganzrandig, pfeil- bis spießförmig; Bl. zu 10–15 in gestielten Trauben; Bl.traube kürzer als das Tragb.; Krone 9–13 mm lg., mit rotvioletter und dunkel geaderter Fahne, weißlichen Flügeln und weißlichen Schiffchen mit violetter Spitze; Hülse kahl, 1–3samig. ✿ 6–7. △ Lichte, trockene Wälder, sonnige Waldränder, Gebüsche; selten. Mitteleuropa, Südskandinavien, südlich bis Mittelspanien. GefGr. 3!

6 Hecken-Wicke
Vicia dumetorum L.
Pfl. 60–200 cm; B. mit 6–10 br. eiförmigen, 15–40 mm lg. und 10–25 mm br. Fiederb. und verzweigter Endranke; Nebenb. gezähnt; Bl. zu 4–12 in gestielten Trauben, diese so lg. wie die Tragb.; Krone 13–18 mm lg., rotviolett, nach dem Verblühen schmutziggelb; Hülse kahl, 4–10samig. ✿ 6–8. △ Krautreiche Laubwälder, Waldwege, Gebüsche; ziemlich selten. Mitteleuropa, nördlich bis Südschweden, südlich bis Mittelitalien. – Ähnlich ist die **Erbsen-Wicke,** *V. pisiformis* L., aber Bl. hellgelb, Bl.traube kürzer als die Tragb.; trockene Wälder, sonnige Waldränder, ziemlich selten. Hauptsächlich Mittel- und Osteuropa, südlich bis Bulgarien.

Schmetterlingsblütengewächse
Fabaceae oder Papilionaceae

1 Wald-Wicke
Vicia sylvatica L.
Pfl. 50–200 cm, niederliegend oder kletternd; B. mit 12–24 länglichen Fiederb.
und verzweigter Ranke; Bl. in 10–20blü-
tigen, lg. gestielten Trauben; Krone
13–17 mm lg., weiß, violett geadert,
Schiffchenspitze violett. ✿ 6–8. △ Krautreiche Mischwälder, lichte Schluchtwälder, Bergwälder, in den Alpen bis über
2000 m; zerstreut. Fast ganz Europa,
hauptsächlich in den Gebirgen.

2 Strauchige Kronwicke
Coronilla emerus L.
Strauch 50–200 cm; St. aufrecht, holzig;
Zweige grün, kantig; B. kurz gestielt, mit
5–9 ovalen, 1–2 cm lg., vorne abgerundeten oder ausgerandeten Fiederb.; Bl.
zu 2–3; Krone gelb, 16–22 mm lg., Fahne
oft rot gestreift; Kelch kurz, 1/3 so lg. wie
die Krone, mit kurzen 3eckigen Kelchzähnen; Hülse 5–10 cm lg., schmal-walz-
lich, fast stielrund. ✿ 4–5. △ Sonnige
Gebüsche, lichte Eichen- und Kiefernmischwälder, felsige Hänge; wärmeliebend; selten. Vereinzelt bis Südskandinavien, Süddeutschland, Österreich,
Föhntäler der Nordalpen, Zentral- und
Südalpen, Südeuropa.

3 Berg-Kronwicke
Coronilla coronata L. (*C. montana* Scop.)
Pfl. 30–50 cm, aufrecht; B. unpaarig
gefiedert, mit 7–13 ovalen, unterseits
blaugrünen, etwas fleischigen Fiederb.;
Nebenb. fädlich, bald abfallend, die unteren verwachsen, die oberen frei; Bl. in
12–20blütigen Dolden; Krone gelb,
7–10 mm lg.; Hülsen eingeschnürt,
2–3 cm lg., Glieder mit 4 stumpfen Kanten. ✿ 5–7. △ Lichte Wälder, Gebüsche,
sonnige, trockene Hänge; kalkhaltige
Böden, wärmeliebend; selten. Mittel-
und Südeuropa (östlich), hauptsächlich
Gebirge. – Die **Scheiden-Kronwicke,** *C.*
vaginalis Lam., ist niederliegend,
5–15 cm; Bl.dolde 4–10blütig, gelb; Fie-

derb. 7–9, dicklich; Nebenb. eiförmig,
verwachsen, bleibend; lichte Kiefernwälder, Felsköpfe, Trockenrasen. Gebirge
Mittel- und Südeuropas.

4 Kicher-Tragant
Astragalus cicer L.
Pfl. 20–60 cm; St. und B. anliegend be-
haart; B. mit 17–25 länglich-lanzettli-
chen Fiederb.; Bl. zu 8–25 in dichten
Trauben; Krone 12–16 mm lg., hellgelb;
Hülsen aufgeblasen, rauhaarig. ✿ 6–8.
△ Gebüsche, Waldränder; kalkhaltige
Böden, wärmeliebend; ziemlich selten.
Mittel- und Südeuropa. GefGr. 3!

5 Bärenschote, Süßer Tragant
Astragalus glycyphyllos L.
Pfl. 50–150 cm; St. und B. kahl; B. mit
11 oder 13 eiförmigen, 2–5 cm lg. Fiederb.; Bl. zu 8–30; Krone 13–15 mm lg.,
gelbgrün; Hülsen kahl, linealisch,
schwach gebogen. ✿ 6–7. △ Waldränder, Gebüsche, steinige Hänge; verbreitet. Südskandinavien, Mitteleuropa, in
Südeuropa selten.

6 Rundblättrige Hauhechel
Ononis rotundifolia L.
Pfl. 15–30 cm, drüsig behaart, am Grund
verholzt; B. 3zählig; Fiederb. eiförmig
bis rundlich, 2–3 cm lg., buchtig gezähnt, das mittlere lg. gestielt; Bl. zu
1–3 b.achselständig; Krone 15–22 mm
lg., rosa. ✿ 5–7. △ Lichte Föhrenwälder,
steinige Hänge. Zentral- und Südalpen,
zerstreut; Pyrenäen, Cevennen, Abruzzen.

Schmetterlingsblütengewächse
Fabaceae oder Papilionaceae

1 Schwarze Platterbse
Lathyrus niger (L.) Bernh.
Pfl. 30–80 cm, beim Trocknen schwarz
werdend; St. aufrecht, nicht geflügelt; B.
mit 8–12 elliptischen bis eiförmigen Fieder.
und grannenartiger, endständiger
Spitze; Bl.stand lg. gestielt, 3–10blütig;
Krone 10–15 mm lg., purpurn, später
violett; Frucht 8–14samig. ✿ 6–7.
△ Lichte Eichen- und Eichen-Kiefernwälder, sonnige Gebüschsäume, wärmeliebend; ziemlich selten. Mittel- und
Südeuropa, nördlich bis Südskandinavien (östlich).

2 Frühlings-Platterbse
Lathyrus vernus (L.) Bernh.
Pfl. 20–40 cm; St. aufrecht, unverzweigt,
nicht geflügelt; B. mit 4–8 br. eiförmigen, lg. zugespitzten, 3–7 cm lg. und
1–3 cm br. Fieder. und endständiger,
grannenartiger Spitze; Traube 3–7blütig,
so lg. wie ihr Tragb.; Krone purpurn,
später blaugrün. ✿ 4–5. △ Buchen-,
Buchen-Tannen-, Eichen-Hainbuchenwälder; verbreitet. Fast ganz Europa, im
Süden in den Gebirgen. – Die **Schwert-
Platterbse**, *L. bauhinii* Genty, hat 4–8
lineal-lanzettliche, 2–4 mm br. Fieder.;
Traube viel länger als ihr Tragb.; Krone
purpurn oder blauviolett; lichte Kiefernwälder; sehr selten. Baden-Württem-
berg (Jura), Schweizer Jura, Südosteuropa. GefGr. 2!

3 Berg-Platterbse
Lathyrus linifolius (Reich.) Bässler
(*L. montanus* Bernh.)
Pfl. 15–30 cm, niederliegend bis aufsteigend; St. geflügelt; B. mit 4–8 lanzettlichen bis linealischen, blaugrünen Fiederb. und endständiger, grannenartiger
Spitze; B.stiel schmal geflügelt; Bl.stand
lg. gestielt, 3–6blütig; Krone 12–18 mm
lg., zuerst hellpurpurn, dann trübblau;
Kelch mit ungleich lg. Zähnen; Hülse
3–4 cm lg., 6–10 samig. ✿ 4–6. △ Lichte
Eichen- und Eichen-Buchenwälder,

Waldwege, Magerrasen, Heiden; kalkmeidend; ziemlich häufig. Fast ganz
Europa.

4 Wald-Platterbse
Lathyrus sylvestris L.
Pfl. 100–200 cm, niederliegend, aufsteigend oder kletternd; B. mit 3nervigen,
5–14 cm lg. und 5–15 mm br. Fiederb.
und endständiger, verzweigter Ranke;
St. und B.stiel br. geflügelt; Flügel der
B.stiele schmäler als die des St.;
Bl.stand 3–6blütig, etwa so lg. gestielt
wie das Tragb.; Krone 12–18 mm, gelblichgrün, rot überlaufen; Hülse 5–7 cm
lg. ✿ 7–8. △ Waldränder, Waldwege,
sonnige Hecken, Steinschutt; ziemlich
häufig. Fast ganz Europa, nördlich bis
Südskandinavien. – Ähnlich ist die **Breitblättrige Platterbse**, *L. latifolius* L., aber
B.fiedern 5nervig, 15–50 mm br., B.stiel
ebenso br. geflügelt wie der St.; Stiele
der Bl.traube viel länger als das Tragb.;
Bl. karminrot. ✿ 6–7. Sonnige Hecken;
selten; Zierpfl., gelegentlich verwildert.
Südeuropa. – Bei der **Verschiedenblättri-
gen Platterbse**, *L. heterophyllus* L.,
haben die unteren B. 2, die oberen B.
4 oder 6 Fiederb.; St. und B.stiele br.
geflügelt; Krone purpurrot; sonnige
Hecken, Steinschutt; selten. Hauptsächlich Mittelgebirge Mitteleuropas, nördlich bis Südschweden.

Sauerkleegewächse / Oxalidaceae

5 Wald-Sauerklee
Oxalis acetosella L.
Pfl. 5–12 cm; alle B. grundständig, lg.
gestielt, 3zählig, kleeb.artig; Bl. einzeln,
an lg. Stielen, diese in der Mitte mit
2 schuppenförmigen Vorb.; Kronb. 5,
weiß, seltener rosa oder bläulich, purpurn geadert, 10–15 mm lg.; Kelchb.
länglich-eiförmig, 4–5 mm lg. ✿ 4–5.
△ Krautreiche Nadel- und Laubmischwälder, Hochstaudenfluren, Zwergstrauchgesellschaften; in den Alpen bis
über 2000 m; häufig. Europa, im Süden
nur in den Gebirgen.

1   2   3

4   5

Storchschnabelgewächse
Geraniaceae

1 Glänzender Storchschnabel
Geranium lucidum L.
Pfl. 1jährig, kahl, 10–30 cm; St. zer-
brechlich, rot überlaufen; B. glänzend,
fast fleischig, im Umriss rundlich, bis zur
Mitte in br., stumpfzähnige Abschnitte
geteilt; unterseits oft rot überlaufen;
Kronb. 7–9 mm lg., rosarot, vorne abge-
rundet; Kelchb. mit 3 scharf gekielten
Nerven. ✿ 5–8. △ Gebüsche, Waldlich-
tungen, schattige Mauern; selten.
Mittel- und Südeuropa, vereinzelt bis
Südskandinavien, Großbritannien.

2 Blut-Storchschnabel
Geranium sanguineum L.
Pfl. 15–60 cm, niederliegend oder aufsteigend; St. abstehend behaart, meist
gabelig verzweigt; untere B. im Umriss
rundlich-nierenförmig, fast bis zum
Grund 7teilig, mit linealischen Abschnitten; Bl. einzeln; Kronb. 15–20 mm lg.,
vorne abgerundet oder unregelmäßig
ausgerandet, purpurrot. ✿ 6–8. △ Sonnige Waldränder, trockene Gebüsche,
lichte Eichen- und Kiefernwälder; wärmeliebend; zerstreut. Südskandinavien,
Mittel- und Südeuropa, in den Nordalpen nur in den Föhntälern.

3 Rupprechts Storchschnabel
Geranium robertianum L.
Pfl. 20–50 cm, unangenehm riechend;
St. rötlich, zerstreut abstehend drüsenhaarig; B. im Umriss 3–5eckig, bis zum
Grund 3–5teilig, aus 3–5 gestielten, bis
fast zum Mittelnerv fiederteiligen B.chen
bestehend; Bl.stand meist 2blütig;
Kronb. 9–12 mm lg., rosa, vorne nicht
ausgerandet; Kelchb. 6–7 mm lg.; Staubbeutel rotbraun. ✿ 5–10. △ Schlucht-
und Auenwälder, schattige Mauern und
Schuttplätze; häufig. Fast ganz Europa.

Wolfsmilchgewächse
Euphorbiaceae

4 Wald-Bingelkraut
Mercurialis perennis L.
Pfl. 15–30 cm, 2häusig; B. länglich-lanzettlich, 4–12 cm lg., stumpf gezähnt; Bl.
1geschlechtig, klein, mit 3teiligem, grünem Kelch, in Rispen oder Knäueln. ✿
4–5. △ Krautreiche Laubwälder und Nadelmischwälder, Gebüsche; häufig.
Südskandinavien, Mittel- und Südeuropa. – Ähnlich ist das **Eiblättrige Bingelkraut,** *M. ovata* Sternb., aber B. br.-eiför-
mig, sitzend oder höchstens 2 mm lg.
gestielt; St. im unteren Teil mit kleinen
Laubb.; wärmeliebende Wälder,
Eichen-Kiefernwälder, sonnige Gebüsche; selten. Bayern (Donaugebiet),
Südalpen, Südosteuropa.

5 Süße Wolfsmilch
Euphorbia dulcis L.
Pfl. 20–50 cm; B. wechselständig, länglich-eiförmig, in den kurzen Stiel verschmälert, oberseits dunkelgrün, unterseits blaugrün; Bl.stand meist 5strahlig;
Drüsen des Hüllbechers rundlich-oval,
anfangs gelbgrün, später rotbraun;
Hochb. des Einzelbl.standes nicht verwachsen; Fruchtkapsel mit halbkugeligen Warzen. ✿ 4–6. △ Krautreiche Laubwälder, Nadelmischwälder; zerstreut.
Mitteleuropa, südlich bis Nordspanien,
Mittelitalien, Balkanhalbinsel.

6 Mandelblättrige Wolfsmilch
Euphorbia amygdaloides L.
Pfl. 30–60 cm, mit vielen nichtblühenden, dicht beblätterten St., diese ver-
holzen und treiben im nächsten Jahr
blühende St.; B. wechselständig, ei-lanzettlich, 3–6 cm lg., wintergrün, unter
dem Bl.stand gedrängt stehend;
Bl.stand reichästig; Drüsen des Hüllbechers halbmondförmig; die beiden
Hochb. der Einzelbl.stände zu einem
rundlichen B. verwachsen; Fruchtkapsel
kahl, fein punktiert, 3furchig. ✿ 4–5.
Giftig! △ Krautreiche Laubwälder; zerstreut. Mittel- und Südeuropa.

Rautengewächse / Rutaceae

1 Diptam
Dictamnus albus L.
Pfl. 60–120 cm, stark aromatisch nach
Zitrone oder Zimt duftend; B. 1fach
gefiedert, mit 7–11 ei-lanzettlichen,
5–8 cm lg., fein gezähnten Fiederb.;
Bl. in endständiger, aufrechter Traube;
Kronb. 5, rosa dunkel geadert, 2–3 cm
lg., 4 nach oben gerichtet, das 5. herab-
gebogen; Kelchb. 5, 6–8 mm lg. ✿ 5–6.
Geschützt! △ Sonnige, felsige Hänge,
Eichengebüsche, auch lichte Eichen-
Föhrenwälder; wärmeliebend; selten.
Mittel- und Südeuropa. GefGr. 3!

Ahorngewächse / Aceraceae

2 Berg-Ahorn
Acer pseudoplatanus L.
Baum bis 30 m; B. über 10 cm br., 5lap-
pig, mit spitzen Buchten und ungleich
grob gezähnten Abschnitten, unterseits
graugrün; Bl. gelbgrün, in hängenden
5–15 cm lg. Trauben; Kelchb. und Kronb.
5, frei; jede Teilfrucht mit einem 4–6 cm
lg. Flügel, diese zusammen einen spitzen
Winkel bildend. ✿ 5–6. △ Schluchtwälder, Buchen-Mischwälder, Bergwälder;
ziemlich häufig. Mittel- und Südeuropa.

3 Spitz-Ahorn
Acer platanoides L.
Baum bis 30 m; B. über 10 cm br.,
3–7lappig, beiderseits dunkelgrün, glänzend; B.lappen lg. zugespitzt, mit spitzen
Zähnen und gerundeten Buchten; Bl.
gelbgrün, mit den B. erscheinend, in abstehenden, doldenartigen Rispen; die
Flügel der Frucht einen stumpfen Winkel
bildend bis fast waagrecht abstehend.
✿ 4–5. △ Krautreiche Laubwälder mit
Eiche, Linde, Hainbuche, Ulme; in den
Alpen selten über 1000 m; zerstreut.
Südschweden, Mitteleuropa, südlich bis
Pyrenäen, Apennin, Griechenland. – Ähnlich ist die **Bastard-Platane**, *Platanus
hybrida* Brot. (Platanengewächse / Pla-
tanaceae), B. handförmig, 3–5teilig, Lappen spitz, ganzrandig oder mit großen,

spitzen, gebogenen Zähnen; Mittellappen am Grund breiter als lg.; Rinde in
Schuppen abblätternd; Bl. in dichten, kugeligen, 1geschlechtigen, 1 cm br., hängenden Köpfen; als Parkbaum gepflanzt;
Bastardart aus *P. occidentalis* (heimisch
in Nordamerika) und *P. orientalis* (heimisch in Südosteuropa und Asien). – Die
Morgenländische Platane, *P. orientalis*
L., hat 5–7lappige, gezähnte B.; Mittellappen am Grund schmäler; Auenwälder;
frostempfindlich. Südosteuropa.

4 Feld-Ahorn
Acer campestre L.
Baum oder Strauch 3–15 m; B. 5–8 cm
br. (3–)5lappig, Lappen stumpf, die
mittleren jederseits mit einem großen,
stumpfen Zahn, die beiden seitlichen
meist ganzrandig; Bl. in doldigen, aufrechten Bl.ständen; Bl.stiele und Bl.hül-
le dicht behaart; Früchte anfangs filzig
behaart, deren Flügel waagrecht abstehend. ✿ 5–6. △ Auenwälder, Eichen-
Hainbuchenwälder, Hecken; in den Alpen kaum über 1000 m; häufig. Mittel-
und Südeuropa. – Ähnlich sind noch:
Schneeballblättriger Ahorn, *A. opulifoli-
um* All. (*A. opalus* aut.), Baum bis 12 m;
B. mit 3 grob stumpf gekerbten Lappen,
unterseits graugrün; Bl. in sitzenden
Dolden, vor den B. erscheinend; wärmeliebende Eichenwälder. Südschwarzwald, Schweizer Jura, Alpen, Cevennen,
Pyrenäen, Südwesteuropa. – **Französischer, Felsen-Ahorn**, *A. monspessula-
num* L., bis 5 m; B. mit 3 ganzrandigen
Lappen; Bl. in abstehenden, doldenartigen Bl.ständen; Flügel der Frucht zusammenneigend oder parallel vorlau-
fend; sonnige Eichengebüsche; selten.
Nahe-, Rhein-, Mosel- und Maintal,
Schweizer Jura, Südeuropa.

Stechpalmengewächse
Aquifoliaceae

5 Stechpalme
Ilex aquifolium L.
Strauch 1–10 m (in den Alpen kaum über
2 m, da die nicht schneebedeckten Zwei-

FORTSETZUNG AUF SEITE 364

FORTSETZUNG VON SEITE 362

ge im Winter erfrieren); B. immergrün, kahl, glänzend, lederig, dornig gezähnt oder ganzrandig, 3–8 cm lg., mit sehr kleinen Nebenb.; Bl. 1geschlechtig, 4–5zählig; Kronb. weiß, 3 mm lg.;

Springkrautgewächse
Balsaminaceae

1 Echtes Springkraut,
Rühr-mich-nicht-an
Impatiens noli-tangere L.
Pfl. 30–80 cm; B. wechselständig, eiförmig, stumpf gezähnt, 3–10 cm lg.; Bl. zu 1–4, 2–3 cm lg., mit gekrümmtem Sporn, goldgelb; Fruchtkapsel 2–3 cm lg., zur Reife aufspringend. ✿ 7–8. △ Auen, Schluchtwälder; häufig. Fast ganz Europa, südlich bis Mittelitalien.

2 Kleinblütiges Springkraut
Impatiens parviflora DC.
Pfl. 30–60 cm; B. eiförmig, zugespitzt, scharf gezähnt; Bl. 8–10 mm lg., in 4–10blütiger Traube, hellgelb, mit geradem Sporn; Fruchtkapsel keulenförmig, 15–20 mm lg. ✿ 6–9. △ Hecken, nährstoffreiche Laubwälder, Gärten. Ursprünglich Asien, etwa seit 1840 aus botanischen Gärten verwildert; häufig.

3 Drüsiges Springkraut
Impatiens glandulifera Royle
Pfl. 50–200 cm; B. wechsel-, obere quirlständig, ei-lanzettlich, scharf gezähnt, B.stiel mit gestielten Drüsen; Bl. weinrot, 2–4 cm lg., mit gekrümmtem Sporn, in lg. gestielten, 2–15blütigen Trauben. ✿ 7–8. △ Ufer, Auenwälder; zerstreut; ursprünglich Ostindien; Gartenpfl. und verwildert.

Spindelstrauch- oder Baumwürgergewächse / Celastraceae

4 Gewöhnliches Pfaffenhütchen,
Spindelbaum
Euonymus europaeus L. *(Evonymus e.)*
Strauch bis 5 m; junge Zweige 4kantig,

♀ Bl. zu 1–3; ♂ Bl. zu mehreren; Frucht 6–8 mm br., rot. ✿ 5–6. Geschützt! △ Laubwälder, Gebüsche; zerstreut bis selten. Südnorwegen, Irland, Schottland, Nordwestdeutschland, Vogesen, Schwarzwald, Bodensee, Rheingebiet, Alpen und Vorland, Südeuropa.

grün, später oft mit Korkleisten; B.knospen kurz eiförmig; B. eiförmig, spitz, fein gezähnt, 4–10 cm lg.; Bl.stand 2–6blütig, lg. gestielt, b.achselständig; Bl. grünlich, 8–10 mm br., 4zählig; Frucht eine rote, 4kantige Kapsel, Samen weiß, von orangeroten Samenmantel umgeben, zur Reife, wenn die Kapsel aufspringt, sichtbar. ✿ 5–6. Samen giftig! △ Hecken, Auen, Laubwälder; häufig. Fast ganz Europa. Ähnlich sind noch: **Breitblättriges Pfaffenhütchen,** *E. latifolia* (L.) Miller, junge Zweige etwas zusammengedrückt, im Querschnitt eiförmig; B.knospen lg. zugespitzt; Bl. 5zählig; Fruchtkapsel meist 5kantig, an den Kanten geflügelt; Laubmischwälder; wärmeliebend; selten. Alpen und Vorland, Schweizer Jura, Gebirge Südeuropas. – Das **Warzige Pfaffenhütchen,** *E. verrucosa* Scop., hat alle Zweige dicht mit schwarzen Korkwarzen bedeckt; Bl. zu 1–3; Kronb. 4, gelbgrün, mit roten Punkten. Ostalpen, Osteuropa.

Pimpernussgewächse
Staphyleaceae

5 Pimpernuss
Staphylea pinnata L.
Strauch bis 5 m; B. gegenständig, lg. gestielt, mit 5 oder 7 ei-lanzettlichen, fein gezähnten, 6–10 cm lg. Fiedern, unterseits blaugrün; Bl. in hängenden Rispen, radiär, 5zählig; Kronb. 10–15 mm lg., gelblich, spatelig, glockenförmig zusammenneigend; Frucht eine häutige, aufgeblasene Kapsel, 3–4 cm lg. und br. ✿ 5–6. Geschützt! △ Laubwälder, Waldränder; wärmeliebend; selten. Süddeutschland, Elsass, Französischer Jura, Alpen, Südosteuropa. GefGr. 3!

Buchsbaumgewächse / Buxaceae

1 Buchsbaum
Buxus sempervirens L.
Strauch, 0,5–3 m; B. immergrün, eiförmig, lederig, gegenständig, fast sitzend, 10–25 mm lg.; Bl. 1geschlechtig, in b.achselständigen, knäueligen Bl.ständen mit 1 ♀ Bl. und vielen ♂ Bl.; Krone fehlend; Kelchb. 4–8, gelbgrün, 2 mm lg.; Frucht eiförmig, 8 mm br., runzelig. ✿ 3–4. Geschützt! Giftig! △ Laubwälder; wärmeliebend; in wintermilden Klimalagen; selten. Zierpfl., gelegentlich verwildert. Moseltal, Südschwarzwald, Elsass, Alpen, Pyrenäen, Südeuropa.

Kreuzdorngewächse / Rhamnaceae

2 Echter oder **Purgier-Kreuzdorn**
Rhamnus cathartica L.
Strauch 1–3 m; Zweige und B. gegenständig; Zweigspitzen meist dornig; B. rundlich bis br.-eiförmig, 4–6 cm lg., jederseits mit 2–3 bogenförmigen Seitennerven; B.stiel viel länger als die Nebenb.; Bl. zu 2–8 in den B.achseln, gelbgrün, 4zählig, 4–5 mm br.; Beere 6–8 mm br., schwarz. ✿ 5–6. Giftig! △ Sonnige Hecken, Waldränder, lichte Wälder, Magerweiden; zerstreut. Südskandinavien, Mittel- und Südeuropa.

3 Felsen-Kreuzdorn
Rhamnus saxatilis Jacq.
Strauch 50–100 cm, dornig; B. ei-lanzettlich, 1–3 cm lg., unterseits weichhaarig, in den kurzen B.stiel verschmälert, dieser so lg. wie die Nebenb.; Bl. und Beeren wie bei *Rh. cathartica*. ✿ 4–5. △ Waldränder, sonnige Gebüsche; ziemlich selten. Süddeutschland, Alpen, Südosteuropa, südlich bis Nordspanien, Mittelitalien. – Der **Immergrüne Kreuzdorn,** *Rh. alaternus* L., hat immergrüne, lederige, ovale, 3–5 cm lg., gezähnte oder ganzrandige, unterseits oft blaugrüne B. und 6–12blütige, doldenartige, b.achselständige Bl.stände; Beeren 4–6 mm br., rot; felsige, trockene Hänge, im Mittelmeergebiet verbreitet.

4 Faulbaum
Frangula alnus Mill. *(Rhamnus frangula* L.)
Strauch 1–4 m; Zweige dornenlos; B. wechselständig, rundlich bis eiförmig, 2–5 cm lg., jederseits mit 7–12 Seitennerven; Bl. 5zählig, zu 2–10 in den B.achseln, gelbgrün, etwa 5 mm br.; Frucht eine rote, später dunkelblaue, 5–8 mm br. Beere. ✿ 5–6. Giftig! △ Erlenwälder, Birkenmoore, Weidengebüsche, lichte Wälder; häufig. Fast ganz Europa.

Lindengewächse / Tiliaceae

5 Winter-Linde
Tilia cordata Mill.
Baum bis 25 m; B. herzförmig, 3–8 cm br., gesägt, oberseits matt, dunkelgrün, unterseits blaugrün, in den Nervenwinkeln rostrot oder gelblich behaart, sonst kahl; Bl.stand 4–10blütig, dessen flügelartiges Tragb. 4–8 cm lg.; Kronb. 5, 4–8 mm lg., gelblich-weiß; junge Zweige und Knospen olivgrün bis rötlich; Frucht dünnwandig, lederig, undeutlich kantig. ✿ 6–7. △ Laubmischwälder; in wintermilden Klimalagen; zerstreut. Südskandinavien, Mittel- und Südeuropa. – Die **Krim-Linde,** *T. euchlora* Koch, hat glänzende, dunkelgrüne B. und B.zähne mit Grannenspitze; junge Zweige und Knospen gelbgrün; Allee- und Parkbaum.

6 Sommer-Linde
Tilia platyphyllos Scop.
Baum bis 30 m; B. 5–15 cm br., oberseits meist kurzhaarig, unterseits in den Nervenwinkeln büschelig weißbärtig, sonst kurzhaarig; B.stiel behaart; Triebe behaart; Bl.stand 2–5blütig, mit flügelartigem, 5–12 cm lg. Tragb.; Frucht dickwandig, holzig, 5kantig. ✿ 6. △ Laubwälder; zerstreut. Mittel- und Südeuropa.

Veilchengewächse, Violaceae

7 Wunder-Veilchen
Viola mirabilis L.
Pfl. 10–25 cm, mit grundständiger B.rosette; B. br.-herzförmig bis fast nierenförmig, 5–10 cm br., mit herzförmigem

Fortsetzung auf Seite 368

FORTSETZUNG VON SEITE 366

Grund und 10–18 cm lg. Stiel; St. und B.stiel 1reihig behaart; grundständige

Veilchengewächse, Violaceae

1 Hain-Veilchen
Viola riviniana Rchb.
Pfl. 5–30 cm, mit aufrechten, oberirdischen St. und grundständiger B.rosette; St. und B. kahl; B. lg. gestielt, br.-herzförmig bis fast nierenförmig, dunkelgrün, 3–5 cm lg., am Rand gekerbt; Nebenb. lanzettlich, kammartig gefranst; Bl. in den Achseln von St.b.; Krone hellviolett, 14–22 mm lg.; Sporn weißlich, dick, 3 mm lg., an der Spitze gefurcht; Anhängsel der spitzen Kelchb. 2–3 mm lg., oft ausgerandet. ✿ 4–6. △ Laub- und Mischwälder; verbreitet. Fast ganz Europa.

2 Rauhaariges Veilchen
Viola hirta L.
Pfl. 5–25 cm, ohne Ausläufer, mit grundständiger B.rosette, aber ohne aufrechten, oberirdischen St.; Bl. in den Achseln von Grundb.; B. herzförmig, spitz, bis 8 cm lg., behaart; Nebenb. br.-lanzettlich, nicht oder kurz gefranst; Bl. geruchlos, violettblau. Kronb. ausgerandet, Sporn rötlichviolett, an der Spitze aufwärtsgebogen; Kelchb. stumpf. ✿ 3–5. △ Waldränder, sonnige Gebüsche, lichte Eichen- und Kiefernwälder, Magerrasen; ziemlich häufig. Fast ganz Europa.

3 Wald-Veilchen
Viola reichenbachiana Jord.
(V. sylvestris Lamk.)
Pfl. 10–20 cm, mit aufrechten, oberirdischen St. und grundständiger B.rosette, ähnlich Hain-Veilchen, aber Krone rötlichviolett, 12–15 mm lg.; Kronb. sich nicht überdeckend; Sporn dunkelviolett, schlank, 4–6 mm lg., mit gerundeter Spitze; Anhängsel der spitzen Kelchb. 1–2 mm lg. ✿ 3–5. △ Laub- und Nadelmischwälder; verbreitet. Südschweden, Mittel- und Südeuropa.

Bl. blassviolett, duftend, meist steril, st.ständige Bl. kronenlos, verkümmert, aber fruchtbar. ✿ 4–6. △ Laubwälder; zerstreut. Fast ganz Europa.

4 Wohlriechendes Veilchen
Viola odorata L.
Pfl. 5–10 cm, mit oberirdischen, wurzelnden Ausläufern und grundständiger B.rosette, ohne oberirdischen St.; B. herzförmig, mit lanzettlich-eiförmigen, 4–5 mm br., kurz gefransten Nebenb.; Bl. duftend; Krone dunkelviolett, selten weiß oder rosa; Sporn gerade, gleichfarbig; Kelchb. stumpf. ✿ 3–4. △ Gebüsche, Waldränder; häufig. Ursprünglich Südeuropa, heute fast ganz Europa.

Seidelbastgewächse Thymelaeaceae

5 Gewöhnlicher Seidelbast
Daphne mezereum L.
Strauch 30–150 cm, blüht bevor die B. erscheinen; Zweige rutenförmig, an der Spitze beblättert; B. lanzettlich, 5–12 cm lg., hellgrün; Bl. duftend, rosa, 10–14 mm br., 4zipfelig, zu 1–3 über den Narben vorjähriger B. im oberen Teil der Zweige ährenartig angeordnet sitzend; Frucht rot, kugelig, 6–10 mm br. ✿ 3–4. Giftig! Geschützt! △ Laub- und Mischwälder, Hochstaudenfluren, Felsschutt; in den Alpen über 2000 m; verbreitet. Fast ganz Europa. – Der **Lorbeer-Seidelbast,** *D. laureola* L. hat immergrüne, derbe B. und gelbgrüne Bl. in 5blütigen, b.achselständigen Trauben; Frucht schwarz; wärmeliebende Laubwälder; sehr selten. Giftig! Rheingebiet, Schweizer Jura, Alpen, West- und Südeuropa. Geschützt! GefGr. 3!

Ölweidengewächse / Eleagnaceae

6 Sanddorn
Hippophae rhamnoides L.
Dorniger Strauch bis 6 m; B. lineal-lanzettlich, 5–6 cm lg., 3–7 mm br., oberseits dunkelgrün, unterseits silberweiß, am Rand umgerollt; Bl. 1geschlechtig, klein,

FORTSETZUNG AUF SEITE 370

FORTSETZUNG VON SEITE 368

bräunlich, ♂ in kopfartigen Bl.ständen, ♀ in wenigblütigen Trauben; Frucht eiförmig, 6–8mm lg., orangerot. ✿ 3–5.

Johanniskrautgewächse
Hypericaceae

1 Berg-Johanniskraut
Hypericum montanum L.
Pfl. 30–80cm, aufrecht; St. stielrund; B. ei-länglich, 2–8cm lg., am Rand drüsig punktiert, halb st.umfassend sitzend; Bl.stand kopfig; Bl. blassgelb; Kelchb. spitz, schwarzdrüsig gewimpert. ✿ 6–8. △ Lichte, Laubwälder, sonnige Gebüsche; zerstreut. Fast ganz Europa.

2 Schönes Johanniskraut
Hypericum pulchrum L.
Pfl. 30–60cm, am Grund verholzt; B. herzförmig, fast 3eckig, stumpflich, sitzend, 1–2cm lg., am Rand nicht drüsig punktiert; Bl. goldgelb; Kelchb. stumpflich, am Rand mit sitzenden oder kurz gestielten, schwarzen Drüsen; Kronb. oft rot überlaufen, am Rand schwarzdrüsig. ✿ 7–9. △ Laubwälder, Waldränder, Heiden; kalkmeidend; verbreitet. Mitteleuropa, Südskandinavien.

3 Rauhaariges Johanniskraut
Hypericum hirsutum L.
Pfl. 40–100cm; St. stielrund, wie die B. dicht behaart; B. eiförmig, 2–6cm lg.; Bl. gelb; Kelchb. und Kronb. am Rand mit schwarzen, gestielten Drüsen. ✿ 6–8. △ Laubmischwälder, Waldwege, Ufer; verbreitet. Europa.

Nachtkerzengewächse
Onagraceae oder Oenotheraceae

4 Schmalblättriges Weidenröschen
Epilobium angustifolium L.
Pfl. 50–150cm; St. stumpfkantig; B. wechselständig, schmal-lanzettlich, 8–12cm lg. und 1–2cm br., kahl, unterseits blaugrün, mit hervortretende Seitennerven; Bl. 2–3cm br., rosa; Kronb.

kurz gestielt; Narbe 4spaltig. ✿ 7–8. △ Waldschläge, Waldwege, Gebüsche; verbreitet. Fast ganz Europa. – Ähnlich ist das **Rosmarin-Weidenröschen**, E. dodonaei Vill., aber B. linealisch, 2–5 mm br., starr, beiderseits grün, ohne hervortretende Seitennerven; Kronb. nicht gestielt; Kiesbänke; Pionierpfl.; selten. Süddeutschland, Mittel- und Südeuropa.

5 Berg-Weidenröschen
Epilobium montanum L.
Pfl. 10–80cm; St. 1fach oder oben wenigästig, oben mit abstehenden Drüsenhaaren; B. eiförmig, dicht gezähnt, fast sitzend, 4–7cm lg., 15–35mm br., grasgrün; Bl. 8–12mm lg.; Narbe 4spaltig; Kelch und Frucht abstehend drüsenhaarig. ✿ 6–9. △ Laub- und Nadelmischwälder, Hecken, Schläge; verbreitet. Europa. – Ähnlich ist das **Hügel-Weidenröschen**, E. collinum C. C. Gmelin, aber St. von unten an ästig; B. gestielt, 1–4cm lg., 5–15mm br., graugrün, geschweift gezähnt; Bl. 4–6mm lg.; Kelch und Frucht angedrückt behaart; Fels- und Mauerspalten; kalkmeidend; verbreitet.

6 Alpen-Hexenkraut
Circaea alpina L.
Pfl. 5–15cm; B. glänzend, kahl, br.-lanzettlich, 1–3cm lg., ausgeschweift gezähnt; B.stiel geflügelt; Bl. mit 1mm lg., leicht abfallenden Tragb. ✿ 6–8. △ Schlucht- und Auenwälder, Nadelmischwälder; ziemlich selten. Nord- und Mitteleuropa, Alpen, Pyrenäen, Apennin, Korsika, Gebirge der Balkanhalbinsel.

7 Großes Hexenkraut
Circaea lutetiana L.
Pfl. 20–60cm; St. zerstreut behaart; B. matt, br.-lanzettlich, allmählich zuge-

FORTSETZUNG AUF SEITE 372

Tafel 162 Wälder, Waldränder, Gebüsche, Auen

FORTSETZUNG VON SEITE 370

spitzt, gestielt, 5–10 cm lg., am Grund
abgerundet, kaum herzförmig, gezähnt,
auf den Nerven behaart; Bl. in lg. endständiger Traube; Bl.stiele mit Drüsenhaaren, ohne Tragb.; Kelchb. 2; Kronb. 2,
tief ausgerandet, 2–4 mm lg., weiß oder
rötlich; Frucht 3–4 mm lg. ✿ 6–8. △
Laub- und Nadelmischwälder, Auen; verbreitet. Fast ganz Europa. – Ähnlich ist
das **Mittlere Hexenkraut,** *C. intermedia*
Ehrh., aber B. glänzend, plötzlich kurz
zugespitzt, am Grund deutlich herzförmig; Frucht bis 2 mm lg.; Schlucht- und
Auenwälder; ziemlich selten.

Araliengewächse / Araliaceae

1 Efeu
Hedera helix L.
Kletterstrauch 6–20 m; Äste und Zweige
mit Haftwurzeln; B. wechselständig, immergrün, glänzend, an nichtblühenden
Trieben 3–5eckig, gelappt, an blühenden Sprossen ei-lanzettlich bis rhombisch, 5–10 m lg.; Bl. 5zählig, in halbkugeligen Dolden, grün; Kronb. 3–4 mm
lg., fleischig, außen braun, innen grün;
Frucht eine dunkelblaue Beere,
8–10 mm br. ✿ 9–11. △ Auenwälder,
Laubwälder, Mauern, Felsen; frostempfindlich. Fast ganz Europa.

Doldengewächse
Umbelliferae oder Apiaceae

2 Wald-Sanikel
Sanicula europaea L.
Pfl. 20–50 cm; grundständige B. immergrün, lg. gestielt, 5–8 cm br., 5eckig, bis
zum Grund handförmig 5teilig, Abschnitte grob gezähnt; St.b. kleiner, fast sitzend; Bl. in einer endständigen Dolde;
Döldchen kopfig, mit sitzenden und gestielten Bl.; Hüllchenb. 4–8; Krone weiß
oder gelblich, 3 mm br.; Frucht kugelig,
dicht mit Stacheln besetzt, 4–5 mm br.
✿ 5–6. △ Laubwälder mit Eiche und Buche, Nadelmischwälder; ziemlich häufig.
Fast ganz Europa.

3 Große Sterndolde
Astrantia major L.
Pfl. 30–100 cm, oben gabelig verzweigt;
grundständige B. lg. gestielt, im Umriss
5–7eckig, 10–20 cm br., tief handförmig
5–7teilig, Abschnitte nochmals 2–3teilig
und grob gezähnt, die seitlichen teilweise verwachsen; St.b. ähnlich, kleiner;
Bl. lg. gestielt, in 1facher, kopfiger Dolde, sternförmig umgeben von auffälligen, weißen oder rötlichen Hüllb., diese
11–30 mm lg., derb; Krone meist rötlich;
Kelchzähne ei-lanzettlich, stachelspitz.
✿ 6–8. △ Schlucht- und Auenwälder, Gebüsche, Nadelmischwälder, Bergwiesen,
Hochstaudenfluren; in den Alpen bis
über 2000 m; verbreitet. Gebirge Mittel-
und Südeuropas. – Ähnlich sind noch:
Bayerische Sterndolde, *A. bavarica* F. W.
Schultz, Pfl. 20–50 cm, seitliche B.ab-
schnitte fast bis zum Grund geteilt;
Hüllb. dünn, 10–15 mm lg.; Kelchzähne
eiförmig, stumpflich oder kurz stachelspitzig; subalpine Hochstaudenfluren,
steinige Rasen, Latschengebüsch. Ostalpen und Vorland; selten. – **Kleine Sterndolde,** *A. minor* L., Pfl. 20–40 cm; Grundb.
5 cm br.; B.abschnitte schmal-lanzettlich, gezähnt; Hüllb. 5–11 mm lg.; steinige Rasen, Felsspalten. Hauptsächlich
Zentral- und Südalpen, Pyrenäen.

4 Sichelblättriges Hasenohr
Bupleurum falcatum L.
Pfl. 20–100 cm, am Grund verholzt,
mehrfach verzweigt; untere B. länglich
spatelförmig, mit sehr lg., kaum geflügelten Stielen, obere B. lanzettlich,
5–7nervig; Hüllb. und Hüllchenb. schmal-
lanzettlich, nicht verwachsen, Frucht
3–4 mm lg., braun. ✿ 6–9. △ Gebüsche,
lichte Eichen- und Kiefernwälder,
Trockenrasen; wärmeliebend; zerstreut
bis selten. Mitteleuropa, südlich bis
Mittelspanien, Albanien.

5 Langblättriges oder **Wald-Hasenohr**
B. longifolium L.
Pfl. 30–100 cm; B. länglich-eiförmig oder

FORTSETZUNG AUF SEITE 374

FORTSETZUNG VON SEITE 372

br.-lanzettlich, netzadrig, bis 15 cm lg., die untersten allmählich in den geflügelten Stiel verschmälert, die oberen herzförmig st.umfassend; Bl.dolde 4–8strahlig; Hüllb. 3–4, rundlich, am Grund oft verwachsen, 3–7nervig; Bl. gelbgrün, Früchte 4–5 mm lg., fast schwarz. ✿ 5–6. △ Laubwälder mit Eiche, Hainbuche

oder Buche, Gebüsche, Waldränder; wärmeliebend; selten. Gebirge Mitteleuropas, Alpen und Vorland, Karpaten, Gebirge der Balkanhalbinsel. – Ähnlich ist das **Rundblättrige Hasenohr**, *B. rotundifolium* L., aber B. rundlich-eiförmig, die untersten sitzend, die oberen vom St. durchwachsen, 3–7 cm lg.; Hüllb. fehlend; Frucht 3–4 mm lg.; Getreideäcker; selten. GefGr. 1!

Doldengewächse
Umbelliferae oder Apiaceae

1 Österreichischer Rippensame
Pleurospermum austriacum (L.) Hoffm.
Pfl. 60–150 cm; St. röhrig, 2–3 cm br., gefurcht; B. dunkelgrün, glänzend, 2–3fach gefiedert, Fiedern ungleich grob gesägt und eingeschnitten; Dolde 12–20strahlig, bis 25 cm br.; Hüllb. fiederspaltig, groß; Hüllchenb. lanzettlich; Bl. weiß; Kronb. bis 3 mm lg., nicht ausgerandet; Frucht 6–10 mm lg., mit flügelartigen Rippen. ✿ 6–8. △ Auenwälder, Waldränder, Flussufer, Hochstaudenfluren; zerstreut; in den Alpen bis über 2000 m. Hauptsächlich Alpen und Vorland, Jura, Rhön, Riesengebirge, nördlich bis Südschweden, südlich bis Dalmatien, Bulgarien, Rumänien. – Ähnlich ist die **Krainer Kerndolde**, *Grafia golaka* (Hacquet) Rchb. *(Pleurospermum golaka* Rchb.), Pfl. 50–100 cm, kahl; B. derb, glänzend, 3zählig oder 3fach gefiedert; Hüllb. br.-lanzettlich, ganzrandig oder nur an der Spitze 2zähnig; Hüllchenb. meist 3, auf der Außenseite der Döldchen; B. weiß; Kronb. 1 mm lg., ausgerandet; Frucht länglich-eiförmig, 8–13 mm lg., gerippt; Felshänge. Südöstliche Kalkalpen, Abruzzen, Gebirge der Balkanhalbinsel.

2 Geißfuß, Giersch
Aegopodium podagraria L.
Pfl. 50–100 cm, mit lg. unterirdischen Ausläufern; Grundb. doppelt 3zählig; Fiederb. ei-länglich, 5–10 cm lg., gezahnt; B.stiel 3kantig, markig (bei *Angelica silvestris* B.stiel hohl); Dolde 15–25strahlig; Hüllb. und Hüllchenb.

fehlend; Krone weiß; Frucht länglicheiförmig, 3 mm lg., kümmelähnlich. ✿ 6–8. △ Auen- und Schluchtwälder, Waldränder, Ufer, Gärten; häufig. Fast ganz Europa.

3 Wald-Engelwurz
Angelica sylvestris L.
Pfl. 80–200 cm; St. stielrund, oft bereift; B. 2fach gefiedert, dunkelgrün; Fiederb. eiförmig bis br.-lanzettlich, 6–12 cm lg., fein gesägt; B.scheiden groß, bauchig aufgeblasen; B.stiele oberseits rinnig, im Querschnitt mit halbmondförmiger Höhlung; Dolde 20–40strahlig, Doldenstrahlen flaumig zottig; Hüllb. 0–3; Hüllchenb. viele; Kronb. weiß oder rötlich, anfangs grünlich; Frucht oval, 4–6 mm lg. ✿ 7–9. △ Ufer, Auenwälder, Nasswiesen; verbreitet. Europa. – Ähnlich sind noch: **Echte Engelwurz**, *Angelica archangelica* L., aber B.stiele stielrund; B. hellgrün, stark riechend; Fiederb. teilweise fiederschnittig; Doldenstrahlen nur oberwärts flaumig zottig; Bl. grünlich; Flussufer, Gräben, Weidengebüsch; selten. – Die **Sumpf-Engelwurz**, *A. palustris* (Besser) Hoffm., hat scharfkantig gefurchten St., unterseits gekielte B.stiele, herzförmige bis 3eckig-eiförmige, kerbig gesägte Fiederb. und kahle Doldenstrahlen; Nasswiesen, Auengebüsch; selten. Mitteldeutschland, Osteuropa. GefGr. 2!

1

2

3

Doldengewächse
Umbelliferae oder Apiaceae

1 Breitblättriges Laserkraut
Laserpitium latifolium L.
Pfl. 50–150 cm, am Grund mit großem
Faserschopf; St. stielrund, fein gerillt,
kahl, bis 2 cm br.; B. sehr groß, bis 1 m
lg., 1–2fach 3zählig, blaugrün kahl; Fiederb. br.-eiförmig, gesägt, 3–15 cm lg.,
gestielt; Dolde 20–40strahlig; Hüllb.
hautrandig; Hüllchenb. fädlich, kaum
hautrandig; Krone weiß. ❀ 7–8. △ Lichte, trockene Wälder, Gebüsche, Hochstaudenfluren, steinige Rasen; in den
Alpen bis über 2000 m; zerstreut. Fast
ganz Europa. – Ähnlich ist das **Gaudins
Laserkraut,** *L. gaudinii* Moretti, aber
Pfl. kleiner, Fiederb. tief 3teilig; Dolde
10–15strahlig, Hüllb. meist fehlend; Kiefernwälder, steinige Hänge; Zentral- und
Südalpen.

2 Berg-Laserkraut
Laserpitium siler L.
Pfl. 30–120 cm, würzig riechend, am
Grund mit starkem Faserschopf; St. fein
gerillt; B. 2–4fach gefiedert, bis 1 m lg.,
blaugrün; Fiederb. lineal-lanzettlich,
ganzrandig, kahl, 1–5 cm lg., mit hellem
Knorpelrand; Dolde bis 25 cm br.,
20–40strahlig; Hüllb. derb, lanzettlich,
Hüllchenb. ei-lanzettlich, br.-hautrandig;
Krone weiß; Frucht 5–12 mm lg. ❀ 6–8.
△ Eichen- und Kiefernwälder, sonnige
Gebüsche; wärmeliebend; zerstreut bis
selten. Alpen und Vorland, Jura, nordspanische Gebirge, Pyrenäen, Apennin,
Gebirge der Balkanhalbinsel. – Das
Preußische Laserkraut, *L. prutenicum* L.,
hat gefurchten, meist steifhaarigen St.
und 2–3fach gefiederte B. mit lanzettlichen, am Rande gewimperten Zipfeln; Bl.
gelblichweiß; Moorwiesen, lichte Eichen-
und Kiefernwälder; selten. GefGr. 2!

3 Rüben-Kälberkropf, Kerbelrübe
Chaerophyllum bulbosum L.
Pfl. 80–180 cm, 1–2jährig, mit knolliger
oder rübenartig verdickter Wurzel; St.
oberwärts kahl, oft bereift, unten steifhaarig, rot gefleckt, an den Knoten verdickt; B. 3–4fach gefiedert, mit schmal-
lanzettlichen, spitzen Fiedern; Dolde
5–12strahlig; Hüllb. fehlend; Hüllchenb.
4–8, meist kahl, unterschiedlich lg.;
Kronb. weiß, kahl; Frucht 4–6 mm lg.
❀ 6–8. △ Flussufer, Gräben, lichte Auenwälder; zerstreut. Mittel-, Ost- und Südosteuropa. – Ähnlich sind noch: **Gold-
Kälberkropf,** *Ch. aureum* L., aber Pfl.
60–120 cm, ausdauernd, nicht mit verdickter Wurzel, aber mit dickem, ästigem
Rhizom, schwer aus dem Boden ziehbar;
B. 3–4fach gefiedert, mit fein zugespitzten Zipfeln, unterseits meist weichhaarig; Hüllb. 5–10, lanzettlich, hautrandig,
lg. bewimpert; Kronb. weiß, vorne mit
eingeschlagenen Läppchen; Frucht
8–11 mm lg., zur Reife gelblich; Gräben,
Ufer, Schutt, Hecken, Waldränder, über-
düngte Bergwiesen. Mitteleuropa,
südlich bis Pyrenäen, Apennin. – Der
Hecken-Kälberkropf, *Ch. temulentum* L.,
hat spindelförmige, leicht aus dem Boden ziehbare Wurzel, steifhaarigen, rot
gefleckten St. und 2–3fach gefiederte B.
mit stumpfen, eiförmigen B.abschnitten
und gerundeten Zipfeln und Zähnen;
schattige Unkrautfluren, nährstoffreiche
Hecken und Waldränder. Mittel- und
Südeuropa.

1

2

3

Doldengewächse
Umbelliferae oder Apiaceae

1 Rauhaariger Kälberkropf
Chaerophyllum hirsutum L.
Pfl. 50–100 cm; B. 2–3fach gefiedert, behaart; die beiden untersten Fiederabschnitte fast so groß wie das übrige B., Abschnitte nochmals in unregelmäßige, grob gezähnte Fiedern zerteilt; oberste B.scheiden 10–60 mm lg.; Dolde 10–20strahlig; Hüllb. fehlend; Hüllchenb. 5–10, lanzettlich, mit bärtigem, bewimpertem Rand; Kronb. bewimpert, weiß oder rosa; Frucht 8–12 mm lg.
✿ 5–6. △ Bergwälder, Auen, Ufer, Hochstaudenfluren; in Gebirgen Mitteleuropas häufig, in Norddeutschland selten.

2 Berg-Kälberkropf
Chaerophyllum villarsii Koch
Pfl. 50–100 cm, sehr ähnlich *Ch. hirsutum*, aber die beiden untersten Fiederabschnitte viel kleiner als das übrige B.; Abschnitte feiner und regelmäßiger zerteilt; Fiedern bis fast zum Mittelnerv zerteilt; oberste B.scheiden 3–10 mm lg.
✿ 5–8. △ Bergwiesen, Erlengebüsch, Hochstaudenfluren, lichte Bergwälder; verbreitet. Gebirge Mittel- und Südeuropas.

Hartriegelgewächse / Cornaceae

3 Roter Hartriegel
Cornus sanguinea L.
Strauch 2–5 m; junge Zweige rot; B. gegenständig, eiförmig, spitz, 5–8 cm lg., mit 3–4 Nervenpaaren, beiderseits grün, im Herbst rot; Bl. in reichblütigen Scheindolden, 4zählig, nach den B. erscheinend; Kronb. 4–6 mm lg., weiß; Früchte blauschwarz, kugelig, 6–8 mm lg. ✿ 5–6. △ Hecken, häufig, oft auch gepflanzt. Fast ganz Europa. – Der ähnliche **Weiße Hartriegel**, *C. alba* L., hat unterseits graugrüne B. mit 5–7 Nervenpaaren; Frucht weiß oder hellblau; Zierstrauch, gelegentlich verwildert; Herkunft Asien.

4 Kornelkirsche
Cornus mas L.
Strauch 2–6 m; junge Zweige grün; B. gegenständig, ei-lanzettlich, 5–8 cm lg., beiderseits grün, unterseits in den Nervenwinkeln behaart, mit 3–4 Nervenpaaren; Bl. gelb, vor den B. erscheinend, an Kurztrieben zu 10–20 in kugeligen Dolden, diese mit 4blättriger, gelbgrüner Hochb.hülle; Kronb. 2–3 mm lg.; Frucht länglich, 1–2 cm lg., rot, saftig. ✿ 3–4. △ Wälder, Gebüsche; häufig gepflanzt und verwildert, selten ursprünglich Mittel- und Südosteuropa.

5 Schwedischer Hartriegel
Cornus suecica L.
krautige Pfl., 5–20 cm; St. unverzweigt, aufrecht, 4kantig, mit je einer endständigen Dolde aus 8–25 dunkelroten, 2 mm lg. Bl., umgeben von 4 weißen, 5–8 mm lg., eiförmigen Hüllb.; B. eiförmig, sitzend, 3–5nervig, unterseits blaugrün. ✿ 7–8. △ Moore, Zwergstrauchheiden, Torfböden; selten. Nordwestdeutschland, sonst vor allem Nordeuropa. GefGr. 1!

Wintergrüngewächse / Pyrolaceae

6 Moosauge, Einblütiges Wintergrün
Moneses uniflora A. Gray *(Pyrola u.* L.*)*
Pfl. 5–10 cm; B. in grundständiger Rosette, rundlich-spatelförmig, bis 2 cm lg., mit fein gezähneltem Rand; Bl. einzeln, weiß, 2 cm br.; Kronb. flach ausgebreitet. ✿ 5–7. △ Nadelwälder, bodensaure Eichenwälder; zerstreut. Nord- und Mitteleuropa, südlich bis Pyrenäen, Korsika, Bulgarien, Kaukasus.

1

2

3

4

5

6

Wintergrüngewächse / Pyrolaceae

1 Rundblättriges Wintergrün
Pyrola rotundifolia L.
Pfl. 15–30 cm; St. unten stumpfkantig,
meist grün, selten rot; B. rundlich-eiförmig; Bl. zu 8–15 in aufrechter, allseitswendiger Traube; Krone weiß, offen,
glockenförmig; Kelchzipfel lanzettlich,
spitz, abstehend. ✿ 6–7. △ Nadelwälder, saure Buchen- und Eichenwälder,
Birkenmoore; ziemlich selten. Nord- und
Mitteleuropa. GefGr. 3! – Ähnlich ist das
Grünblütige Wintergrün, *P. chlorantha*
Sw., aber St. unten scharfkantig, meist
rot; Bl. zu 3–8; Kelchzipfel eiförmig, kurz
zugespitzt, meist der grünlichweißen
Krone angedrückt; trockene Kiefernwälder; selten. GefGr. 3!

2 Kleines Wintergrün
Pyrola minor L.
Pfl. 10–20 cm; B. rundlich-eiförmig; Bl.
kugelig, geschlossen, zu 5–20 in all-
seitswendiger Traube; Griffel kürzer als
die Bl., nicht verdickt; Kelchzipfel der
Krone angedrückt. ✿ 6–7. △ Nadelwäl-
der, saure Eichen- und Buchenwälder,
Birkenmoore; zerstreut. Nord- und
Mitteleuropa, südlich bis Mittelitalien. –
Ähnlich ist das **Mittlere Wintergrün,**
P. media Sw., aber B. fast rund; Griffel
länger als die Bl., nach oben verdickt;
Kelchzipfel abstehend. Kiefernwälder;
selten. GefGr. 2!

3 Nickendes Wintergrün
Orthilia secunda (L.) House *(Pyrola s. L.)*
Pfl. 5–25 cm; B. im unteren Drittel des
St. (nicht in einer grundständigen Roset-
te), eiförmig, spitz; Bl. in 1 seitswendi-
ger, reichblütiger, 5–15 cm lg. Traube,
grünlichweiß, glockig bis fast kugelig;
Kronb. 3–4 mm lg. ✿ 6–7. Geschützt!
△ Nadelwälder, bodensaure Laub-
mischwälder; zerstreut bis selten;
Heilpfl. Fast ganz Europa.

4 Winterlieb
Chimaphila umbellata (L.) Bart.
(Pyrola u. L.)
Pfl. 5–20 cm; B. lederig, ei-lanzettlich,
3–5 cm lg., scharf gesägt; Bl. zu 3–7 in
Schirmtrauben, nickend; Kronb. 5–6 mm
lg., zusammenneigend, weiß bis hellro-
sa; Griffel kurz, dick, mit schildförmiger
Narbe. ✿ 6–8. Geschützt! △ Trockene
Kiefernwälder, sandige Böden; selten.
Mittel- und Nordeuropa. GefGr. 2!

Fichtenspargelgewächse Monotropaceae

5 Fichtenspargel
Monotropa hypopitys L.
Pfl. 10–20 cm, auf Wurzeln von Holzpfl.
parasitierend, braun oder gelblich, ohne
B.grün; B.schuppen, 1–2 cm lg., bleich-
gelb; Bl. 4–5zählig, glockenförmig, sitzend, zu 8–15 in dichter Traube. ✿ 6–7.
△ Nadelwälder, auch Eichen- und Buchenwälder; zerstreut. Fast ganz Europa.

Heidekrautgewächse / Ericaceae

6 Schnee-Heide
Erica herbacea L. (E. carnea L.)
Zwergstrauch 15–30 cm; B. wintergrün,
nadelförmig, spitz, zu 4 quirlständig; Bl.
in 1seitswendiger Traube; Krone hell-
bis dunkelrot, selten weiß; Staubbeutel
dunkel, aus der länglichen-krugförmigen
Kronröhre herausragend. ✿ 2–5. △ Kiefernwälder, Latschengebüsch; zerstreut;
in den Alpen bis 2700 m. Gebirge Mittel-
und Südeuropas.

Heidekrautgewächse / Ericaceae

1 Heidelbeere
Vaccinium myrtillus L.
Zwergstrauch 15–50 cm; Zweige kantig,
grün; B. eiförmig, spitz, fein gesägt,
grün, 2–3 cm lg.; Bl. einzeln; b.achsel-
ständig; Krone kugelig, 4–5 mm br.,
grünlich und rötlich überlaufen; Frucht
kugelig, 5–8 mm, blauschwarz. ✿ 4–6.
△ Bodensaure Laub- und Nadelwälder,
Zwergstrauchgesellschaften; verbreitet;
in den Alpen bis über 2500 m. Nord- und
Mitteleuropa, nordspanische Gebirge,
Korsika, Apennin, Gebirge der Balkanhalbinsel.

2 Rauschbeere
Vaccinium uliginosum L.
Zwergstrauch 20–80 cm; Zweige stielrund, braun; B. verkehrt-eiförmig,
stumpf, ganzrandig, blaugrün, unterseits stark netzadrjg; Bl. zu mehreren,
traubig, rosa oder weißlich; Frucht
schwarzblau, 6–10 mm br. ✿ 4–6. △ Kie-
fern- und Birkenmoore, Zwergstrauchgesellschaften; zerstreut; in den Alpen
bis etwa 2500 m. Nord- und Mitteleuropa, im Süden in den Gebirgen.

3 Preiselbeere
Vaccinium vitis idaea L.
Zwergstrauch 10–20 cm; B. wintergrün,
lederig, verkehrt-eiförmig, am Rand umgerollt, glänzend, unterseits hellgrün,
1–3 cm lg.; Bl. in zierlichen Trauben,
glockig, meist 4zählig, weißlich oder rosa, 5–8 mm lg.; Frucht kugelig, 5–8 mm
br., rot. ✿ 5–8. △ Nadelwälder, Moore,
Heiden, Zwergstrauchgesellschaften;
verbreitet; in den Alpen bis etwa 2500 m.
Nord- und Mitteleuropa, südlich bis
Pyrenäen, Apennin, Gebirge der
Balkanhalbinsel.

4 Echte Bärentraube
Arctostaphylos uva-ursi (L.) Spreng.
Zwergstrauch 20–60 cm; B. wintergrün,
kahl, glänzend, lederig, ganzrandig,
1–3 cm lg., am Rand nicht umgerollt (bei
der Preiselbeere B.rand umgerollt),

unterseits netzadrig; Bl. zu 3–8; Krone
eiförmig, 5teilig, gelblich oder rosa;
Frucht rot, 6–8 mm br. ✿ 3–7. Geschützt!
△ Kiefernwälder, Heiden; in den Alpen
bis 2500 m. Fast ganz Europa. GefGr. 2!
Die **Alpen-Bärentraube**, *A. alpina* (L.)
Spreng., hat sommergrüne, im Herbst
rote, gezähnelte, schwach bewimperte,
beiderseits netzadrige B.; Frucht zuletzt
schwarz; alpine Zwergstrauchgesellschaften. Arktis und Gebirge Europas.

Primelgewächse / Primulaceae

**5 Gewöhnliche Schlüsselblume,
Wald-Primel**
Primula elatior (L.) Hill.
Pfl. 10–20 cm; B. grundständig, 10–20 cm
lg., allmählich in den geflügelten Stiel
verschmälert, unregelmäßig gezähnt; Bl.
in vielblütiger, 1seitswendiger Dolde;
Kelch 8–13 mm lg., eng anliegend,
schlank, mit lanzettlichen Kelchzähnen;
Krone hellgelb, mit flachem Saum.
✿ 3–5. △ Krautreiche Laubwälder, Auen,
Bergwiesen; häufig. Mitteleuropa.

6 Frühlings-, Wiesen-Schlüsselblume
Primula veris L. (*P. officinalis* L.)
Pfl. 10–20 cm; B.spreite vom geflügelten
Stiel scharf abgesetzt; Kelch bauchig,
glockig, mit eiförmigen Kelchzähnen;
Krone dottergelb, mit roten Schlund-
flecken. ✿ 4–6. △ Waldränder, Eichen-
wälder, Kalkmagerrasen; verbreitet.
Mitteleuropa.

7 Alpenveilchen
Cyclamen purpurascens Mill.
(*C. europaeum* auct.)
Pfl. 5–15 cm, mit kugeliger Knolle; B.
nieren- bis herzförmig, kahl, oberseits
dunkelgrün, mit hellen Flecken, unterseits rötlich; St. 1blütig; Krone rotviolett,
mit zurückgeschlagenen Kronzipfeln.
✿ 7–9. Geschützt! △ Laubmischwälder,
Buchen-Tannen-Bergwälder; selten. Gebirge Mittel- und Südeuropas.

8 Pfennigkraut
Lysimachia nummularia L.

FORTSETZUNG AUF SEITE 384

FORTSETZUNG VON SEITE 382

Pfl. 10–50 cm, niederliegend, weit kriechend; B. gegenständig, rundlich oder
elliptisch, stumpf; Bl. in den Achseln der
mittleren B., gelb, 1–2 cm br.; Kelchzipfel
herzförmig. ✿ 5–8. △ Auenwälder, Ufer,
Gräben, feuchte Wiesen und Weiden;
verbreitet. Fast ganz Europa, im Mittelmeerraum fehlend.

Primelgewächse / Primulaceae

1 Hain-Gilbweiderich
Lysimachia nemorum L.
Pfl. 10–30 cm, niederliegend bis aufsteigend; St. am unteren Teil wurzelnd; B.
gegenständig, eiförmig, zugespitzt,
2–3 cm lg., kurz gestielt; Bl. einzeln in
den Achseln der oberen B., 10–15 mm
br., gelb; Kelchzipfel pfriemlich. ✿ 5–8.
△ Feuchte Laubmischwälder, Waldwege,
quellige Waldstellen; zerstreut. Fast
ganz Europa.

2 Europäischer Siebenstern
Trientalis europaea L.
Pfl. 5–20 cm; B. lanzettlich, ganzrandig,
2–4 cm lg., am Ende des St. quirlartig
gehäuft; Bl. einzeln, b.achselständig,
lg. gestielt; Krone weiß, 10–15 mm br.,
flach ausgebreitet, fast bis zum Grund
in 7 spitze Zipfel zerteilt; Kelch 4–6 mm
lg., mit 7 lanzettlichen Zipfeln. ✿ 5–7.
△ Fichtenwälder, Birkenmoore, bodensaure Laubwälder, Heiden, Magerrasen;
kalkmeidend; ziemlich selten. Nord- und
Mitteleuropa.

Ölbaumgewächse / Oleaceae

3 Gewöhnliche Esche
Fraxinus excelsior L.
Baum bis 40 m, jung mit glatter, später
mit längsrissiger, schwärzlicher Rinde;
B. gefiedert, mit 9–13 ei-lanzettlichen,
fein gezähnten Fiederb.; B.knospen
dick, schwarz, gegenständig; Bl.rispe
aufrecht, vor den B. erscheinend; Kronb.
und Kelchb. fehlend; Frucht eine geflügelte Nuss. ✿ 4–5. △ Auen- und
Schluchtwälder, krautreiche Mischwälder; verbreitet. Fast ganz Europa, nördlich bis Südskandinavien, im Süden nur
in den Gebirgen.

4 Blumen- oder **Manna-Esche**
Fraxinus ornus L.
Baum 5–10 m, mit glatter Rinde; B. mit
5–9 elliptischen, gezähnten, kurz gestielten Fiederb., unterseits heller grün
oder weißlich; Knospen graufilzig; Bl.
weiß, in reichblütigen, pyramidenför-
migen Bl.ständen, duftend, mit den B.
erscheinend; Kronb. 4, linealisch,
10–15 mm lg.; Staubbeutel mit lg.
Staubfäden; Frucht 3 cm lg., geflügelt.
✿ 4–5. △ Flaumeichenwälder, Gebüsche. Südalpen, Südeuropa; auch als
Zierbaum gepflanzt.

5 Gewöhnlicher Liguster
·*Ligustrum vulgare* L.
Strauch 1–5 m; B. ei-lanzettlich, gegenständig, ganzrandig, kahl; Bl. klein, in
dichten Rispen, 4zählig; Krone tief 4tei-
lig, weiß; Frucht eine schwarze Beere,
ungenießbar. ✿ 6–7. △ Gebüsche, Waldränder, Mischwälder; wärmeliebend;
häufig. Fast ganz Europa, nördlich bis
Südskandinavien.

Schwalbenwurzgewächse Asclepiadaceae

6 Weiße Schwalbenwurz
Cynanchum vincetoxicum (L.) Pers.
(Vincetoxicum officinale Moench)
Pfl. 30–120 cm; St. hohl, flaumig; B. länglich, herz-eiförmig, 8–12 cm lg., dunkel-
bis blaugrün; Bl.stand zusammenget-
zt, Bl. in den Teilbl.ständen knäuelig gehäuft, 5zählig, radiär; Krone trichterförmig, weiß bis gelbgrün, 4–7 mm br., mit
kleiner Nebenkrone. Fruchtknoten oberständig, mit den 5 Staubb. zu einem Säulchen verwachsen. ✿ 5–8. Giftig! △ Ei-
chen- und Kiefernwälder, sonnige Gebüsche, warme Steinschuttfluren; zerstreut.
Hauptsächlich Mittel- und Südeuropa.

Hundsgiftgewächse / Apocynaceae

1 Kleines Immergrün
Vinca minor L.
Pfl. 10–50 cm, weitkriechend; B. lederig, immergrün, lanzettlich, kahl; Bl. einzeln in den B.achseln, 1–2 cm lg. gestielt; 5zählig; Krone hellblau, 2–3 cm br.; Fruchtknoten oberständig, ❁ 4–5. Giftig! △ Laubwälder, Gebüsche; Zierpfl.; zerstreut. Mittel- und Südeuropa, nördlich bis Dänemark.

2 Großes Immergrün
Vinca major L.
Pfl. 10–50 cm, ähnlich Kleinem Wintergrün, aber B. mit der größten Breite nahe dem Grund, allmählich zugespitzt, am Rand behaart; B.stiel bis 1,5 cm lg.; Krone 4–5 cm br.; Kelchzipfel behaart. ❁ 4–5. Giftig! △ Laubwälder, Gebüsche; Zierpfl. Ursprünglich Südeuropa, heute vielerorts als Gartenpfl. und verwildert.

Enziangewächse / Gentianaceae

3 Schwalbenwurz-Enzian
Gentiana asclepiadea L.
Pfl. 30–80 cm; B. kreuz-gegenständig, lanzettlich, spitz, 4–8 cm lg., 5nervig; Bl. zu 1–3 b.achselständig, an schattigen Hängen Bl. 1seitswendig und B. kammartig 2zeilig angeordnet; Kelch röhrig, mit 5 kurzen, schmalen Zipfeln; Krone eng, glockenförmig, 3–5 cm lg., dunkelblau, innen rotviolett. ❁ 7–9. Geschützt! △ Moorwiesen, Bergwälder, Hochstaudenfluren; in den Alpen bis fast 2000 m; ziemlich selten. Gebirge Mittel- und Südeuropas. GefGr. 3!

Röte- oder Krappgewächse Rubiaceae

4 Gewimpertes Kreuzlabkraut
Cruciata laevipes Opiz
(Galium cruciata (L.) Scop.)
Pfl. 10–50 cm; St. und Bl.stand abstehend behaart; B. eiförmig, 3nervig, 1–2 cm lg., behaart, zu 4 im Quirl, gelblichgrün; Bl. in b.achselständigen Quir-

len; Krone 2–3 mm br., gelb; Bl.stiele behaart. ❁ 4–6. △ Auenwälder, Hecken, Zäune, Unkrautgesellschaften; ziemlich häufig. Fast ganz Europa.

5 Rundblättriges Labkraut
Galium rotundifolium L.
Pfl. 10–25 cm; St. aufsteigend, dünn, zart; B. br.-eiförmig, stachelspitz, 1–2 cm lg., zu 4 im Quirl; Bl.stand locker; Krone weiß, 3 mm br.; Früchte mit Widerhaken. ❁ 6–9. △ Tannen- und Fichtenwälder, Fichtenforste; zerstreut. Hauptsächlich Gebirge Mittel- und Südeuropas.

6 Wald-Labkraut
Galium sylvaticum L.
Pfl. 30–100 cm; St. stielrund, fein 4rippig; B. blaugrün, stachelspitz, meist zu 8 im Quirl; Bl.stand locker-rispig, ausgebreitet, mit feinen Bl.stielen; Krone weiß, 2–3 mm br., mit zugespitzten Zipfeln. ❁ 6–8. △ Laubwälder, Waldränder; ziemlich häufig. Hauptsächlich Mitteleuropa.

7 Waldmeister
Galium odoratum (L.) Scop.
(Asperula odorata L.)
Pfl. 15–30 cm; Bl. lanzettlich, die unteren zu 6, die oberen zu 8 im Quirl, stachelspitz, beiderseits grün; Bl.stand doldig; Krone trichterig, weiß, 4spaltig, 4–5 mm br.; Früchte mit Widerhaken. ❁ 5–6. △ Krautreiche Buchen- und Laubmischwälder; verbreitet. Fast ganz Europa.

Sperrkrautgewächse
Polemoniaceae

1 Blaue Himmelsleiter
Polemonium caeruleum L.
Pfl. 30–80 cm, mit waagrechtem Rhizom;
St. aufrecht, kantig gefurcht, kahl; B. unpaarig gefiedert, mit 15–30 ei-lanzettlichen Fiedern; Bl. 5zählig, in 10–30 cm
lg., drüsig behaarter Rispe; Krone radförmig bis glockig, himmelblau, selten
weiß, etwa 2 cm br., mit gerundeten
Kronzipfeln; Kelch bis zur Mitte geteilt.
✿ 6–7. Geschützt! △ Grauerlenwälder,
Hochstaudenfluren, Gebüsche, kalkhaltige Flachmoore; ziemlich selten; Zierpfl.
Mittel- und Nordeuropa, gelegentlich
aus Gärten verwildert. GefGr. 3!

Borretschgewächse
Boraginaceae

2 Echter Steinsame
Lithosperum officinale L.
Pfl. 30–100 cm; St. reich verzweigt, dicht
beblättert; B. lanzettlich, 4–8 cm lg., sitzend, unterseits mit deutlichen Fieder-
nerven; Krone weiß oder gelblich,
6–8 mm br.; Kronröhre 4–5 mm lg, im
Kronschlund mit 5 behaarten Falten.
✿ 5–7. △ Sommerwarme Auenwälder,
lichte Laubwälder; zerstreut; Heilpfl.
Europa.

3 Blauer Steinsame
Lithospermum purpurocaeruleum L.
Pfl. 30–60 cm, dicht behaart, mit Ausläufern; B. lanzettlich, unterseits nur Mittelnerv sichtbar (nicht fiedernervig); Krone
5zählig, zuerst rotviolett, dann tiefblau,
mit 14–20 mm lg. Röhre; Teilfrüchtchen
glatt, glänzend weiß. ✿ 4–6. △ Sonniges Eichengebüsch, lichte Laubwälder;
ziemlich selten. Mittel- und Südeuropa.

4 Wald-Vergissmeinnicht
Myosotis sylvatica (Ehrh.) Hoffm.
Pfl. 15–45 cm, dicht behaart; Grundb.
kurz gestielt, ei-lanzettlich; Kelch etwa
5 mm lg., zu ²/₃ verwachsen, mit linealischen Zipfeln und abstehenden, vorne

hakig gebogenen Haaren besetzt; Krone
flach, ausgebreitet, 6–10 mm br., blau;
Fruchtstiel 5 mm lg. ✿ 5–7. △ Waldränder, krautreiche Laubwälder, Bergwiesen, Hochstaudenfluren; zerstreut. Fast
ganz Europa, nördlich bis Südschweden,
südlich bis Apennin und Balkanhalbinsel.

5 Weiches Lungenkraut
Pulmonaria mollis Wulff
(*P. montana* aut.)
Pfl. 15–35 cm, frischgrün; B. und St.
stark drüsig und dicht weichhaarig;
Grundb. länglich-eiförmig, 4–6 cm br.,
allmählich in den lg. Stiel verschmälert;
St.b. ei-lanzettlich, 2–4 cm br., etwas
herablaufend; Bl.stand oben klebrig;
Bl. 15–20 mm lg., anfangs rot, dann
blauviolett; Kelch dicht kurzdrüsig, klebrig, 5nervig. ✿ 4–6. Geschützt! △ Waldränder, krautreiche Laubmischwälder,
Bergwälder; ziemlich selten. Hauptsächlich Mitteleuropa. – Ähnlich sind noch:
Samt-Lungenkraut, *P. mollissima* Kerner,
aber Pfl. dicht samtig behaart, graugrün;
St.b. nicht herablaufend; Eichenmischwälder; selten. Ostbayern, Mittel-
und Südosteuropa. – **Schmalblättriges
Lungenkraut**, *P. angustifolia* L. (*P. azurea* Besser), Grundb. schmal-lanzettlich,
2–3 cm br., St.b. 5–15 mm br.; St., B. und
Kelch streifhaarig, nicht drüsig; Kelch
10nervig, nicht klebrig; Eichen- und
Kiefernwälder, Gebüsche; selten.
Geschützt! GefGr. 2!

6 Echtes Lungenkraut
Pulmonaria officinalis L.
Pfl. 15–30 cm; Grundb. herz-eiförmig,
meist weiß gefleckt, plötzlich in den lg.
Stiel verschmälert; obere St.b. oval,
st.umfassend; Bl.stand steifhaarig;
Bl. rosa, dann blau, 1 cm br. ✿ 3–5.
△ Krautreiche Laubmischwälder, Gebü-
sche, Waldränder; verbreitet. Fast ganz
Europa.

Borretschgewächse
Boraginaceae

1 Knoten-Beinwell
Symphytum tuberosum L.
Pfl. 25–50 cm, mit unregelmäßig, knollig verdicktem Rhizom, ohne Ausläufer; St. 1fach oder nur oben ästig; B. ei-länglich, 3–12 cm lg., allmählich in den Stiel verschmälert, kaum herablaufend (im Gegensatz zum Gemeinen Beinwell); Bl. 15–20 mm lg., blassgelb; Schlundschuppen die Kronzipfel nicht überragend. ✿ 4–5. △ Krautreiche Laubwälder, Auenwälder, Hochstaudengebüsch; zerstreut bis selten. Süddeutschland, Alpen und Vorland, Südeuropa. – Ähnlich ist der **Knollen-Beinwell,** S. *bulbosum C.* Schimper, aber Pfl. mit Ausläufern, Rhizom dünn, mit kugeligen Knollen; B. plötzlich in den Stiel verschmälert; Schlundschuppen die Kronzipfel überragend; Parkanlagen, Waldränder, Weinberge; verwildert. Südeuropa.

Lippenblütengewächse
Labiatae oder Lamiaceae

2 Immenblatt, Waldmelisse
Melittis melissophyllum L.
Pfl. 20–60 cm, dicht weichhaarig; B. eiförmig, grob gekerbt, 3–9 cm lg.; Bl. 2–4 cm lg., zu 1–3 in den Achseln der oberen B.; Kelch glockenförmig, 10nervig; Krone 2lippig, rosa oder weiß, mit rotvioletten Flecken auf der Unterlippe, diese 3teilig, mit br., ausgerandetem Mittelzipfel; Staubb. 4. ✿ 5–7. △ Lichte, warme Eichen- Hainbuchen-, Linden- oder Buchenmischwälder, Gebüsche; ziemlich selten. Mittel- und Südeuropa.

3 Wald-Gamander
Teucrium scorodonia L.
Pfl. 30–60 cm, unangenehm riechend; B. gestielt, eiförmig, am Grund herzförmig, netzrunzelig, stumpf und unregelmäßig gezähnt, 3–7 cm lg.; Bl. gelblich, 10–14 mm lg., in lockerer, schlanker Ähre; Kelch 4–6 mm lg., 2lippig, Oberlippe 1fach, Unterlippe 4zähnig. ✿ 7–9. △ Boden-saure, lichte Eichen- und Kiefernwälder, Heiden, Waldränder; verbreitet. Mitteleuropa, nördlich bis Südskandinavien, südlich bis Südfrankreich, Oberitalien, Kroatien (westlich).

4 Goldnessel
Galeobdolon luteum Huds.
(Lamium galeobdolon L.)
Pfl. 20–50 cm, mit oberirdischen Ausläufern; B. ei-lanzettlich, spitz, gezähnt, 3–8 cm lg.; Bl. zu mehreren in den Achseln der oberen B.; Krone 15–25 mm lg., gelb, Unterlippe mit roten Flecken; bei ssp. *galeobdolonk,* ist der St.grund nur an den Kanten behaart, die obersten B. eiförmig, gekerbt und die Bl.halbquirle 2–3blütig; bei ssp. *montanum* (Pers.) Hayek, ist der St.grund ringsum behaart, die obersten B. lanzettlich und scharf gezähnt und die Bl.halbquirle 4–8blütig. ✿ 4–7. △ Laub- und Nadelwälder; verbreitet. Fast ganz Europa.

5 Wald-Ziest
Stachys sylvatica L.
Pfl. 30–100 cm, unangenehm riechend; St. abstehend behaart; B. gestielt, herzförmig, grob und spitz gezähnt, behaart; Bl. in quirlartigen, 6blütigen, übereinanderstehenden Teilbl.ständen; Krone 12–15 mm lg., schmutzigviolett, mit fast doppelt so lg. Unterlippe; Kelch 4–7 mm lg., dicht behaart. ✿ 6–9. △ Laubwälder, Auenwälder, Waldränder; verbreitet. Europa, im Süden nur in den Gebirgen.

Lippenblütengewächse
Labiatae oder Lamiaceae

1 Heilziest, Gemeine Betonie
Betonica officinalis L.
(Stachys o. (L.) Trev.)
Pfl. 20–70 cm, am Grund verholzt; St.
mit 1–3 Laubb.paaren, oben angedrückt
behaart; B. lg. gestielt; B.spreite schmal-
eiförmig, 3–10 cm lg., schwach gekerbt,
netzrunzelig; Bl.stand dicht, walzenförmig; Bl. rot, mit gerader Oberlippe;
Kelch mit 5 borstig begrannten Zähnen.
✿ 6–8. △ Lichte Laubwälder, Moor- und
magere Bergwiesen; zerstreut; früher
Arzneipfl. Hauptsächlich Mittel- und
Südeuropa (westlich), nördlich bis Südskandinavien. – Die **Gelbe Betonie**, *B.
alopecuros* L. *(Stachys a. (L.) Benth.)*,
hat blassgelbe Krone, br.-herzförmige,
3–6 cm lg. B. und abstehend rauhaari-
gen St.; blassgelbe Matten, subalpine
Schutthalden, Latschengebüsch; selten.
Alpen, Pyrenäen, Apennin, Abruzzen,
Gebirge der Balkanhalbinsel.

2 Klebriger Salbei
Salvia glutinosa L.
Pfl. 50–120 cm, drüsenhaarig, klebrig;
B. lg. gestielt, Spreite am Grund spießförmig, grob gezähnt, 8–15 cm lg.;
Bl.stand aus vielen quirlartigen, 4–6blü-
tigen Teilbl.ständen; Bl. 3–10 mm lg.
gestielt, hellgelb, rotbraun punktiert,
3–5 cm lg.; Staubb. 2; Kelch eng glockenförmig, klebrigdrüsig behaart. ✿ 7–10.
△ Laubwälder, Bergmischwälder, Kahlschläge, Hochstaudenfluren; zerstreut.
Gebirge Mittel- und Südeuropas.

3 Wirbeldost
Clinopodium vulgare L.
(Satureja vulgaris (L.) Fritsch)
Pfl. 30–60 cm; St. zottig behaart; B. eiförmig, 2–4 cm lg., ganzrandig, schwach
gekerbt, behaart; Bl. zu 10–20 quirlartig
in den obersten B.paaren; Kelchzähne
lg. begrannt; Krone 1–1,5 cm lg., hellpurpurn. ✿ 7–10. △ Sonnige Waldränder,
lichte Wälder, Gebüsche; ziemlich häufig. Europa.

4 Gewöhnlicher Dost, Wilder Majoran
Origanum vulgare L.
Pfl. 20–60 cm, stark aromatisch riechend; B. kurz gestielt, länglich-eiförmig, unterseits drüsig punktiert, 1–2 cm
lg.; Bl. in lockeren Rispen und Doldenrispen mit rundlichen, oft purpurnen
Tragb.; Krone hellpurpurn, selten weiß,
4 mm lg. ✿ 7–9. △ Lichte Eichen- und
Kiefernwälder, sonnige Waldränder und
Hecken, Magerrasen, Böschungen;
häufig. Fast ganz Europa.

Nachtschattengewächse
Solanaceae

5 Tollkirsche
Atropa belladonna L.
Pfl. 50–150 cm; B. eiförmig, bis 15 cm
lg., kurz herablaufend, im Bereich des
Bl.standes B. scheinbar gegenständig,
1 größeres und 1 kleineres; Bl. einzeln,
b.achselständig; Krone 5teilig, glockig,
außen braunviolett, innen gelbgrün mit
violetten Adern; Frucht eine glänzende,
schwarze Beere, sehr giftig! ✿ 6–8.
△ Kahlschläge, Waldwege, Waldränder;
ziemlich häufig. Mittel- und Südeuropa.

6 Bittersüßer Nachtschatten
Solanum dulcamara L.
Pfl. 30–200 cm, unten verholzt, oft kletternd; B. br.-lanzettlich, ungeteilt oder
am Grund mit 1–2 Lappen; Bl.stand dol-
dig-traubig; Krone 5teilig, flach ausgebreitet, 1 cm br., violett; Frucht eine rote
Beere. ✿ 6–8. Giftig! △ Auenwälder,
Ufer, Kahlschläge; ziemlich häufig. Fast
ganz Europa.

1

2

3

4

5

5

6

Nachtschattengewächse
Solanaceae

1 Judenkirsche, Wilde Blasenkirsche
Physalis alkekengi L.
Pfl. 25–60 cm; B. 3eckig-eiförmig, spitz,
am Rand oft buchtig geschweift; Bl. einzeln; Krone 15–25 mm br., grünlichweiß;
Kelch zur Fruchtzeit orangerot und
lampionähnlich, etwa 4 cm lg., die rote,
kirschengroße Frucht einschließend. ✿
5–8. △ Auenwälder, Weinbergshecken;
zerstreut; Gartenpfl.; Beeren genießbar.
Mittel- und Südeuropa (östlich).

Braunwurzgewächse
Scrophulariaceae

2 Echter Ehrenpreis
Veronica officinalis L.
Pfl. 10–30 cm, niederliegend, nur
Bl.stand aufrecht; St. rauhaarig; B. eiförmig, kurz gestielt, dunkelgrün, stumpf
gekerbt; Bl. in achselständigen Trauben
mit sehr kleinen Tragb.; Kelch 4blättrig;
Krone hellviolett, 6–7 mm br.; Fruchtkapsel 3eckig bis herzförmig, drüsenhaarig.
✿ 6–8. △ Wälder, Heiden, Magerrasen,
saure Böden; verbreitet; früher Arzneipfl. Europa.

3 Nesselblättriger Ehrenpreis
Veronica latifolia L. (*V. urticifolia* Jacq.)
Pfl. aufrecht, 20–60 cm; St. ringsum
gleichmäßig behaart; B. br.-lanzettlich,
spitz, scharf gesägt, untere B. kurz gestielt, obere sitzend; Bl. in vielblütigen,
lg. Trauben; Bl.stiele 6–8 mm lg.; Kelch
4blättrig; Krone 6–8 mm br., lila oder rötlich, dunkler geadert; Fruchtkapsel
rundlich. ✿ 6–8. △ Schlucht- und krautreiche Bergwälder, Hochstaudenfluren;
zerstreut. Gebirge Mittel- und Südeuropas. – Ähnlich sind noch: **Gamander-Ehrenpreis,** *V. chamaedrys* L., siehe T. 83. –
Berg-Ehrenpreis, *V. montana* L., Pfl.
15–45 cm, kriechend; B. lg. gestielt,
rundlich-eiförmig, runzelig, eingeschnit-
ten-kerbsägig; Bl.traube armblütig; Bl.
blasslila, mit dunkleren Adern; Fruchtkapsel fast brillenförmig; krautreiche

Laubwälder, quellige Waldstellen; zerstreut. Südschweden, Mittel- und Südeuropa, im Süden nur in den Gebirgen.

4 Großer Ehrenpreis
Veronica teucrium L.
Pfl. aufsteigend bis aufrecht, 15–60 cm;
B. eiförmig, grob gesägt, am Grund ab-
gerundet, sitzend; Bl. in gegenständi-
gen, dichten, später sich verlängernden
Trauben; Kelch 5blättrig; Krone hellblau,
10–13 mm br. ✿ 6–7. △ Sonnige Wald-
ränder, Gebüsche, lichte Eichen- und
Kiefernwälder, Magerrasen; zerstreut.
Hauptsächlich Mitteleuropa, südlich bis
Mittelspanien, Mazedonien, östlich bis
Kaukasus. – Sehr ähnlich ist der **Öster-
reichische Ehrenpreis,** *V. austriaca* L.,
aber B. lanzettlich. Siehe T. 70.

5 Roter Fingerhut
Digitalis purpurea L.
Pfl. 40–150 cm; St. 1fach, graufilzig; B.
ei-lanzettlich, gekerbt, unterseits graufilzig, die unteren gestielt, die oberen
sitzend; Bl.stand 1seitswendig; Krone
röhrig-glockig, mit schiefem, 4spaltigem
Saum, 3–5 cm lg., purpurn, selten weiß,
innen rot gefleckt. ✿ 6–8. Giftig! △ Bergwälder, Waldwege, Säume, Kahlschläge,
kalkmeidend; zerstreut; Zier- und Arzneipfl. Hauptsächlich Westeuropa, östlich bis Böhmerwald, Schwarzwald.

6 Großblütiger Fingerhut
Digitalis grandiflora Mill.
(*D. ambigua* Murray)
Pfl. 60–120 cm; B. länglich-lanzettlich,
unterseits steifhaarig; Krone glockig-
bauchig, 3–4 cm lg., hellgelb, innen
braun gezeichnet. ✿ 6–8. Geschützt! Giftig! △ Laubwälder, Kahlschläge, sonnige
Waldränder, Geröllhalden; in den Alpen
bis etwa 1600 m; zerstreut. Mitteleuropa, südlich bis Südalpen, Nordgriechen-
land, Kaukasus. – Ähnlich ist der **Gelbe
Fingerhut,** *D. lutea* L., aber St. und B.
meist kahl; Krone 2–2,5 cm lg., innen ohne brauner Zeichnung. Geschützt! Giftig!
Waldwege, Kahlschläge; selten. Gebirge
Mittel- und Südeuropas.

3

1

6

4

5

2

Braunwurzgewächse
Scrophulariaceae

1 Knoten-Braunwurz
Scrophularia nodosa L.
Pfl. 50–150 cm; St. 4kantig; B. ei- oder
herzförmig, doppelt gesägt; Bl. in endständiger Rispe; Krone schmutzig braun,
am Grund grünlich, 7–9 mm lg. ✿ 6–9.
△ Kahlschläge, krautreiche Wälder; verbreitet. Europa. – Ähnlich sind noch:
Wasser-Braunwurz, *S. auriculata* L.
(S. aquatica L.), aber St. und B.stiele br.
geflügelt; B. schmal-herzförmig, stumpf,
gekerbt; Krone 8–10 mm lg., rotbraun;
Bachröhricht, Gräben; selten. GefGr. 3!
Geflügelte Braunwurz, *S.umbrosa* Dum.
(S. alata Gilib.), St. br. geflügelt, aber B.
spitz, am Grund verschmälert oder abgerundet, vorne scharf gesägt; Krone
6–8 mm lg., grünlichgelb; Bachröhricht;
verbreitet.

2 Wiesen-Wachtelweizen
Melampyrum pratense L.
Pfl. 10–50 cm; St. 4kantig; B. lanzettlich,
3–6 cm lg.; Bl.stand 1seitswendig, traubig; Kelchzähne lanzettlich, kürzer als
die halbe Kronröhre; Krone 15–20 mm
lg., mit lg., gerader Röhre, gelblichweiß;
Bl. fast waagerecht. ✿ 5–9. △ Lichte Wälder, Waldränder, Moore, Heiden; verbreitet. Fast ganz Europa. – Sehr ähnlich ist
der **Wald-Wachtelweizen,** *M. sylvaticum*
L., aber Krone mit kurzer, gekrümmter
Röhre, goldgelb, 6–9 mm lg.; Kelchzähne
3eckig-lanzettlich, etwa so lg. wie die
Kronröhre; Bl. aufrecht. ✿ 5–8. △ Nadelwälder, Waldränder.

3 Hain-Wachtelweizen
Melampyrum nemorosum L.
Pfl. 10–50 cm; St. 4kantig, auf 2 gegen-
überliegenden Seiten kurzhaarig; B. lanzettlich, lg.spitzig; Hochb. br.-herzförmig
bis spießförmig, behaart, jederseits mit
1–5 mm lg. Zähnen, blauviolett; Bl.stand
1seitswendig; Krone 16–20 mm lg., goldgelb, später orange, mit rotbrauner, gerader Kronröhre; Kelch wollig-zottig.
✿ 6–9. △ Laubwälder; selten. Mittel-

und Nordeuropa (ohne Arktis, Subarktis
und Großbritannien).

4 Schuppenwurz
Latraea squamaria L.
Pfl. 10–25 cm, blauviolett oder rötlich. B.
schuppenförmig, rötlich; Bl. 10–15 mm
lg., rötlich, in 1seitswendiger, reichblütiger Traube. ✿ 3–4. △ Auen- und
Schluchtwälder; zerstreut; Wurzel-
schmarotzer auf Erle, Hasel, Buche oder
Pappel. Fast ganz Europa.

Geißblattgewächse / Caprifoliaceae

5 Schwarzer Holunder
Sambucus nigra L.
Strauch 3–7 m; B. gefiedert, unterseits
bläulichgrün, mit meist 5 länglich eiförmigen, 5–10 cm lg., fein gezähnten Fiederb.; St.mark weiß; Bl.stand eine
10–20 cm br. Doldenrispe; Krone radförmig, 5teilig, weiß oder gelblich; Beeren
schwarz, essbar. ✿ 5–6. △ Hecken,
krautreiche, feuchte Wälder, Schuttplätze; häufig. Fast ganz Europa. – Der
Zwerg-Holunder, *Sambucus ebulus* L.,
eine krautige Pfl., 1–2 m, mit widerli-
chem Geruch, hat 7 oder 9 lanzettliche,
5–15 cm lg., fein gesägte Fiederb., weiße
oder rosafarbene Bl. mit roten Staubb.;
Beeren schwarz, ungenießbar; Waldschläge, Auen; verbreitet. Mittel- und
Südeuropa, nördlich bis Südschweden.

6 Trauben-Holunder
Sambucus racemosa L.
Strauch 1–4 m; St.mark gelbbraun; B.
beiderseits hellgrün, mit länglich-lan-
zettlichen Fiederb.; Bl.stand eine eiförmige Rispe, mit den B. erscheinend;
Krone grünlichgelb; Beeren rot, essbar,
die Steinkerne jedoch giftig. ✿ 4–5.
△ Nadel- und Mischwälder, Kahlschläge,
Schutthalden; in den Alpen bis etwa
2000 m; verbreitet. Mitteleuropa, südlich bis Pyrenäen, Norditalien, Bulgari-
en; in Skandinavien eingebürgert.

7 Moosglöckchen
Linnaea borealis L.

Fortsetzung auf Seite 398

5

1

3

2

6

4

7

FORTSETZUNG VON SEITE 396

Pfl. 5–15 cm hoch, St. fadenförmig, weit kriechend, bis 2 m lg., drüsig behaart; B. wintergrün, br.-eiförmig oder rundlich, 7–15 mm lg., jederseits mit 1–2 kleinen Zähnen, unterseits blaugrün; Bl. zu 1–2 auf lg. Stielen, nickend, glockig, 7–10 mm lg., mit 5 br. Zipfeln, weiß oder rosa, innen rot gestreift und behaart; Staubb. 4. ✿ 6–8. Geschützt! △ Fichten-, Kiefern-, Zirben- und Lärchenwälder, über Moospolster kriechend; in den Alpen bis etwa 2400 m; selten, in den Alpen gebietsweise verbreitet. Nordeuropa, Norddeutschland, Alpen, Sudeten, Karpaten, Kaukasus. GefGr. 3!

Geißblattgewächse
Caprifoliaceae

1 Wolliger Schneeball
Viburnum lantana L.
Strauch 1–3 m; B. eiförmig, netzrunzelig, fein gezähnt, oberseits dunkelgrün, unterseits graufilzig; Bl. in 5–10 cm br. Doldenrispen; alle Bl. gleich groß; Krone weiß, 6–8 mm br.; Beeren eiförmig und abgeflacht, 7–9 mm lg., zuerst rot, dann schwarz. ✿ 5–6. Schwach giftig! △ Gebüsche, lichte Eichen- und Kiefernwälder; zerstreut. Mittel- und Südeuropa.

2 Gewöhnlicher Schneeball
Viburnum opulus L.
Strauch 1–4 m; B. rundlich, 3–5lappig, bis 12 cm lg. und br., beiderseits grün, kahl; Abschnitte unregelmäßig gezähnt; Doldenrispe 5–10 cm br.; Bl. 6–8 mm br., die Randbl. unfruchtbar, größer, mit unsymmetrischer Krone, 1–2 cm br.; Beeren kugelig, rot, 8–10 mm br. ✿ 5–6. Schwach giftig! △ Auen, Wald- und Bachränder; häufig. Fast ganz Europa.

3 Rote Heckenkirsche
Lonicera xylosteum L.
Strauch 1–2 m; B. gegenständig, br.-elliptisch, weichhaarig, oberseits dunkelgrün, unterseits heller, 2–6 cm lg.; Bl. zu 2 auf gemeinsamen Stiel, dieser 1–2mal so lg. wie die Bl.; Krone gelblichweiß, 10–15 mm lg.; Fruchtknoten der beiden Bl. nur am Grund verwachsen; Beeren rot, ungenießbar, paarweise, aber nicht verwachsen. ✿ 5–6. Giftig! △ Krautreiche Laub- und Mischwälder, Hecken; häufig. Fast ganz Europa. – Ähnlich sind noch: **Schwarzes Geißblatt,** *L. nigra* L., aber Bl.stiele 3–4mal so lg. wie die weißlichen Bl., Beeren schwarz, nur am Grund verwachsen; Bergmischwälder; Gebirge Mittel- und Südeuropas. Giftig! – **Alpen-Heckenkirsche,** *L. alpigena* L., Strauch 50–150 cm; Bl. trübrot; Fruchtknoten der beiden Bl. fast ganz verwachsen; B. elliptisch, 7–10 cm lg.; Beeren rot, glänzend, paarweise verwachsen; Buchen- und Bergmischwälder, Hochstaudenfluren, in den Alpen bis 2300 m; Gebirge Mittel- und Südeuropas. – Die **Blaue Heckenkirsche,** *L. coerulea* L., hat ebenfalls paarweise verwachsene Fruchtknoten und Beeren, diese aber schwarz, blau bereift; Bl. gelblichweiß; B. eiförmig, 2–5 cm lg.; bodensaure Bergwälder, Zwergstrauchgesellschaften, kalkmeidend; in den Alpen bis 2600 m. Nordeuropa, Alpen, Pyrenäen, Karpaten. Giftig!

4 Wald-Geißblatt
Lonicera periclymenum L.
windender Strauch, bis 5 m; B. ei-lanzettlich, 4–10 cm lg., kurz gestielt, das oberste B.paar unter dem Bl.stand ungestielt; Bl. 4–5 cm lg., gelblich, in gestielten Köpfen, wohlriechend; Früchte dunkelrot, nicht verwachsen, schwach giftig! ✿ 6–7. Giftig! △ Gebüsche, bodensaure Wälder mit Eiche, Birke oder Hainbuche; verbreitet; Zierpfl. West- und Mitteleuropa, nördlich bis Südskandinavien, südlich bis Mittelitalien, Korsika. – Ähnlich ist das **Echte Geißblatt, Jelängerjelieber,** *L. caprifolium* L., Strauch windend, bis 4 m, das oberste B.paar der blühenden Zweige am Grund br. miteinander verwachsen und vom St. durchwachsen, unterseits blaugrün; Bl.köpfe

FORTSETZUNG AUF SEITE 400

Fortsetzung von Seite 398

sitzend; Bl. weiß bis gelb, oft rötlich

Moschuskrautgewächse
Adoxaceae

1 Moschuskraut
Adoxa moschatellina L.
Pfl. zierlich, 5–10 cm; Grundb. doppelt
3zählig, die 2 gegenständigen St.b.
1fach 3zählig; Bl. zu 4–6, grünlichgelb,
in einem endständigen, fast würfelförmigen Kopf; Gipfelbl. mit 4teiliger Krone
und 2teiligem Kelch, seitliche Bl. mit
5teiliger Krone und 3teiligem Kelch.
✿ 3–5. △ Gebüsche, feuchte Laubwälder, Auenwälder, Hochstaudenfluren; in
den Alpen bis etwa 1800 m; ziemlich
selten. Fast ganz Europa.

Baldriangewächse / Valerianaceae

2 Berg-Baldrian
Valeriana montana L.
Pfl. 10–50 cm; St. mit 3–8 eiförmigen,
glänzend grünen B.paaren; Bl. rosa oder
weiß; Bl.stand reichblütig, lockerrispig;
Hochb. lanzettlich, grün. ✿ 5–7.
△ Lockere, felsige Bergwälder, Kalk-
schutthalden; zerstreut. Gebirge Mittel-
und Südeuropas.

3 Dreiblättriger oder **Stein-Baldrian**
Valeriana tripteris L.
Pfl. 10–50 cm, ähnlich Berg-Baldrian,
aber St.b. 3teilig, mit gezähnten Fiedern; Grundb. herzförmig, grob gezähnt;
Bl. weißlich bis rosa; Hochb. linealisch,
hautrandig, grob gezähnt. ✿ 4–6.
△ Lockere, felsige Bergwälder, Felsspalten, Schutthalden; zerstreut; in den
Alpen bis über 2200 m. Gebirge Mittel-
und Südeuropas.

Kardengewächse / Dipsacaceae

4 Wald-Knautie, Wald-Witwenblume
Knautia sylvatica (L.) Duby
Pfl. 30–100 cm; St. oft borstig behaart;
B. länglich-eiförmig, langspitzig, ganz-

überlaufen; Früchte rot, nicht verwachsen; Zierpfl. und gelegentlich verwildert.
Herkunft Südosteuropa. Giftig!

randig oder gekerbt; Bl. in flachen,
3–4 cm br. Köpfen, umgeben von einer
grünen Hochb.hülle; Kopfboden ohne
Spreub.; Krone der Einzelbl. 4teilig, lila;
äußere Bl. etwas größer. ✿ 6–9.
△ Schattige Waldränder, Auenwälder,
Hochstaudenfluren; ziemlich häufig.
Hauptsächlich Gebirge Mitteleuropas. –
Ähnlich ist die **Ungarische Knautie,**
K. drymeia Heuffel, aber grundständige
B.rosette mit mehreren, bogig aufstei-
genden, blühenden, flaumig behaarten
St. und br.-eiförmigen B.; sommerwarme
Laubwälder, selten. Mitteldeutschland,
Südalpen, Südeuropa (östlich).

Glockenblumengewächse
Campanulaceae

5 Nesselblättrige Glockenblume
Campanula trachelium L.
Pfl. 30–100 cm; St. steifhaarig, scharfkantig; B. 3eckig eiförmig, nesselb.artig
gesägt, die unteren lg. gestielt; Bl. trichterförmig, violettblau, 3–4 cm lg., in lg.,
beblätterter Traube. ✿ 7–8. △ Krautreiche Laubwälder, Gebüsche; verbreitet.
Fast ganz Europa. – Ähnlich ist die **Breitblättrige Glockenblume,** *C. latifolia* L.,
aber St. stumpfkantig, weichhaarig; B.
ei-länglich, gesägt, mit kurzem, geflügeltem Stiel; krautreiche Bergmischwälder
und Schluchtwälder; selten. Alpen und
Vorland, Jura, Schwarzwald, Vogesen,
Eifel. Geschützt!

6 Pfirsichblättrige Glockenblume
Campanula persicifolia L.
Pfl. 30–80 cm; Grundb. derb, dunkelgrün, untere B. ei-länglich, in den Stiel
verschmälert, obere B. lanzettlich,
sitzend, fein gesägt; Bl. weitglockig,
2–4 cm lg. und br., blassblau, in armblütiger Traube; Kelchb. lanzettlich.
✿ 6–8. △ Sonnige, krautreiche Laub-
und Nadelwälder, Wald- und Wegränder;
verbreitet. Europa.

4

6

3

2

1

5

Glockenblumengewächse
Campanulaceae

1 Ährige Teufelskralle
Phyteuma spicatum L.
Pfl. 20–60 cm; Grundb. lg. gestielt,
ei-herzförmig, 1–2mal so lg. wie br.,
doppelt gesägt; St.b. etwas schmäler,
die unteren gestielt, die oberen sitzend;
Bl. in 4–10 cm lg., walziger Ähre; Krone
gelblichweiß, 1 cm lg.; Kronb. an der
Spitze verwachsen. ✿ 5–7. △ Krautrei-
che Wälder, Bergwiesen; verbreitet. Fast
ganz Europa. – Ähnlich, mit lg. gestreck-
ten Bl.köpfen, sind noch: **Schwarze
Teufelskralle,** *Ph. nigrum* F.W. Schmidt,
aber Bl.köpfe schwarzviolett, deren
Hüllb. linealisch, kürzer als der Bl.kopf;
Grundb. doppelt so lg. wie br., mittlere
St.b. am Grund keilförmig verschmälert;
Bergwiesen, Laubmischwälder, kalkarme Böden; verbreitet; Mitteleuropa. –
Haller's Teufelskralle, *Ph. ovatum*
Honck. *(Ph. halleri* All.), aber Grundb. so
lg. wie br., mittlere St.b. am Grund herzförmig oder abgerundet; Hüllb. lanzettlich, etwa so lg. wie die schwarzvioletten
Bl.köpfe; Gebirgswiesen, Hochstaudenfluren; zerstreut. Gebirge Mittel- und
Südeuropas. – **Ziestblättrige** oder **Beto-
nien-Teufelskralle,** *Ph. betonicifolium*
Vill., aber Grundb. schmal, 2–4mal länger als br.; Hüllb. der hellblauen Bl.köp-
fe sehr kurz, borstlich-lanzettlich; Silikatmagerrasen; zerstreut. Alpen.

Korbblütengewächse
Compositae oder Asteraceae

2 Gemeiner Wasserdost,
Kunigundenkraut
Eupatoria cannabina L.
Pfl. 50–150 cm; St. oft rötlich, reich be-
blättert; B. gegenständig, handförmig
3–5teilig, mit gezähnten, elliptischen
Lappen; Bl.köpfe klein, länglich, 1 cm
lg., in dichten Schirmrispen, nur mit
Röhrenbl., rosa. ✿ 7–8. △ Auenwälder,
Gräben, Ufer, Kahlschläge; häufig.
Europa.

3 Kahler Alpendost
Adenostyles glabra (Mill.) DC.
Pfl. 30–80 cm; B. rundlich-nierenförmig,
regelmäßig gezähnt, unterseits graugrün, mit engmaschigem Adernetz kahl
oder nur auf den Nerven behaart, B.stiel
ungeöhrt; Bl. blassrosa oder rotviolett,
in Doldenrispen; Bl.köpfe meist 3blütig.
✿ 6–8. △ Steinige Bergwälder, Schuttfluren, in den Alpen zwischen 800 und
2500 m; häufig. Gebirge Mittel- und Südeuropas. – Ähnlich sind noch: **Grauer
Alpendost,** *A. alliariae* (Gouan) Kerner,
aber B. herz- bis nierenförmig, ungleichmäßig grob gezähnt, unterseits schwach
graufilzig, mit engem Adernetz; B.stiele
der oberen B. am Grund geöhrt; Bl.köpfe
3–6blütig; Bergwälder, Hochstaudenfluren; verbreitet. Gebirge Mittel- und Südeuropas. – Der **Filzige Alpendost,** *A. leu-
cophylla* (Willd.) Rchb. *(A. tomentosa*
(Vill.) Schinz et Thell.), hat unterseits filzig behaarte B. und 12–24blütige
Bl.köpfe mit filzig behaarten Hüllb.;
kalkarme Schuttfluren der Westalpen.

4 Berg-Aster, Kalk-Aster
Aster amellus L.
Pfl. kurz steifhaarig, 20–50 cm; B. elliptisch, die oberen lanzettlich, ganzrandig,
rauhaarig; Bl.köpfe zu mehreren am St.,
mit blauvioletten Zungenbl. und gelben
Röhrenbl.; Hüllb. etwas abstehend.
✿ 8–10. Geschützt! △ Lichte Kiefernwälder, sonnige Waldränder und Gebüsche,
Halbtrockenrasen; zerstreut bis selten.
Mittel- und Südosteuropa.

Korbblütengewächse
Compositae oder Asteraceae

1 Rauer Alant
Inula hirta L.
Pfl. 15–45 cm; St. abstehend behaart;
B. eiförmig, beiderseits rauhaarig, hervortretend netznervig, mit abgerundetem Grund sitzend; Bl.köpfe 2–5 cm br.,
zu 1–3; Zungenbl. 15–20 mm lg., gelb.
✿ 6–7. △ Lichte Eichen- und Kiefernwälder, sonnige Hecken, Trockenrasen;
selten. Hauptsächlich Mittel- und Osteuropa. GefGr. 3! – Ähnlich sind noch:
Schweizer Alant, *I. helvetica* Weber,
aber St. angedrückt graufilzig, B. ei-
lanzettlich, in den kurzen Stiel verschmälert, unterseits dicht kurzhaarig,
ohne Netznervatur; Bl.köpfe 2,5–3 cm
br., zu mehreren in einer Doldenrispe;
äußere Hüllb. graufilzig; Ufergebüsch,
Auenwaldränder, wärmeliebend; selten.
Südwestdeutschland (Kaiserstuhl),
Schweizer Mittelland, Südwesteuropa.
GefGr. 2! – **Deutscher Alant,** *I. germanica*
L., aber St.b. mit herzförmigem Grund
halbst.umfassend sitzend, unterseits
lg.haarig, drüsig; Bl.köpfe 1 cm br., in
dichter Schirmrispe; Zungenbl. wenig
länger als die Scheibenbl.; Kalkmagerrasen, sonniger Gebüschsaum; selten.
Mittel- und Süddeutschland, Ost- und
Südosteuropa. GefGr. 2! – **Gewöhnlicher
Alant, Dürrwurz,** *I. conyza* DC., Bl.köpfe
1 cm br., in Doldentrauben, bräunlich,
ohne Zungenbl. oder diese in der Hülle
versteckt, mit abstehenden Hüllb.; B.
ei-lanzettlich, unterseits dicht kurzhaarig, netzadrig; lichte Eichen- und Kiefernwälder, sonnige Waldränder; zerstreut. Süddeutschland, Mittel- und Südeuropa; vergleiche auch *I. salicina,* T. 73.

2 Straußblütige Wucherblume
Tanacetum corymbosum (L.)
Schultz-Bip. *(Chrysanthemum c.* L.)
Pfl. 50–100 cm; B. mit 7–15 ei-längli-
chen, nochmals fiederteiligen Fiedern
mit linealischen, gezähnten Zipfeln;
Bl.köpfe 1–2 cm br., zu 6–20 in Schirm-
rispen; Zungenbl. schmal-linealisch,

1–2 cm lg. weiß; Röhrenbl. gelb ✿ 6–8.
△ Lichte Laubwälder und Waldränder,
Gebüsche, wärmeliebend; zerstreut.
Mittel- und Südeuropa. – Ähnlich ist die
Großblättrige Wucherblume, T. *macro-
phyllum m.* (W. et Kit.) Schultz-Bip.
(Chrysanthemum m. W. et K.), aber
Zipfel der Fiederb. ei-rundlich oder br.-
lanzettlich, Zungenbl. breiter als lg.;
Röhrenbl. bräunlichweiß; Bl.köpfe
6–8 mm br.; Zierpfl. in Unkrautfluren ver-
wildert. Südosteuropa; vergleiche auch
Chrysanthemum parthenium, T. 36.

3 Kletten-Distel
Carduus personata (L.) Jacq.
Pfl. 60–120 cm; St. schmal geflügelt;
B. groß, weich, unterseits spinnwebig
behaart, die oberen oval, borstlich gezähnt, die unteren tief gelappt; Bl.köpfe
zu mehreren, 1–2 cm br., purpurn; Hüllb.
linealisch, spitz, kaum stechend, länger
als die Bl. ✿ 7–8. △ Grauerlenwälder,
Weidengebüsch, Bachufer, Hochstaudenfluren; ziemlich selten. Gebirge
Mittel- und Südeuropas.

4 Wald-Ruhrkraut
Gnaphalium sylvaticum L.
Pfl. 10–50 cm, zur Bl.zeit mit vielen,
nichtblühenden Rosetten; St. filzig;
Grundb. lanzettlich, 2–6 cm lg., 2–5 mm
br., kurz gestielt, wie die St.b. 1nervig,
unterseits filzig; Bl.köpfe in lg. Ähre,
diese mindest $^1/_3$ der St.länge; Hüllb.
mit hellbraunem Hautrand. ✿ 7–9.
△ Waldwege, Kahlschläge, Magerrasen;
häufig. Fast ganz Europa. – Ähnlich ist
das **Norwegische Ruhrkraut,** *G. norvegi-
cum* Gunn., aber Grundb. 5–12 cm lg.,
3nervig, lg. gestielt, zur Bl.zeit meist
vertrocknet, alle B. 3nervig, etwa
5–10 mm br.; Ähre kürzer; Hüllb. dunkelbraun gesäumt. ✿ 7–8. △ Silikatmagerrasen, kalkmeidend; Europa, hauptsächlich in den Gebirgen.

5 Berg-Flockenblume
Centaurea montana L.
Pfl. 20–70 cm; St. 1fach, unverzweigt;
B. eiförmig, spitz, am St. flügelartig

FORTSETZUNG AUF SEITE 406

1

2

3

4

5

FORTSETZUNG VON SEITE 404

herablaufend, oberseits schwach, unterseits dicht filzig behaart, später verkahlend; Bl.köpfe einzeln; randliche Bl. stark vergrößert, tiefblau, zentrale Bl. violett; Hüllb. mit kammförmigen, braunschwarzen Fransen. ✿ 5–7. △ Berg- und Schluchtwälder, grasreiche Hochstaudenfluren und Bergwiesen; zerstreut; in den Alpen bis über 2000 m. Gebirge Mittel- und Südeuropas.

Korbblütengewächse Compositae oder Asteraceae

1 Gewöhnliche Goldrute

Solidago virgaurea L.
Pfl. 20–100 cm; B. länglich-elliptisch, 3–4mal so lg. wie br., meist gezähnt; Bl.köpfe 7–8 mm lg. und 10–15 mm br., in aufrechter, allseitswendiger Traube oder Rispe; Zungenbl. 6–12, länger als die linealischen, grünlichgelben, hautrandigen Hüllb. ✿ 7–10. △ Krautreiche Laub- und Mischwälder, Heiden, Magerweiden; verbreitet. Europa. – Sehr ähnlich ist die **Alpen-Goldrute,** *S. alpestris* W. et Kit., aber B. schmäler, 4–6mal so lg. wie br.; Bl.köpfe bis 10 mm lg. und über 15 mm br., in ährenförmiger Rispe; Zwergstrauchgebüsch, Hochstaudenfluren, Bergwiesen; kalkmeidend. Vogesen, Schwarzwald, Böhmerwald, Alpen.

2 Gemeiner Alpenlattich

Homogyne alpina (L.) Cass.
Pfl. 10–30 cm; St. fast b.los, 1köpfig; Grundb. lg. gestielt, unterseits kahl, nur auf den Nerven behaart; Bl. nierenförmig, gezähnt-gekerbt; Bl. hellviolett; Hüllb. wollig, vorne braunrot; Pappus schneeweiß. ✿ 5–8. △ Bergfichtenwälder, Zwergstrauchgebüsch, Silikatmagerrasen; verbreitet. Gebirge Mittel- und Südeuropas. – Ähnlich ist der **Filzige Alpenlattich,** *H. discolor* (Jacq.) Cass., aber B. rundlich-nierenförmig, unterseits weißfilzig; Pappus schmutzigweiß; Schneeböden und Schneetälchen auf Kalk von 1400 bis 2600 m der Ostalpen.

3 Fuchs-Greiskraut

Senecio fuchsii C. C. Gmelin
Pfl. 60–150 cm; B. lanzettlich, die oberen über 5mal so lg. wie br., fein gesägt, kahl, kurz gestielt oder mit verschmälertem Grund sitzend; Bl.köpfe 2–3 cm br., in doldenartiger Rispe; Hülle meist 8blättrig, walzlich; Zungenbl. 5, gelb. ✿ 7–8. △ Kahlschläge, krautreiche Mischwälder, in den Alpen bis über 2000 m; häufig. Hauptsächlich Mitteleuropa. – Ähnlich ist das **Hain-Greiskraut,** *S. nemorensis* L., aber B. etwa 3mal so lg. wie br., knorpelig gezähnt, stark bewimpert, die oberen halbst.umfassend oder mit abgerundetem Grund sitzend; Hülle etwas glockig, 10blättrig; Zungenbl. 5–7; Bergmischwälder. – Bei dem **Dostblättrigem Greiskraut,** *S. cacaliaster* Lam. sind die hellgelben Bl.köpfe ohne Zungenbl.; B. ei-lanzettlich, scharf gesägt. Südalpen, Apennin, Cevennen, Zentralplateau.

4 Stinkender Hainsalat

Aposeris foetida (L.) Less.
Pfl. 5–25 cm, stinkend; St. 1fach, 1köpfig, b.los; B. in grundständiger Rosette, fiederteilig, löwenzahnartig; Hüllb. 2reihig; Bl.kopf 2–3 cm br., nur mit Zungenbl., gelb. ✿ 6–8. △ Bergmischwälder, besonders mit Buchen, Eichen-Hainbuchenwälder; in den Alpen bis über 2000 m; verbreitet. Alpen und Vorland, Gebirge Mittel- und Südeuropas.

Korbblütengewächse
Compositae oder Asteraceae

1 Weiße Pestwurz
Petasites albus (L.) Gaertn.
Pfl. zur Bl.zeit 15–30 cm, zur Fruchtzeit
bis 60 cm; Grundb. nach der Bl. erscheinend; St. nur mit bleichen Schuppenb.;
B. rundlich-herzförmig, unregelmäßig
gezähnt, unterseits graufilzig, mit engmaschigem Nervennetz; B.stiel oben
rund (bei *Tussilago,* siehe T. 31, oben
rinnig); Bl.köpfe in dichten Trauben; Bl.
weißlich. ✿ 3–5. △ Krautreiche Laubmischwälder, Schluchtwälder, Ufer; zerstreut. Fast ganz Europa, hauptsächlich
in den Gebirgen. Ähnlich sind noch:
Alpen-Pestwurz, *P. paradoxus* (Retz.)
Baumg. *(P. niveus* Baumg.), aber B.
eiförmig-3eckig, zugespitzt, meist länger
als br., fast gleichmäßig und scharf gezähnt, unterseits weißfilzig; Schuppenb.
rotbraun oder violett überlaufen; Bl.
rötlich; Geröllfluren, Steinschutt, Bachgeröll, mergelige Rutschstellen, zerstreut. Alpen und Vorland, Pyrenäen,
Gebirge der Balkanhalbinsel. – **Gewöhnliche Pestwurz,** *P. hybridus* (L.) G. M.
Sch. *(P. officinalis* Moench), aber B.
rundlich, bis 60 cm br., flachbuchtig und
fast gleichmäßig gezähnt, unterseits
grauwollig, später verkahlend; Bl.köpfe
wohlriechend, rötlich; Bachufer, Weiden-
und Erlengebüsch, Nasswiesen; verbreitet. Fast ganz Europa, im Süden nur in
den Gebirgen; siehe auch T. 118.

2 Hasenlattich
Prenanthes purpurea L.
Pfl. 50–150 cm, oben rispig verzweigt;
B. länglich-eiförmig, buchtig gezähnt,
mit herzförmigem Grund st.umfassend,
kahl, blaugrün; Bl.köpfe nickend,
2–5blütig, purpurn. ✿ 7–8. △ Krautreiche Buchen-Tannen- und Eichen-Buchenwälder, Hochstaudenfluren; verbreitet. Mittel- und Südeuropa.

3 Mauerlattich
Cicerbita muralis (L.) Dum.
(Lactuca m. L.)
Pfl. 40–80 cm; St. hohl, oben rispig ver-
zweigt; B. tief fiederteilig, mit eckigen
Seitenfiedern und großen Endlappen,
dunkelgrün, oft rot überlaufen; Bl.köpfe
5blütig, in lockeren Rispen; Bl. blass-
gelb; ✿ 7–8. △ Krautreiche Laub- und
Nadelwälder, Kahlschläge, schattige
Mauern; verbreitet. Fast ganz Europa.

4 Alpen-Milchlattich
Cicerbita alpina (L.) Wallr.
(Mulgedium alpinum (L.) Less.)
Pfl. 60–150 cm; St. 1fach, aufrecht, oben
violett überlaufen; B. unregelmäßig
fiederteilig, mit 3eckig-spießförmigem
Endabschnitt, oberseits dunkelgrün, un-
terseits blaugrün; Bl.köpfe in schmaler,
rispiger Traube; Hülle und Stiel der
Bl.köpfe mit abstehenden, braunen
Drüsenhaaren; Krone blauviolett. ✿ 7–9.
△ Hochstaudenfluren, Bergmischwälder,
Grünerlengebüsch, in den Alpen
1000–2200 m; verbreitet. Skandinavien,
Gebirge Mitteleuropas, Alpen, Pyrenäen,
Apennin, Karpaten, Gebirge der Balkan-
halbinsel. – Ähnlich ist der **Französische
Milchlattich,** *C. plumieri* (L.) Kirschl.,
aber Bl.stand kahl; Krone hellblau; Köp-
fe in Doldentrauben; Endabschnitt der
B. ei-länglich; selten. Schwarzwald,
Vogesen, Westalpen, Cevennen, Zentral-
plateau, Pyrenäen.

Korbblütengewächse
Compositae oder Asteraceae

1 Wald-Habichtskraut
Hieracium sylvaticum L. (*H. murorum* L.)
Pfl. 20–60 cm; St. b.los oder mit 1–2
kleinen B.; Grundb. eiförmig, mit herzförmigem Grund, meist lg. gestielt, grob
gezähnt, weich, dunkelgrün; Bl.köpfe zu
2–15, in Doldenrispen; Kopfstiele und
Hüllb. meist drüsig. ✿ 5–8. (Sehr formenreiche Art mit mehreren Kleinarten).
△ Laub- und Nadelwälder, schattige Felsen und Mauern; häufig. Europa. – Ähnlich ist das **Gabelige Habichtskraut,** *H.
bifidum* Kit., aber Kopfstand gabelig,
sparrig, wenigköpfig; Kopfstiele und
Hüllb. sternhaarig, filzig, drüsenlos; B.
derb, buchtig gezähnt, unterseits oft rot;
lichte Buchenwälder, Felsfluren, Steinrasen auf Kalk; zerstreut. Europa, im
Süden nur in den Gebirgen.

2 Gemeines Habichtskraut
Hieracium lachenalii C. C. Gmelin
Pfl. 30–100 cm, zur Bl.zeit mit grundständiger B.rosette; St. 3–8blättrig; B.
grün, meist ungefleckt, eiförmig bis
ei-lanzettlich, grob gezähnt bis eingeschnitten, allmählich in den Stiel verschmälert; St.b. nach oben kleiner werdend; Kopfstiele und Hülle sternhaarig
und schwarzdrüsig; Hüllb. nicht dachziegelig. ✿ 6–8. (Formenreiche Art mit
mehreren Kleinarten). △ Lichte, bodensaure Laub- und Nadelwälder, Heiden,
Magerrasen, Felsbänder; verbreitet.
Europa. – Ähnlich ist das **Hasenlattich-
Habichtskraut,** *H. prenanthoides* Vill.,
aber St. 10–30, mit br.-herzförmigem
Grund st.umfassend, unterseits netzadrig, geigenförmig; Hülle und Bl.stand
reichdrüsig; Zungenbl. vorne bewimpert; Hochstaudenfluren, subalpine
Matten, Latschengebüsch; ziemlich
selten. Nordeuropa, Gebirge Mittel- und
Südeuropas.

3 Savoyer Habichtskraut
Hieracium sabaudum L.
Pfl. 50–150 cm, zur Bl.zeit ohne grundständiger B.rosette; St. gleichmäßig beblättert oder untere B. gedrängt sitzend;
B. ei-lanzettlich, grob gesägt, unterseits
blaugrün, obere B. halbst.umfassend
sitzend; Bl.köpfe in lockeren Rispen,
gelb; Hüllb. regelmäßig dachziegelig,
stumpf, dunkel. ✿ 8–10. △ Lichte, bodensaure Laubwälder, Waldränder, Wegböschungen, Steinbrüche; verbreitet.
Hauptsächlich Mitteleuropa. – Ähnlich
ist das **Dolden-Habichtskraut,** *H. umbellatum* L., aber Bl.köpfe in Dolden; Hüllb.
sparrig abstehend, an der Spitze zurückgebogen; B. lanzettlich, am Rand oft umgerollt; Eichen-Kiefernwälder, Magerrasen, Heiden, Brachland, verbreitet. Fast
ganz Europa, im Süden nur in den
Gebirgen.

4 Stengelumfassendes Habichtskraut
Hieracium amplexicaule L.
Pfl. 10–50 cm, klebrig-drüsig; St. gabelig
verzweigt, meist mit 3–6 St.b.; Grundb.
rosettig, ei-länglich, in den oft geflügelten Stiel verschmälert, mit groben Zähnen, dunkelgrün; St. mit herzförmigem
Grund st.umfassend sitzend; Bl.köpfe zu
2–12; Hülle 10–16 mm lg., drüsenhaarig;
Zungenbl. vorne bewimpert. ✿ 6–8.
△ Steinige Hänge, Bergwiesen, Felsfluren; verbreitet. Gebirge Mittel- und
Südeuropas.

Riedgrasgewächse oder Sauergräser / Cyperaceae

1 Horst-Segge
Carex sempervirens Vill.
Pfl. horstbildend, 20–50 cm, am Grund mit dunkelgrauem Faserschopf; B. glänzend, 2–3 mm br., etwas kürzer als der stielrunde St.; ♀ Ähren 2–3, lockerfrüchtig, 1–2 cm lg.; ♂ Ähre 1, endständig; Tragb. braun, weißhäutig berandet, kürzer als die grünen Schläuche. ✿ 6–8.
△ Kalkhaltige Matten, Bergwiesen, 1400–3000 m; häufig. Gebirge Mittel- und Südeuropas.

2 Rost-Segge
Carex ferruginea Scop.
Pfl. 30–60 cm, ähnlich *C. sempervirens*, aber mit Ausläufern; grundständige B.scheiden rost- bis purpurrot, nicht faserig; B. 1–2 mm br., schlaff. ✿ 7–9.
△ Durchfeuchtete, tiefgründige Böden, Bergwiesen, etwa 1000–2700 m; häufig. Gebirge Mittel- und Südeuropas.

3 Polster-Segge
Carex firma Host.
halbkugelige Polsterpfl., 5–20 cm; B. derb, steif, dicht gedrängt, 2–3 mm br., 4–5 cm lg., fast waagrecht abstehend; St. b.los. ♀ Ähren 6–10 mm lg., zu 1–3; Narben 3; ♂ Ähre 1, endständig. ✿ 6–8.
△ Kalkreiche Steinrasen, Felsbänder, etwa 1500–2500 m, gelegentlich tiefer herabgeschwemmt; häufig. Gebirge Mittel- und Südeuropas.

4 Krumm-Segge
Carex curvula All.
Pfl. 5–25 cm, am Grund mit den Resten vorjähriger B.; grundständige B.scheiden gelbbraun; B. borstlich, hohlrinnig, 1–2 mm br., bogig gekrümmt, rau, im oberen Teil bald absterbend, daher graubraun bis gelbgrün; Ähren gleichgestaltet, kopfig gedrängt, unten die ♀, oben die ♂; Narben 3. ✿ 7–8. △ Bodensaure, steinige Böden, etwa 2000–3000 m; verbreitet. Gebirge Mittel- und Südeuropas.

Binsengewächse / Juncaceae

5 Dreispaltige Binse
Juncus trifidus L.
Pfl. 10–25 cm; am Grund des stielrunden St. nur mit gelbbraunen, fast spreitenlosen B.scheiden, im oberen Drittel meist mit 3 fadenförmigen B.; Bl.stand 1–4blütig, endständig; Bl.b. 6, gleich lg., kastanienbraun, fein zugespitzt. ✿ 7–8.
△ Saure Böden, Silikatfelsspalten, etwa 1600–3000 m; zerstreut. Nordeuropa, Gebirge Mittel- und Südeuropas.

Süßgräser Gramineae oder Poaceae

6 Alpen-Rispengras
Poa alpina L., var. *vivipara* L.
Pfl. 5–50 cm, dichtrasig; St.grund durch viele, dicht übereinanderliegende B.scheiden zwiebelartig verdickt; B. flach, 2–5 mm br., grün bis blaugrün; Rispe locker; Ährchen 5–10blütig, grüngelb und rotviolett gescheckt, zu beblätterten Brutknospen auswachsend. ✿ 5–9. △ Tiefgründige, tonige Böden, Fettwiesen, Matten, etwa 1400–2600 m; häufig. Nordeuropa, Gebirge Mittel- und Südeuropas.

Knabenkrautgewächse oder Orchideen / Orchidaceae

7 Schwarzes Kohlröschen
Nigritella nigra (L.) Rchb.
Pfl. 8–20 cm; B. grasartig, hohlrinnig; Bl. schwarzpurpurn, selten rosa, in dichter, kugeliger, 1–2 cm lg. Ähre, stark nach Vanille duftend; Bl.b. lanzettlich, 1nervig; Lippe nach oben gerichtet. ✿ 6–9. Geschützt! △ Magerrasen, etwa 1600–2800 m; zerstreut. Nordeuropa und Gebirge Mittel- und Südeuropas.

8 Kugelblütiges Knabenkraut
Traunsteinera globosa (L.) Rchb.
Pfl. 20–50 cm; Bl.stand 3–6 cm lg., anfangs pyramidenförmig, dann kugelig; Bl. rosa; Bl.b. zuerst helmartig zusammenneigend, später glockig abstehend; Lippe 3spaltig, dunkelpurpurn punk-

412

Fortsetzung auf Seite 414

FORTSETZUNG VON SEITE 412

tiert. ✿ 6–8. Geschützt! △ Gebirgswie-

sen, Kalkmagerrasen, etwa 1000–2500 m;
zerstreut bis selten. Gebirge Mittel- und
Südeuropas.

Weidengewächse / Salicaceae

1 Netz-Weide
Salix reticulata L.
Spalierstrauch, mit verzweigten, überall
wurzelnden Stämmchen, B. lg. gestielt,
br.-elliptisch, 1–4 cm lg., oberseits dunkelgrün, matt, unterseits grau bis weißlich, behaart, netzadrig; Kätzchen lg. gestielt, dichtblütig, rosarot. ✿ 7–8.
△ Kalkreicher Ruhschutt, Schneetälchen, etwa 1800–2500 m; zerstreut.
Arktis, Skandinavien, Pyrenäen, Alpen,
Gebirge der Balkanhalbinsel.

Knöterichgewächse / Polygonaceae

2 Alpen-Säuerling
Oxyria digyna (L.) Hill.
Pfl. 5–25 cm; Grundständige B. lg. gestielt, nierenförmig; Bl. 2geschlechtig, in
quirligen, traubigen Bl.ständen; Bl.b. 4,
die 2 inneren der flachen Seite der
Frucht anliegend, viel größer als die
2 äußeren, abstehenden Hüllb.; Frucht
linsenförmig, mit purpurroten Flügeln.
✿ 6–8. △ Kalkarmer Steinschutt mit lg.
Schneebedeckung, etwa 1600–2800 m;
zerstreut. Arktis, Nordeuropa, Gebirge
Mittel- und Südeuropas.

3 Knöllchen-Knöterich
Polygonum viviparum L.
Pfl. 10–25 cm; B. kahl, oben dunkelgrün,
unten blaugrün, Rand umgerollt; Bl. in
lg. Scheinähre; im unteren Teil Brutknöllchen, die nach dem Abfallen ein-
wurzeln. ✿ 6–8. △ Bergwiesen, Matten,
etwa 1000–3000 m; verbreitet. Nordeuropa, Gebirge Mittel- und Südeuropas.

Nelkengewächse / Caryophyllaceae

4 Kriechendes Gipskraut
Gypsophila repens L.
Pfl. 8–25 cm, bläulich bereift; B. lanzettlich, etwas fleischig, 1–3 cm lg.; Bl.stand
rispig; Bl. 5zählig; Kronb. 6–10 mm lg.,
weiß oder rosa. ✿ 5–8. △ Kalkschutthal-
den, etwa 1000–2800 m, im Kies der Alpenflüsse tiefer; verbreitet. Gebirge
Mittel- und Südeuropas.

5 Alpen-Hornkraut
Cerastium alpinum L.
Pfl. 5–20 cm, lockerrasig, mit abstehend
behaarten, graugrünen Sprossen; B.
ei-lanzettlich, behaart, 5–20 mm lg.; Bl.
weiß; Kronb. tief ausgerandet, 2mal so
lg. wie die zottig behaarten Kelchb.
✿ 7–9. Kalkarme oder saure Böden,
windexponierte Grate, etwa 1900–2800 m;
zerstreut. Nordeuropa, Gebirge Mittel-
und Südeuropas.

6 Alpen-Nelke
Dianthus alpinus L.
Pfl. 2–20 cm, mit mehreren grundständigen B.rosetten; St. mit 2–5 B.paaren;
B. linealisch, 1nervig, am Rand rau; Bl.
einzeln; Kelchschuppen halb so lg. wie
die gestreifte Kelchröhre; Krone unregelmäßig gezähnt, purpurn, am Grund weiß
gesprenkelt. ✿ 6–8. Geschützt!
△ Steinige Matten, etwa 1000–2500 m;
zerstreut. Ostalpen.

7 Stengelloses Leimkraut
Silene acaulis (L.) Jacq.
Polsterpfl. 1–3 cm, dicht dachziegelig
beblättert; B. lineal-pfriemlich, 1nervig,
5–12 mm lg.; Bl. einzeln; Kronb. dunkel-
bis blassrot, ausgerandet, 6–14 mm lg.;
Griffel 3. ✿ 6–8. Steinige, meist kalkhaltige Böden, Schutthänge, etwa
1500–3600 m; verbreitet. Nordeuropa,
Gebirge Mittel- und Südeuropas.

Hahnenfußgewächse
Ranunculaceae

1 Alpen-Hahnenfuß
Ranunculus alpestris L.
Pfl. 5–15 cm; Grundb. lg. gestielt,
3–5lappig, Zipfel grob gekerbt, glänzend, dunkelgrün; St.b. fehlend oder
schmal-linealisch; Bl. 20–25 mm br., zu
1–2, weiß; Kronb. schwach ausgerandet.
✿ 5–9. △ Feinschutt, Schneetälchen,
feuchte Felsspalten, etwa 1500–2700 m,
gelegentlich bis in die Täler; häufig. Gebirge Mittel- und Südeuropas.

2 Gletscher-Hahnenfuß
Ranunculus glacialis L.
Pfl. 5–15 cm, aufrecht oder aufsteigend;
Grundb. gestielt, fleischig, dunkelgrün,
bis zum Grund 3teilig, Abschnitte 3- bis
vielspaltig; St.b. sitzend, handförmig
3–5spaltig; Bl. 20–30 mm br.; Kronb.
weiß oder rosa, außen meist dunkler,
nach der Blüte bleibend; Kelchb. außen
stark dunkelbraun behaart. ✿ 7–8. △ Silikatschutt, Moränen, etwa 2000–4200 m;
zerstreut. Arktis, Skandinavien, Alpen,
Sierra Nevada, Pyrenäen, Karpaten.

3 Berg-Hahnenfuß
Ranunculus montanus Willd.
Pfl. 5–30 cm, vielgestaltig; St. aufrecht,
1–3blütig; Grundb. gestielt, glänzend,
3–5teilig, mit verkehrt-eiförmigen, gezähnten, dunkelgrünen Abschnitten;
obere St.b. sitzend, mit linealischen Abschnitten; Bl. goldgelb, 12–25 mm br.;
Früchtchen seitlich flachgedrückt, mit
kurzem, gekrümmtem Schnabel. ✿ 4–8.
△ Bergwiesen und -weiden, auch lichte
Wälder, etwa 1000–3000 m, auch im Alpenvorland an feuchten Stellen; häufig.
Alpen, Schwarzwald, Jura, Karpaten.

4 Alpen-Anemone
Pulsatilla alpina (L.) Del.
Pfl. 15–45 cm; St.b. quirlständig, doppelt 3teilig, mit gesägten Zipfeln, behaart; Bl. einzeln, 4–5 cm br., lg. gestielt;
Bl.b. 6, eiförmig, innen weiß, außen oft
violett überlaufen, behaart; Griffel sich

zur Fruchtreife bis auf 5 cm verlängernd,
dient als Flugorgan zur Verbreitung der
Samen. ✿ 6–8. Geschützt! △ Bergwiesen, steinige Matten, kalkhaltiger Boden, etwa 1500–2800 m; zerstreut.
Gebirge Mittel- und Südeuropas.

4a Schwefel-Anemone
Pulsatilla alpina (L.) Del.,
ssp. *apiifolia* (Scop.) Nym.
ähnlich der Alpen-Anemone, aber Bl.
schwefelgelb. ✿ 6–8. Geschützt! △ Kalkarme oder saure Böden, Matten, steinige Magerrasen, Zwergstrauchheiden,
etwa 1500–2800 m; zerstreut. Gebirge
Mittel- und Südeuropas.

5 Frühlings-Anemone, F.-Kuhschelle
Pulsatilla vernalis (L.) Mill.
Pfl. 5–15 cm, zur Reife bis 35 cm; B.
überwinternd, lederig, gefiedert, mit ungleich 2–5spaltigen Fiedern; St. filzig behaart, mit stark zerschlitztem, dicht be-
haartem Hochb.quirl und 1 nickenden,
später aufrechten, 3–6 cm br. Bl.; Bl.b.
meist 6, innen weiß oder blasslila,
außen violett, rosarot oder bläulich und
seidenhaarig; Griffel zur Reife 3–4 cm
lg., zottig. ✿ 4–6. Geschützt! △ Silikatmagerrasen, lichte Kiefernwäldern,
Zwergstrauchheiden; Ebene bis 3600 m;
zerstreut. Nordeuropa, Dänemark, Norddeutschland, Gebirge Mittel- und Südeuropas. GefGr. 1!

Hahnenfußgewächse
Ranunculaceae

1 Narzissenblütiges Windröschen
Anemone narcissiflora L.
Pfl. 20–40 cm, abstehend behaart;
grundständige B. handförmig 3–5teilig,
deren Abschnitte in schmale, lg. Zipfel
zerteilt; St.b. ähnlich; Bl. 2–3 cm br., zu
3–8 in einer Dolde, darunter 3 ungleich
tief gespaltene, sitzende Hochb.; Bl.b.
5–6, weiß, beiderseits kahl, außen oft
rötlich. ✿ 5–8. Geschützt! △ Kalkhaltige
Bergwiesen und Matten, etwa
1400–2400 m; zerstreut. Gebirge Mittel-
und Südeuropas.

2 Alpen-Waldrebe
Clematis alpina (L.) Mill.
Schlingpfl., 1–2 m; B. gegenständig, lg.
gestielt, 3zählig gefiedert; Fiedern grob
gesägt; Bl. achselständig, lg. gestielt,
violett bis hellblau, glockenförmig;
Nektarb. 10–12, spatelig, weißfilzig,
halb so lg. wie die 4 Bl.b.; Frucht mit
federigem Griffel. ✿ 5–7. Geschützt!
△ Alpenrosengebüsch, lichte, strauch-
reiche Bergwälder, Nadelwälder, etwa
1000–2400 m; zerstreut. Gebirge Mittel-
und Südeuropas.

Mohngewächse / Papaveraceae

3 Bündner Alpenmohn
Papaver rhaeticum Ler.
Pfl. 5–15 cm; B. blaugrün, in grundständiger Rosette, 1–2fach fiederteilig; Abschnitte eiförmig, stumpf, 2–6 mm br.,
zu 2–4 Paaren; Bl. goldgelb, 4–5 cm br.;
Kronb. 4, Staubb. zahlreich. ✿ 7–8. Geschützt! △ Kalkschutt, Felsbänder, etwa
1500–3000 m; zerstreut. Südwest- und
Ostalpen, Ostpyrenäen. – Ähnlich ist der
Weiße Alpenmohn, *P. sendtneri* Kern.,
aber Bl. weiß; B. 1–2fach fiederteilig,
die Abschnitte oval-lanzettlich, spitz,
1–2 mm br.; Zentral- und Ostalpen.
Geschützt!

Kreuzblütengewächse
Cruciferae oder Brassicaceae

4 Rundblättriges Täschelkraut
Thlaspi rotundifolium (L.) Grand.
Pfl. 5–15 cm, rasenbildend, mit tiefer
Pfahlwurzel; St. im Geröll kriechend; B.
bläulichgrün, etwas fleischig, eiförmig,
die unteren gestielt, die oberen am
Grund br. geöhrt und st.umfassend; Bl.
hellviolett, in Doldentrauben; Kronb.
6–8 mm lg.; Schötchen elliptisch,
4–8 mm lg. ✿ 7–9. △ Kalkschutt, etwa
1300–3300 m; verbreitet. Alpen.

5 Alpen-Gemskresse
Hutchinsia alpina (Torn.) R.Br.
Pfl. 5–12 cm, mit grundständiger B.ro-
sette; St. zu mehreren, 1fach, b.los; B.
bis dem Mittelnerv fiederteilig; Bl. in ge-
drungenen, dann verlängerten Trauben;
Kronb. 3–5 mm lg., weiß; Schötchen
eiförmig, 4–5 mm lg. ✿ 6–8. △ Kalkschutt,
Geröll, Felsbänder, etwa 1500–3400 m;
im Geröll der Alpenflüsse oft herabgeschwemmt und tiefer; verbreitet. Gebirge Mittel- und Südeuropas.

6 Immergrünes Felsenblümchen
Draba aizoides L.
Pfl. 5–10 cm; B. hellgrün, schmal-lanzettlich, 1–2 cm lg., von steifen Borsthaaren
kammförmig gewimpert, in kugeligen
Rosetten; St. b.los; Bl. in 3–18blütiger
Doldentraube; Kronb. 4, gelb, 4–6 mm
lg.; Schötchen schmal-elliptisch,
6–10 mm lg., auf kahlen, lg. Stielen.
✿ 4–8. △ Kalkfels, Ruhschutt, Steinrasen, etwa 1600–3400 m; verbreitet.
Gebirge Mittel- und Südeuropas.

Dickblattgewächse / Crassulaceae

1 Berg-Hauswurz
Sempervivum montanum L.
Pfl. 5–15 cm, mit kugeliger, später sternförmig ausgebreiteter B. rosette; B. lan-
·zettlich, mit grüner oder rötlicher Spitze,
B.fläche drüsenhaarig; Bl. zu 2–8,
2–3 cm br; Kronb. meist 12, rotviolett.
✿ 7–9. Geschützt! △ Silikatmagerrasen,
etwa 1500–3400 m; zerstreut. Gebirge
Mittel- und Südeuropas.

Steinbrechgewächse
Saxitragaceae

2 Blaugrüner Steinbrech
Saxifraga caesia L.
Pfl. 2–10 cm, kompakte Kugelpolster
bildend; B. blaugrün, 3–6 mm lg., bogig
zurückgekrümmt, am Rand umgebogen,
oberseits mit 5–9 Kalkdrüsen; St. mit
2–6 weißen Bl. ✿ 6–9. Geschützt! △ Kalkfelsen, Ruhschutt, Steinrasen, etwa
1600–3000 m; im Geröll der Alpenflüsse
tiefer steigend; verbreitet. Gebirge Mit-
tel- und Südeuropas.

3 Trauben-Steinbrech
Saxifraga paniculata Mill.
(*S. aizoon* Jacq.)
Pfl. 10–40 cm; B. zungenförmig, 3–5 cm
lg., am Rand mit Kalkgrübchen; Bl. weiß,
oft punktiert, in reichbl. Rispen. ✿ 5–8.
Geschützt! △ Kalkfelsspalten, steinige
Rasen; in den Alpen 1300–3400 m; ver-
breitet. Gebirge Europas.

4 Schnee-Steinbrech
Saxifraga nivalis L.
Pfl. 5–20 cm, mit grundständiger B.ro-
sette; B. 15–35 mm lg., verkehrt-eiförmig
bis spatelig, in den kurzen, br. geflügelten Stiel verschmälert, stumpf gezähnt,
fleischig, unterseits meist rot; St. b.los,
oberseits drüsig; Bl.stand dicht, fast
kopfig; Bl. 5–10 mm br.; Kronb. weiß,
seltener rosa, etwas länger als die
Kelchb. ✿ 7–8. Geschützt! △ Silikatfels-
schutt; Eiszeitrelikt. Sudeten, Gebirge
Großbritanniens, Nordeuropa.

5 Moos-Steinbrech
Saxifraga hypnoides L.
Pfl. aus vielen lockerrasigen Polstern
bestehend, 10–30 cm; Rosettenb. lg. gestielt, etwas fleischig, in 3–9 linealische,
stachelspitze Zipfel zerteilt; St. bogig
aufsteigend, mit 3–12 Bl.; Kronb. weiß,
3nervig, 2mal so lg. wie die spitzen,
drüsenhaarigen Kelchb.; nichtblühende
Triebe mit Brutknospen in den B.ach-
seln. ✿ 5–6. Geschützt! △ Silikatfelsspalten, Mauern, oft gepflanzt und verwildert. Westeuropa, Vogesen.

6 Roter Steinbrech,
Gegenblättriger Steinbrech
Saxifraga oppositifolia L.
Pfl. 2–6 cm, flache Polster bildend; B.
elliptisch, stumpf, blaugrün, etwas fleischig, am Rand bewimpert, gegenständig, dicht stehend, 2–5 mm lg.; Bl. einzeln, weinrot bis violett. ✿ 5–7. Geschützt!
Kalkschutt, Felsspalten, etwa
1500–3500 m; verbreitet. △ Nordeuropa, Gebirge Mittel- und Südeuropas.

Rosengewächse / Rosaceae

7 Kriechende Nelkenwurz,
Gletscher-Petersbart
Geum reptans L.
Pfl. 5–15 cm, mit lg., oberirdischen Ausläufern; B. gefiedert, Endfieder wenig
größer (im Gegensatz zu *Geum montanum*) als die eingeschnittenen Seitenfiedern; Bl. 3–5 cm br., 6–8zählig, gelb;
Kelch rotbraun, behaart; Griffel zur Reife
zu einem federig behaarten Flugorgan
auswachsend. ✿ 7–8. △ Feuchter Silikatschutt, Gletschermoränen, etwa
1500–3400 m; verbreitet. Gebirge
Mittel- und Südeuropas.

8 Gold-Fingerkraut
Potentilla aurea L.
Pfl. 5–20 cm; Grundb. 5zählig, glänzend,
vorne scharf gezähnt; Nebenb. lanzettlich; St.b. 3zählig; Bl. goldgelb. ✿ 6–8.
△ Steinrasen, etwa 1300–3000 m; verbreitet. Gebirge Mittel- und Südeuropas.

Rosengewächse / Rosaceae

1 Stängel-Fingerkraut
Potentilla caulescens Turn.
Pfl. 10–30 cm, behaart; Grundb. 5zählig,
2–4 cm lg., jederseits mit 2–5 Zähnen,
am Rand seidig bewimpert; B.stiel
5–15 cm lg.; Bl. 15–20 mm br., in dichten, Bl.ständen; Kronb. 5, weiß, die
Kelchb. kaum überragend. ✿ 7–9.
△ Kalkfelsspalten, oft unter überhängenden Felsen, etwa 900–2400 m; verbreitet. Gebirge Mittel- und Südeuropas.

2 Dolomiten-Fingerkraut
Potentilla nitida L.
Spalierstrauch, silbergraue Teppiche bildend, mit verholzten, am Boden ange-
drückten Ästen; B. 3zählig, seidenhaarig; Bl. 2–3 cm br. Kronb. 5, verkehrt-
eiförmig, ausgerandet, rosarot, 2mal so
lg. wie die Kelchb.; Staubbeutel schwarzpurpurn. ✿ 7–8. △ Sonnige Felsbänder,
Kalkschutt, etwa 1500–3200 m; zerstreut.
Westalpen und südliche Kalkalpen.

3 Silberwurz
Dryas octopetala L.
Pfl. 2–10 cm, spalierartig, reich verzweigt; B. oval, stumpf gekerbt, gestielt,
1–3 cm lg., oberseits dunkelgrün, unterseits weißfilzig; Bl. einzeln, 2–3 cm br.,
lg. gestielt; Kronb. 7–9, weiß; Kelchb.
7–9, braunfilzig. ✿ 5–8. △ Kalkschutt,
Kalkmagerrasen, lichte Föhrenwälder,
etwa 800–2500 m; im Flusskies oft herabgeschwemmt; häufig. Nordeuropa,
Alpen, Pyrenäen, Karpaten, Apennin,
Gebirge der Balkanhalbinsel, Kaukasus.

4 Alpen-Frauenmantel, Silbermantel
Alchemilla alpina L.
Pfl. 10–20 cm; B. handförmig in 5–9
schmale, oberseits grüne, am Rand und
unterseits silbrig-seidenhaarige, vorne
gezähnte Abschnitte zerteilt; Bl. gelbgrün, etwa 3 mm br., in dichten Bl.stän-
den, diese meist kürzer als die B. ✿ 6–8.
△ Silikatmagerrasen; zerstreut. Gebirge
Mittel- und Nordeuropas. – Ähnlich ist
der **Verwachsene Frauenmantel**, *A. con-*

juncta Bab., aber B.abschnitte zu $^1/_5$–$^1/_2$
verwachsen; Bl.stand so lg. oder länger
als die B.; △ kalkreiche Matten, Kalkfelsbänder; verbreitet. Gebirge Mittel-
und Südeuropas.

Schmetterlingsblütengewächse Fabaceae oder Papilionaceae

5 Alpen-Tragant
Astragalus alpinus L.
Pfl. 7–25 cm, liegend oder aufsteigend;
B. unpaarig gefiedert, mit 15–25 elliptischen, stumpfen, anfangs beiderseits
behaarten B.chen; Bl. 10–15 mm lg.,
zu 5–15 in fast kugeliger Traube; Fahne
bläulich oder violett, Flügel weißlich,
Schiffchen mit violetter Spitze; Hülse
dunkel zottig behaart. ✿ 7–8. △ Steinrasen, windexponierte Grate, etwa
1500–2800 m; verbreitet. Nordeuropa,
Alpen, Pyrenäen, Karpaten, Kaukasus.

6 Seidenzottiger Spitzkiel
Oxytropis halleri Bunge
Pfl. mit dicker Pfahlwurzel, 10–25 cm;
B. unpaarig gefiedert, beiderseits dicht
zottig behaart, mit 11–29 ei-lanzettlichen, 10–15 mm lg. Fiederb.; Nebenb.
häutig, gewimpert; Bl. zu 6–16 in kopfiger oder ährenförmiger Traube; Krone
blau bis rotviolett, 15–20 mm lg., mit
hellem, kurz bespitztem Schiffchen.
✿ 6–8. △ Trockene, magere Bergwiesen.
Alpen (in Deutschland fehlend), Pyrenäen, Karpaten, Schottland.

7 Alpen-Spitzkiel
Oxytropis campestris (L.) DC.
Pfl. 5–15 cm; B. unpaarig gefiedert, beiderseits behaart, graugrün, mit 10–12
ei-lanzettlichen Fiederpaaren; Bl. zu
10–18 in kopfigen, lg. gestielten Trauben; Kelch mit lg. weißen und kurzen
schwarzen Haaren besetzt; Krone gelblichweiß, Schiffchen lg. zugespitzt, oft
beiderseits mit violettem Fleck. ✿ 7–8.
△ Steinige Matten, Berggrate; ziemlich
selten. Alpen, Apennin, Karpaten, Pyrenäen, Gebirge der Balkanhalbinsel,
Schottland, Skandinavien.

Schmetterlingsblütengewächse Fabaceae oder Papilionaceae

1 Alpen-Süßklee
Hedysarum hedysarioides (L.) Sch. et Thell.
Pfl. 10–30 cm, aufrecht oder aufsteigend; B. unpaarig gefiedert, mit 11–19 elliptischen, oberseits dunkelgrünen, unterseits hellgrünen B.chen; B. purpurrot, 15–20 mm lg., zu 12–35 in 1seitswendiger Traube; Fruchthülse flachgedrückt, 2–4 cm lg., zur Reife in 2–6 rundliche, 1samige Glieder zerfallend. ✿ 7–8. △ Bergwiesen, Matten, Zwergstrauchheiden, etwa 1600–2800 m; verbreitet. Gebirge Mittel- und Südeuropas.

Veilchengewächse / Violaceae

2 Gelbes Veilchen
Viola biflora L.
St. 8–12 cm, mit 2 hellgrünen, br.-nierenförmigen, gekerbten B. und 1–2 gelben Bl. mit 2–3 mm lg. Sporn. ✿ 5–8. △ Feuchtes Geröll, schattige, lehmige Stellen, von den Tälern bis 3000 m; verbreitet. Gebirge Mittel- und Südeuropas.

Doldengewächse Umbelliferae oder Apiaceae

3 Alpen-Mutterwurz
Ligusticum mutellina (L.) Crantz
Pfl. aromatisch riechend, 10–50 cm; B. 2–3fach gefiedert, mit häutigen B.scheiden; Dolden 7–10strahlig; Hüllchen 3- bis mehrblättrig; Bl. weiß, rosa bis purpurn. ✿ 6–8. △ Bergwiesen, Hochstaudenfluren, bis 2800 m; verbreitet. Gebirge Mittel- und Südeuropas.

Heidekrautgewächse / Ericaceae

4 Alpen-Azalee, Gamsheide
Loiseleuria procumbens (L.) Desv.
Niederliegender Spalierstrauch, oft Teppiche bildend, 3–15 cm hoch, Äste 15–40 cm lg.; B. ledrig, immergrün, schmal-elliptisch, ganzrandig, 4–7 mm lg., gegenständig, am Rand umgerollt;

Bl. zu 2–5; Krone 5spaltig, glockenförmig, rosa; Kelchb. 5, rot; Staubbeutel 5, purpurn. ✿ 6–8. △ Silikatschutt, Grate, etwa 1600–3000 m; verbreitet. Nordeuropa, Alpen, Pyrenäen, Karpaten.

5 Zwerg-Alpenrose
Rhodothamnus chamaecistus (L.) Rchb.
Zierlicher Zwergstrauch, 20–40 cm, mit immergrünen, lederigen, schmal-elliptischen, feinbewimperten B.; Bl. meist zu 2, lg. gestielt, rosarot. ✿ 5–7. Geschützt! Kalkfelsen, Steinrasen, Latschengebüsch; zerstreut, etwa 1000–2400 m. Gebirge Mittel- und Südeuropas.

6 Rostblättrige Alpenrose
Rhododendron ferrugineum L.
Zwergstrauch, bis 1 m, B. wintergrün, derb, elliptisch bis länglich, am Rand umgerollt, nicht bewimpert, oben dunkelgrün, unten von gelbgrünen, später rostbraunen Drüsenschuppen besetzt. ✿ 6–7. Geschützt! △ Zwergstrauchheiden, Wälder nahe der Waldgrenze, kalkmeidend, etwa 1500–2800 m; verbreitet. Gebirge Mittel- und Südeuropas.

7 Bewimperte Alpenrose
Rhododendron hirsutum L.
Zwergstrauch, bis 1 m, mit wintergrünen, elliptischen, lg.haarig bewimperten B.; Bl. zu 3–10; Kelchzipfel lanzettlich, zugespitzt; Krone trichterförmig-glockig, hellrot, innen behaart. ✿ 7–8. Geschützt! △ Auf Kalkböden, Zwergstrauchheiden, Wälder im Bereich der Waldgrenze, etwa 1200–2600 m. Alpen.

Diapensiaceae

8 *Diapensia lapponica* L.
Immergrüne Polsterpfl., 2–6 cm; B. lederig, spatelförmig, 5–10 cm lg., in dichten Rosetten; Bl. einzeln, an 5–40 mm lg. Stielen; Krone 5zählig, weiß, 10–15 mm br.; Narbe 3lappig. ✿ 5–6. △ Felsspalten, steinige Matten. Nordeuropa, in den Alpen fehlend.

Primelgewächse / Primulaceae

1 Echtes Alpenglöckchen
Soldanella alpina L.
Pfl. zierlich, 5–15 cm; B. grundständig, rundlich-nierenförmig, 1–3 cm br., mit Basalbucht und oberseits hervortretenden Nerven; Bl.schaft 2–3blütig, b.los; Krone 8–15 mm lg., blauviolett, selten weißlich, trichterförmig, bis zur Mitte zerschlitzt. ✿ 4–6. Geschützt! △ Kalkhaltige Schneeböden, feuchte Mulden, etwa 1000–3000 m; verbreitet. Gebirge Mittel- und Südeuropas.

2 Kleines Alpenglöckchen
Soldanella pusilla Baumg.
Pfl. 4–8 cm; B. dünn, rundlich-nierenförmig, unter 1 cm br.; Bl. einzeln; Krone eng glockenförmig, 10–15 mm lg., blassviolett, zu ¹/₄ zerschlitzt. ✿ 5–8. Geschützt! △ Kalkarme Schneeböden, feuchter Ruhschutt, Magerrasen, etwa 1500–3000 m; zerstreut. Gebirge Mittel- und Südeuropas (östlich). – Ähnlich ist das **Zwerg-Alpenglöckchen**, *S. minima* Hoppe, aber B. kreisrund, ohne Basalbucht; Bl. blasslila bis weißlich; feuchter Steinschutt; selten. Geschützt!

3 Gletscher-Mannsschild
Androsace alpina (L.) Lam.
Pfl. 2–5 cm, in lockeren Polstern; B. dicht, lanzettlich, stumpflich, 3–10 mm lg., mit Sternhaaren; Bl. einzeln, 5–6 mm br., an 2–12 mm lg. Stielen, rosa bis weiß, im Schlund gelb; Kronb. nicht ausgerandet. ✿ 7–8. Geschützt! △ Feuchter Silikatschutt, Moränen, etwa 2000–4200 m; verbreitet. Alpen.

4 Milchweißer Mannsschild
Androsace lactea L.
Rosettenpfl., lockerrasig, 5–15 cm; B. linealisch, zugespitzt, 1–2 cm lg., spärlich bewimpert; Bl. in 2–6blütiger Dolde; Krone 8 mm br., weiß, mit gelbem Schlund; Kronzipfel ausgerandet. ✿ 5–7. Geschützt! △ Kalkfelsbänder, steinige Matten, etwa 1600–2200 m; zerstreut. Gebirge Mittel- und Südeuropas (östlich).

5 Klebrige Primel, Blauer Speik
Primula glutinosa Wulf.
Pfl. 2–8 cm; B. ei-länglich, vorne meist gezähnt, allmählich in den br. geflügelten, kurzen Stiel verschmälert, dunkelgrün, stark klebrig; Bl. zu 2–7, duftend, dunkelblau, später violett; Bl.stiele 1–2 mm lg.; Tragb. braunrot. ✿ 7–8. Geschützt! △ Silikatmagerrasen, Ruhschutt, etwa 1800–3600 m; zerstreut bis selten. Ostalpen.

6 Zwerg-Primel
Primula minima L.
Pfl. 1–4 cm; B. 10–15 mm lg., glänzend, kahl, keilförmig, vorne gestutzt, mit großen, knorpeligen Sägezähnen; Bl.schaft 5–15 mm lg., meist 1blütig; Krone rot, später verblassend, 1–2 cm br., Schlund weiß, drüsenhaarig; Kronzipfel tief eingeschnitten. ✿ 6–7. Geschützt! △ Silikatmagerrasen, feuchter Schutt; etwa 1200–3000 m; zerstreut. Gebirge Mittel- und Südeuropa.

7 Aurikel
Primula auricula L.
Pfl. 5–30 cm; B. dick, fleischig, graugrün, mehlig bestäubt, 5–12 cm lg.; Bl. 8–15 mm br., gelb, zu 4–12 in 1seitswendiger Dolde. ✿ 4–7. Geschützt! △ Kalkfelsspalten, Felsbänder, Steinrasen, selten Flachmoore, etwa 1500–2500 m; verbreitet. Gebirge Mittel- und Südeuropas. GefGr. 3!

8 Behaarte Primel
Primula hirsuta All.
Pfl. 3–10 cm, dicht mit klebrigen Drüsenhaaren besetzt; B. meist grob gezähnt, etwas fleischig, oval, plötzlich in den Stiel verschmälert, 3–6 cm lg.; Bl. 1–2 cm br., rosa; Bl.stiele 3–15 mm lg.; Kronzipfel tief ausgerandet; Kronröhre drüsenhaarig. ✿ 4–7. Geschützt! △ Silikatfelsspalten, Ruhschutt, etwa 1200–3600 m. Alpen, Pyrenäen.

9 Weißrandige Primel
Primula marginata Curt.
Pfl. 5–20 cm, mit kräftigem Wurzelstock; B. fleischig, weißrandig, scharf gezähnt,

FORTSETZUNG AUF SEITE 428

FORTSETZUNG VON SEITE 426

eiförmig, in den kurzen Stiel verschmälert, 3–8 cm lg., etwas fleischig, kahl; Bl.

Enziangewächse / Gentianaceae

1 Stängelloser Enzian
Gentiana clusii Perr. et Song.
Pfl. 5–10 cm; Rosettenb. ei-lanzettlich, spitz, 2–5 cm lg., in oder unter der Mitte am breitesten, glänzend; Kelchzähne lanzettlich, spitz, anliegend, mindest $^1/_2$ so lg. wie die Kronröhre; Buchten zwischen den Kelchzähnen spitz; Krone blau, glockig, innen ohne grüne Flecken. ✿ 5–8. Geschützt! △ Kalkhaltige Magerrasen, Moore, bis 2800 m; zerstreut. Gebirge Mittel- und Südeuropas. GefGr. 3!

2 Breitblättriger oder Keulen-Enzian
Gentiana kochiana Perr. et Song.
Pfl. 5–10 cm, ähnlich *G. clusii*, aber Rosettenb. verkehrt-eiförmig bis elliptisch, stumpf, größte Breite im oberen Drittel; Kelchzähne spatelförmig, kürzer als die halbe Kronröhre; Buchten zwischen den Kelchzipfeln stumpf; Krone blau, innen mit olivgrünen Flecken. ✿ 6–8. Geschützt! △ Kalkarme, saure Matten, Steinrasen, etwa 1200–3000 m; zerstreut. Gebirge Mittel- und Südeuropas. GefGr. 3!

3 Ungarischer Enzian
Gentiana pannonica Scop.
Pfl. 30–60 cm; St. aufrecht, oben purpurn überlaufen; B. gegenständig, elliptisch, 5–7nervig, untere gestielt, obere sitzend; Kelch mit 5–8 zurückgekrümmten Zipfeln; Krone trübpurpurn, am Grund gelbgrün, schwarzrot punktiert, innen hellb. ✿ 7–9. Geschützt! △ Kalkarme Magerrasen, etwa 1600–2300 m; selten. Ostalpen, Böhmerwald. GefGr. 3!

4 Gelber Enzian
Gentiana lutea L.
Pfl. 40–140 cm; St. mit gegenständigen, elliptischen, bläulichgrünen, von starken Bogennerven durchzogenen B.; Bl. zu 3–10, kurz gestielt, in den Achseln scha-

zu 3–10, rosa bis violett, 15–25 mm br. ✿ 4–7. Geschützt! △ Kalkfelsspalten, Felsbänder, etwa 1000–2600 m; zerstreut. Westalpen.

lenförmiger Hochb.; Krone radförmig, bis ein Grund 5–6teilig, goldgelb. Dicker Wurzelstock (Schnapsbrennen!) ✿ 7–8. Geschützt! △ Matten, Geröllfluren; etwa 1000–2500 m; zerstreut. Gebirge Mittel- und Südeuropas. GefGr. 3!

5 Punktierter Enzian
Gentiana punctata L.
St. 20–60 cm, im oberen Teil oft metallisch glänzend; B. eiförmig-länglich, zugespitzt; Bl. meist zu mehreren in den B.achseln, blassgelb, meist dunkelviolett punktiert; Kelch mit 5–8 ungleichen Zähnen. ✿ 7–8. Geschützt! △ Magerrasen, Geröllfluren, kalkmeidend, etwa 1400–3000 m; zerstreut. Gebirge Mittel- und Südeuropas.

6 Bayerischer Enzian
Gentiana bavarica L.
Pfl. 4–20 cm, rasenbildend, dicht beblättert; B. verkehrt-eiförmig, stumpf, fast alle gleich groß; Kelch röhrenförmig, sehr schmal geflügelt; Krone tiefblau, mit hellerer Röhre. ✿ 7–9. Geschützt! △ Feuchte Matten, Quellen, Schneetälchen, kalkmeidend, etwa 1800–2600 m; verbreitet. Alpen, Karpaten. – Ssp. *subacaulis* Cust., eine hochalpine Sippe, hat kürzeren St. mit dachziegeligen fast runden, nach unten kleiner werdenden B.; in den Alpen bis 3600 m, auf feuchtem Silikatschutt.

7 Schnee-Enzian
Gentiana nivalis L.
Pfl. 2–15 cm, zierlich, ästig; grundständige B. rosettig gehäuft, klein, stumpf; St.b. eiförmig, spitz; Bl. an den Enden der Äste, einzeln, tiefblau; Kelch gekielt oder schmal geflügelt, Kelchzähne lanzettlich, spitz. ✿ 6–8. Geschützt! △ Kalkhaltige Steinrasen, Feinschutt, etwa 1700–3000 m; zerstreut. Nordeuropa, Gebirge Mittel- und Südeuropas.

Borretschgewächse / Boraginaceae

1 Alpen-Vergissmeinnicht
Myosotis alpestris Schmidt
Pfl. 5–20 cm, rauhaarig; Stiele der Rosettenb. deutlich von der ei-länglichen B.spreite abgesetzt (bei *M. sylvatica* Ehrh. allmählich in die Spreite übergehend); Krone himmelblau, mit gelben Schlundschuppen. ✿ 6–7. △ Bergwiesen, Geröllfluren; verbreitet, etwa 1600–3000 m. Gebirge Mittel- und Südeuropas.

2 Himmelsherold
Eritrichum nanum (Amann) Schrad.
Polsterpfl., 2–5 cm, seidig glänzend, dicht behaart; B. eiförmig, 5–10 mm lg.; Bl. zu 3–6; jede Bl. mit Tragb.; Krone 5–8 mm br., himmelblau, mit gelben Schlundschuppen. ✿ 7–8. Geschützt! △ Silikatfelsspalten, Ruhschutt, etwa 2400–3500 m; zerstreut. Alpen.

Braunwurzgewächse Scrophulariaceae

3 Blattloser Ehrenpreis
Veronica aphylla L.
Rosettenpfl., 2–8 cm; B. br.-eiförmig, 10–15 mm lg., am Rand bewimpert; Bl. zu 2–4 in einer lg., gestielten, kopfigen Traube; Kelch 4teilig, drüsig behaart; Krone lila oder tiefblau und dunkler geadert, 6–8 mm br.; Fruchtkapsel drüsig behaart. ✿ 6–8. △ Steinrasen, Felsritzen, Kalkschutt, etwa 1000–2800 m; verbreitet. Gebirge Mittel- und Südeuropas.

4 Felsen-Ehrenpreis
Veronica fruticans Jacq.
Pfl. 5–15 cm, schwach verholzt, vom Grund aus verzweigt; B. länglich-elliptisch, 1–2 cm lg., schwach gekerbt, glänzend, fast kahl; Bl. in 4–6blütiger Traube; Kelch 4teilig, behaart; Krone azurblau, im Schlund mit purpurnem Ring; Fruchtkapsel eiförmig, kaum ausgerandet. ✿ 6–8. △ Steinige Matten, etwa 1200–2800 m; verbreitet. Nordeuropa, Gebirge Mittel- und Südeuropas.

5 Alpen-Leinkraut
Linaria alpina (L.) Mill.
Pfl. 5–15 cm; St. niederliegend, an den Enden aufsteigend; B. fleischig, bläulichgrün, kahl, schmal-lanzettlich, 8–15 mm lg.; Bl. blauviolett, mit gelbem Gaumenfleck, seltener 1farbig-blauviolett, 1–2 cm lg., mit lg. Sporn. ✿ 6–8. △ Kalkschutt, Schuttkare, etwa 1200–3800 m, im Geröll der Alpenflüsse auch tiefer; verbreitet. Gebirge Mittel- und Südeuropas.

6 Geschnäbeltes Läusekraut
Pedicularis rostrato-capitata Crantz
Pfl. 5–20 cm; B. lanzettlich, 2fach fiederteilig, 3–10 cm lg.; Grundb. oft violett überlaufen; Kelch röhrig-glockig, mit b.artig gekerbten Zipfeln; Krone purpurrot, 15–25 mm lg.; Oberlippe in einen lg., geraden Schnabel herabgezogen. ✿ 6–8. Geschützt! △ Kalkreiche, steinige Matten, etwa 1600–2800 m; zerstreut. Ostalpen.

Lippenblütengewächse Labiatae oder Lamiaceae

7 Alpen-Steinquendel
Calamintha alpina (L.) Lam.
Pfl. 10–30 cm; St. niederliegend bis aufsteigend, schwach behaart; B. eiförmig, gegenständig, kurz gestielt, gegen die Spitze gesägt; Bl. zu 3–6 quirlständig, 10–18 mm lg., rotviolett. ✿ 6–9. △ Steinige, kalkreiche Rasen, lichte Föhrenwälder, von den Tälern bis 2500 m; verbreitet. Gebirge Mittel- und Südeuropas.

8 Pyramiden-Günsel
Ajuga pyramidalis L.
Pfl. 10–20 cm; B. gekreuzt-gegenständig, dicht stehend, nach oben kleiner werdend, die unteren rosettig, verkehrteiförmig, schwach gekerbt, 5–10 cm lg., obere B. oft violett überlaufen; Bl. zu 2–4 quirlständig; Krone hellviolettblau, 10–18 mm lg. ✿ 7–8. △ Kalkarme Bergwiesen. 1200–2700 m; verbreitet. Nordeuropa, Gebirge Mittel- und Südeuropas. GefGr. 3!

Kugelblumengewächse
Globulariaceae

1 Herzblättrige Kugelblume
Globularia cordifolia L.
Pfl. 3–10 cm, ästig verzweigt, niederliegend, am Grund verholzt; B. an den Enden der niederliegenden Triebe rosettig gehäuft, spatelig bis verkehrt-eiförmig, vorne herzförmig ausgerandet, lederig, allmählich in den Stiel verschmälert; blühender St. mit 0–2 Schuppenb.; Bl. in 10–15 mm br. Köpfen; Krone der Einzelbl. 6–8 mm lg., blau. ✿ 5–6. Geschützt! △ Sonnige Kalkschuttböden, Felsbänder, von den Tälern bis 2800 m; verbreitet. Gebirge Mittel- und Südeuropas.

2 Nacktstängelige Kugelblume
Globularia nudicaulis L.
Pfl. 5–25 cm, ähnlich *G. cordifolia,* aber krautig, Einzelrosetten bildend; B. verkehrt-eilänglich, vorne abgerundet, fast so lg. wie der St.; Bl.köpfe 15–25 mm br.; Krone 10–12 mm lg., blau. ✿ 5–8. Geschützt! △ Steinige Kalkmagerrasen, Kalkschutt, von den Tälern bis 2600 m; verbreitet. Gebirge Mittel- und Südeuropas (westlich).

Glockenblumengewächse
Campanulaceae

3 Schopf-Teufelskralle
Phyteuma comosum L.
Pfl. 5–15 cm; grundständige B. nierenförmig, ungleich tief gesägt, gestielt; St.b. verkehrt-eiförmig bis lanzettlich, scharf gezähnt; Bl. 15–30 mm lg. zu 8–20 in kugeliger Dolde; Krone am Grund bauchig erweitert, blasslila, in einen lg., blauvioletten Schnabel endend; Kronb. am Grund und an der Spitze verwachsen bleibend. ✿ 6–8. △ Kalk- und Dolomitfelsspalten, etwa 1000–2000 m; ziemlich selten. Südalpen.

4 Strauß-Glockenblume
Campanula thyrsoidea L.
Pfl. 10–40 cm, aufrecht, dicht beblättert, rauhaarig; B. lanzettlich, gegen den Grund verschmälert; Bl. zahlreich, in kolbenförmiger Ähre; Krone trichter- bis glockenförmig, 15–25 mm lg., gelblich, behaart. ✿ 7–9. Geschützt! △ Sonnige Matten, Bergwiesen, etwa 1500–2600 m; zerstreut. Gebirge Mittel- und Südeuropas.

5 Bärtige Glockenblume
Campanula barbata L.
Pfl. 10–40 cm, steifhaarig: Grundb. rosettig. länglich-lanzettlich, rauhaarig: Bl. kurz gestielt, nickend, zu 2–12 in 1seitswendiger Traube; Kelch zottig behaart. Buchten zwischen den Kelchzipfeln mit herabgeschlagenen Anhängseln; Krone bauchig-glockig, 15–30 mm lg., hellblau. selten weiß. Zipfel innen bärtig. ✿ 6–8. △ Saure Magerrasen und Zwergstrauchheiden. etwa 1200–2800 m; verbreitet. Alpen, Sudeten, Westkarpaten, südliches Norwegen.

6 Scheuchzers Glockenblume
Campanula scheuchzeri Vill.
Pfl. 5–40 cm, lockerrasig; Grundb. lg. gestielt, rundlich-nierenförmig, gekerbt, zur Bl.zeit meist vertrocknet; St.b. lineal-lanzettlich, fast sitzend, gezähnt bis ganzrandig; Bl. nickend, weitglockig, 15–25 mm lg., dunkel blauviolett, Kelchzipfel linealisch. ✿ 7–8. △ Kalkarme Magerrasen, steinige Matten, etwa 1400–3100 m; verbreitet. Gebirge Mittel- und Südeuropas.

7 Zwerg-Glockenblume
Campanula cochleariifolia Lam.
(C. pusilla Haenke)
Pfl. 5–20 cm, rasenbildend; untere B. lg. gestielt, rundlich-herzförmig, grob gezähnt, obere B. schmal-lanzettlich, sitzend; Bl. einzeln oder in wenigblütiger, 1seitswendiger Traube, bauchig-glockig, blau, 10–20 mm lg. ✿ 7–9. △ Felsbänder, Kalkschutt, Bachgeröll, von den Tälern bis 3000 m; häufig. Gebirge Mittel- und Südeuropas.

1

2

3

4

5

6

7

Korbblütengewächse
Compositae oder Asteraceae

1 Echte Edelraute
Artemisia laxa (Lam.) Fritsch
(*A. mutellina* Vill.)
Pfl. 10–20 cm, aromatisch duftend; B.
silberglänzend, die unteren doppelt
3teilig, die oberen fingerig geteilt, Abschnitte kaum 1 mm br.; Bl.köpfe zu
5–20, traubig-ästig angeordnet, 4–6 mm
br., 30–40blütig; Bl. gelb. ✿ 7–9.
Geschützt! △ Silikatfelsspalten, Steinrasen, etwa 1600–3700 m; ziemlich selten. Gebirge Mittel- und Südeuropas. –
Ähnlich ist die **Schwarze Edelraute,** *A.
genipi* Web. (*A. spicata* Wulf.), Pfl.
5–10 cm, mit grauseidenhaarigen,
2–3fach handförmig geteilten Grundb.;
St.b. sitzend, 1fach gefiedert; Bl.köpfe
fast kugelig, in anfangs nickender, dann
aufrechter, 1seitswendiger Ähre; Hüllb.
filzig, mit schwarzbraunem Rand; Silikatschutt, etwa 2200–3800 m. Alpen.
Geschützt!

2 Schwarze Schafgarbe
Achillea atrata L.
Pfl. 10–25 cm; B. 1fach fiederschnittig,
mit 2–3spaltigen Fiedern; Bl.köpfe
12–18 mm br., zu 3–12; Zungenbl. 7–12,
weiß, Röhrenbl. gelb.; Hüllb. schwarz
berandet. ✿ 7–9. Geschützt! △ Kalkschutt, etwa 1700–4200 m; verbreitet.
Ostalpen. – Auf Silikatschutt wächst die
Zwerg-Schafgarbe, *A. nana* L., Pfl.
5–10 cm, eigenartig riechend; B.
wollig-zottig, im Umriss länglich, fiederteilig, Fiedern 3–5spaltig; Bl.köpfe
10 mm br.; Hüllb. zottig, schwarzhäutig
berandet; Bl. schmutzigweiß;
1700–3800 m; Alpen. Geschützt!

3 Schwarzrandige Wucherblume
Chrysanthemum atratum Jacq.
Pfl. 10–30 cm, 1köpfig; B. etwas fleischig, kahl, dunkelgrün, scharf
gesägt-gezähnt; Bl.köpfe 3–5 cm br.;
Zungenbl. weiß, Röhrenbl. gelb; Hüllb.
schwarzberandet. ✿ 7–9. △ Kalkschutt,
etwa 1500–2800 m; verbreitet. Ostal-

pen. – Ähnlich ist die **Alpen-Wucherblume,** *Ch. alpinum* L., aber grundständige
B. kammförmig fiederspaltig; St.b.
lineal, ganzrandig oder gezähnt; kalkfreier oder kalkarmer Feinschutt, etwa
1800–2800 m. Alpen, Pyrenäen, Karpaten.

4 Alpen-Berufkraut
Erigeron alpinus L.
Pfl. 5–20 cm; B. spatelförmig, angedrückt behaart, allmählich in den Stiel
verschmälert; St. meist 1köpfig; Bl.köpfe 15–30 mm br.; Zungenbl. mehrreihig;
zwischen den rosaroten Zungenbl. und
den gelben Röhrenbl. noch dünnröhrige
Fadenbl.; Hüllb. grün, behaart. ✿ 7–9.
△ Steinrasen, Matten, etwa 1500–2500 m;
ziemlich selten. Gebirge Mittel- und Südeuropas.

5 Alpen-Aster
Aster alpinus L.
Pfl. 5–15 cm, behaart, meist 1köpfig;
Rosettenb. spatelförmig, in den kurzen
Stiel verschmälert, 3nervig; St.b. lanzettlich, stumpf, sitzend; Bl.köpfe
3–5 cm br.; Hülle 8–12 mm lg., mehrreihig; Zungenbl. violett, 1reihig; Scheibenbl. gelb. ✿ 7–8. Geschützt! △ Bergwiesen, Felsbänder, kalkreiche Steinrasen
etwa 1400–3100 m; verbreitet. Nordeuropa, Alpen, Pyrenäen, Harz, Böhmisches Mittelgebirge, Karpaten, Gebirge
der Balkanhalbinsel.

6 Edelweiß
Leontopodium alpinum Cass.
Pfl. 5–10 cm, dicht wollig-filzig; B. lanzettlich, gegen den Grund allmählich
verschmälert, filzig; Bl.stand aus 5–10
halbkugeligen, 5–6 mm br., gelblichen,
doldenartig gehäuften Bl.köpfen bestehend, sternförmig umgeben von 5–15
stark weißfilzigen Hochb., die die
Scheibl. bilden. ✿ 7–9. Geschützt!
△ Felsbänder, kalkreiche, sonnige Steinrasen, etwa 1700–3400 m; zerstreut bis
selten. Gebirge Mittel- und Südeuropas.
GefGr. 2!

Korbblütengewächse
Compositae oder Asteraceae

1 Großblütige Gemswurz
Doronicum grandiflorum Lam.
Pfl. 15–50 cm; St. reichdrüsig, unten
dicht beblättert; untere B. gestielt, br.-
eiförmig, am Grund gestutzt oder herzförmig, grob buchtig gezähnt; obere B.
herzförmig st.umfassend; Bl.köpfe meist
1, 4–7 cm br., gelb; Früchte 2 mm lg.,
10rippig. ✿ 7–8. △ Kalkschutt,
Felsbänder, steinige Matten, etwa
1500–3100 m; verbreitet. Gebirge Mit-
tel- und Südeuropas. – Ähnlich sind
noch: **Gletscher-Gemswurz,** *D. glaciale*
(Wulf.) Nym., aber grundständige B.
länglich, in den Stiel verschmälert, am
Rand steif bewimpert und mit kurzen
Drüsen; sickerfeuchter Steinschutt der
Ostalpen. – **Herzblättrige Gemswurz,** *D.
columnae* Ten., mit herzförmigen-3ecki-
gen, lg. gestielten, regelmäßig gezähnten B.; staudenreiche, steinige Matten
der Ost- und Südostalpen.

2 Gemswurz-Greiskraut
Senecio doronicum L.
Pfl. 20–50 cm; St. spinnwebig-wollig; B.
lederig, derb, untere länglich-eiförmig,
gestielt, grob gezähnt, obere lanzettlich,
sitzend; Bl.köpfe 3–6 cm br., gelb, zu
1–5, meist lg. gestielt; Hüllb. wollig, von
einer Außenhülle umgeben; Früchte
5–6 mm lg., 10–12rippig. ✿ 7–8. △ Kalkhaltige Steinrasen, Matten, Zwergstrauchgebüsch, etwa 1600–3100 m; verbreitet.
Gebirge Mittel- und Südeuropas.

3 Orangerotes Habichtskraut
Hieracium aurantiacum L.
Pfl. 20–50 cm, mit Ausläufern; Rosettenb. ei-lanzettlich, allmählich in den
Grund verschmälert, rauhaarig; St.b.
1–4, rasch an Größe abnehmend;
Bl.köpfe 2–3 cm br., zu 2–12 in verkürz-
ter Doldentraube, nur mit gelborange-
nen bis braunroten Zungenbl.; Hüllb.
schmal, schwarzdrüsig. ✿ 6–8. △ Magerrasen, Weiden, etwa 1200–2400 m;

verbreitet. Nordeuropa, Norddeutschland, Gebirge Mittel- und Südeuropas.

4 Zottiges Habichtskraut
Hieracium villosum Jacq.
Pfl. 10–30 cm, lg.zottig weißhaarig; Rosettenb. länglich-lanzettlich, ganzrandig,
blaugrün; St.b. 1–4, mit abgerundetem
Grund sitzend; Bl.köpfe 2–4 cm br., zu
1–4, nur mit hellgelben Zungenbl.;
Hüllb. spitz, rauhaarig. ✿ 7–8. △ Steinrasen, kalkreiche Wiesen, Felsbänder,
etwa 1200–2800 m; verbreitet. Gebirge
Mittel- und Südeuropas (östlich).

Süßgräser
Gramineae oder Poaceae

1 Salz-Schlickgras
Spartina townsendii H. et J. Grev.
Pfl. 30–130 cm, mit weit kriechenden
Rhizomen; Bl.stand 10–25 cm lg., mit
3–6 schlanken, aufrechten Ähren; Ährchen 12–20 mm lg., 2zeilig angeordnet,
dicht der Ährenachse angedrückt,
1blütig; B. steif, flach, 5–8 mm br.
✿ 7–8. (Bastardart aus *S. maritima*
(Curt.) Fern. und *S. alterniflora* Lois.).
△ Salzhaltiger Schlick, Watt der Nord-
seeküste, oft gepflanzt.

2 Strandroggen, Blauer Helm
Leymus arenarius (L.) Hochst.
(Elymus arenarius L.)
Pfl. 60–120 cm, stark blaugrün, mit lg.
Ausläufern; B. steif, stechend, eingerollt, oberseits rau, 8–20 mm br.; B.häut-
chen sehr kurz; Ähre dicht, 10–30 cm lg.;
Ährchen 2–3 cm lg., meist mit 2 kurz gestielten Seitenährchen, diese »Ährchendrillinge« wechselständig sitzend.
✿ 6–8. △ Dünensand; an den Küsten
Europas häufig; im Binnenland selten
oder angepflanzt. – Ähnlich ist die
Strand-Quecke, *Agropyron junceum* (L.)
P.B., aber Ährchen ohne Seitenährchen,
15–30 mm lg., 5–8blütig; Ähre 2zeilig,
steif, 5–20 cm lg.; Ährenachse sehr
brüchig; Pfl. 30–60 cm, blaugrün; B.
8 mm br., oberseits rau, anfangs flach,
später stark eingerollt. Küsten Europas;
verbreitet.

3 Strand-Salzschwaden, Andelgras
Puccinellia maritima (Huds.) Parl.
Pfl. 20–60 cm, mit ausläuferartig verlängerten Trieben im Herbst; B. eingerollt,
fleischig, binsenartig, glatt; Rispenäste
glatt, aufrecht abstehend, später zusammengezogen, die unteren meist 2; Ährchen 5–9blütig, länglich, 5–10 mm lg.,
oft violett. ✿ 6–9. △ Strandwiesen der
Nord- und Ostsee und des Atlantischen
Ozeans; verbreitet. – Ähnlich ist der **Gemeine Salzschwaden**, *P. distans* (Jacq.)
Parl., aber Ausläufer fehlend, Rispen-

äste rau, waagrecht abstehend, später
herabgeschlagen, die unteren zu 4–5;
Ährchen 4–5blütig, 4–5 mm lg.; Salzwiesen, Spülsäume der Küsten, Ruderalstellen; zerstreut bis selten.

4 Strandhafer, Sandrohr
Ammophila arenaria (L.) Link
Pfl. 60–100 cm; B. graugrün, steif, spitz,
meist eingerollt, oberseits gerippt;
B.häutchen 1–2 cm lg.; Ährenrispe dicht,
walzenförmig, weißlich, 10–20 mm lg.;
Ährchen 10–15 mm lg., innen mit feinen
Haaren. ✿ 6–8. △ Dünensand; an den
Küsten Europas häufig; im Binnenland
gelegentlich angepflanzt.

5 Strand-Gerste
Hordeum marinum Huds.
(H. maritimum With.)
Pfl. 10–40 cm, am Grund büschelig ver-
zweigt, graugrün; St. knickig aufstei-
gend, fast bis zur Spitze beblättert; un-
tere B.scheiden kahl oder weichhaarig,
obere aufgeblasen; Ähre 4–6 cm lg.;
Ährenachse brüchig; Ährchen meist zu 3
(»Ährchendrillinge«); Hüllspelzen rau,
schmal-lanzettlich oder borstlich;
Deckspelzen mit lg. Granne. ✿ 5–7.
△ Salzwiesen und -weiden; an der Nord-
seeküste und an den Küsten West- und
Südeuropas verbreitet; im Binnenland
an Ruderalstellen selten.

1

2

3

4

5

Saldengewächse / Ruppiaceae

1 Meeres-Salde
Ruppia maritima L.
Pfl. untergetaucht, 15–40 cm, mit fadenförmigen, an den Knoten wurzelnden St.
und 2zeiligen, 1 mm br., am Grund schei-
denförmigen B.; Bl. unscheinbar, ohne
Bl.hülle, in 2blütiger Ähre; Staubb. 2.
✿ 6–10. △ Küstengewässer, Brackwasser, salzige Binnengewässer; zerstreut
bis selten. Europa. GefGr. 2!

Seegrasgewächse / Zosteraceae

2 Echtes Seegras
Zostera marina L.
Pfl. untergetaucht, 30–100 cm, mit gras-
artigen, 4–10 mm br., 3nervigen B.;
Bl.stand 9–12 mm lg., Bl. klein, ohne
Bl.hülle, je 1 ♂ und 1 ♀ Bl. in einer
Bl.scheide eingeschlossen. ✿ 6–9.
△ Küstengewässer bis in 10 m Tiefe, oft
große Flächen bedeckend; verbreitet.
Europa.

Dreizackgewächse / Juncaginaceae

3 Strand-Dreizack
Triglochin maritimum L.
Pfl. 15–70 cm; B. linealisch, halbstielrund, grundständig; Bl.traube oben
dicht; Bl.b. 6, grün, 2–3 mm lg.; Narben
6; Frucht eiförmig, in 6 Teilfrüchte zerfallend. ✿ 6–8. △ Salzwiesen; an den Küsten Europas verbreitet, im Binnenland
selten.

Binsengewächse / Juncaceae

4 Salz-Binse
Juncus gerardii Loisel.
Pfl. 15–50 cm, mit stielrundem St. und
linealischen, 1 mm br. B.; Bl.stand endständig, mit kurzen Hochb.; jede Bl. mit
2 häutigen Vorb.; Bl.b. 6, dunkelbraun,
mit grünem Mittelstreifen, weiß berandet, 2–3 mm lg. ✿ 6–7. △ Salzwiesen,
Salzstellen; an den Küsten zerstreut,
sonst selten. Europa.

Riedgrasgewächse oder Sauergräser / Cyperaceae

5 Strandsimse, Meerbinse
Bolboschoenus maritimus (L.) Palla
(Scirpus m. L.)
Pfl. 30–100 cm; St. scharf 3kantig, rau;
B. flach, gekielt, 3–8 mm br.; Hochb.
laubb.artig, viel länger als der Bl.stand;
Ähren 1–2 cm lg., rotbraun, kopfig
gehäuft. ✿ 6–8. △ Ufer, Gräben, nähr-
stoffreiches, oft salzhaltiges Wasser;
selten. Europa.

6 Sand-Segge
Carex arenaria L.
Pfl. 15–40 cm, mit unterirdischen, weit
kriechenden Ausläufern; B. starr, rinnig,
3–4 mm br.; Bl.stand 4–6 cm lg., aus
6–16 gleichgestalteten Ähren, die unteren rein ♀, die oberen rein ♂, die mittleren am Grund ♀, an der Spitze ♂;
Schläuche 4–5 mm lg., gelblich, geflügelt; Narben 2. ✿ 5–6. △ Dünensand,
trockene Kiefernwälder; an den Küsten
Europas verbreitet, sonst selten.

Gänsefußgewächse Chenopodiaceae

7 Strand-Salzmelde
Halimione portulacoides (L.) Aellen
(Obione p. (L.) Moq.)
Pfl. 30–80 cm, am Grund holzig, liegend
bis aufsteigend; B. gegenständig, untere
büschelig, länglich-eiförmig, dick, fleischig, bereift; Bl. grünlich, in Scheinähren,
1geschlechtig; Fruchthülle ungestielt,
3lappig, 3–4 mm lg. ✿ 7–9. △ Salzwiesen und Küsten Mittel- und Südeuropas;
verbreitet. – Ähnlich ist die **Stielfrüchti-
ge Salzmelde**, *H. pedunculata* (L.) Aellen, aber Pfl. krautig; B. wechselständig,
untere B. gegenständig; Fruchthülle lg.
gestielt, 3lappig, mit sehr kleinem Mittellappen; Salzböden, auch im Binnenland; zerstreut bis selten. GefGr. 3!

Gänsefußgewächse
Chenopodiaceae

1 Strand-Melde
Atriplex litoralis L.
Pfl. 30–80 cm, anfangs mehlig; Äste rutenförmig, aufrecht; B. lanzettlich, am Grund keilförmig verschmälert, ganzrandig oder buchtig gezähnt; die 2 Vorb. (Fruchthülle) jeder Bl. nur am Grund verwachsen, eiförmig bis 3eckig-rhombisch, oft gezähnt. ✿ 7–9. △ Salzhaltige Sand- und Schlickböden. Küsten Europas, verbreitet; im Binnenland selten.

2 Kali-Salzkraut
Salsola kali L.
Pfl. 15–60 cm, graugrün, verzweigt; Äste steif, sparrig; B. fleischig, stielrund, stechend; Bl. einzeln, b.achselständig, grün, mit 2 spitzen Vorb.; Bl.b. 5, mit Querkiel. ✿ 7–9. △ Salzwiesen, Spülsäume der Küsten Europas, verbreitet; im Binnenland auf Sand, selten.

3 Strand-Sode
Suaeda maritima (L.) Dum.
Pfl. 10–40 cm, kahl, blaugrün oft rot überlaufen; B. linealisch, fleischig, nicht stachelspitzig; Bl. klein, zu 2–3 achselständig; Bl.b. 5, grün. ✿ 7–9. △ Schlickböden der Küsten Europas, verbreitet; im Binnenland auf Salzstellen, selten.

4 Gemeiner Queller
Salicornia europaea L.
Pfl. 5–30 cm, formenreich, fleischig, grün, im Herbst rot; St. meist stark verzweigt; gegliedert; B. gegenständig, fleischig, dicht dem St. angepresst, dieser scheinbar b.los. ✿ 8–10. △ Schlick, Watt, an den Küsten Europas häufig; im Binnenland an Salzstellen selten.

Nelkengewächse / Caryophyllaceae

5 Salzmiere
Honkenya peploides (L.) Ehrh.
Pfl. 5–25 cm, mit kriechenden, an den Knoten wurzelnden St.; B. fleischig, sitzend, oval, dicht stehend, 4zeilig, gelbgrün, 5–20 mm lg.; Bl. 1geschlechtig, weiß, 6–10 mm br. ✿ 6–7. △ Feuchter Dünensand, Spülsäume der Küsten Nord-, Mittel- und Westeuropas; zerstreut.

6 Flügel-Schuppenmiere
Spergularia media (L.) C. Presl.
Pfl. 5–30 cm; B. fleischig, linealisch, 10–15 mm lg.; Bl. 8–12 mm br.; Kronb. blassrosa, allmählich zum Grund hin weiß; Staubb. 10; Samen mit br. Flügelrand. ✿ 7–9. △ Salzhaltiger Schlick und Sand der Küsten Europas, zerstreut, im Binnenland selten.

7 Salz-Schuppenmiere
Spergularia salina J. et C. Presl.
ähnlich *S. media*, aber Bl. 6–8 mm br.; Kronb. tiefrosa, am Grund plötzlich weiß; Staubb. 2–5. ✿ 5–9. △ Küsten Europas, verbreitet, im Binnenland selten.

Mohngewächse / Papaveraceae

8 Gelber Hornmohn
Glaucium flavum Crantz
Pfl. blaugrün, bereift, 20–80 cm; B. fiederteilig, 6–10 cm lg.; Kronb. 4, gelb, 2–3 cm lg.; Frucht eine 2–3 cm lg., gebogene, raue Schote. ✿ 6–7. △ Küsten, Schutt, trockene Stellen; im Küstengebiet Süd- und Westeuropas verbreitet, sonst selten, nördlich bis Südschweden.

Kreuzblütengewächse
Brassicaceae oder Cruciferae

9 Meersenf
Cakile maritima Scop.
Pfl. 15–60 cm; B. fleischig, blaugrün, tief fiederteilig; Bl. duftend, 1–2 cm br.; Kronb. 6–14 mm lg., 2mal so lg. wie der Kelch, violett, rosa oder weißlich; Schote 10–25 mm lg., 2gliederig, das obere Glied viel länger. ✿ 7–10. △ Spülsäume und Sanddünen der Küsten Europas; verbreitet.

Kreuzblütengewächse
Brassicaceae oder Cruciferae

1 Gebräuchliches Löffelkraut, Löffelkresse
Cochlearia officinalis L.
Pfl. 5–30 cm; B. fleischig; untere B. br.-herzförmig oder nierenförmig; Bl. 8–10 mm br.; Kronb. weiß, 4–9 mm lg.; Schötchen eiförmig bis kugelig, 4–7 mm lg. ✿ 5–8. Geschützt! △ Salzwiesen, Salzsümpfe; an den Küsten Nord-, Mittel- und Westeuropas zerstreut; im Binnenland selten.

2 Dänisches Löffelkraut
Cochlearia danica L.
Pfl. 5–10 cm; untere B. herzförmig; St.b. gestielt, 3–7lappig, efeuähnlich; Bl. 3–5 mm br., weiß oder rosa; Schötchen 3–6 mm lg., elliptisch, fein netznervig. ✿ 5–6. Geschützt! △ Salzwiesen, Küstensand; verbreitet. Küsten West-, Mittel- und Nordeuropas.

Schmetterlingsblütengewächse
Fabaceae oder Papilionaceae

3 Erdbeer-Klee
Trifolium fragiferum L.
Pfl. 5–10 cm, mit Ausläufern, an den Knoten wurzelnd; B. 3zählig, fein gesägt; Bl.köpfe lg. gestielt, 1–2 cm br.; Krone 5–7 mm lg., rosa; obere Kelchlippe nach der Blüte stark blasig aufgetrieben, hellbraun oder rötlich, behaart. ✿ 5–9. △ Salzwiesen, Trittrasen, Teichufer; an den Küsten Europas verbreitet, sonst seltener.

Wolfsmilchgewächse
Euphorbiaceae

4 *Euphorbia paralias* L.
Pfl. 30–60 cm, steif, blaugrün, am Grund mit Schuppenb.; B. dick, fleischig, eiförmig, spitz, dachziegelig, 5–20 mm lg.; Bl.dolde 3–6strahlig; Hochb.hülle br.-eiförmig, nicht verwachsen; Drüsen des Hüllbechers mit kurzen Hörnern; Frucht feinwarzig. ✿ 5–9. Giftig! △ Küstensand; zerstreut. West- und Südeuropa.

Doldenblütengewächse
Umbelliferae oder Apiaceae

5 Meerfenchel
Crithmum maritimum L.
Pfl. 15–50 cm, kahl, blaugrün, reich verzweigt; St. gerieft; B. fleischig, 2–3fach gefiedert, mit linealischen, spitzen Abschnitten; Dolde 8–20strahlig; Hülle und Hüllchen vielblütig; Bl. gelblich oder grünlichweiß; Frucht eiförmig, mit vorspringenden Rippen. ✿ 7–9. △ Küstenfelsen. West- und Südeuropa.

6 Stranddistel
Eryngium maritimum L.
Pfl. 20–60 cm, weißlich bereift, oft bläulich; B. buchtig gezähnt, steif, derbstachelig, obere B. st.umfassend; Bl.köpfe 2–3 cm br., umgeben von eiförmigen, fast 3lappigen stacheligen Hüllb.; Hüllchenb. schmal, meist bläulich, länger als die etwa 8 mm lg. Bl. ✿ 6–8. Geschützt! △ Dünensand der Küsten Europas; zerstreut. GefGr. 2!

Primelgewächse / Primulaceae

7 Strand-Milchkraut
Glaux maritima L.
Pfl. 5–15 cm; B. eiförmig, fleischig, dachziegelig, 4zeilig angeordnet, sitzend, 4–12 mm lg.; Bl. sitzend, b.achselständig, 4–6 mm br.; Kronb. fehlend; Kelch 5teilig, glockenförmig, rosa. ✿ 5–8. △ Salzböden, Salzwiesen; Küsten Europas, verbreitet; im Binnenland selten.

Borretschgewächse / Boraginaceae

8 Pferdezunge
Mertensia maritima (L.) S. F. Gray
Pfl. niederliegend, blaugrün, fleischig, 10–60 cm; B. lanzettlich bis spatelig, 1–6 cm lg., oberseits rau, die unteren B. gestielt, die oberen sitzend; Bl. rot, dunkelblau; Kronröhre walzlich; Kelch kahl; Nüsschen glatt. ✿ 6–8. △ Küstensand. Nordeuropa, England, Irland.

Strandnelkengewächse
Plumbaginaceae

1 Gewöhnliche Grasnelke
Armeria maritima (Mill.) Willd.
Polsterpfl., 5–30 cm, dichtrasig, mit
mehrjährigen Rosetten; B. fleischig,
linealisch, 1–2 mm br., 1nervig; Bl. in
dichten, kugeligen, 1–3 cm br. Köpfen;
Bl.schaft b.los; Bl.stand von häutigen,
4–7 mm lg. Hüllb. umgeben; Bl. 5zählig;
Krone 6–8 mm lg. rosa. ✿ 5–11. Ge-
schützt! △ Salzwiesen, Graudünen,
Sandböden, bodensaure Trockenrasen,
Schwermetallböden, Strandfelsen; zer-
streut bis selten. Nord-, Mittel- und
Westeuropa. GefGr. 3!

2 Strandflieder, Strandnelke
Limonium vulgare Mill.
(Statice limonium L.)
Pfl. 20–50 cm; St. verzweigt; B.
verkehrt-eiförmig, ganzrandig, kahl, allmählich in den Stiel verschmälert; Bl.
1seitswendig, in Doldenrispen, mit häutigen Hüllb.; Krone blauviolett, 8 mm lg.
✿ 7–9. Geschützt! △ Salzwiesen, Küsten
der Nord- und Ostsee und des Atlantiks;
(am Mittelmeer nah verwandte Sippen).

Wegerichgewächse
Plantaginaceae

3 Strand-Wegerich
Plantago maritima L.
Pfl. 15–30 cm, blaugrün, am Grund verholzt; B. linealisch, fleischig, anfangs
rinnig, schwach 3–5nervig, 2–6 mm br.;
Ähre 4–10 cm lg.; Krone bläulich; Tragb.
und Kelchzipfel kahl oder sehr kurz gewimpert. ✿ 6–9. △ Salzhaltige Böden,
Salzwiesen, Küsten; im Küstengebiet
häufig, sonst selten. Europa.

4 Krähenfuß-Wegerich
Plantago coronopus L.
Pfl. 5–30 cm; St. b.los, unverzweigt; B. in
grundständiger Rosette, fiederspaltig
oder grob gezähnt; Bl. gelblich, in
$^1/_2$–4 cm lg. und 3–4 mm br. Ähre; Kronröhre behaart. ✿ 5–10. △ Meeresstrand,

Salzwiesen, trockene, sandige Plätze,
Wegränder; zerstreut bis selten. Fast
ganz Europa.

Korbblütengewächse
Compositae oder Asteraceae

5 Strand-Aster
Aster tripolium L.
Pfl. kahl, 15–60 cm; St. ästig, mehrköpfig; B. fleischig, länglich-lanzettlich,
meist ganzrandig, 7–12 cm lg.; Bl.köpfe
1–3 cm br.; Strahlenbl. lila oder weißlich;
Röhrenbl. orangegelb; Hüllb. stumpf,
angedrückt, 1–3 mm lg. ✿ 7–9. △ Nasse
Salzwiesen, Salzsümpfe; an den Küsten
Europas verbreitet, im Binnenland selten.

6 Strand-Beifuß
Artemisia maritima L.
Pfl. 30–60 cm; B. 2–3fach fiederteilig,
mit linealischen, 1–2 mm br., stumpfen
Zipfeln, beiderseits weiß- oder graufilzig; Bl.köpfe eiförmig, 2–3 mm lg.; Hüllb.
filzig; Bl. 2geschlechtig. ✿ 9–10. △ Salzböden; an den Küsten Europas verbreitet, im Binnenland selten.

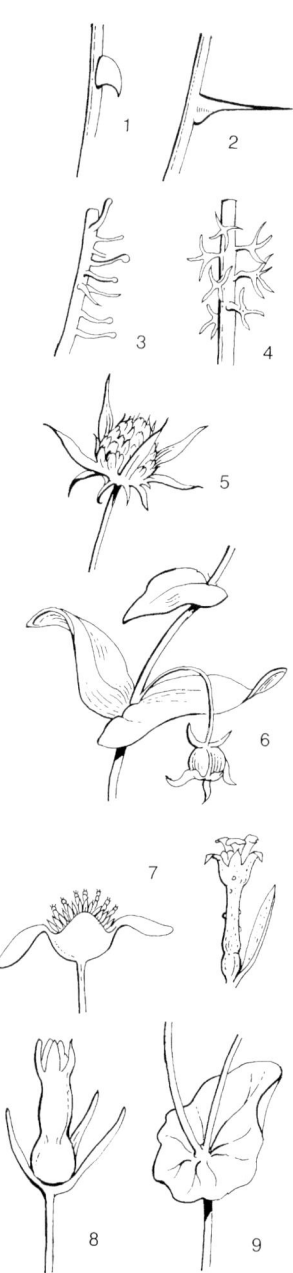

Erklärung der Fachausdrücke

Bildungen der Oberfläche der Pflanze

Stacheln harte, stechende Auswüchse der Oberhaut am Blatt oder Stängel (1).

Im Gegensatz dazu sind **Dornen** zu harten, verholzten, stechenden Gebilden umgewandelte B., Kurz- oder Seitensprosse (2).

Haare 1zellige oder mehrzellige, einfache oder verzweigte, gerade oder gekrümmte Vorstülpungen der Oberhaut der Pflanze z. B.:

Borsthaare steif, stechend.

Drüsenhaare Haare mit einem Drüsenköpfchen an der Spitze (3).

Kraushaare steif, gekrümmt, lang.

Seidenhaare dicht, anliegend, glänzend.

Sternhaare sternförmig verzweigt (4).

Wollhaare weich, dicht, lang.

Reif abwischbarer, weißer oder bläulicher Überzug am B. oder Stängel.

Das Blatt

Man unterscheidet folgende B.:

Laubb. gewöhnliches, meist grünes B., das der Assimilation dient.

Hochb. B. im Bereich der Bl. oder des Bl.standes, meist von den übrigen Laubb. stark abweichend.

Hüllb. schuppiges oder b.artiges Hochb., eine Bl. oder einen Bl.stand umgebend (5).

Niederb. schuppenförmiges B. am Grund des Stängels und an unterirdischen Teilen.

Tragb. krautige oder schuppenförmige B., aus deren Achseln die Bl. oder Seitensprosse entspringen (6).

Spreub. kleine, schuppenartige B. zwischen den Einzelbl. mancher Korbblütler (7). Vorb. kleine, schuppenförmige, oft häutige Hochb., dem Bl.stiel ansitzend (8).

B.anheftung

durchwachsen Die ungeteilte B.spreite umgibt den Stängel vollkommen (9).

gestielt mit deutlichem B.stiel.

herablaufend Die B.spreite zieht sich teilweise am Stängel herab (10).

sitzend ohne B.stiel.

stängelumfassend oder **halbstängelumfassend** Das B. umgibt den Stängel mit seinem Grund ganz oder zum Teil (11).

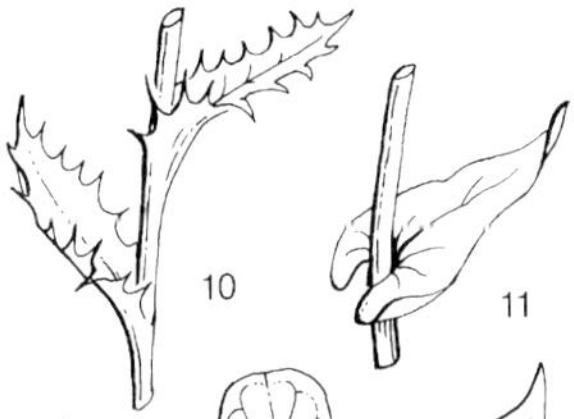

B.formen

eiförmig (12)

elliptisch (13)

herzförmig (14)

keilförmig (15)

lanzettlich (16)

linealisch (17)

nierenförmig (18)

pfeilförmig (19)

schildförmig (20)

spatelförmig (21)

verkehrt-eiförmig (22)

verkehrt-herzförmig (23)

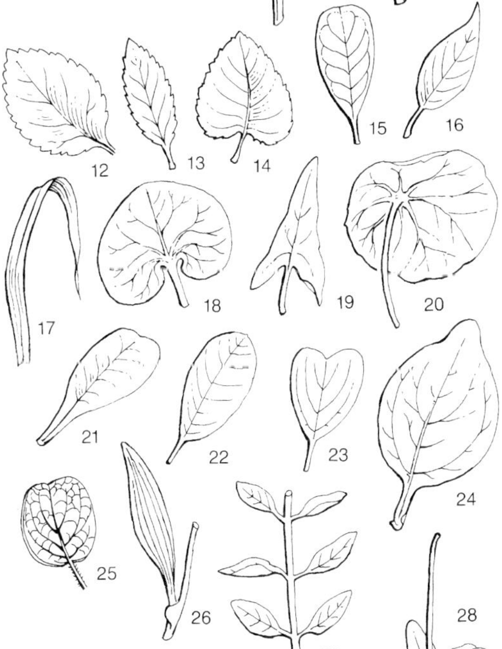

B.nervatur

fiedernervig (24)

netznervig (25)

parallelnervig (26)

B.stellung

gegenständig 2 B. stehen sich an jedem Knoten des Stängels gegenüber (27).

grundständig B. stehen am Grund des Stängels, zu mehreren bilden sie eine Rosette (28).

kreuzgegenständig (dekussiert) Das folgende B.paar steht im rechten Winkel zum vorherigen (29).

quirlständig an jedem Knoten mehr als 2 B. stehend (30).

wechselständig an jedem Knoten mit 1 B. und nach verschiedenen Richtungen zeigend (31).

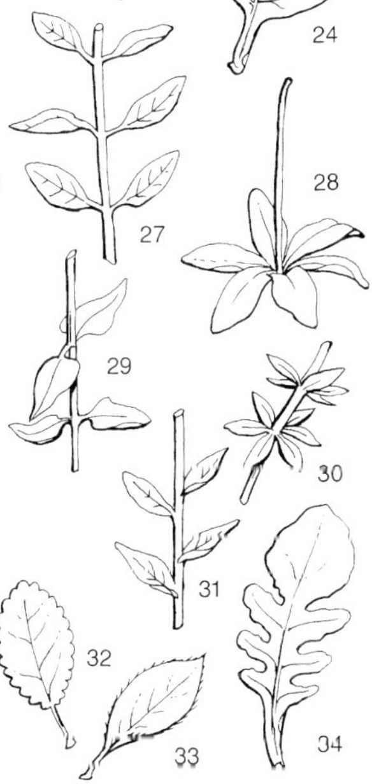

B.rand

gekerbt (32)

gewimpert (33)

gelappt mit vergrößertem Endlappen (34)

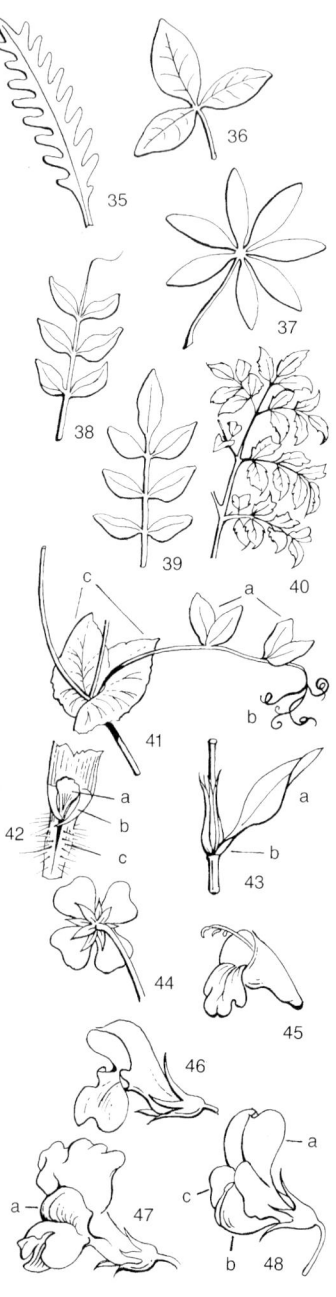

eingeschnitten   (35)

3zählig   (36)

handförmig gefiedert (gefingert)   (37)

paarig gefiedert   (38)

unpaarig gefiedert   (39)

2fach und mehrfach gefiedert   (40)

B.teile

B.achsel   Winkel zwischen B. und Stängel.

B.fieder   Teil eines zusammengesetzten B. (41 a).

B.häutchen   kleiner Fortsatz am Übergang der B.scheide in die Spreite (z. B: bei Gräsern) (42 a).

B.öhrchen   kleine, lappenförmige Anhängsel am B.grund (42 b).

B.ranke   zartes, oft spiralig gedrehtes Organ zum Festhalten, aus einem B. oder B.abschnitt gebildet (41 b).

B.scheide   verbreiteter, unterer Teil des B., den Stängel röhrig oder bauchig umschließend (42 c).

B.spreite   meist flach ausgebreiteter Teil des B. (43 a).

B.stiel   Träger der B.spreite (43 b) (manchmal sind die B.stiele b.artig zu sogenannten **Phyllocladien** verbreitert).

Nebenb.   schuppen- oder b.artiges, meist paariges Anhängsel am Grund des B.stieles (41 c).

Die Blüte

Bl.formen

strahlig, radial symmetrisch oder radiär   Bl.b. sind gleich, die Bl. lässt sich durch viele Längsschnitte in gleiche Teile teilen (44).

dorsiventral oder unsymmetrisch   Ober- und Unterteil der Bl. ist verschieden, die Bl. lässt sich nur durch 1 Längsschnitt in 2 gleiche Teile teilen, z. B.:

Lippenbl.   entweder **1lippig,** nur mit ausgebildeter **Unterlippe** (45) oder **2lippig,** auch mit ausgebildeter **Oberlippe** (46).

Rachenbl.   bei Braunwurzgewächsen (47).

Schmetterlingsbl. (48)   dabei nennt man das obere Kronb. **Fahne** (48 a), das untere, gekielte **Schiffchen** (48 b) und die beiden seitlichen **Flügel** (48 c).

Zungenbl.   bei Korbblütlern; Saum der Bl.krone ist flach ausgebreitet (49).

Grasbl.   s. Ährchen

Bl.stand

Ähre   verlängerter Bl.stand mit sitzenden Bl. (50).

Ährchen (51)   Bl.stand bei Gräsern; die 2geschlechtigen Bl. sind einzeln oder zu mehreren in einem Ährchen vereinigt; jedes Ährchen besteht aus einer äußeren (51 a), einer inneren Hüllspelze (51 b) und den Bl.; jede Bl. besteht aus einer (oft begrannten) Deckspelze (51 c) und einer Vorspelze (51 d, manchmal fehlend); Staubb.3, Narben federig, 2, Fruchtknoten 1, oberständig.

Dolde   schirmförmiger Bl.stand, Bl.stiele alle vom selben Punkt entspringend (52).

Doppeldolde (53)

gabeliger oder **dichotomer Bl.stand** (54).

Kätzchen   ährenartiger Bl.stand mit hängender, biegsamer Hauptachse und unscheinbaren Bl.

Köpfchen   köpfchenförmiger Bl.stand aus sitzenden oder kurzgestielten, gedrängten Bl. (55).

Kolben   fleischige Ähre, oft mit keulenförmigem Anhängsel an der Spitze (56).

Rispe   verzweigter Bl.stand mit gestielten Bl. (57).

Schirmrispe   Rispe, in der die Bl. in 1 Ebene stehen (58).

Traube   verlängerter Bl.stand mit gestielten Bl. (59).

Bl.teile

Bl.hülle (60)   die äußeren, nicht sexuellen Teile der Bl., bestehend aus freien oder zu einer Röhre verwachsenen Bl.hüllb. Ist die Bl.hülle doppelt, so bezeichnet man den äußeren Kreis als **Kelch** (60 a), den inneren als **Krone** (60 b).

Kelch aus meist grünen, freien, abstehenden (61) oder zurückgeschlagenen (60 a) Kelchb. oder Kelchb. unten zu einer **Kelchröhre** (62 a) verwachsen, oben mit Kelchzipfeln (62 b).

Krone   aus gefärbten, freien (63) oder verwachsenen Kronb. (64).

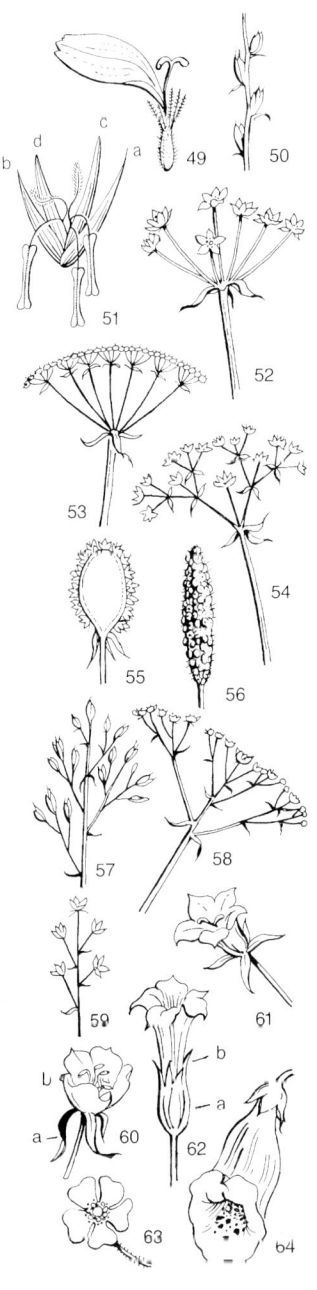

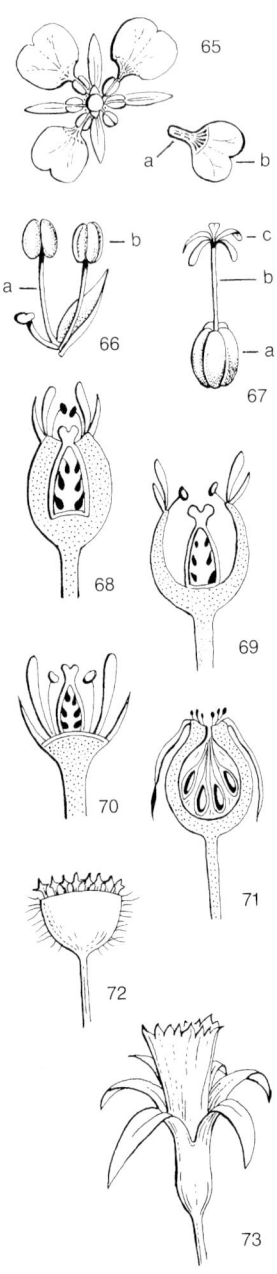

Kronb. Abschnitt der inneren Bl.hülle, oft aus einem verschmälerten Teil, dem **Nagel** (65 a), und einem verbreiterten Teil, der **Platte** (65 b), bestehend.

Staubb. bestehend aus **Staubfaden** (66 a) und dem **Staubbeutel** (66 b), der den Pollen enthält. Manchmal ist das Staubb. in ein sogenanntes **Staminodium** umgewandelt und enthält keinen Pollen mehr.

Fruchtb. enthält die **Samenanlage(n),** mehrere Fruchtb. sind zu einem **Fruchtknoten** (67 a) verwachsen, der einen oder mehrere, meist fadenförmige **Griffel** (67 b) mit verschieden gestalteter **Narbe** (67 c) zur Aufnahme des Pollens trägt. Man unterscheidet nach der Stellung des Fruchtknotens:

unterständig wenn er unterhalb des Ansatzpunktes von Kelch und Krone sitzt (68).

mittelständig wenn er teilweise in den becherförmigen Teil des Bl. bodens eingesenkt ist (69).

oberständig wenn er oberhalb des Ansatzpunktes von Kelch und Krone steht (70).

Samenanlage vom Fruchtb. oder Fruchtknoten eingeschlossen, liefert nach der Befruchtung die Samen.

Bl.boden oberster verbreiteter oder manchmal auch krugförmig ausgehöhlter (71) Teil des Bl.bodens, der die Bl.teile, bei Korbblütlern die Einzelbl. (72) trägt.

Geschlecht der Blüte

1geschlechtig entweder mit Staubb. (männliche Bl.) oder mit Fruchtknoten (weibliche Bl.).

zwittrig oder **2geschlechtig** mit Staubb. und Fruchtknoten.

Nach der Verteilung der Geschlechter der Bl. ist die Pflanze

1häusig wenn auf derselben Pflanze männliche und weibliche Bl. sitzen.

2häusig wenn männliche und weibliche Bl. auf verschiedenen Pflanzen sind.

Sonderbildungen der Blüte

Außenkelch kelchartiges Gebilde aus mehreren Hochb. dicht unter dem Kelch.

Nebenkrone kronb. ähnlicher Kranz aus freien oder verwachsenen Anhängseln im Inneren der Krone (73).

Nektardrüse zuckerhaltigen Saft (Nektar) absondernde Drüse, dient zur Anlockung von Insekten und tritt in der Bl. an verschiedenen Stellen auf.

Pappus Haare oder Borsten an den Früchten vieler Korbblütler, hervorgegangen aus dem Kelch (74).

Spelzen (75) häutige, zähe B. in der Grasbl., oft mit **Granne** (75a).

Schlundhöcker Vorwölbungen der Unterlippe am Übergang von Kronsaum und Kronröhre (**Kronschlund**) (47a).

Sporn hohle Aussackung von Kelch oder Krone (76).

Fruchtschlauch (77) Bei Seggen ist der Fruchtknoten in einem geschlossenen Schlauch eingehüllt.

Bl.scheide oder **Spatha** (bei Aronstabgewächsen) (78) meist gefärbte, kronb.artige Hochb.scheide, die den Bl.stand umhüllt; die Einzelbl. sind unscheinbar und haben meist keine Bl.hülle.

Früchte

Balgfrucht aus 1 Fruchtb. bestehend, das sich nur an 1 Längslinie öffnet (79).

Beere fleischige, 1- bis mehrsamige Frucht.

Beerenzapfen (Scheinbeere) Zapfen mit fleischigwerdenden Fruchtschuppen (bei Wacholder).

Hülse trockene Frucht aus 1 Fruchtb. bestehend, öffnet sich an der Bauch- und Rückennaht (80).

Kapsel trockene Frucht aus mehreren Fruchtb. bestehend, öffnet sich durch Spalten oder Poren (81).

Nuss 1samige Frucht mit harter Schale.

Nüsschen 1samige Teilfrucht bei Arten mit vielen freien Fruchtb. (82).

Scheinbeere fleischige Frucht, an deren Bildung noch andere Organe der Bl. beteiligt sind (z. B. Erdbeere).

Schötchen Frucht der Kreuzblütler, die nicht mehr als 3mal so lang wie breit ist (83).

Schote Frucht der Kreuzblütler, die mehr als 3mal so lang wie breit ist (84).

Steinfrucht Frucht mit außen fleischiger, innen steinartiger Fruchtwand (85).

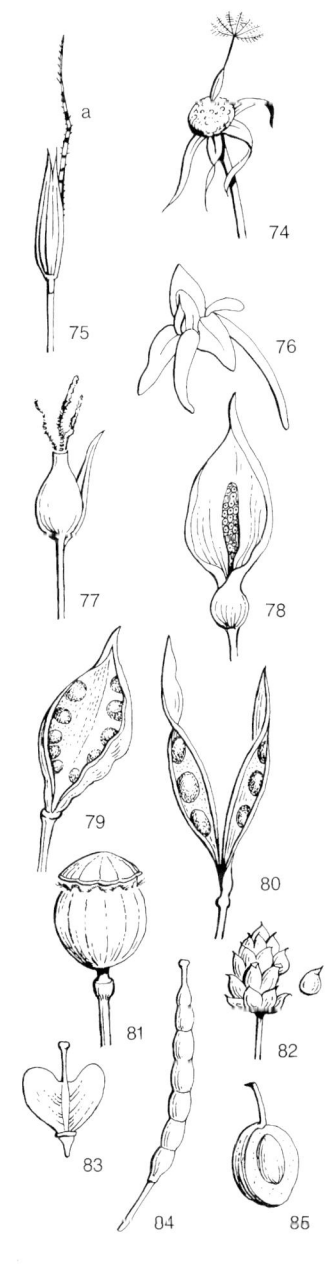

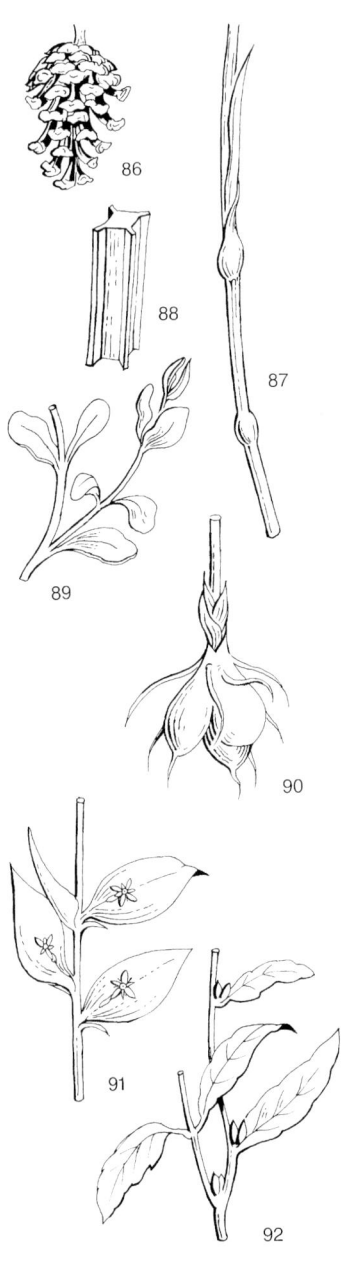

Zapfen »Frucht« der Nadelhölzer, bestehend aus zahlreichen sich überlappenden, verholzenden Fruchtschuppen (86).

Sprossachse oder Stängel

besteht aus meist langen Gliedern, die durch **Knoten** (87) begrenzt sind.

Gestalt

geflügelt mit längsverlaufenden, stark verbreiterten Leisten (88).

gefurcht mit längsverlaufenden Rinnen.

kantig im Querschnitt eckig.

stielrund im Querschnitt kreisförmig.

2schneidig oder 2seitig mit 2 längsverlaufenden Kanten.

Besondere Formen

Ausläufer ober- oder unterirdisch kriechende Seitentriebe, die an der Spitze neue Pflanzen bilden (89).

Knolle fleischig verdickter Teil der Sprossachse (Speicherorgan) (90).

Phyllocladium b.artig verbreiterter Spross (91).

Wurzelstock kriechender, unterirdischer Teil der Sprossachse, der jedes Jahr neu austreibt.

Zwiebel unterirdisches Organ aus dichtgestellten, fleischigen Schuppenb.

Bulbillen, Brutzwiebeln oder Brutknospen knospenähnliche Jungpflanzen in B.achseln oder Bl.ständen der Mutterpfl., die zu Boden fallen und dort anwachsen (92).

Register

Kursiv gesetzte Zahlen weisen darauf hin, dass diese Art nicht abgebildet,
jedoch beschrieben ist.

Deutsche Namen

461

Botanische Namen

Schnell und sicher bestimmen

Ulrich Hecker
BLV Handbuch Bäume und Sträucher
Alle Arten Mitteleuropas, aber auch Exoten in Gärten und Parks – mit vielen Farbabbildungen und Details zu Bestimmungsmerkmalen, Biologie, Verbreitung, Standort, Nutzung u.v.m.

BLV Bestimmungsbuch
Hans Martin Jahns
Farne, Moose, Flechten
Die häufigsten Arten – mit Schachtelhalmen, Bärlappen und Moosfarnen: Merkmale, Standort, Verbreitung, Biologie.

BLV Bestimmungsbuch
Jens G. Rohwer
Pflanzen der Tropen
Farbenpracht und Formenvielfalt – Pflanzen im Tropen-Paradies: Palmen, Bäume, Stäucher, Lianen, Blumen, Sumpf- und Wasserpflanzen mit Kennzeichen, Vorkommen, Biologie, Ökologie, Geschichte; Leitsystem zur Schnell-Orientierung.

BLV Bestimmungsbuch
Bernd Nowak /
Bettina Schulz
Tropische Früchte
160 Arten im ausführlichen Porträt, weitere 100 Arten im Text: Merkmale, Verbreitung, Anbau, Ernte, Verwendung, Zubereitung.

Manfred Bocksch
Das praktische Buch der Heilpflanzen
Rund 200 Heilpflanzen im Porträt: Heilanwendung einst und heute, Verwendung in der Küche, Volksglauben und Brauchtum, Hinweisen zum Sammeln, Trocknen und Aufbewahren, zur Zubereitung von Arzneien und zur Behandlung von Beschwerden.

Ewald Gerhardt
Der große BLV Pilzführer für unterwegs
Praxisgerechter und umfassender Feldführer: über 1200 Arten mit Merkmalen, Vorkommen und Speisewert; Verwechslungsmöglichkeiten, Giftwirkung.

BLV Bestimmungsbuch
Preben Bang /
Preben Dahlström
Tierspuren
Spuren heimischer Tiere erkennen und bestimmen: mit Informationen und Details, die jeden Spaziergang zur Entdeckungsreise machen.